中学生认知与学习

主编 李永鑫

河南大学出版社
·郑州·

图书在版编目(CIP)数据

中学生认知与学习 / 李永鑫主编. -- 郑州：河南大学出版社，2021.6
　　ISBN 978-7-5649-4763-7

　　Ⅰ. ①中… Ⅱ. ①李… Ⅲ. ①中学生-认知心理学-高等师范院校-教材②中学生-学习心理学-高等师范院校-教材 Ⅳ. ①B844.2

　　中国版本图书馆 CIP 数据核字(2021)第 127107 号

责任编辑	陈　巧
责任校对	孙增科
封面设计	马　龙

出版发行	河南大学出版社
	地址：郑州市郑东新区商务外环中华大厦2401号
	邮编：450046
	电话：0371-86059713(高等教育与职业教育分公司)
	0371-86059701(营销部)
	网址：hupress.henu.edu.cn
排　版	河南大学出版社设计排版部
印　刷	开封智圣印务有限公司
版　次	2021年6月第1版
印　次	2021年6月第1次印刷
开　本	787 mm×1092 mm　1/16
印　张	17.5
字　数	415 千字
定　价	48.00 元

(本书如有印装质量问题,请与河南大学出版社营销部联系调换。)

目　录

第一章　绪论　/1
第一节　认知与学习概述　/2
第二节　认知与学习的研究方法　/8
第三节　《中学生认知与学习》的内容与意义　/11

第二章　中学生的注意　/15
第一节　注意的含义与品质　/16
第二节　有意注意和无意注意　/18
第三节　中学生的注意特点及其教学启示　/22

第三章　中学生的感知觉　/28
第一节　感知觉概述　/29
第二节　感知觉的规律　/33
第三节　中学生感知觉的特点及其教学启示　/36

第四章　中学生的记忆　/39
第一节　记忆的含义与种类　/40
第二节　记忆的规律与策略　/50
第三节　中学生的记忆特点及其教学启示　/58

第五章　中学生的思维与想象　/69
第一节　思维的含义与种类　/70
第二节　想象的含义与作用　/90
第三节　中学生的思维与想象特点及其教学启示　/93

第六章　中学生的情绪　/108
第一节　情绪的含义与类别　/109
第二节　情绪的调节　/115
第三节　中学生的情绪特点及其教学启示　/121

第七章　中学生的动机与意志　/128
第一节　中学生的学习动机　/129
第二节　学习动机的理论　/133
第三节　学习动机的激发与维持　/142
第四节　意志和意志行动　/145
第五节　中学生的意志品质与培养　/150

第八章　中学生的人格　/158
第一节　人格的含义与特征　/159

第二节　气质及其对中学教育的启示　/167
第三节　中学生的性格特征及其教育启示　/171

第九章　中学生的智力与个体差异　/180

第一节　智力的含义与理论观点　/181
第二节　智力的测量与个体差异　/186
第三节　中学生智力的发展与培养　/195

第十章　学习心理与中学生发展　/203

第一节　学习的含义与类别　/204
第二节　学习的生理基础　/213
第三节　大脑可塑性与发展　/220

第十一章　中学生的学习迁移与策略　/230

第一节　学习迁移　/231
第二节　学习策略　/242
第三节　学习迁移和学习策略的教学运用　/248

第十二章　学习理论与教学启示　/258

第一节　行为主义学习理论及其教学启示　/259
第二节　认知主义学习理论及其教学启示　/263
第三节　人本主义学习理论及其教学启示　/269
第四节　建构主义学习理论及其教学启示　/272

第一章 绪论

※名人名言

一个好的教师,是一个懂得心理学和教育学的人。

——苏霍姆林斯基

※本章提要

1. 认知过程、认知发展、认知方式、认知与学习的关系
2. 认知与学习的研究原则、研究类型、主要研究方法
3. 《中学生认知与学习》的主要内容、应用价值

※学习目标

1. 理解认知过程、认知发展与认知方式等概念的含义
2. 了解中学生认知与学习的研究方法
3. 理解认知与学习的关系
4. 了解本教材的内容与意义

※案例导入

　　上好新形势下思想政治课,不仅需要深入研究学生思想活动的新情况和新特点,而且需要深入研究学生心理活动的规律和特点。心理学家马斯洛的需要层次理论提出,较低层次需要满足了,才能向较高层次的需要迈进,乃至追求最高层次的需要——自我实现。政治课教学也可以根据这个心理学理论做出相应的调整,如在讲价值观时讲到"我为人人,人人为我",先说明两者具有因果关系,这样讲显然首先包含人的低层次需要,但教师首先可以给予认可,并说明在社会主义初级阶段,这是可以为社会普遍接受的价值观;继而进一步告诉学生,当社会发展到生产力极大丰富时,"我为人人"不再需要以"人人为我"为前提,"我为人人"是人的自我实现需要的反映,把学生引导到思想境界的高层次。这种教学方法符合社会生活实际和学生的思想实际,教学气氛融洽,容易达到教学的目的。

　　(资料来源:龚兰萍.心理学原理运用于中学政治课教学的尝试[J].思想理论教育,2002(12):49-51.)

第一节 认知与学习概述

一、认知过程

(一) 认知过程与心理特征、心理状态

认知是个体通过与周围环境的互动而不断获取知识的过程,这是个体认识与理解事物的方式。认知过程包括感觉、知觉、记忆、思维、想象等活动。

我们对事物的认知始于感觉与知觉。通过感觉器官(眼睛、耳朵、鼻子、舌头和皮肤),我们可以获知事物个别属性的信息(如形状、声调、气味、咸淡、冷暖等)并加以整合与解释,从而认识到事物的整体及其关系(如这是一块手表、那是一个茶杯等)。同时,这些感知到的经验还能够保存在头脑中并在必要时提取出来,这就是记忆。而且,我们还能通过对已有知识经验的加工去间接获取知识,通过分析、综合、概括、比较、具体化与系统化等一系列过程,认识事物的本质与规律,这就是思维。例如,我们可以借助于思维而得到关于基本粒子的有关知识。另外,我们还能对头脑中的具体形象加以改造,并想出从未感知过的新形象,这就是想象。例如,西游记中的"孙悟空"形象。总之,感觉、知觉、记忆、思维与想象等心理活动,可以使我们获取知识与应用知识,把握事物的性质与规律,统称为认知过程。

我们在认知活动中经常表现出来的稳定特点,即属于心理特征。例如,有人记忆力强,而有人记忆力差;有人想象丰富,而有人贫于想象。我们在认知活动中出现的相对稳定的持续状态,即属于心理状态。例如,认知过程中的专心专注状态与注意涣散状态。心理状态是心理过程的相对稳定状态。心理特征总是以个人特点的形态而固定下来,心理状态则既不像心理过程那样富于动态变化,又不同于心理特征那样比较稳定持久。

(二) 认知过程与情感过程、意志过程

认知过程与情感过程、意志过程是密切联系的。我们在认知过程中,总是以某种态度对待客观事物,而且也会产生一种满意感、愉悦感、自豪感等内心体验,这种态度体验就是情绪过程。此外,我们在各种活动中设置一定的目的,按照计划不断排除各种障碍,力图达到目的的心理过程称为意志过程。

认知、情绪与意志过程简称为知、情、意,都涉及一定的心理操作的加工程序,具有明显的动态性,因此称为心理过程。同时,在现实生活中,我们的认知、情绪与意志活动不是彼此孤立地进行的,而是密切联系的。一方面,认知活动会影响到情绪与意志活动。例如,"知之深、爱之切""知识就是力量"说明了情绪与意志都受认知活动的影响。另一方面,认知活动也受到情绪与意志活动的影响。例如,积极向上的情感与坚持不懈的毅力能不断推进我们的认知活动。

(三) 认知过程与个性心理

个体在认知过程等心理过程的基础上逐渐形成与发展起来的稳定的差异的特征称为个性心理，包括个性心理特征与个性心理倾向性。

个性心理特征是个体的多种心理特征的一种独特的组合，集中反映了其精神面貌的稳定的类型差异，主要包括气质、性格与能力等。个性心理倾向性是推动个体进行活动的动力系统，是个性结构中最活跃的因素，主要包括需要、兴趣、动机、理想、信念、价值观、人生观与世界观等。

个性心理是在认知过程等心理过程的基础上逐步形成与发展起来的，并在各种心理过程中表现出来。同时，已形成的个性心理也对认知过程等心理过程产生影响，并使各种心理过程带有个性色彩。因此，认知过程与个性心理具有互相影响、互相制约的关系。

二、认知发展

认知发展是指个体在与环境相互作用的过程中，感知觉、记忆、思维、想象等方面随着年龄的增长而发生变化的过程。认知发展是心理发展的一个重要方面，是个体认知功能系统不断完善与成熟的过程，并持续人的一生。

(一) 认知发展的主要特点

1. 连续性与阶段性

认知发展是连续性与阶段性的统一，有一个从量变到质变的过程。

一方面，个体的认知发展随着年龄的增长而表现出一个连续的量变过程，主要表现为行为数量或复杂程度的增加。例如，随着时间的推移，中学生的信息加工速度不断加快，抽象逻辑思维水平也有极大提升，说明这些方面都在发生着量变的积累。

另一方面，个体的认知发展在不同的年龄阶段又具有显著的差异，表现出各阶段的独特特征。这些不同的认知发展阶段是一种非连续的质的变化，体现为认知功能与形式的不同的质的水平，包括从许多小的质变构成一个大的质变的过程。这些质的飞跃期，又称为关键年龄。

2. 普遍性与差异性

一方面，认知发展的各阶段的顺序在不同个体间具有较为一致的特点，各阶段的变化过程和发展速度也基本相似，表现出稳定的普遍性特征。例如，初中生的经验型抽象逻辑思维开始占优势，高中生则逐渐具备了理论型的抽象逻辑思维能力，而且逐步理解一般与特殊、演绎与归纳、理论与实践等对立统一的辩证思维规律。

另一方面，个体的认知发展由于受到不同的遗传素质、生理特点以及环境与教育等多种因素的影响而在发展过程与速度、发展优势与水平等方面存在一定的差异性，这反映了认知发展的可变性或特殊性的特点。即使是同龄中学生，他们在智力水平、想象能力、工作记忆等方面也具有各自的特征，其认知发展水平并不完全一致。不过，个体的认知发展存在一定的方向性和先后顺序，不会随着社会生活条件的改变而打乱既定顺序，也不会跳过某个阶段。

3. 主动性

个体的认知发展尽管会受到遗传与环境等因素的影响,但个体是发展的主体,认知发展的过程包含个体的积极建构而呈现出主动性的特征。个体在认知发展过程中积极主动地探索环境,并在与周围环境的交互作用中逐渐发展自己的认知功能,不断提高自己的认知水平。例如,中学生在课堂学习中,能够通过新旧知识之间的联系来主动建构自己的知识经验,而不是被动地接受现成的他人的结论。

4. 不平衡性

个体的认知功能从出生到成熟并不总是以相同的速度而直线发展的。一方面,不同认知系统的发展速度、起始时间、达到的成熟水平不尽相同;另一方面,同一认知系统在不同年龄阶段的发展速度也不完全一致。总体来看,幼儿期出现第一个加速发展期,接着是儿童期的平稳发展期,到了青春期则出现了第二个加速发展期,接着是平稳发展期,到了老年期开始出现下降。

(二) 认知发展的主要理论

1. 认知发展阶段理论

认知发展阶段理论的代表人物是皮亚杰,他将认知发展分为感知运动阶段、前运算阶段、具体运算阶段和形式运算阶段。

感知运动阶段(0~2岁)的主要特点是感觉与动作的分化,儿童依靠感知动作适应外部世界,其思维与动作密切联系。不过,该阶段的儿童只有动作智慧,而没有表现运算的智慧,其思维只处于萌芽阶段。前运算阶段(2~7岁)的主要特点是表象思维与直观形象思维。由于符号功能和象征功能的出现,该阶段儿童的思维得以从具体动作中摆脱出来,但其还不能进行抽象的运算思维,而且其思维具有集中化与不可逆性的特点。具体运算阶段(7~11岁)的儿童思维具有内化性、可逆性、守恒性与整体性。不过,该阶段的儿童尽管已能进行运算性的心理操作,但这些心理操作仍需要具体对象的支持才能完成。形式运算阶段(11岁以后)的儿童的思维更具抽象性、系统性与灵活性,其思维已经能够摆脱具体事物的束缚而着眼于抽象概念,可以把内容与形式区分开来,具备假设-演绎推理能力与系统-归纳推理能力。

皮亚杰强调认知发展的实质是认知结构的变化与转换,并从逻辑学引入一个叫作运算的概念,认为这是一种思考性的心理活动。而且,当儿童在与外界环境的交互过程中所获得的经验与已有的认知结构(图式)不一致时,认知就由平衡状态变成不平衡状态,此时会通过同化或顺应的方式来实现再平衡。同化是指儿童把新获得的经验整合到已有的认知结构中的过程,顺应是指儿童改变已有认知结构以适应新获得的经验的过程。同化和顺应是主客体相互作用的过程,个体通过同化与顺应来达到机体与外界环境的平衡,在这个过程中认知结构不断从低级向高级发展。

2. 社会文化历史发展理论

社会文化历史发展理论的代表人物是维果斯基,他从社会互动与历史文化的视角提出了认知发展的理论。该理论认为,认知发展源于历史文化的发展,受社会规律的制约。而且,个体的许多认知技能是在其与父母、教师和更有能力的同伴的社会交往过程中不断发展起来的。

维果斯基强调,个体的发展过程既有生物种系的发展过程,也有历史文化的发展过程;而且,语言符号系统对认知的发展起着重要作用。一方面,语言是个体认知与理解外部世界的中介工具。个体在语言的中介下完成各种学习过程,促进了认知的发展。另一方面,语言是个体进行社会交往活动的工具。个体借助语言进行社会互动与沟通,助推了个体的发展。此外,语言也是个体自我调节与反思的工具。在这些发展过程中,外部的活动在语言的中介作用下得到内化(internalization),把在社会环境中吸收到的知识经验转化到自己的认知结构中,从而形成了更高级的心理机能。

个体在发展过程中具有动态变化的最近发展区(zone of proximal development)。最近发展区是指个体已达到的实际水平与发展中的潜在水平之间的差距。前者是指个体独立解决问题的现有水平,后者是指在有指导的情况下所达到的发展水平。因此,教学要指向最近发展区,走在个体现有发展水平的前面,给学生提出的认知任务应处于最近发展区,并为学生的学习提供有效的帮助与支持(支架),从而不断带动和"创造着"学生的发展。

3. 生态系统发展理论

生态系统发展理论的代表人物是布朗芬布伦纳,他提出了个体发展的生态系统模型。在该理论模型中,生态系统是指个体正在经历着的环境,或者是与个体有着直接或间接联系的环境,包括微观系统、中间系统、外层系统、宏观系统和时序系统。

微观系统(microsystem)是个体直接面对或者亲身经历的特定环境,主要包括家庭、学校、同伴等。中间系统(mesosystem)是指包含发展中的个体在内的多个环境间的作用过程与联系,如家庭与学校的关系等。外层系统(exosystem)是指个体并未直接参与其中但却对其产生影响的环境,主要包括邻居、传媒等。宏观系统(macrosystem)是指个体所处的特定的文化或其他更为广阔的社会背景,如社会伦理、价值观等。时序系统(chronosystem)是指个体所处的社会历史条件与阶段。

生态系统发展理论认为,人与环境一同演进并构成了一个生态系统,环境是"一组嵌套结构",发展中的个体嵌套于从直接的环境到间接的环境等一系列相互影响的多重环境系统的中心,而且,个体与环境的相互适应过程也受到其直接或间接接触的不同环境系统以及时间系统等因素的影响。

4. 毕生心理社会发展理论

毕生心理社会发展理论的代表人物是埃里克森,他将个体发展的时间范围扩展到人的一生,把个体从出生到临终的一生称为生命周期,并强调文化与社会因素对个体发展的作用。该理论认为,个体的发展要经历相互联系的八个阶段,如果个体完成了每个阶段的发展任务,就能形成积极的人格品质,否则会形成消极的人格品质。

第一阶段是信任与怀疑阶段(1~1.5岁,婴儿期),其发展任务是建立起对周围世界的信任感。如果婴儿得到很好的照顾并获得良好的亲子关系,就会获得信任感,否则将产生怀疑与不安。第二阶段是自主与羞怯阶段(1.5~3岁,儿童早期),其发展任务是获得自主感。如果父母允许儿童自由探索并鼓励做力所能及的事情(如吃饭、穿衣),同时给予适当的关怀与保护,儿童就形成自信心并获得自主感。第三阶段是主动感与内疚感(3~6岁,学前期),其发展任务是获得主动感。成年人应该监督与认可儿童的主动性活动,过多的干涉会使儿童缺乏尝试与主动性的性格。第四阶段是勤奋感与自卑感(6~12岁,学龄期)。进入学校后,儿童为了完成学习任务并不落后于其他同学,必须勤奋学习,开始形成一种成功感。成人对儿童在各种活动中表现出的勤奋要给予鼓励。第五阶段是角色同一性与角色混乱(12~18岁,青春期)。青春期个体会对过去怀疑,对未来迷茫,感到现实自我与理想自我难以统一,这就是同一感危机。角色同一性是指有关自我形象的一种组织,包括与自我的能力、信念、性格等有关的一贯经验与概念。第六阶段是亲密感与孤独感(18~25岁,成年早期),其发展任务是,个体要在人际交往中建立正常的人与人之间的友好关系,形成一种亲密感。第七阶段是繁殖感与停滞感(25~50岁,成年中期),其发展任务是家庭美满,富有创造力。第八阶段是完美感与绝望感(50岁后,成年晚期)。如果个体在前面阶段发展顺利,就会获得综合的完善感,否则将陷入绝望并害怕死亡。

埃里克森认为,每一个发展阶段都有其特殊的目标、任务与冲突,个体在每一阶段的发展中都面临着一个发展危机,后一个阶段发展任务的完成有赖于早期冲突的解决。早期阶段中的冲突的不良解决所造成的问题,在后期阶段虽然会得以修正,但却往往对个体一生的发展产生间接而深远的影响。因此,该理论又被人称为发展危机论。

三、认知方式

认知方式是指个体在感知、记忆、思维以及解决问题等认知活动中所表现出来的一致而持久的典型风格,又称为认知风格。

认知方式主要描述认知活动的倾向性,并不涉及认知的具体内容,也没有好坏之分。

常见的中学生的认知风格包括场独立型与场依存型、反思型与冲动型、整体型与序列型。

(一) 场独立型与场依存型

场独立型(field independence)是指个体较多地依赖自己的内部参照,不易受外在环境的影响而独立作出判断的认知方式。场独立型个体属于"内部定向者",善于分析与组织。场独立型的学生更偏爱数学与自然科学,更喜欢正规的、结构比较严谨的教学方式。

场依存型(field dependence)是指个体较多地依赖自己所处的周围环境而做出判断的认知方式。场依存型个体属于"外部定向者",只能专注于情景的某一个方面,不能将一个图式分解为许多部分。场依存型的学生更偏爱人文与社会科学,更喜欢松散的、讨论式的教学方式。

(二) 反思型与冲动型

反思型(reflective)是指个体在做出回答或行动前倾向于进行深思熟虑的和逻辑分析的思考。反思型个体反应慢,但精确性高。这类学生考虑周到,比较重视问题解决的质量,而不是速度,在完成需要做出细节分析的学习任务中表现更好。

冲动型(impulsive)是指个体在做出回答或行动前倾向于直觉的思维,能够迅速做出反应。冲动型个体反应快,但精确性差。这类学生急于求成,比较重视问题解决的速度,而不是质量,在完成需要做出整体解释的学习任务中表现更好。

(三) 整体型与序列型

整体型是指个体倾向于全盘考虑如何解决问题。整体型个体的视野比较宽阔,善于把一系列的子问题组合起来,而不是一碰到问题就马上着手一步一步地解决。

序列型是指个体倾向于按照顺序一步一步地解决问题。序列型的个体比较注重子问题间的逻辑顺序,往往把重点放在解决一系列的子问题上。

四、认知与学习的关系

认知与学习之间的关系非常密切。一方面,学习需要认知活动的广泛参与,一定的认知水平是顺利进行各种学习活动的必要前提与基础。另一方面,学习也会促进个体的认知发展。

(一) 认知对学习的影响

不同的认知过程在学习中发挥着重要作用,学习活动离不开感知、记忆、思维等认知过程。在学习过程中,感知觉输入外在的信息并对其进行初步加工整理,转换为相应的学习内容,在感觉登记器产生瞬时记忆(感觉登记),但只有少部分信息被选择进行工作记忆中加以编码或储存。在工作记忆中,如果信息没有被进行复述就会产生遗忘,否则会保持较长时间,进入到长时记忆中被进一步加工处理。在长时记忆中,已有的知识经验也可以被提取出来,从而满足学习活动的需要。而且,在学习活动中,学生还需要通过分析、综合、比较、抽象与概括等思维过程对学习内容进行深度加工,以把握所学知识的内在联系与本质。另外,学生还需要通过注意,把感知觉、记忆与思维等认知活动指向于所选择的学习任务,才能在学习活动中做到全神贯注、有的放矢。

不同的认知发展阶段影响着学习的方式、内容与品质。首先,小学低年级学生主要是以具体形象思维与机械记忆为主,往往通过事物的外部特征掌握知识的外部联系,更多采用机械式接受学习的方式。初中生的记忆方式向理解记忆转变,而高中生以理解记忆为主要的记忆方式。因此,个体从初中阶段就开始逐渐发展起有意义的接受学习以及探究发现式的学习方式。其次,个体的认知发展具有一定的年龄特征,学习内容必须根据学生的已有认知水平来加以确定,既不能使学习内容不切实际地超越学生的认知发展水平,又不能使学习内容低于学生的认知发展水平。最后,学生的认知发展水平越高,就越有利于形成独立性和批判性的学习品质。同时,随着元认知的发展水平不断提高,学生学习的自主性、计划性与调控性也进一步得到增强,促进了学习的针对性与有效性。

认知风格直接影响着学生的学习方法。场独立型的学生更多采用主动式的学习方法,并以内部学习动机为主;场依存型学生的学习更多依赖教师与家长等外部的监控和反馈,其学习动机以外部动机为主。整体型学生把学习内容作为一个整体来对待,倾向于把握高层次的关系;序列型学生则倾向于吸收一系列的局部知识,直到最后才对所学内容形成较为完整的观点。

[案例]

初中生认知能力对学业成就的影响研究

认知能力对儿童青少年能否取得学业成功具有重要的制约作用。徐芬和李春花(2013)使用"中国儿童青少年心理发育特征调查"项目所编制的测验工具,对4843名学生进行了认知能力测试。结果表明,选择性注意、短时记忆、空间能力和推理能力都能显著预测语文与数学成就,但不同能力对不同学科的作用及其机制存在一定差异。

对于语文成就来说,四种能力的作用由大到小依次为推理能力、短时记忆、空间能力和选择性注意;对于数学成就来说,则依次为推理能力、空间能力、短时记忆和选择性注意。而且,各种能力对数学成就的影响都大于对语文成就的影响。

在不同能力对语文和数学成就的影响机制上,虽然基础认知能力都通过高级认知能力对学业成就产生影响:选择性注意对学业成就的影响是完全通过短时记忆和空间能力进而通过推理能力间接发生的,短时记忆对学业成就的影响主要是通过空间能力和推理能力间接发生的,空间能力对学业成就的影响是完全通过推理能力间接发生的,推理能力直接对学业成就产生影响,但这种机制在不同学科间也有差异。

[资料来源:徐芬,李春花.初中生认知能力对学业成就的影响[J].心理科学,2013,38(1):11-18.]

(二) 学习对认知的影响

学习能够促进认知的不断发展。学生通过学习可以提高相应的知识与技能,从而发展他们的认知能力。而且,学习推动着个体的认知水平由前一个较低阶段发展到后一个较高阶段,并能加快各个认知发展阶段转化的速度。因此,学习在促进认知发展从较低水平向较高水平的过渡中起着重要的作用,保证阶段之间的顺利过渡。

所以,认知与学习之间是相互影响、相互促进的。个体的认知发展不仅是学习的起点与依据,更是其学习的目的和结果。学习活动不但要以学生的认知水平为前提,而且要促进学生的认知发展。

第二节 认知与学习的研究方法

一、研究原则

(一) 系统性原则

辩证唯物主义认为,事物都处在相互作用与普遍联系的开放的、动态的、整体的系统之中。中学生认知与学习的研究不能孤立地看待学与教互动过程中的各种心理现象,而应该坚持系统性的研究原则,把握系统分析的整体性、等级结构性、动态性与环境适应性,全面地考察心理的各种关系与联系。

(二) 客观性原则

客观性原则就是必须遵循实事求是的原则,是指在研究中要根据心理现象的本来面貌来探讨中学生认知与学习的本质、规律与机制。在搜集与处理数据资料、分析整理数据资料以及得出研究结论过程中都要从客观事实出发,把严谨求真的态度贯穿于科研全程,既不能主观臆断,也不能过分做出推论。

(三) 教育性原则

教育性原则是指中学生认知与学习研究的出发点与目的都是促进学生的有效学习与健康发展。任何不利于师生身心发展或妨碍学生成长的研究都是不被允许进行的。研究者要善于处理好研究过程中所可能涉及的一些伦理道德问题,主要包括实验研究中的欺骗性问题、有损研究被试的身心健康问题以及研究被试的隐私权问题。

(四) 发展性原则

一切事物都处在永恒的运动变化的发展过程之中,中学生的认知与学习心理活动也不例外。研究者要坚持动态发展的观点,不能用固定不变的眼光来看待学与教活动中的心理变化。而且,相关的研究内容与研究方法不但要适合学生的发展水平,而且要从发展的视角来进行研究设计与心理分析。

(五) 理论联系实际原则

认知与学习的有关理论对中学生的学与教师的教具有重要的应用指导价值,其研究课题从教育教学实践中来,研究成果要服务于实践并解决实际问题。而且,这些理论只有在实践应用中才得以检验、修正与发展。因此,理论与实践具有辩证的统一关系,认知与学习研究必须接地气,坚持理论联系实际的原则。

二、研究类型

(一) 质化研究与量化研究

质化研究(qualitative research)也称为质性研究,是指在自然情境下,采用多种方法收集研究对象的资料并进行整体性探究与解释性理解的研究。例如,研究者要探讨中学生为什么要辍学,就可以充分地搜集相关资料,采用归纳而非演绎的思路来分析资料,并通过与研究对象的互动来理解其行为。

量化研究(quantitative research)也称为定量研究,是指对研究资料进行数量化处理与分析,借助数理统计技术寻找变量特点及其关系的研究。例如,研究者要探讨中学生的自尊的特点及其与攻击行为的关系,就可以通过量表工具获取量化资料,并对数据进行描述统计以及相关分析与检验。

(二) 横向研究与纵向研究

横向研究(cross-sectional research)也称为横断研究,是指在同一时间内搜集研究对象的资料并进行分析的研究。例如,研究者要探讨中学生的自我效能感、学习动机与学业情绪的关系,就可以同时对中学生进行问卷调查。这种类型的研究比较高效省时,但难以确定变量之间的因果关系。

纵向研究(longitudinal research)也称为追踪研究,是指在不同时间内搜集研究对象的资料并进行分析的研究。例如,研究者要探讨中学生的注意力发展的进程,就可以在不同的时期内对同一研究对象进行多次测查。这种类型的研究能够系统而详尽地了解研究变量的连续变化过程及其关系,但研究周期较长,容易受社会环境变动与样本量减少等因素的影响。

三、主要研究方法

(一) 观察法

观察法(observational method)是在日常情境条件下,通过对被观察者的行为进行系统的观察与记录,从而研究学与教过程中的心理现象与行为的方法。例如,研究者可以通过观察中学生在课堂上听课时的各种表现,以了解其注意的集中情况。

观察法可以分为定期观察和长期观察,也可以分为参与式观察和非参与式观察。定期观察是指在某一特定时间进行观察,长期观察是指在相当长的时间内进行观察。参与式观察是指观察者以成员的身份参与被观察者的活动,非参与式观察是指观察者不以参与成员的身份进行观察。不论采用哪些形式的观察,都应在被观察者不知晓的情况下对其进行观察,不宜使被观察者发现自己被观察而影响观察的效果。

观察法是搜集资料的初步方法,使用便捷,能够了解所感兴趣的事实与现象,并发现有待深入研究的问题。其主要优点是被观察者在自然情境下的反应真实而自然,主要局限是观察过程容易出现主观性与片面性,而且该方法所搜集到的资料只能回答"是什么"的问题,不能解释"为什么"的问题。

(二) 调查法

调查法(survey method)是以提问的方式要求被调查者进行回答的方法。根据研究的实际需要,研究者可以向被调查者本人(如中学生)作调查,也可以向熟悉被调查者的人(如父母、老师、同学)作调查。

调查法可以采用书面调查与口头调查两种形式,前者称为问卷法(questionnaire method),后者称为访谈法(interview method)。问卷法不仅需要具有良好信度与效度的调查工具,而且提出的问题要适合于调查目的与被调查的对象。访谈法要创设坦率与信任的良好氛围,让被访谈者做到知无不言,而且访谈者应当有良好的训练与准备,把握好访谈时机与追问技巧,尽量使访谈过程标准化,并对结果进行客观分析。

调查法的主要优点是能够搜集到大量数据资料,调查效率比较高,而且结果处理省时而经济,主要局限是容易受到取样以及被调查者的社会赞许性(social desirability)等因素的影响。访谈法的主要优点是能够对感兴趣的问题进行深层次的详细了解,并可能额外获得有价值的资料,主要局限是比较费时,而且访谈者的行为,有时甚至是无意的行为也可能对被访谈者的回答产生一定的暗示作用。

(三) 实验法

实验法(experimental method)是创设一定的情景或条件,系统操纵某种变量的变化来研究此种变量对其他变量所产生的影响的方法。由实验者所操纵变化的变量称为自变量,由自变量而引发的某种特定反应称为因变量。在实验中,实验者要控制无关变量并排除其影响,观测因变量受自变量影响的情况,从而能够探求变量之间的因果关系,揭示"为什么"的问题。

实验法可以分为自然实验与实验室实验。自然实验又称为现场实验(field experiment),是指在学与教的日常活动中控制某种变量的变化以引起某种心理与行为的变化,从而探讨其变化规律。实验室实验(laboratory experiment)是在实验室内借助于一定仪器设备,在严密控制实验条件下所进行的实验。现场实验能够把认知与行为研究与平时的教学业务工作结合起来,研究问题具有直接的实践意义,但却不容易控制实验条件,实验结果容易受到无关因素的干扰。实验室实验能够对各种变量条件进行严格的控制,变量间的因果关系精确度较高,但却往往脱离实际的教与学的具体情境,难以把研究结论推广到日常教学活动中去。

(四) 个案法

个案法(case method)是一种搜集单个研究对象的数据资料以分析其心理与行为特点及其相互关系的方法。研究对象可以是单个人,也可以是由个人组成的团体,如一个班级或家庭等。通过个案研究,可以了解不同人格类型的教师对中学生课堂学习行为的影响,也可以了解家庭对中学生心理发展的影响。

个案法搜集的资料通常包括个人的生活背景资料、家庭与人际关系以及心理特征等。根据研究的实际需要,研究者可以从熟悉研究对象的老师、父母、同伴处获悉有关情况,亦可以从研究对象的日记、邮件或有关资料(如新闻报道、个人档案)等方面进行分析。

个案法的主要优点是能够深入地了解研究对象的情况,主要局限是所搜集到的数据资料往往缺乏真实性,如个人日记会因个人的自我防卫机制而缺乏可靠性。而且,研究结论也不能简单地加以推广。

第三节 《中学生认知与学习》的内容与意义

一、本教材的主要内容

本教材的主要内容包括绪论、中学生的认知(中学生的注意、感知觉、记忆、思维与想象)与学习(学习心理与中学生发展、中学生的学习迁移与策略、学习理论与教学启示)及其影响因素(中学生的情绪、动机与意志、人格、智力与个别差异)。

本教材在普通心理学基础知识框架的基础上,增加了发展心理学与教育心理学等领域的相关内容,形成了一个全新的课程体系框架,助推心理科学在中学教育教学领域得以向纵深发展,促进中学生认知与学习科学理论体系的优化与完善。

二、本教材的应用价值

中学生认知与学习是中学教师职业生涯发展的必备知识,也是教师职业资格考试的重要内容。具体来讲,本教材对于高校师范生具有重要的意义。

(一) 有利于理解中学生的认知与学习过程,实现有效的学与教

本教材阐述了中学生在认知与学习过程中的各种心理现象,在质和量上进行描述并

揭示了其内在联系与规律，着眼于"是什么"和"为什么"的问题，这就为有效的教提供了心理学依据，从而更科学合理地设计教学以及进行教学改革，减轻学业负担，提升教育效能，反过来还能进一步促进学生有效的学。例如，中学生在知识记忆与学习过程中存在艾宾浩斯遗忘曲线，这就提示教学要注重及时复习，才能提高学习的效果。再如，两种学习之间的互相干扰会产生负迁移，这就提示教师在引导学生产生正迁移的同时要注意负迁移的影响，积极引导学生发现两类学习中的不同之处，避免已有的旧知识对学习的新知识产生阻碍作用。

（二）有助于预防并矫正不良的学习行为，提高教学的前瞻性与实效性

根据认知与学习的有关理论与原理，教师可以预测中学生可能要发生的行为以及发展的方向，从而做好相应的教学准备并采取有效的预防措施，避免学生出现不良的学习行为，让教学活动能够朝着期望的目标进行下去。而且，对于中学生已经出现的不良学习行为，也可以根据相关知识进行甄别、评估与分析，采用合理的心理学技术与方式加以行为矫正，积极促进学生的健康发展与成长，不断提高教学工作的实效性。例如，当发现学生在课堂上出现注意集中困难、注意持续时间短暂或多余动作过多等行为表现时，应判断分析其是否患有多动症，根据具体诊断结果采取有针对性的干预方案。

（三）有利于掌握教学研究技能，促进教师的专业发展与成长

教师既是教学者，同时也是研究者。教师不仅要了解中学生认知与学习领域的研究进展与成果，而且要能够基于教育教学实践提出教研课题，采用科学的研究方法开展教学研究，得出具有指导价值的研究结论，并完成教研论文的写作与发表工作。而且，教师通过教研过程，不仅可以反思、改进与优化自己的教学活动，而且可以提高教师的科学探究能力，成为教学的研究者与创造者。例如，有初二年级数学老师发现，学生在解答数学应用题时常常遇到困难，不能准确理解题意或理清复杂数量关系，经过查阅研究文献获知元认知是一个重要影响因素，那么这位老师就可以把元认知监控提问清单作为实验工具，以元认知训练为自变量进行教学实验研究，通过统计分析检验元认知训练的实际效果，从而解决自己面临的教学困惑与问题。

※**知识链接**

学习神经科学

20 世纪后半叶开始，特别是随着脑成像等技术和方法的发展和逐步完善，人们可以直接"观察"学习过程中人脑"黑箱"中发生的变化，更加直接地了解学习过程中大脑内部发生的动态变化。2009 年，美国心理学家 Meltzoff 等在 Science 撰文指出，有必要建立一门结合心理学、教育学、神经科学、人工智能等的新型学习科学。学习认知神经科学的诞生使得我们对人类学习的神经机制的研究成为可能。

学习神经科学并不是学习科学与神经科学的简单结合，它是一个横跨自然科学和社会科学，涉及教育学、心理学、脑科学、认知科学、医学、遗传学（基因科学）、计算机科学、人工智能等多个学科的综合交叉研究领域。学习神经科学研究不仅研究一生发展进程中儿童青少年学习的脑机制，也研究成人甚至老年人学习的神经机制、大脑结构与功能的衰退和老化等；不仅研究正常人学习的神经机制，也研究包括学习障碍、注意缺陷与多动、自闭症患者等各种神经生理异常人群学习的脑机制;不仅研究语言、数学、音乐、科学等学科或领域学科特异性的学习规律和机制,也研究不同领域、不同学科之间学习的一般规律。

在学习神经科学研究的过程中,一方面要关注基础研究和基础应用研究,同时也要有意识地加强对相关成果的转化,系统地整理和分析当前学习神经科学的研究成果,使现有的研究成果更好地为教育教学实践服务。

[资料来源:王亚鹏,董奇.学习神经科学:一门新型的交叉学科[J].教育学报,2012,8(4):42-47.]

※本章小结

认知是个体通过与周围环境的互动而不断获取知识的过程,这是个体认识与理解事物的方式。认知过程包括感觉、知觉、记忆、思维、想象等活动。认知发展的主要特点包括连续性与阶段性、普遍性与差异性、主动性、不平衡性。认知发展的主要理论包括认知发展阶段理论、社会文化历史发展理论、生态系统发展理论、毕生心理社会发展理论。认知风格主要包括场独立型与场依存型、反思型与冲动型、整体型与序列型。

认知与学习之间的关系非常密切。一方面,学习需要认知活动的广泛参与,一定的认知水平是顺利进行各种学习活动的必要前提与基础。另一方面,学习也会促进个体的认知发展。所以,认知与学习之间是相互影响、相互促进的。

认知与学习的研究要遵循系统性、客观性、教育性、发展性、理论联系实际原则。常见的研究类型包括质化与量化研究、横向与纵向研究。主要研究方法是观察法、调查法、实验法和个案法等。

本教材的主要内容包括绪论、中学生的认知与学习及其影响因素。这些内容是中学教师职业生涯发展的必备知识,也是教师职业资格考试的重要内容。认真学好这些内容对于高校师范生具有重要的意义与价值。

※习题

1. 举例说明中学生的认知过程。
2. 认知发展的主要理论有哪些?
3. 中学生的认知发展有哪些特点?
4. 中学生有哪些认知风格?
5. 认知与学习的关系是什么?
6. 本课程的学习具有哪些作用?

※参考文献

[1] 戴斌荣.中学生认知与学习[M].南京:南京大学出版社,2014.
[2] 路海东.中学生认知与学习[M].北京:高等教育出版社出版,2016.
[3] 邱莉.中学生认知与学习[M].北京:北京师范大学出版社,2013.
[4] 尹可丽.中小学生认知与学习[M].北京:高等教育出版社,2014.
[5] 赵国祥.心理学概论[M].北京:光明日报出版社,2007.

［6］赵俊峰.教育心理学［M］.北京:高等教育出版社,2011.

［7］黄希庭.心理学导论［M］.北京:人民教育出版社,1991.

［8］王亚鹏,董奇.学习神经科学:一门新型的交叉学科［J］.教育学报,2012,8(4):42－47.

［9］龚兰萍.心理学原理运用于中学政治课教学的尝试［J］.思想理论教育,2002(12):49-51.

［10］徐芬,李春花.初中生认知能力对学业成就的影响［J］.心理科学,2013,38(1):11-18.

第二章　中学生的注意

※**名人名言**

爱好出勤奋,勤奋出天才,兴趣能使我们的注意力高度集中,从而使得人们能完善地完成自己的工作。

——郭沫若《未知》

※**本章提要**

1. 注意的含义及分类
2. 中小学生注意发展的特点
3. 理解注意的品质

※**学习目标**

1. 理解注意的基本概念,了解如何对注意进行分类
2. 掌握中小学生注意发展的特点,并将之运用到教学活动当中
3. 理解注意的品质并能够初步评价学生的注意力
4. 了解中小学生进行注意力培养及训练的常用方法

※**案例导入**

弈秋,通国之善弈者也。使弈秋诲二人弈,其一人专心致志,惟弈秋之为听;一人虽听之,一心以为有鸿鹄将至,思援弓缴而射之。虽与之俱学,弗若之矣。为是其智弗若与？曰:非然也。(选自《孟子·告子》)

弈秋是诸侯列国都知晓的国手,棋艺高超,《弈旦评》推崇他为国棋"鼻祖"。由于弈秋棋术高明,当时有很多年轻人想拜他为师。弈秋收下了两个学生。一个学生诚心学艺,听先生讲课从不敢怠慢,十分专心。另一个学生只贪图弈秋的名气,虽拜在门下,却并不下功夫。弈秋讲棋时,他心不在焉,探头探脑地朝窗外看,想着鸿鹄什么时候飞来,飞来了好张弓搭箭射两下试试。两个学生同在学棋,同拜一个师,前者学有所成,后者未能领悟棋艺。并不是天资聪颖愚笨的问题,而是后者的注意力不在棋上。

第一节 注意的含义与品质

一、注意的概念

注意是心理活动或意识对一定对象的指向和集中。它与认识过程、情感过程、意志过程密切联系,是一切心理活动的共同特征。

注意有两个特点:指向性和集中性。

注意的指向性也称选择性,是指在某一时刻,心理活动或意识总是选择了某个对象,而忽略了其他对象。例如,到音乐厅去听独唱音乐会,我们的心理活动选择了舞台上歌唱家的声音和美妙的音乐,除此以外,剧场里的其他声音和剧场里的其他观众,我们都视而不见、听而不闻。再如,学生在课堂上全神贯注地听讲,他关注的对象是正在讲课的老师,而不会去想窗户外面的人在做什么。

在注意状态时,心理活动或意识不仅选择和指向于特定的刺激物,而且能长时间保持在选定的刺激物上,以便对其做出清晰的认识和理解,这就是注意的集中性。例如,安培把马车后背当作黑板,即使车子走动了也浑然不知;再如,学生在听专家讲座时,他的意识或心理活动长时间高度集中在专家讲座的内容上,与其无关的人或物便排除在他的意识中心以外。如果说,注意的指向性是指心理活动或意识朝向某个对象,那么集中性就是指心理活动或意识在一定方向上活动的强度或紧张度。指向性是注意的前提和基础,集中性是注意的体现和发展,指向性和集中性是密不可分的。

注意是一种积极的心理状态,但它本身并不是一个独立的心理过程,它总是和心理过程紧密联系。一方面,注意离开心理过程没有实际意义,注意必然和看、听、想、回忆等联系在一起,才能达到"注意"的目的。例如,课堂上学生的意识处于注意状态,他在注意听,听的是老师所讲授的内容;注意看,看的是教师的各种表现和黑板上板书的内容;注意记忆,记忆的是教师提到的知识重点;注意思考,思考的是问题的解决过程。另一方面,心理过程的产生也离不开注意,人的一切自觉的心理活动都是以注意为基础的,感知、记忆、想象和思维离开注意就无法进行。

二、注意的外部表现

注意是一种心理状态,注意的产生是脑干网状结构、大脑皮层及大脑边缘系统协同活动的结果。它不仅是一种内部的心理状态,也可以通过外部行为表现出来。注意的外部表现主要在以下几个方面。

(一)感官的朝向运动

注意从其发生来说是机体的一种朝向反射。朝向反射是由周围环境的变化引起的。

刺激物的出现、消失、增强、减弱以及性质上的变化都会引起朝向反射。人在注意时，相应的感官会朝向刺激物。感官的朝向运动保证了对特定刺激物的清晰反应，而其他的刺激物则变得模糊起来。

(二) 生理指标及表情的变化

人在注意时，多种生理指标都会发生变化，比如脑电、血液循环、心率、皮肤电活动等，但外部可以观察到的最明显的变化是呼吸的变化。例如，人们熟知的屏息现象。另外，注意时，瞳孔也会扩散变大。除了生理指标的变化，注意时，还常常伴有一些表情动作，如托住下巴，面部表情随注意的变化而变化。

注意的外部表现是判断是否处于注意的客观指标。但需要注意的是，注意作为一种内在的心理状态，与外在的表情动作表现并不是一一对应的关系，有时还会造成一种注意的假象。例如，课堂上有的学生目不转睛地看着黑板，似乎在认真听讲，但事实上却是"心不在焉"，注意已经转移到与课堂无关的事情上去了。因此，教师在课堂上不能仅凭借学生的外部表现来判断学生的注意程度。

三、注意的意义与功能

(一) 注意的意义

注意本身虽然不是一种独立的心理活动过程，但它对各种心理活动过程起着重要的作用。离开了注意，人就不能对外部客观事物做出清晰反应，也不能很好地适应和改造世界。

注意是实践活动的必要条件，任何实践活动必须有注意的参与才能提高效率，保证完成的质量。例如，司机酒后驾车。由于酒精的刺激作用，司机的注意力无法集中起来，车祸发生的概率就会大大增加。

注意是学生学习不可缺少的条件。俄国著名教育家乌申斯基把注意形象地比喻为通向心灵的"唯一窗户"，知识只有通过这扇窗户才能被清晰感知、记忆、思考、加工。

(二) 注意的功能

注意是一种积极的心理状态，它有一系列复杂的功能。

1. 注意的信息选择功能

某一时刻，人生活和工作的环境给人提供大量的刺激信息，这些信息有的符合人的需要、兴趣、情感和知识经验，对目前的生活和工作起重要作用；有的则毫无意义，甚至对当前的工作和学习造成干扰。为此，注意就发挥其选择功能，选取有用信息进行清晰反应。

2. 注意的维持功能

无论是感知到的外界信息，还是从记忆中提取的经验信息，人们都希望对它们进行精细加工，以便更好地贮存于记忆或者用它来解决问题。开始时可能由于刺激信息本身特点或主体需要而引起人的注意。但随着感知疲劳和兴趣的减退，选择的信息很容易消失，这时就必须依靠注意的维持功能，以使心理活动在选择信息上有足够长的停留，强度和紧张度足够大，从而实现信息的充分理解和加工。

3. 注意的监督和调节功能

人做什么事情都是有目标的，无论这种目标是大还是小，是积极还是消极。一般情况下,人沿着既定的目标一直努力不是一件容易的事情,人的行为时常会偏离,甚至会背叛自己设定的目标。为了最终实现目标,人不得不随时比较自己的行为与目标,不得不修正偏离或背离的行为,这就需要发挥注意的监督和调节功能。

总之,无论在认知活动还是行为活动中,注意都起着重要的作用。正因为注意的选择功能、维持功能和监督调节功能的发挥,人们才有效地实现了对外界事务的清晰反应,获得了知识、掌握了技能,完成了各项实际工作任务,避免了工作中的各种失误,最终实现了目标。

四、注意的品质特征

(一) 注意的稳定性

注意的稳定性,也称持久性。它是指在一定事物上,注意所能持续的时间。与稳定的注意相反的状态是注意的分散,又称分心。注意分散是指心理活动受到无关刺激的干扰,离开当前注意对象。

(二) 注意的广度

注意的广度,也称注意的范围。它是指在同一时间人能够清楚地觉察到的客体的数量。知觉对象越集中,排列越有规律,注意的广度就越大。一般来说,活动任务越多、越复杂,其注意范围就越小。知识经验丰富的人善于把所感知的对象组织成一个整体来感知,注意的广度就大。例如,文化水平较高的人,阅读时的注意广度就比识字不多的人要大得多。

(三) 注意的分配

注意的分配,是指在同一时间内,把注意分配到两种或几种不同的对象或活动上。注意的分配是有条件的。首先,同时进行的几种活动都很熟练,或者其中只有一种是不熟练的,而其他几种则熟练或相当熟练,达到自动化或半自动化的程度。其次,同时进行的几种活动通过练习,已经形成了牢固的联系,它们之间有密切的关系。

(四) 注意的转移

注意的转移,是指根据新的任务,自觉主动地把注意从一个对象转移到另一个对象上。它与注意的分散从根本上是不同的。先前从事的活动的吸引力越强,注意的转移就越难。新的对象符合人的兴趣和需要,注意的转移就很容易实现。神经过程越灵活的人,注意的转移就越迅速、容易。

第二节 有意注意和无意注意

根据产生和保持注意时有无目的以及是否需要意志努力,可以把注意分为无意注意、有意注意和有意后注意。每种注意都有其发生发展的规律,注意的规律主要表现为它所赖以产生和保持的原因或条件。

一、无意注意

无意注意,也叫不随意注意,是一种无预定目的,也不需要意志努力的注意。例如,学生正在专心听课,教室门口突然出现一个陌生人朝课堂内探望,这时学生会不约而同地把视线朝向他,这种注意就是无意注意。

引起无意注意的原因可以分为两大类:一是刺激物本身的特点;二是人本身的状态。

(一) 刺激物本身的特点

1. 刺激物的强度

任何强烈的刺激(如巨响、强光、浓郁的气味等)都会引起人们的无意注意,而强度具有相对性。

2. 刺激物之间对比差别的显著程度

差别显著易引起注意。

3. 刺激物的运动和变化

运动、变化的刺激物比静止、不变的刺激物易引起人的注意。

4. 刺激物的新异性

一切新异的事物都能满足人们的好奇心和求知欲,从而易引起人的注意。

(二) 人的主观状态

与主体的需要、期待和直接兴趣相适应的刺激物,容易引起人的注意。那些与已有的知识和经验相联系的新知识、新事物容易引起无意注意,与此相反的事物则难以引起人的注意。

二、有意注意

有意注意,也叫随意注意,是一种有预定目的,还需做一定的意志努力的注意。引起和维持有意注意必须具备以下几个条件。

(一) 明确活动的目的和任务

有意注意是一种有预定目标任务的注意,所以有意注意的引起和维持首先取决于对目的、任务的理解和明确程度。

(二) 培养间接兴趣

间接兴趣的形成有助于人们自觉地调节活动中的注意水平,使注意能够在活动结果的引导下长时间集中于所从事的活动上。间接兴趣越稳定,越容易对活动对象保持有意注意。

(三) 设法排除无关刺激的干扰

排除各种与完成活动任务无关的干扰,如降低噪音强度、保持光线适中等,有助于将注意力更加集中于所要从事的工作上。

(四) 加强意志锻炼

有意注意是需要意志努力的注意。在遇到干扰的情况下,为了集中注意,除了采取一定的措施排除干扰外,有时还需用意志与干扰做斗争。

(五) 合理组织有关活动

在明确活动目的的前提下,合理地组织活动,如把注意的对象作为实际行动的对象,即把智力活动和实际操作结合起来,提出问题,在活动的紧要关头向自己提出"必须注意"的要求等,都有利于注意的维持。

三、有意后注意

有意后注意,也叫随意后注意,是指有明确的目的但不需要或者很少需要意志努力参与的注意,是有意注意高度发展后的一种特殊的注意形式。它一方面类似于有意注意,因为它和目的、任务联系着;另一方面又类似于无意注意,因为它不需要或很少需要个体的意志努力。有意后注意是对有意义、有价值的事物的指向和集中,是在有意注意的基础上发展起来的。有意后注意是一种高级类型的注意,具有高度的稳定性,是人类从事创造性活动的必要条件。

有意后注意既服从于当前的活动目的与任务,又能节省意志的努力,因而对完成长期、持续的任务特别有利,培养有意后注意的关键在于发展对活动本身的直接兴趣。当个体完成各种复杂的智力活动或动作技能时,就要设法增进对这种活动的了解,让自己逐渐喜爱它,并且自然而然地沉浸在这种活动中。这样才能在有意后注意的状态下,使活动取得更大的成效。

无意注意、有意注意和有意后注意三者紧密联系。心理学研究表明,学生在学习过程中,如果只凭无意注意去学习或活动,虽然轻松,但会使学习或活动杂乱无章,难以形成完整的知识结构,一旦遇到干扰活动就不能顺利进行。如果只凭有意注意去学习或活动,时间长了会感到精神紧张,从而导致活动效率降低,同时也会影响创造性的智力活动。而有意后注意也不能脱离与无意注意或有意注意的联系。在任何活动中,没有无意注意的支持,有意后注意就会失去活泼性,而缺乏有意注意的支持,有意后注意则会失去严肃性。

三种注意可以相互转化。例如,有人最初只凭直接兴趣学习弹奏钢琴,后来认识到弹钢琴对陶冶情操、增长知识和才能都有重要作用,于是认真地钻研有关的理论,克服指法、乐理、识谱上的种种困难,保持了对这项活动的高度注意。这是无意注意转化为有意注意的情况。随着学习的进步,他的弹奏技巧越来越娴熟,练习的自觉性也提高了,对活动的目的、意义的认识也越来越深刻,这时,他无须做过多的意志努力就能维持稳定的注意,而且不会感到疲劳,这是有意注意转化为有意后注意的情况。例如,教师生动的讲解引起了学生的无意注意;当教师深入地分析知识的重点、难点时,学生一方面要检索已有的知识来参与理解,另一方面又要把新知识纳入自己的知识结构体系,这就要付出一定的意志努力,此时依靠的是有意注意。而随着教学的深入,学生顺利地接受了知识,扩大了知识领域,对教师传授知识的方式方法也产生了兴趣,感到上课是轻松愉快的事,这时依靠的是有意后注意。这种转化有的是自然而然地进行的,有的则需要一定的诱发因素的帮助,教师善于促成三种注意的转化是提高教学效率的一种艺术。

第二章　中学生的注意

※小练习

在以下数列中，每行中都有一些两两相邻、其和为 10 的成对的数，集中注意力找出这些数，并在每对的下面画上线。此组题是测速度的，所以要尽快做完，不要超时，否则得不到准确成绩。时间：10min。

A：79148756394678831234567898765437
B：91765432198765431421521621728194
C：12845678912345671521631746135124
D：33467382914567349129123198265190
E：51982774675370988028382032465934
F：20563770895749745505533554465505
G：64328976378209382457864018258640
H：76554744466688831345178313141561
I：32832112312354378239237236324376
J：98798787682676570198684743289619
K：19873826455910884234568345679467
L：24682468369118194455566667777738
M：83659172375943767766554433221199
N：91827364558183729108207456789234
O：27348556472378026775675675645766
P：63868918764382928765465435432321
Q：97543354682254668574635296645342
R：40439347368247463647586972837283
S：50161984632876428487659071151682
T：83654289664036826754698457342891
U：48654876983473896474676476473468
V：89573869010285378232818171615648
W：64286497628018365283667788991122
X：48295163837846752866337744885599
Y：62482746389619848328455918264379

评估标准：本组数列中共有 150 对其和为 10 的邻数。每答漏(答错)一对数字，得 1 分。

得 0~26 分者：你集中注意力的能力非常强，在学习工作中一定以效率高著称。

得 27~37 分者：你也较善于集中注意力。如果能有意识地经常进行一些专业训练，会达到优秀水准的。

得 38~48 分者：你刚刚达到及格线上，面临两种选择。一是向前走，经过努力会成为良好者中的一员；一是向后退，丝毫不以目前的状况为忧，那么离你成为一个漫不经心者的日子就不远了。

得 49~143 分者：警钟已经敲响了，你是个注意力不集中的人。难道你愿意永远做一个对学习生活缺乏激情、视而不见的人吗？赶快抓紧时间进行强化训练吧！

第三节　中学生的注意特点及其教学启示

一、中学生注意发展的特点

中学生与小学生相比，有意注意有了较大的发展。已有研究表明，初中二年级以前，无意注意的发展随年龄增长而递增，至二年级时达到峰值，之后出现缓慢下降的趋势。在学习中，初中生的有意注意起着重要作用，能随意地、较长时间地按学习的要求使注意指向和集中在学习内容上。但在初中学生的身上，无意注意仍有较大作用，直接兴趣和客观对象的鲜明特点仍有强烈的吸引力。进入高中阶段，有意注意已占主导地位。他们能够有意地调节和控制自己的注意。在高中学生的有意注意中，活动的内容和目的比形式显得更为重要，他们对较抽象的内容也能保持注意。具体来讲，中学生的注意有如下特点。

（一）注意的稳定性不断增强

初高中阶段是注意的稳定性发展的快速增长期，且发展日趋成熟。中学生注意的持续时间随年龄增长而延长。在中学阶段，随着学生自制力的发展，初中生已经能稳定地集中注意于某项活动和某个内容，他们的注意能保持 45 分钟。因而课堂教学就不需要再像小学生那样，在一节课内变换几种教学形式和方法，就能完成教学任务。但在初中阶段，学生受情绪影响仍有冲动的表现，有时也难以控制自己的注意，有一些学生还存在分心走神的现象。到了高中阶段，学生注意的稳定性也趋于成熟。

（二）注意的广度不断扩大

随着年龄的增长，中学生注意的广度在不断扩大。研究表明，小学生在 0.1 秒内只能看到 2~3 个客体，初中生能看到 4~5 个客体，而高中生能看到 4~6 个客体，达到了成人水平。注意广度的大小主要取决于人过去的经验，由于初中生的生活经验比小学生多而比成人少，所以他们的注意广度介于两者之间。由于高中生知识经验的增加，他们能够在阅读适合自己程度的读物时，达到很快的速度；在观察事物时，既能够知觉整体，又能抓住主要特征，这表明其注意广度得到了迅速发展。

（三）注意分配能力逐渐提高

中学生的注意分配能力已日趋成熟。初中低年级学生在注意分配时也会出现顾此失彼现象，注意抄写就会忽略听讲。初三以上的学生由于各种技能技巧的稳定性有了提高，才使注意分配能力逐渐向较高水平发展。高中生在学习过程中能够根据不同活动的性质和任务，较好地分配自己的注意。

（四）注意转移能力更加灵活

中学生注意转移能力的发展相对缓慢一些。初中低年级学生比小学生有更大的自觉性和灵活性，上课后能自觉地把注意力转移到课堂上来，但是还存在一定的困难。随着经验的积累,智力的发展,心理活动的有意性逐渐增强,高中生注意转移能力才得到较好的发展,大多数学生能自觉地根据活动任务把注意从一个对象转移到另一个对象上。

二、影响中学生注意的因素

(一) 主观因素

1. 学习目的与任务

对学习目的、任务理解得越清楚、越深刻,完成任务的愿望就越强烈,与完成任务有关的一切事物就越能引起和保持有意注意。如果学生学习目的不明确,对目标意义理解不到位,就无法集中注意力,稳定地指向学习活动,更不能维持较长的时间。比如,让一个人去听报告,并要求他听过之后回来要负责传达,那么他听报告的时候,注意力一定非常集中和稳定。而如果只是让他去听,没有附加什么任务,他注意的效果一定不如前一种情况好。可见,对活动的目的和任务是否明确,对注意的效果影响是很大的。学生的学习也是如此。远大的理想、良好的动机、明确的任务、具体的学习计划和进度,会形成一定的紧迫感,这种紧迫感能使学生把注意力稳定在听课、作业、复习等活动中,长时间地坚持学习。

2. 需要和兴趣

凡是能满足人的需要,符合人们兴趣的刺激物,往往容易成为注意的对象。主体对自己需要和感兴趣的事会特别关注,注意的稳定性就高。例如,小学生在看自己喜欢的动画片时,注意稳定性能保持很长一段时间;但如果是上自己不感兴趣的课,注意则容易分散。其实,每个人都会有注意力特别集中或不集中的时候,这与每个人的兴趣有很大关系,对自己感兴趣的事情,一般都能投入大量注意力,反之,则不能注意。我们往往会发现这样的学生:上课无法集中注意力专心听讲,而看漫画书却能一连数个小时不挪地方,正是兴趣使他在看漫画书这一活动中体现出优良的注意力品质。有些事情本身就能引起学生的兴趣,但更多的事情是以其结果间接地引起学生的兴趣。因此,培养兴趣是引发注意的重要条件,尤其是培养间接兴趣,对维系注意更为重要。

3. 学生的睡眠与疲劳度

人在疲劳、睡眠不足时,许多平时容易注意到的事物,这时也不容易察觉,常常表现得注意力不集中、稳定性差、注意力容易分散等。睡眠是消除身体疲劳的主要方式。睡眠不足者,常常表现为烦躁、激动或精神萎靡,注意力涣散,记忆力减退等。长期缺少睡眠则会导致幻觉。而睡眠充足者,精力充沛,思维敏捷,注意力集中,办事效率高。这是由于大脑在睡眠状态下耗氧量大大减少,有利于脑细胞能量的贮存。因此,良好的睡眠有利于保护大脑,提高学生的注意力。学生疲劳多数表现为心情抑郁,焦虑不安或急躁、易怒,情绪不稳,脾气暴躁,思绪混乱,反应迟钝,记忆力下降,注意力不集中,做事缺乏信心,犹豫不决。学生的疲劳度越高,注意力就越不能集中。因此通过睡眠或休息娱乐的方式缓解疲劳有利于学生注意力的集中。

4. 情绪

凡能激起某种情绪的刺激物都容易引起人们的注意。如学生细微的进步会引起一个热爱学生的老师的注意,老师会为此而高兴。强烈的情绪会增强或抑制人的注意。此外,当一个人心情愉快时,平常不太容易引起注意的事物,这时也很容易引起他的注意;当一个人心情不佳时,平常容易引起注意的事物,这时也不会引起他的注意。情绪信息会对注意产生特殊的影响,不同的情绪刺激会驱动个体产生不同的注意偏向。情绪对注意有显著的影响已被许多研究者证实。已有研究表明,正性情绪可以扩大注意的范围,人们在正性情绪下不仅易于采取整体性的加工策略,而且增加了人们的创造性和认知的灵活性,而在负性情绪下注意更集中,人们倾向于采取细节性的加工策略,因而完成任务时有更高的正确率。

5. 学生知识经验

学生已有的知识经验对保持注意有着重要的意义。新异刺激物容易引起无意注意,但保持这种注意则与学生的知识经验密切相关。因为新异刺激物固然能引起人们不由自主的注意,但如果人对它一点儿也不理解,即使能一时引起注意,也会很快失效。如果学生对新异刺激物有一些理解,但又不完全理解,为了求得进一步的理解,就能长时间地注意。

6. 坚强的意志力

注意的最大敌人是分心。要使注意长时间地保持,就需要用坚强的意志排除外在干扰的影响。对注意的影响可能是外在因素的干扰,也可能是由主体自身状态不佳造成的。学生如果想集中注意力,除了采用一定的措施排除干扰外,还要用坚强的意志与干扰做斗争。

(二) 客观因素

1. 客观刺激物的特点

刺激物的强度、刺激物之间的对比关系、刺激物的运动变化、刺激物的新异性都会影响人们的注意。

刺激物的强度:一般而言,在一定的限度内,刺激物的绝对强度越大,注意就越明显,强烈的刺激易引起学生的无意注意。如大的声音、强烈的光线、刺激性气味都容易引起人们的注意。刺激物的相对强度在引起无意注意上也有重要意义。如在寂静的考场中,窃窃私语就能引起监考老师和考生们的注意。

刺激物之间的对比关系:刺激物之间在强度、形状、大小、颜色或持续时间上的差异显著,容易引起人们的注意。如教师用红色笔批阅学生作业,就是应用了颜色对比来引起学生对老师批阅的注意。教师在授课中应通过语速快慢、声调高低的对比,突出教学内容的重点,从而吸引学生对重点教学内容的学习。

刺激物的运动变化:活动变化的刺激比静止的刺激更能引起人们的注意。如闪烁的霓虹灯比持续的霓虹灯更能引起人们的注意。所以老师在制作课件时,能动态呈现的信息就尽量动态地呈现。

刺激物的新异性:刺激物的新异性容易引起人们的注意。从没见过的对象容易引起人的注意,这是绝对新异。如班上来了新同学,新同学自然成了班上其他学生注意的对象。而熟悉的对象有了新的变化也容易引起人们的注意,这是相对而言的新异。如班主任换了新发型后进入教室引起了同学们的注意。

2. 学习过程

学习过程中教师的授课方式、教学内容、学习时间以及班级气氛等因素都会影响学生注意的效果。中小学生的注意容易随着外界事物的吸引程度而变化。如果教师的授课方式一成不变，不讲求教学方法的灵活使用和变化，那么学生的注意力就会因为对象缺乏新意和变化而难以集中稳定。同样，教师对教学内容不进行深入加工，教学内容枯燥乏味，也不能引起学生注意。心理学研究表明，最能引起注意的是那些使人感到既熟悉又有些陌生的内容。所以，新鲜的教学内容必须与学生已有经验相联结，才能引起和保持学生的注意。另外，学习时间安排不当，学习时间过长导致休息不够，随之而来的后果就是注意力不断退步。

3. 教室内外无关刺激的干扰

教室周围环境所产生的噪音、刺激性的气味、教室的采光、教室内环境布置过于复杂、教室内空气质量等无关刺激都对学生的注意力有极大的影响。

4. 营养状况

脑在人体各器官中是最重要和最活跃的器官，虽然大脑只占人体质量的2%，但消耗的能量却占全身总消耗能量的20%。学习是一种极其繁重的脑力劳动，注意力集中时大脑处于高度紧张的兴奋状态，需要大量新鲜血液提供足够的营养。因此，只有不断地供给大脑充足的营养，它才能精神饱满地工作；如果大脑营养供应不良，它就会产生疲劳或受到损伤，注意力就会涣散。部分中小学生到上午第三节课就坐不住，与早餐没吃好、营养供给不足有很大关系。因此加强中小学生的营养，特别是早餐营养对于中小学生注意力的保持有非常积极的意义。

三、注意规律在教学中的应用

注意既对学生的学习有重要意义，又对教师的教学有重要影响。教师要根据注意规律来组织教学，才能取得良好的结果。

（一）无意注意规律的运用

无意注意是由刺激物本身的特点和人的主体状态引起的，它既可以成为促进教学顺利进行的积极因素，也可以成为分散学生注意的消极因素。因此，教师在教学中要创设条件，避免无意注意的消极作用，充分发挥无意注意的积极作用。

第一，创设良好的教学环境。教学环境是教师从事教学活动的最基本的前提条件，是课堂教学顺利进行的重要保证。一般来说，保持良好的教学环境，要注意防止与教学无关的刺激出现，包括教师的着装应整洁，不过于艳丽奇特；言谈举止要得体大方；校园环境应当安静整洁，具有高雅的文化情调；教室应远离闹市，尽量保持教室周围环境的安静；教室的布置应简单大方，避免不必要的张贴或过多艳丽的装饰。另外，教师还应维护好教学秩序，不随意喧哗和走动，以免干扰学生注意的稳定与集中。

第二，精心组织教学内容。新颖、丰富的教学内容易引起学生的注意，提高学生的注意力。缺乏新颖性、单调的教学内容，学生不仅不感兴趣，注意也容易分散。教学内容的难易要适中，内容太难、太易都不能使学生的兴趣和注意长久维持下去。实践证明，最能引起学生注意的是让学生感到既有一定难度又能通过努力达到目标的学习内容,是让学生感到既熟悉又有些陌生的内容。这种知识内容有助于激发他们期待的心理悬念,所以,对于学生感到困难的定义、原理等较抽象的材料,教师应当补充与原教材有关、内容健康、有注解的材料,以帮助学生理解,激发他们的学习兴趣。

第三,教学方法灵活多样。教师在教学中要采用多样化的教学方法,把讲授、提问、演示和讨论结合起来,避免单调、呆板的教学模式。实践证明,教学方式方法越是灵活新颖多变,学生的学习注意力就越是集中。众所周知,学生在中学阶段仍喜欢新颖、奇特和灵活多变的课堂,随时都有新的刺激,随时都有新的满足,注意力自然就会高度集中。

(二) 有意注意规律的运用

学习是有目的、有计划的活动,学生要搞好学习,仅凭无意注意是不行的。有时还需要学习那些自己不感兴趣的内容,要想全面地学习和掌握这些内容,必须有意注意参与才能实现。因此,教师在教学中需要充分应用有意注意的规律来组织教学。

第一,培养学习兴趣,激发求知欲。学习兴趣是推动人们学习的一种内在动力,是学习的催化剂。只有激发了学生的学习兴趣,才能使学生具有强烈的求知欲,才能有高度的注意力。注意的规律表明,注意的目的和任务越明确,学习自觉性越高,越能引起有意注意。因此教师要善于帮助学生把模糊的学习目的化为清晰具体的学习目标。与此同时,还要让学生体验到学习过程中的点滴成功,唤起学生积极的学习动机,产生强烈的求知欲。例如,充分肯定学生回答问题的积极性,定期展示学习成果,及时反馈学生的成绩,对学生的进步给予奖励等。这些鼓励能使学生体会成功、获得喜悦,把追求成绩的暂时兴趣化为追求知识的永久兴趣。这种指向学习目的和结果的情绪被称为间接兴趣。间接兴趣的培养,有助于学生在学习过程中更好地集中注意力,排除干扰,从而完成学习任务。

第二,科学组织课堂教学。科学组织课堂教学是使学生注意力得以保持的重要条件,教师在教学中应抓住注意的最佳时间讲解重点和难点,把主要教学任务在这一时间段完成。当学生感到疲惫、注意力分散的时候,及时变换教学形式和方法。与此同时,教师要注意创设问题情境引导学生思考,通过问题引起学生注意,让全班同学都有思考问题的机会和回答问题的准备,以减少注意分散的机会,并且在课堂环节中加入实际操作。研究表明,实际操作越具体、越明确,越有利于有意注意。例如,加强课堂实验、课堂练习,要求学生记笔记、编提纲等操作会使学生有意注意的时间大大延长,从而提高学习效率。

第三,培养学生克服困难的意志力,克服内外因素的干扰。有意注意是需要一定意志努力的注意。在学习中,外界的干扰和内心的走神随时都有可能发生,这时就要依靠坚强的意志来抵抗注意力的分散。实践证明,学生的意志力与注意稳定性、学习成绩有着很强的相关性。教师要逐步培养学生的意志力,在遇到干扰时,懂得用语言提醒自己注意,能习惯性地运用实际动作来保持有意注意。学会在有需要的任何时候将自己的注意力集中起来,排除干扰。

(三) 有意后注意的运用

有意后注意是有意注意高度发展后的产物,如果能在教学中灵活地运用有意后注意,将有助于课堂教学效率的提高。教师需要在课堂中设计好注意转化的方案,有目的地促使学生的注意转化为对学习既向往又有乐趣的有意后注意的形式。

※知识链接

汉字知觉解体

随便选择教材中的某个汉字,集中注意力凝视该汉字,持续一分钟。你会发现这个汉字不再像一个真的汉字,而像是几个部件组成的假字。这种现象被称为"汉字的知觉解体"。

(资料来源:彭聃龄.普通心理学[M].北京:北京师范大学出版社,2012.)

※本章小结

注意是一个非常重要的心理现象,是心理活动对一定对象的指向与集中。注意是掌握知识、从事实践活动必不可少的条件,学生注意力水平的高低,影响学生学习的过程和效果。教师要掌握中小学生各年龄阶段注意的特点,根据注意的规律来组织教学。同时,要采取有针对性的、可行有效的方法对学生的注意力进行训练,努力提高课堂教学效率。

※习题

1. 什么是注意?注意的主要功能有哪些?可以将注意分为哪几类?
2. 注意的品质有哪些?请举例说明。
3. 中小学生的注意发展有什么特点?
4. 请阐述注意的认知理论。
5. 试用本章所学知识说明如何防止中学生在课堂上分心。

※参考文献

[1] 筱原菊纪.30种大脑训练方法:提高你的注意力[M].江霆山,译.北京:电子工业出版社,2006.

[2] 让-菲利普·拉夏.注意力:专注的科学与训练[M].刘彦,译.北京:人民邮电出版社,2016.

[3] 劳特,施洛特克.儿童注意力训练手册[M].杨文丽,叶静月,译.成都:四川大学出版社,2006.

[4] 高坤.50招提升孩子的注意力:专注成就未来[M].北京:中国妇女出版社,2006.

[5] 彭聃龄.普通心理学[M].北京:北京师范大学出版社,2012.

第三章　中学生的感知觉

※**名人名言**
久入芝兰之室而不闻其香,久入鲍鱼之肆而不闻其臭。

——《孔子家语·六本》

※**本章提要**
1. 感觉的作用,感觉的种类,感觉的规律
2. 知觉的种类,知觉的特征,错觉
3. 中学生感知觉的特点及其教学启示

※**学习目标**
1. 了解感觉与知觉的概念及分类,理解感知觉的区别与联系
2. 了解感觉系统和知觉系统的基本构造,以及感知觉的产生机制,掌握感知觉的一般规律和特性,以及在现实生活中的应用
3. 根据感知的规律,能初步解释生活、学习中的一些简单的心理现象,并尝试解决所遇到的心理问题

※**案例导入**
肯基从小生活在非洲赤道附近的牌格米(Pygmy),他自出生以来就没有离开过这片繁茂的热带森林。

有一天,他第一次和人类学家科林·托恩-布尔(Colin Turn-bull)一起乘车穿越一个空阔的平原。后来,托恩-布尔对肯基的反应做出了以下的描述:"他远眺几英里以外的平原,那里大概有一百头左右正在吃草的一群野牛,问我那是哪一种昆虫。我告知他它们是比他所认识的森林野牛大一倍的野牛,他却大笑着要我别讲这样的蠢话,并再次问我它们是哪一种昆虫。然后他喃喃自语,为了找出更加合理的比较,他还试图把那些野牛与他熟悉的那些甲虫和蚂蚁一一做比较。当我们坐上汽车向这些野牛吃草的地方前行时,他甚至还在做这样的那样的比较。尽管肯基和其他牌格米人一样勇猛,但是当他看到那些野牛在眼前变得越来越大时,还是坐得离我越来越近,嘴里嘀咕着说一定有什么魔力……终于,当他认识到它们果真是野牛时,他不再害怕了,但仍然感到疑惑,为什么刚刚那些看起来那么小的野牛现在却突然变大了。这是不是存在什么骗术?"

我们从这个男人的故事可知,一个人的生活经历的确会对他的知觉产生影响。因为他从小并没有在平原生活过,也从来没有离开过热带森林,所以他没有先验的知识来解释他眼中的感觉信息。在本章中,你将学习自己的知识如何影响你能够并且真实知觉到的东西。

(资料来源:彭聃龄.普通心理学[M].北京:北京师范大学出版社,2012.)

第一节 感知觉概述

一、感知觉的概念

(一) 什么是感觉

在日常生活中,我们常常会运用到"感觉"这个词,例如,"我对这个城市的感觉很好","我感觉这次的作业不难",等等,但是这里的"感觉"与心理学的专有名词"感觉"的意思大相径庭,表示"觉得"的意思。在心理学中,感觉指人脑对当前作用于感觉器官的客观事物的个别属性的直接反映。

1. 感觉的作用

首先,人们通过感觉来认识这个丰富多彩的世界。人们不仅通过感觉能认识外界客观事物的软硬、颜色、气味、响度等属性,也能通过感觉来认识个体自身的机体内部状态。

其次,感觉还给人们带来情绪体验,如愉快的、痛苦的。感觉是人的情绪情感等高级心理过程的重要先导和基础。

再次,感觉对于维持正常心理活动提供重要保障。相关研究表明,在动物个体生长发育的早期阶段进行感觉剥夺,会使动物的感觉功能产生严重缺陷;而人类也无法长时间忍耐全部或部分感觉剥夺。感觉剥夺会使人的思维过程混乱,出现幻觉,注意力不能集中,严重的话还会出现心理障碍。

※知识链接

感觉剥夺实验

1954年,加拿大科学家以实验补助费吸引了一些大学生参与感觉剥夺实验。参与者被要求在一个封闭的单独禁闭室里待一周时间,在此期间佩戴透明护目镜(剥夺视觉),小臂上戴硬纸板制成的装置限制手部活动(剥夺触觉)。禁闭室里有能解决个人卫生问题的设施,有床可以休息。但除了空调发出的嗡嗡声,参与者听不到外界声音(剥夺听觉)。

实验开始后不久,参与者大部分时间都在睡觉,但很快又睡不着,只能躺在床上睁着眼,感到无聊、易怒。因缺少外界刺激,他们开始吹口哨、唱歌,或者自言自语,想方设法自己制造声音。随着实验继续,他们开始无法集中精神,甚至哪怕简单的心算也无法完成。

虽然实验补助丰厚,但大多数参与者在实验开始3天后就退出了。那些坚持了一周的参与者事后报告说,他们在实验期间出现幻视、幻听和幻触。其中一些人说自己看到了密集的点或线条(它们其实并不存在),一些人说自己看到了长着大嘴、戴着黑帽的小黄人,一些人说自己听到了声音或音乐,甚至还有人感觉冰冷的钢板压在自己前额。

[资料来源:葛明贵.感觉剥夺实验研究述评[J].安徽师大学报(自然科学版),1994(03):269-271.]

2. 感觉的特点

感觉反映的是当前活动下直接接触到的客观事物,而不是过去发生的更不是间接接触的事物。由于感觉的客观属性,因此,记忆中再现的映像,幻觉中各种类似于感觉的体验等都不是感觉。

感觉反应的是客观事物的个别属性,而不是事物的整体属性。通过感觉,我们只能知道事物的个别属性,如声音、形状、颜色,但却不能把这些客观属性整合起来成为一个整体属性,也不明白事物所代表的意义。对客观事物的整体属性的反映以及对其意义的揭露是比感觉更高级的心理过程的机能,然而一切较高级、较复杂的心理现象都必须在感觉的基础上产生,感觉是人认识客观世界的开始。

感觉是客观内容和主观形式的统一。从感觉的对象和内容来看,它是客观的,即反映着不依赖于人的意识而独立存在的客观事物。从感觉的形式和表现来看,它又是主观的,即在一定的主体身上形成、表现和存在着,人的任何感觉,都受到个体性格、经验、知识及身体状况等主体因素的影响。由此可见,感觉是以客观事物为源泉,以主观解释为方式和结果,是主、客观联系的重要渠道,是客观事物的主观映像。

(二)什么是知觉

知觉指人脑对直接作用于感觉器官的客观事物的各个部分和属性的整体反映;知觉在感觉的基础上产生,是对感觉信息的整合和解释。知觉和感觉是相互联系的。知觉以感觉作基础,但它不是个别感觉信息的简单总和。

知觉以感觉为基础,只有对事物的个别属性感觉越多,个体的知觉才会越完整、越准确。知觉在感觉的基础上,对其进行不断的深入和综合。事物的自然属性对感觉的影响较大,而个体的知识经验和主观状态则对知觉影响较大,信息采集主要根据自己的需要和心理倾向。知觉是在头脑中对事物形成整体形象,而不是感觉对个别属性的简单相加,是各种感觉信息按事物的联系和关系经过大脑皮层综合反映的结果。感觉和知觉是认识过程中两种最简单的心理活动形式,但却是人类对客观世界认识的最初形式,并且是各种更为复杂的心理活动的基础。感知觉是各种复杂认识、情感、意志等活动发展的前提和基础。

二、感知觉的准备

(一)感觉的种类

根据感觉分析器和它反映的适宜刺激物的不同,以及根据不同的目的、需要,可以对感觉进行不同方式的分类。

按照刺激物与感觉器官的接触方式,可将感觉分为距离感觉(如视觉、听觉等)和接触感觉(如触觉、味觉等)。根据医学临床需要,可将感觉按照感受器的分布及作用特征分为体表感觉(如视、听觉)、身部感觉(姿势和运动感觉)和内脏感觉(如饥渴、饱胀等)。

心理学中常用的分类之一,是根据内、外感受器及其所反映的内、外环境刺激的不同,将感觉分为内部感觉和外部感觉。外部感觉是接受来自外界的刺激,反映外界事物的属性的感觉。这类感觉包括视觉、听觉、嗅觉、味觉、肤觉和痛觉。内部感觉是接受来自体内的刺激,反映身体的位置,运动和内脏的不同状态,包括运动觉、平衡觉、内脏感觉。

痛觉与其他感觉不同,它是较特殊的一种感觉,它不同于其他知觉,没有自己独立的感受分析器系统。对任何感受器来说,如果接受的刺激强度过大以至达到伤害的程度,便会产生痛觉。

(二) 知觉的种类

知觉可分为两大类:一般知觉(简单知觉)和复杂知觉(综合知觉)。

1. 一般知觉

一般知觉,也称简单知觉。知觉是多种感觉器官协同活动的结果,依照知觉过程中起主导作用的感觉器官来划分,可分为视知觉、听知觉、嗅知觉、味知觉和肤知觉等五种。

2. 复杂知觉

复杂知觉是一种综合的知觉,也称综合知觉。它并不像简单知觉,依靠起主导作用的器官划分,它需要多种感觉器官同时参与活动,知觉的对象、内容也较复杂。按其所反映对象的性质来划分,复杂知觉可分为时间知觉、空间知觉和运动知觉。

(1) 时间知觉。时间知觉是人对客观对象的持续时间、速度和顺序的反映。人不仅在一定空间中活动,也总要在一定时间中活动。时间无始无终。自然界存在的周期性现象,如太阳起落、月有圆缺、四季变化等,都可以成为人们的时间知觉参照系。不同的感觉器官判断时间的精确性是不同的,其中听觉最好,其次是触觉,最差是视觉。

(2) 空间知觉。空间知觉是物体的空间关系(形状、大小、距离、方位等)在人脑中的反映。在人与周围环境的相互作用中空间知觉起重要作用。正确认识物体的形状、大小、距离、方位等空间特性对人类的生存发展有重要意义。

空间知觉主要包括:

● 形状知觉:靠视觉、触摸觉和动觉来判断物体的形状。

● 大小知觉:靠视觉、触摸觉和动觉来判断物体的大小。人关于物体大小的知觉也是靠视觉、触摸觉和动觉形成的,其中视觉占有最重要的地位。

● 深度知觉:关于物体远近距离或深度的知觉,也叫距离知觉。

深度知觉也依赖于视觉、触觉和动觉来加以判断。深度知觉比形状知觉和大小知觉更为复杂,它依赖许多深度线索。这些线索分别是:

对象的重叠。如果一个物体的部分被另外一个物体遮住了,那么前面的物体就被知觉得近些,被遮掩的物体就被知觉得远些。

线条透视。同样大小的物体,在近处产生的视角大,看起来较大,而在远处产生的视角小,看起来较小。人们可以通过线条透视的效果来感知事物的距离。

空气透视。日常生活中我们总是透过空气观察物体,由于光线在空气中发生折射,近处的物体看起来清楚、细节分明,远处的物体看起来比较模糊。根据经验,我们把清晰的物体知觉为在近处,把模糊的物体知觉为在远处。

明暗和阴影。根据物体明度上的规律,明亮的物体离得近些,灰暗或阴影下的物体离得远些,这也可作为距离知觉的线索。

运动视差。当人与环境发生相对运动时,近的物体看起来运动较快,远处的物体看起来运动较慢,这种经验也是距离知觉的线索。

眼睛的调节。为了获得清晰的视觉,睫状肌会根据外在环境的变化自动调节眼球水晶体的曲度,物体越近,水晶体就越凸,物体越远,水晶体就越凹,这样,睫状肌的紧张程度便称为距离知觉的线索。

双眼视轴的辐合。在观察一个物体时,这个物体在两只眼睛形成的视像都要落在中央窝上,这样就自然形成了一个视轴的辐合。如果物体较近,视轴的辐合角度就大;反之亦然。于是控制两眼视轴辐合的眼肌运动状态就称为距离知觉的线索。

双眼视差。深度知觉主要是靠双眼视差实现的。人的两只眼睛尽管在构造上是一样的,但是两眼之间存在有一定距离。当我们观察的是一个立体的物体,那么在两只眼睛的视网膜上就会形成两个稍有差异的视像,及两眼视差。这种差异传至大脑,就是深度知觉的主要线索。3D技术的实现就是依靠这一原理。

● 方位知觉:依靠视、听、触、动、平衡觉等协同活动,对物体的空间关系、位置和有机体自身所处方位进行判断(上、下、左、右、前、后、东、南、西、北)。动物和人都具有方位知觉的能力。

(3)运动知觉。运动知觉是物体在空间位移、移动速度及人体自身运动状态在人脑中的反映,是由视觉、听觉、肤觉、平衡觉、机体觉、运动觉等系统协同、参与的结果。运动知觉的产生至少有以下两个原因:一是物体在空间的位置发生了变化并在视网膜上留下轨迹;二是观察者自身的运动(如身体运动、眼球运动等)所提供的动觉信息。当物体改变空间位置,而我们又能够察觉到这种变化时,我们便产生了该物体运动的知觉。

运动知觉主要包括两种类型:

● 真动知觉:指物体发生实际的空间位移所产生的运动知觉。真动知觉直接依赖于对象的运动速度。如果物体运动的速度太慢,或单位时间内物体位移的距离太小,那么就不能使人产生真动知觉。例如,人不能察觉腕表上时针的运动,也不能感知花朵开放的细微变化。

● 似动知觉:指在一定的时间和空间条件下,人们在静止的物体间看到了运动,或者在没有连续位移的地方,看到了连续的运动。似动知觉主要包括动景运动和诱动知觉。

(三) 错觉

错觉是指在特定条件下对事物必然会产生某种固定倾向歪曲的知觉。错觉不同于幻觉,它是在客观事物刺激作用下产生的主观歪曲的知觉。错觉虽然奇怪,但不神秘。错觉现象在两千多年前就被人类所发现。据《列子·汤问篇》记载,孔圣人出游时曾遇两小儿争论太阳大小,"日初出大如车盖而日中则如盘盂"的疑惑竟令孔子也不能解答。

1. 错觉的种类

错觉的种类很多,在心理学研究中已发现的错觉现象,大多属于视错觉。常见的有大小错觉、形状和方向错觉、形重错觉、倾斜错觉、运动错觉、时间错觉等。

2. 错觉产生的原因及其实践意义

客观上,错觉产生的原因大多是知觉对象所处的客观环境发生了某种变化。主观上,过去经验、情绪等因素都会使错觉产生。此外,情绪、态度也会对个体产生影响,从而产生错觉。

错觉也可能是各种感觉相互作用的结果。人对当前客观事物的感知总是受着过去知识经验的影响,所以错觉的产生可能受到过去的知识经验的影响。

第二节 感知觉的规律

一、感觉的规律

(一)感受性和感觉阈限

对刺激物的感觉能力叫感受性。感受性的大小是用感觉阈限来度量的。每种感觉均有两种类型的感受性和感觉阈限,即绝对感受性和绝对感觉阈限,差别感受性和差别感觉阈限。

事实上,并不是任何刺激都能使我们产生感觉。遥远的月亮发出的一丝光线,尽管也有一定数量落在视网膜上,我们却看不见;一粒微尘落在皮肤上,我们也感觉不到,并且可见光太微弱的刺激是引不起感觉的。绝对感觉阈限就是指那种刚刚能引起感觉的最小刺激量。绝对感受性就是刚刚能觉察出最小刺激强度的能力。绝对感受性和绝对感觉阈限在数量上成反比关系。

假如引起感觉的刺激的强度发生变化,我们的感觉未必随之发生变化,只有变化到一定程度,我们才能感到它的变化。如100人的表演方队中增加4~5名表演人员,人们仍未觉察人数的变化,只有增加了10名表演人员,才能勉强觉察到。那种刚刚引起差别感觉的刺激物的最小差异量叫差别感觉阈限,差别感受性是指刚刚能觉察出最小差异量的能力。

德国生理学家韦伯(E. H. Weber)在研究重量感觉时,发现差别感觉阈限与原来刺激量的比值是一个常数。这种关系韦伯把它看作一个定律,后来人们称之为韦伯定律,为了方便,人们把这个刺激强度差别的相对值叫韦伯分数,即相对差别阈限。

(二)感受性的发展

感受性的发展依赖于以下条件。

1. 感受性发展的基本条件包括社会生活条件和实践活动

专门从事某种特殊行业的工作者,由于长期使用某种感觉器官,相应的感受性就发展了起来。

2. 感受性可以通过有计划的练习来提高

有研究者曾对不懂音乐的人的听觉进行训练,以提高他们对音高的分辨能力。

3. 感觉器官的机能补偿作用

即使个体的某个感觉器官有缺陷或受损伤,通过在日常生活中的特殊训练,其他没有缺陷或没被损伤的感觉器官的感受性会明显高于一般人,这说明对有缺陷或受损害的器官起补偿作用。

感受性的测定和培养在职业选择和培训中十分重要。在这方面,西方国家起步较早,我国近几年也在进行有益的尝试。

(三) 感受性的相互作用

1. 同一感觉的相互作用

对一定感受器的刺激有时间和空间两种模式。空间模式是指某一特定感受器的各部分受到刺激的情况,如几种溶液同时作用于舌面的不同部位;时间模式是指某一特定感受器受到刺激的不同顺序。同一感觉的相互作用就是指作用于某一特定感受器的刺激因时间、空间模式的不同而使感受性发生变化的现象。它包括:

(1) 感觉的适应。同一刺激物持续地作用于某一感受器而使感受性发生变化的现象,叫作感觉的适应。

(2) 感觉的对比。对比是同一感觉器官在不同刺激物的作用下,感觉在强度和性质上发生变化的现象。

(3) 后象。后象是指当刺激作用停止后,感觉并不立刻消失,还要保持短暂时间的现象。

2. 不同感觉的相互作用

某种感觉器官受到刺激会对其他器官的感受性造成影响,或使其升高或使其降低,这种现象叫不同感觉之间的相互作用。现实生活中,人接受环境的信息常常是多通道进行的,不同感觉的相互作用时有发生。

(1) 联觉。联觉是指一种感觉兼有另一种感觉的心理现象。它是感觉相互作用的另一种表现。某些有一定音乐成就的人,他们听到一定的音乐后会在大脑中产生相应的视觉体验,这就是一种视听联觉。但并不是所有的人都能产生联觉。

(2) 不同感觉的补偿。当某种感觉发生受损或缺失后,其他感觉会给予补偿。这就是不同感觉的补偿作用。不同感觉之间之所以能够互相补偿,是因为在一定条件下不同形式的能量可以互相转换。

我们从感觉的相互作用可知,人的感觉系统是一个整体,各种感觉是相互联系的,它们对客观世界进行全面的反映。

二、知觉的特征

(一) 知觉的选择性

人们在进行知觉时,尽管同时接受很多来自外界或体内的刺激,但人们总把其中的少数刺激当作知觉对象,而将那些不被注意的刺激当作知觉背景。知觉对象的事物,是从其他刺激物中突出出来的,我们能够对它进行清楚地反映。而作为背景的刺激物,我们只能对其进行模糊地反映。因此,把接触到的刺激物分为对象和背景两部分,这就是知觉的选择性。

(二) 知觉的整体性

知觉对象是由许多部分、许多属性组成的,尽管各部分、各种属性彼此不同,但人们并不把对象感知为个别的孤立部分或属性,而总是把它知觉为一个统一的整体。这就是知觉的整体性。由于复合刺激各部分之间的关系不变,我们就可以根据已有的经验,由知觉物体的个别部分而知道其余的部分和特征,从而知觉到它的整体。

知觉的整体性往往取决于以下四种因素。

1. 知觉对象的特点

如接近(时间或空间上接近的刺激物容易被知觉为一个整体)、相似(彼此相似的刺激物容易被知觉为一个整体)、闭合、连续等因素。

2. 对象各组成部分的强度关系

知觉对象虽然作为一个统一的、整体的复合刺激物起作用,但是,强度大的组成部分具有重要的意义,它往往决定对知觉对象的整体认识。

3. 知觉对象各部分之间的结构关系

同样一些部分,处于不同的结构关系中就会成为不同的知觉整体。

4. 知觉者本身的主观状态

其中最主要的是知识与经验。当知觉对象提供的信息不足时,知觉者总是以过去的知识经验来补充当前的知觉。

(三) 知觉的理解性

知觉的理解性是指人们对任何事物的知觉都是根据已有的知识经验去理解和领会的。理解是知觉的特征,也是知觉的必要条件,只有理解的东西,才能更完美地知觉它。

在对知觉对象理解的过程中,经验是最重要的。

(四) 知觉的恒常性

如果知觉对象本身不发生变化时,知觉的条件在一定程度下发生改变,知觉的映像仍然会保持不变,这就是知觉的恒常性。如家里面的大门总是长方形的,并不会因为观看角度不同造成它在视网膜上成像的不同而知觉为菱形或梯形。人们总是根据过去保留在大脑的记忆去知觉事物。正是因为有了知觉的恒常性,才唤醒我们对于当前知觉对象的有关经验,从而加深了对事物的理解和体会,使我们加大了反映事物的真实性和稳定性的能力。

在视觉范围内,恒常性的种类有:

(1) 形状恒常性。当我们从不同角度观察同一物体时,物体在视网膜上投影的形状是不断变化的。但我们知觉到的物体的形状并没有很大的变化,这就是形状恒常性。例如,门从开到关。

(2) 大小恒常性。当我们从不同距离观看同一物体时,物体在视网膜上成像的大小是有变化的,而知觉到的物体的大小却不完全随着距离而变化,它趋向于原物的实际大小。例如,艾姆斯小屋。

（3）明度恒常性。在照明条件改变时，人知觉到的明度不会随物体实际亮度的改变而变化，仍倾向于把物体的表面亮度知觉为不变，这就是明度的恒常性。例如，煤球总是黑色的。

（4）颜色恒常性。一个有颜色的物体在色光照明下，它的表面颜色并不受色光照明的影响，而是保持相对不变，这就是颜色恒常性。例如，家具在不同灯光下，颜色保持相对不变。

※知识链接

社会支持能缓解疼痛

Brown 等人研究了社会支持对个体实际疼痛的影响。在实验中，研究者将被试随机分为三组，要求他们将自己的非惯用手放入冷水中。控制组的被试需要单独完成任务，其他两组的被试则由朋友或陌生人陪同完成任务。这些朋友或陌生人提供主动支持(言语支持)、被动支持(没有言语或眼神交流的支持)或互动。然后，被试需要对感知到的疼痛进行评分。结果发现，无论是由朋友还是陌生人陪同完成任务，主动支持和被动支持条件下的被试都要比单独和互动条件下的被试感受到更少的疼痛。

[资料来源：莫田甜，周欣悦.金钱的社会资源理论：十年回顾与展望[J].应用心理学，2020,26(01):3-14.]

第三节 中学生感知觉的特点及其教学启示

一、中学生感知觉发展的特点

（一）中学生的感觉特点

与小学生相比，中学生的感受性和观察力发展得更好。随着视觉感受性的不断提高，辨别各种颜色和色度的精确性也在不断增加。初中生与小学一年级的学生相比，他们对各种色度的精确性提高了60%以上。15岁前后，视觉和听觉的敏度高度发展甚至可超过成人。初中生辨别音高的能力也在不断提高，对音阶的辨别具有很高的准确性。这时期青少年的关节肌肉高度发展，运动觉的发展进入了更高的阶段。

（二）中学生的知觉特点

在知觉整体性方面，中学生已经能够较好地对学习或对生活中存在的具有一定欠缺的事物进行补缀，然后进行认知。但由于知识和阅历的限制，中学生容易忽视弱刺激而过分注重强刺激，从而做出不完全的甚至是错误的反应。

在知觉理解性方面，初中生能够根据经验，运用组合、补充、删减或替代等几种加工方式对事物形成比较完整的理解，但这很大程度上依靠他们的主观想象，较为随意，因此常常导致他们对知识的理解有所偏差。而且，如果没有正确的指导和更合理的解释，他们甚至还会把这种理解顽固地坚持下去(黄煜峰等,1999)。到了高中阶段,这种特点将会慢慢减退。

由于受逻辑思维发展水平的限制,初中学生的知觉恒常性与高中学生相比还有所差距。初中生不同于高中生,他们很容易受到局部、片面的刺激困扰,不能有效稳定地反映客观事物;而高中学生则相反,他们更能抓住事物的本质特征,能够更从容、灵活地使用各种概念、定理或规律,做到触类旁通,举一反三。

此外,中学生在知觉的有意性和目的性等方面有了较大的进步和提高,能根据教学要求主动去知觉有关事物。其次,中学生的知觉精确性、概括性得到了进一步发展,出现了逻辑性知觉。在时间知觉上,初中学生虽然对较大的单位还不太理解和熟悉,如"世纪""年代"这样的历史时间单位,但是对较小的单位,如,月、周、时、分等有了更精确的理解。由于在空间知觉的抽象性方面有较大的提高,他们能够比较熟练地掌握三维的空间关系,因此远距离空间知觉也逐渐形成。除此之外,中学生已经能够理解并且掌握各种地理空间关系,虽然尚未理解更为复杂的空间关系,但是已经形成了经纬度、地球、宇宙等空间表象。

二、教学启示

观察是认识世界的第一扇大门,提升观察力可以从以下几方面进行训练。

(一) 懂得恰当的观察顺序

在观察的过程中切忌杂乱无序,"东一榔头西一棒子"的观察常常会导致观察对象的遗漏。所以,根据观察对象的特点进行观察,可采取"从上到下""从左到右"或"从中间到四周"的观察方法,有条理地进行观察。顺序在对比观察中尤为重要。

(二) 掌握常用的观察技巧

第一,要明确观察的目的,带着任务或者问题进行观察,观察将更有针对性也更有效率。第二,要学会制订观察计划。拟定计划之后进行观察,可以让观察更加从容,而不是"眉毛胡子一把抓"。第三,要有丰富的知识经验储备。在同样的观察任务中,专家比新手更占优势,就是因为知识储备的不同直接导致观察效果的高低。第四,在观察中要客观准确地记录观察内容,尽量避免"戴着有色眼镜"观察。第五,在观察过程中要习惯总结归纳,把观察到的现象进行归纳,让认识更上一个层次。第六,观察中要注意灵活性,要善于抓住观察机会,灵活地转移观察目标。

(三) 培养良好的观察品质

首先,要养成边观察边思考的习惯,这样可以深化对观察对象的认识,同时有助于及时调整观察策略。其次,要充分调动积极的情绪配合观察。当你对观察的事物怀有浓厚的兴趣时,观察也会随之变得更加专注、更加细致。最后,要有坚定的意志力。观察并不是一件容易的事。有的观察需要较长的时间,需要克服一些干扰因素。这时,坚定的意志力可以让观察者不被困难所阻碍,保证观察活动的顺利进行。

※ **本章小结**

感知觉是认知过程的初级阶段,在整个认知系统中具有重要的意义。了解感知觉的基础知识,掌握中小学生的感知特点,能够运用感知觉和内感官的原理来提示师生双方的感受性,这既是教育实践活动中因材施教的基础,又能对提高课堂教学效率产生积极的影响。

※ **习题**

1. 梳理小学生或中学生的感知特点,思考如何针对这些特点进行教学。
2. 结合你的学科,尝试设计一堂观察课。
3. 思考如何运用感知规律促进教学。
4. 选择自己身边的一位中小学生,观察或测定对方的内感官类型,思考如何根据感官类型对其进行学习指导。

※ **参考文献**

[1] [美]哈维·理查德·施夫曼.感觉与知觉[M].李乐山,译.西安:西安大学出版社,2014.

[2] [美]E. Bruce Goldstein, James R. Brockmole. 万千心理·感觉与知觉[M].张明,译.北京:中国轻工业出版社,2018.

[3] 彭聃龄.普通心理学[M].北京:北京师范大学出版社,2012.

[4] 葛明贵.感觉剥夺实验研究述评[J].安徽师大学报(自然科学版),1994(03):269-271.

[5] 莫田甜,周欣悦.金钱的社会资源理论:十年回顾与展望[J].应用心理学,2020,26(01):3-14.

第四章　中学生的记忆

※名人名言

记忆是知识的唯一管库人。

——菲·锡德尼

每个人的记忆都是自己的私人文学。

——赫克斯科

※本章提要
1. 记忆的含义、种类及其形成过程
2. 记忆的规律及策略
3. 中学生记忆的特点及提升记忆的一些方法

※学习目标
1. 掌握记忆的含义及形成过程
2. 了解记忆的种类
3. 掌握记忆与遗忘的规律,并探讨其在中学教育教学中的应用
4. 了解中学生记忆的特点,并探讨中学生记忆能力提升的方法

※案例导入

语文老师给学生们留作业,要求学生背诵课文《海燕》。李琪很认真地背,很快就记住了,并且给妈妈背诵了一遍,就满意地做其他事情了。第二天在课堂上,老师提问学生来背诵这篇课文,李琪信心满满地举手背诵,可是背到中间部分,却怎么都想不起来了。老师和同学都向李琪投来了质疑的目光,李琪感到很委屈很尴尬,觉得无地自容,便趴在桌子上哭了起来。

李琪为什么第二天没有背出课文?你有过跟李琪一样的经历吗?为什么会出现这样的错误?怎样才能够更好地记忆?

第一节 记忆的含义与种类

一、记忆的含义

(一) 记忆的概念

记忆(memory)是在头脑中积累和保存个体经验的心理过程。认知心理学家从信息加工的角度,将记忆看作是人脑对外界输入的信息进行编码、存储和提取的过程。人感知过的事物、思考过的问题、体验过的情感或从事过的活动,都会在头脑中留下不同程度的印象,其中一些印象成为经验能够保持相当长的时间,在一定条件下还能恢复。

记忆是一种积极、能动的活动。首先,人对外界输入的信息能主动地进行编码,使其成为人脑能够接受的形式。例如,学生学习物理原理时,会通过现实生活中存在的一些现象来编码理解。其次,人对外界信息的接受也是有选择的,只有那些对个人有意义的信息,才会有意识地进行记忆。第三,记忆还依赖于人已有的知识结构,新的信息只有以某种形式进入人脑已有的知识系统,才能在头脑中更好地巩固下来。例如,把英语单词放在短语或者句子中来记忆时,效果会更好。第四,信息的提取与编码的程度、信息存储的组织结构有着密切的关系。一般来说,经过深入编码、有效组织的信息,提取时会较容易。

记忆作为一种基本的心理过程,以注意和感知觉为基础,又是进行思维、想象等高级心理活动的基础。

(二) 记忆的过程

记忆包括三个基本过程:信息进入记忆系统——编码(识记),信息在记忆过程中储存——存储(保持),信息从记忆中提取出来——提取(回忆和再认)。这三个基本过程影响着我们的学习。

1. 编码

编码是记忆的第一个基本过程,它把来自感官的信息变成记忆系统能够接收和使用的形式,相当于记忆中的"记"的阶段。在记忆的过程中,编码有不同的层次或水平,主要有视觉的、听觉的和语义的编码,不同的编码方式对记忆有不同的影响。编码通常是意识不到的自动化的快速过程。如何对信息编码直接影响记忆的存储和以后记忆的提取。

2. 存储

存储是记忆的第二个重要过程,是把感知过的事物、体验过的情感、做过的动作、思考过的问题等,以一定的形式保持在人的头脑中。知识在头脑中的存储方式也叫知识的表征,它可以是事物的图像,也可以是一系列概念或命题。精细复述是存储信息最有效的方法,它是指把要记住的内容和已有的知识经验联系起来。存储是信息编码和提取的中间环节,它在记忆过程中有着重要的作用。

3. 提取

提取是记忆的第三个过程,是指从记忆中查找已有信息的过程,是记忆过程的最后一个阶段,相当于记忆中"忆"的阶段。记忆的好坏是通过信息的提取表现出来的。存储的信息只有被有效提取出来并加以运用,存储才有意义。再认和回忆是提取的基本形式。再认是指人们对感知过、思考过或体验过的事物,当它再度呈现时,个体仍能认识的心理过程。例如,看过去的照片就能想起对方的名字,故地重游处处都有熟悉的感觉,这就是再认。回忆是人们过去经历过的事物以形象或概念的形式在头脑中重新出现的过程。例如,考试答题时回忆以前学过的知识,节假日回忆过去与家人朋友在一起的点点滴滴。

二、记忆的种类

记忆可以从不同角度进行分类。

(一)陈述性记忆和程序性记忆

根据信息加工处理与存储方式的不同,记忆可以分为陈述性记忆(declarative memory)和程序性记忆(procedural memory)。

陈述性记忆是指对有关事实和事件的记忆。它可以通过语言传授一次性获得,它的提取往往需要意识的参与。例如,课堂上学习的各种知识和日常生活常识都属于这类记忆。

程序性记忆是指对如何做事或者如何掌握技能的记忆,包括对知觉技能、认知技能和运动技能的记忆。这类记忆往往需要通过多次尝试才能逐渐获得;这类记忆往往不需要意识的参与,难以用言语进行表述。例如,打篮球,个体所知道的规则和方法是陈述性记忆,但是经过练习个人所掌握的运球、投球、拦网等运动技巧则属于程序性记忆。学习游泳之前,了解到的游泳相关的动作要领属于陈述性记忆,而经过不断练习,把知识变成游泳技能,真正学会游泳,这时的记忆则是程序性记忆。

(二)情境记忆和语义记忆

图尔文(Tulving,1972)将长时记忆分为两类:情境记忆(episodic memory)和语义记忆(semantic memory)。

情境记忆是指根据时空关系对某个事件的记忆。这种记忆与个人的亲身经历分不开,例如,想起自己曾经去过的地方。由于情境记忆受一定时间和空间的限制,信息的存储容易受到各种因素的干扰,所以,情境记忆不够稳定,也不够确定。

语义记忆是指人对一般知识和规律的记忆,与特殊的时间和地点无关。例如,对符号、单词、概念、定律、公式和规则等的记忆。语义记忆受一般规则、知识、概念和词的制约,较少受到外界因素的干扰,因而比较稳固。

(三)形象记忆、语词逻辑记忆、情绪记忆和动作记忆

根据内容的不同,记忆可以分为形象记忆(imaginal memory)、语词逻辑记忆(word-logical memory)、情绪记忆(emotional memory)和动作记忆(movement memory)。

形象记忆是个体以感知过的事物的具体形象为内容的记忆。它保存事物的感性特征,具有显著的直观性。例如,我们感知过的事物的大小、形状、颜色、声音、气味、软硬、冷

热等具体形象和外貌的记忆。

语词逻辑记忆是用词的形式,在个体头脑中以思想、概念或命题为内容的记忆。例如,我们对概念、知识、原理和自然规律的记忆。它具有概括性、理解性和逻辑性等特点。语词逻辑记忆是个体保存经验的最简便、最经济的形式,是人类特有的记忆类型。

情绪记忆是个体以曾经体验过的情绪或情感为内容的记忆。例如,被狗咬的恐惧情绪的记忆,或收到录取通知书时的愉快的记忆。情绪记忆既可能是积极愉快的体验,也可能是消极不愉快的体验。强烈的、对人有重大意义的情绪和情感往往是一次形成并永久难忘,常常成为推动人们从事某些活动或制止、回避某些有害活动的力量。

动作记忆是个体以操作过的动作或过去经历过的运动为内容的记忆。例如,打篮球、骑自行车和游泳的记忆。动作记忆在识记时比较困难,但一旦熟练掌握了,就很难遗忘,是人们形成各种熟练动作的基础。动作记忆是发展较早的记忆类型,一般儿童在出生后第一个月就表现出动作记忆。

(四) 外显记忆和内隐记忆

根据记忆时意识参与的程度,记忆可以分为外显记忆(explicit memory)和内隐记忆(implicit memory)。

外显记忆是指在意识的控制下,过去经验对当前作业产生的影响。它是有意识提取信息的记忆,能够用语言进行较准确的描述。在需要的时候,可以利用传统的自由回忆、线索回忆和再认等方法,将记忆中的信息表述出来。例如,学生期末考试时测得的记忆就是外显记忆。

内隐记忆是指在个体无法意识的情况下,过去经验对当前作业产生的无意识的影响,有时又叫自动的无意识记忆。内隐记忆在人们生活中屡见不鲜,例如,广告中的纯接触效应、人际交往中的印象形成等。

(五) 元记忆

元记忆(meta memory)是指个体对自身记忆活动的认识、评价和监控的过程,是元认知的重要形式之一。元记忆是一个复杂的动态认知系统,由元记忆知识、元记忆监测和元记忆控制三个部分组成。

元记忆知识是指个体具有的与记忆活动有关的知识和信念,包括记忆中的人的因素,记忆目标和记忆内容,记忆策略和记忆方法。

元记忆监测是指人对记忆状态的各种监测性判断及伴随的情感体验,由回溯性监测构成。

元记忆控制是指在元记忆监测的基础上,激活自己已有的元记忆知识,对记忆过程进行有意识的组织和调节的过程。

三、记忆的形成

如果学生在课堂上学习的新知识要成为其永久记忆的一部分,必须经过三个联系的加工阶段:首先是感觉记忆(sensory),其次是工作记忆(working memory),最后是长时记忆(long-term memory)。这三个阶段就像一个生产加工的流水线,将源源不断输入的刺激信息转变为能够存储并可以重构的有效模式。这个三阶段模型最初是由理查德·阿特金森和理查德·谢夫林(Richard Atkinson & Richard Shiffrin,1968)提出的,经过了细化与修改后,目前得到了广泛认可。图 4-1 显示了信息是如何经过这三个阶段的。

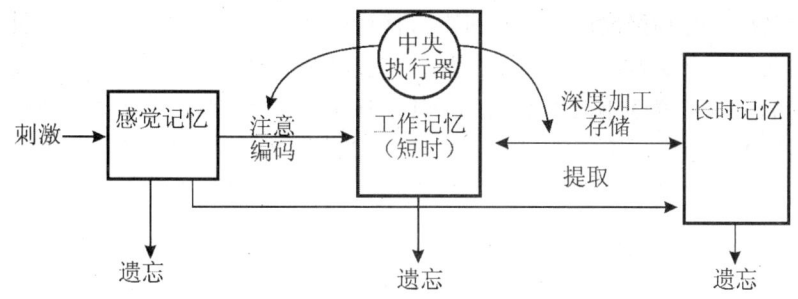

图 4-1　记忆形成的三个阶段(简化版)

(一)感觉记忆

感觉记忆是三个阶段中最短暂的阶段,通常只能将视觉信息、声音、气味、材质以及其他的感觉印象保持最多几秒钟的时间。

1. 感觉记忆的编码

感觉记忆是指当客观刺激停止作用后,感觉信息在极短时间内被保存下来的记忆。感觉记忆是记忆系统的开始阶段,存储时间为 0.25~4 秒。它是一种原始的感觉形式,是记忆系统在对外界信息进行进一步加工之前的暂时登记。

感觉记忆的编码形式主要依赖于信息的物理特征,主要有视觉编码和听觉编码。其中视觉编码的感觉记忆是图像记忆,是指视觉器官能识别刺激的形象特征,并保持一个生动的视觉图像。如电影画面、霓虹灯。听觉编码的感觉记忆是声像记忆,是指听觉系统对刺激信息的瞬间保持。如余音绕梁。

2. 感觉记忆的存储

感觉记忆中的信息保持时间极短。视觉信息约在 1 秒钟内衰退,听觉信息约在 4 秒钟内衰退。感觉记忆容量较大。各种感觉记忆中,信息的储存量都大于可被利用的信息量,几乎进入感官的所有信息都能被登记。记忆容量的大小由感受器的解剖生理特点所决定,一般认为图像记忆的容量为 9~20 个比特(bit)或更多。声像记忆的容量比图像记忆小,平均 5 个比特左右。

3. 感觉记忆向短时记忆的转换

感觉记忆中的信息都是未经心理加工的信息,是尚未受到意义分析的信息,被登记的感觉信息经过组织,获得一定的意义,成为被识别的某种模式,才有机会进入短时记忆,并在那里赋予它以意义,否则就会很快衰退而消失。换句话说,感觉记忆中的信息是我们觉察不到的,一旦其中的一些信息被我们注意并及时识别,这些信息也就被传送到短时记忆之中了。

(二)工作记忆(短时记忆)

工作记忆是信息加工的第二阶段,作为暂时存储信息的基地,负责将信息选择性地从感觉记忆中提取出来,并与已经存储在长时记忆中的信息进行联系。工作记忆能够将信息保持在 20～30 秒,这对日常生活中按照指示去行事或现场翻译人员准确有效的翻译是一个有效的缓冲。早期心理学家将这一阶段称为短时记忆(Short-term memory,STM),但是短时记忆只反应这一阶段,是暂时的被动的信息存储过程,后来研究者发现,这一阶段会有多个主动加工的心理过程运作来加快信息的加工速度,因此产生工作记忆这一术语。

1. 工作记忆的含义

工作记忆是指在信息加工过程中,对信息进行暂时存储和加工的、容量有限的记忆系统。工作记忆不仅负责加工意识层面上的信息,包括从感觉记忆中输入的信息以及从长时记忆中提取的信息,还提供了一个心理"工作区",在长期存储信息之前,可以在此对信息进行分类和编码。工作记忆不仅是心理活动的中心,还是其他记忆成分联系的桥梁。

2. 工作记忆的编码方式及影响编码的因素

工作记忆的编码方式以听觉编码为主,也有视觉编码和语义编码。工作记忆编码的效果受多种因素的影响。

(1) 觉醒状态。

觉醒状态即大脑皮层的兴奋水平,它直接影响到记忆编码的效果。艾宾浩斯(1885)通过实验发现,被试在上午 11～12 点学习效率最高,下午 6～8 点学习效率最低。这可能与不同时间的不同觉醒状态有关。拉什利(1912)发现,用咖啡因和士的宁等兴奋剂可以提高大脑的兴奋水平,促进动物的学习。

(2) 组块。

在编码过程中,将较小的单元归并成一个较大单元的过程叫组块化(chunking),以这种方式形成的信息单位叫组块(chunk)。对记忆的内容组块化或扩大每一个组块包含的信息量可以提高记忆的编码效果。分类呈现组的回忆量多于随机呈现组的 2～3 倍;更熟悉的领域,可以进行分层级组织信息。

(3) 加工深度。

加工深度是影响短时记忆编码的因素。研究发现,加工深度越深,对信息的回忆效果越好。

3. 工作记忆的容量与持续时间

工作记忆的突出特点就是其容量有限,为 7±2 个单元波动,平均为 7。工作记忆的一个单元可以是一个字母、单词、成语、句子、图示、事件等。单元的大小随个人的经验不同而有所不同。单元也可称为组块,人们可以利用已有的知识经验,通过扩大每个组块的信息量来达到增加短时记忆容量的目的。学习都是将零碎信息经心理运作变成多个组块之后记下来的。个体的知识经验对组块有很重要的影响。例如,棋坛高手,5 秒钟时间能记住一个棋局;篮球运动员,4 秒钟之内能记住所有球员的位置。

4. 工作记忆信息的存储与遗忘

(1) 复述。

复述是工作记忆信息存储的有效方法。复述可以防止工作记忆中的信息受无关刺激的干扰而发生遗忘。复述有两种形式:其一是机械复述或保持性复述,是指将工作记忆中的信息不断地简单重复;其二是精细复述,是指将工作记忆中的信息进行分析,使之与已有的经验建立联系。

只有简单的机械复述并不能产生较好的记忆效果,精细复述则是工作记忆存储的重要条件。例如,有些以-f 或-fe 结尾的名词,其复数形式应是把-f 或-fe 变为-ves,例如,thief, wife, loaf, half, leaf, shelf, knife, wolf。有经验的教师在讲授这种英语名词复数形式的特例时,会编一个有趣的小故事把这些互不相关的小块串联成一个更大的块,以方便学生记忆。小偷(thief)的妻子(wife)用一条面包(loaf)作诱惑,半片(half)树叶(leaf)作掩护,从书架(shelf)上拿了一把刀(knife),杀死了一只狼(wolf)。

(2) 工作记忆的遗忘。

工作记忆中项目的提取是完全系列扫描,即提取时是对全部项目进行完全的检索,然后做出判断。这种提取方式只受工作记忆中保存项目数量的影响,而不受提取任务要求的影响。

在没有复述的情况下,工作记忆可以将信息保持 15~30 秒,如果得不到复述,将会被迅速遗忘。导致工作记忆遗忘的原因主要存在两种观点。一种观点认为工作记忆的遗忘是由于信息痕迹的自然消退造成的,另一种观点认为遗忘是由于工作记忆中的信息受到其他无关信息的干扰。为了验证两种观点,沃和诺尔曼设计了一个巧妙的实验将"消退"和"干扰"这两个因素分离开来。

他们让被试听若干个数字组成的数字序列,在数字序列呈现后,伴随着一个声音信号呈现一个探测数字,这个探测数字曾经在前面出现过一次。被试的任务是回忆在探测数字后边的数字是什么。从回忆数字到探测数字之间是间隔数字,呈现这些间隔数字所需要的时间为间隔时间。他们在实验中还分别采用每秒 4 个(快速)和每秒 1 个(慢速)来呈现数字,从而在间隔数字不变的情况下改变间隔时间,进而把信息保存时间和干扰信息这两种因素分离开来。结果发现,快速与慢速两种呈现条件下,被试回忆的正确率随间隔数字或干扰项目的增加而减少,而不受间隔时间的影响。结果证明工作记忆遗忘主要是由于干扰引起的,而不是记忆痕迹消退。

5. 工作记忆的结构和功能

巴德利等人认为,工作记忆并不是一个单一的成分,而是由多个成分组成的加工系统,包括语音环路、视觉空间模板、中央执行系统和情境缓冲器四个成分,不同成分具有不同的功能,且容量有限。其中语音环路主要用于处理以语音为基础的信息的存储与控制,在言语理解和语言掌握中具有重要作用;视觉空间模板用于处理视觉和空间信息;中央执行系统是一个注意资源有限的控制系统,是工作记忆最重要的成分,用于协调语音环路和视觉空间模板活动,注意资源的分配与控制,选择性地注意以及转换策略;情境缓冲器则是一个用来整合视觉、空间和语言信息的成分,用于整合来自语音和视觉空间模板的信息,与长时记忆相连。

工作记忆在许多复杂的认知活动中,如问题解决、推理、阅读理解等,都起着非常重要的作用。

(三) 长时记忆

长时记忆是信息加工的最后一个阶段,接收来自工作记忆的信息并将其长期存储,长时记忆的存储时间比较长,容量没有限制。

1. 长时记忆的含义

长时记忆是指存储时间在一分钟以上的记忆。长时记忆储存时间比较长,从一分钟到终生,容量没有限制,信息的来源大部分是对短时记忆内容的复述,也有过目不忘等情况。长时记忆中的信息是有组织的知识系统,为所有心理活动提供了必要的知识基础,对人的学习和行为决策等有重要意义。

2. 长时记忆的编码

长时记忆的编码主要采用语义编码的方式。例如,在记忆一系列语词概念材料时,人们总是倾向于把它们按语义的关系组成一定的系统,并进行归类。在学习中,人们将材料进行归类,并形成一定的系统,有助于信息进入长时记忆。

影响长时记忆编码的因素主要有:① 编码时的意识状态。研究发现,有意编码效果明显优于自动编码的效果。例如,给被试呈现不同颜色和形状的数字图片,如 9、7、5、3,要求被试看完后回答出是什么数字,总和是多少,然后问呈现的图片有哪些形状,每个图片的颜色分别是什么。结果表明,在有意编码的情况下,被试对数字和数字之和回答得都很准确,但是在回答颜色和形状时则错误较多。这说明没有记忆的意图,编码的结果往往不够准确。此外,有组织活动参与的情况下,自动编码也能取得较好的学习效果。海德和詹金斯(1969)研究发现,在无意识状态学习的条件下,只要被试对词进行了意义加工,被试的学习成绩就和有意学习下的成绩一样。② 加工深度。信息加工的深度不同,记忆的效果也不同。深度的信息加工,有助于记忆效果的提升。

3. 长时记忆的信息存储

信息的存储是一个动态过程,其变化表现在质和量两个方面:量的方面,存储信息的数量随时间迁移而逐渐下降;质的方面,由于每个人的知识和经验不同,加工、组织经验的方式也不同,人们存储的经验会出现不同形式的变化:① 内容变得更加简略和概括,不重要的细节将逐渐趋于消失;② 内容变得更加完整、合理和有意义;③ 内容变得更加具体,或者更加夸张和突出。

记忆存储内容的变化还表现为记忆恢复现象。记忆恢复是指学习某种材料后间隔一段时间所测量到的保持量,比学习后立即测量到的保持量要多。这种现象在儿童期比较普遍,随着年龄的增长,它将逐渐消失。

4. 长时记忆的信息提取

(1) 提取过程。

信息提取往往是一个有意识的、需要努力的过程:当我们想提取某些与当前认知相关的信息时,会进行慎重的"寻找"。成功提取所记信息取决于大脑最初储存这些信息的程度,特别是人们是否以深思的、有序的组织方式进行了储存。

学习者储存信息所使用的思维,与先前存储信息时使用的思维类似,信息提取也会更容易,这种现象称作编码特异性。所有存储在记忆中的信息处于激活或者非激活状态。激活状态的信息是我们所想到的存在于工作记忆中的信息,而非激活信息存在于长时记忆中。长时记忆的提取是扩散激活的过程,即激活在储存的信息网络中多个联结之间流动。这个信息网络每次只能激活其中的一小部分。如果激活最终传输至网络中相关信息的位置处——如果相似的信息与这个网络紧密联系——就很有可能提取到所需要的信息。

(2) 提取形式。

① 再认。再认是指人们对感知过、思考过或体验过的事物,当它再度呈现时,仍能认识的心理过程。再认的效果随再认的时间间隔而变化,从学习到再认的间隔时间越长,效果越差。再认需要有两个条件,一方面是对事物识记的巩固程度,另一方面是当前事物与以前经验的事物的相似程度。

再认有时也会出现错误,对熟悉事物不能再认或认错对象。引起错误的原因可能是因为接受的信息不准确、对相似的对象不能分辨、情绪紧张等,也可能是因为脑损伤引起的再认的错误,如各种不识症等。此外,案件审判中的目击者证言的研究发现,目击者对事件的回忆受提问方式的影响。

② 回忆。回忆是人们过去经历过的事物以形象或概念的形式在头脑中重复出现的过程。回忆以联想为基础,联想是由一个事物想到另一个事物的心理活动。例如,见到阴天就会想到下雨;见到毕业照,就会想起上学时候与同学之间发生的事。在回忆过程中,经常会出现提取信息的困难,这可能是由干扰引起的,例如,舌尖现象,即话到嘴边又说不出来。在考试时,明知道答案,但由于紧张,一时之间回想不起来。克服舌尖现象的简便方法是当时停止回忆,经过一段时间后再进行回忆。

再认比回忆简单、容易。有些事情能够再认,但不能回忆。从个体发展来看,再认比回忆出现得较早。孩子在出生后半年内便能再认,而回忆的发展却要晚一些。

5. 长时记忆的信息遗忘

(1) 遗忘的一般概念。

遗忘和保持是矛盾的两个方面。记忆的内容不能保持或提取时有困难就是遗忘,例如,识记过的事物,在一定条件下不能再认和回忆,或者再认或回忆发生错误。能再认不能回忆叫不完全遗忘,既不能再认也不能回忆叫完全遗忘,一时不能再认或回忆叫临时性遗忘,永久不能再认或回忆叫永久性遗忘。长时记忆的遗忘速度是先快后慢。

(2) 遗忘的原因。

对遗忘的原因,研究者有各种不同的看法,归纳起来有四种。

① 衰退说。衰退说认为,遗忘是记忆痕迹得不到强化而逐渐减弱,以致最后消退的结果。所谓记忆痕迹(memory trace)是指记忆活动使脑神经细胞或大脑活动所产生的变化。记忆痕迹得不到强化,突触间就很难发生长时程增强的永久变化,因此,很容易衰退。记忆痕迹衰退的速度是先快后慢。在感觉记忆和短时记忆的情况下,未注意到的或者未经过复述的学习材料可能由于痕迹的衰退而遗忘。此外,一些物理或化学痕迹会随着时间而衰退甚至消失。

② 干扰说。干扰说认为,遗忘是因为在学习和回忆之间受到其他刺激的干扰。一旦干扰被排除,记忆就能恢复,而记忆痕迹并未发生任何变化。干扰说可用前摄抑制和倒摄抑制来说明。前摄抑制是指先学习的材料对识记和回忆后学习的材料的干扰作用。前摄抑制随着前行学习材料数量的增加而增加。例如,当我们学习英语单词时,我们以前学过的汉语拼音对我们的记忆有干扰。倒摄抑制是指后学习的材料对识记和回忆先学习材料的干扰作用。例如,当我们能熟练使用英语单词时,英语单词又对我们回忆汉语拼音会有

干扰。倒摄抑制受前后两种学习材料的类似程度、难度、时间安排以及识记的巩固程度等条件的影响。如果前后学习的材料完全相同,后学习是复习,不产生倒摄抑制。在学习材料由完全相同向完全不同逐步变化时,倒摄抑制逐渐减弱,材料的相似性达到一定程度,抑制作用最大,以后抑制又逐渐减弱,到了先后识记材料完全不同时,抑制的效果最小。

③ 压抑说。压抑说认为,遗忘是由情绪或动机的压抑作用引起的,如果这种压抑被解除,记忆也就能恢复,也称为动机性遗忘。这种遗忘是为了减轻焦虑,保护自我概念而出现的主动性遗忘,可以将某些痛苦或令人尴尬的记忆排除到意识之外,使人忘掉过去的这些经历从而保护自己。这是由于记忆系统会提高焦虑信息的提取难度,降低增强自我信息的提取难度,从而缓解焦虑,保护个人的自我同一感。

④ 提取失败说。有研究者认为,存储在长时记忆中的信息是不会丢失的,我们之所以想不起来一些事情,是因为我们在提取有关信息的时候没有找到适当的提取线索。例如,前面讲到的舌尖现象。又如闪光灯比喻,当人们没有"看"到所预期的、已经储存在长时记忆中的信息时,便会说提取失败了。这或许是当初储存的信息与人们目前正在考虑的观念的联系非常不同,也或许信息在储存时与其他观念之间本来就几乎没发生联系。因此,即使是很大范围的搜索也没能将激活过程聚焦,将"闪光灯"打到它上面。然而,如果有恰当的提取线索,最终是能够找到要寻找的信息的。

提取失败也包括忘记在未来某个时刻需要做的某件事情——前瞻记忆。比如,白天从地下车库出来之后行驶在路上忘记关掉车灯,偶尔会忘记重要的会议,上课时候忘记带U盘或教案等。前瞻记忆遗忘是忘记在恰当的时间提取重要的信息,前瞻记忆遗忘往往受当时神情恍惚或分心的影响。

提取失败的现象提示我们,从长时记忆中提取信息是一个复杂的过程,而不是一个简单的"全或无"的问题。

建构过程也能导致错误回忆。建构发生在储存(如学习者虚构储存的信息)或者提取(如学习者记得从未发生过的信息)过程中。当提取的信息有空缺——可能由于衰退、干扰或者提取失败——提取过程的建构尤其可能发生。对一个事件或学习过的具体信息的错误重构,随着时间的流逝发生的可能性越来越大。

另外,也有一些信息从一开始就没有进行完整储存。或许学习者没有注意到这个信息,它就没有进入工作记忆;或许学习者在这个信息进入长时记忆过程中没有充分地对其加工;又或许即使它确实进入了长时记忆,由于一些外在的因素,如严重的灾难,干扰了信息的巩固过程。

此外,有些情况下,大脑只能以隐性知识的方式储存信息,而隐性知识是意识提取无法企及的,例如,一些大脑受损伤的人就有这样的情形。又如婴儿记忆缺失的现象,即一般而言,人们很少或者完全不记得3岁以前发生过的事情。事实上,研究发现,儿童有某种记忆早期童年甚至是出生前的信息的能力,很小的婴儿也能够清楚记得出生后的一些经历。只是婴儿学习和记忆的东西大多以内隐知识的形式存在。对于这种现象,理论家的解释有两种:第一,内隐知识需要的大脑结构,如海马和前额叶,在出生时没有完全发展,在出生后的几年里前额叶才逐渐成熟;第二,谈论经历能够提高对它们的记忆力,但是婴儿和学步儿尚未掌握详细表达事件的语言技能。

※**知识链接**

记忆错觉

记忆错觉(memory illusion)是指人们对过去事件的报告与事实严重偏离(Roediger,1996)。Freud 从 19 世纪末便开始研究记忆错觉。他认为记忆错觉在一定程度上暗示了个体无意识之中的欲望,这种被潜抑的欲望通过记忆错误表现出来。格式塔心理学也比较重视记忆错觉研究。他们认为,记忆随时间而变化,时间越长,越与格式塔的组织原则吻合。Bartlett 在 20 世纪 30 年代开始对记忆错觉进行实验研究。他让大学生阅读印第安民间故事"幽灵之战",隔一段时间后,他要求学生根据记忆复述。他发现,随着时间增加,故事内容往往被略去一些,一些玄妙的内容被舍弃了,故事也变得越来越短。被试还增加一些新材料,变得更自然合理,有时甚至加入一些伦理内容。Bartlett 的研究发表后,很长时间没有得到应有的关注。直到 20 世纪 60 年代末,人们才发现记忆错觉是一个非常重要的领域。人们试图从记忆错觉的研究中寻找记忆的本质。记忆错觉研究在教学、心理咨询与治疗和司法领域中也有广泛应用。记忆错觉形式多种多样,常见的有以下几种。

1. 关联效应(relatedness effects)。研究表明,如果测验时呈现的句子和段落与先前学习的材料意义相近,人们可能会错认它们曾经呈现过。以单词为材料进行研究,也发现类似现象。安德伍德(Underwood,1965)在一个再认测验中,要求被试确定单词是否在先前的学习词表里出现过,当测试词能够由先前学习过的词通过联想获得,则容易出现虚报,即再认该词为曾经学习过,而事实上没有学习过;而当测试词与学习词无关联时,则不易出现虚报。他认为,关联效应由编码时的内隐联系反应造成。如学习"桌子"时,关联词"椅子"能被有效激活,导致后来的记忆错觉。罗迪格(Roediger,1995)也发现,呈现关联词表导致错误回忆率增加。

2. 误导信息效应(effects of misleading information)。洛夫塔斯(Loftus,1974)给被试看一段撞车事故的录像。发给被试的问卷中有这样的问题:"当两辆汽车____时,汽车的时速约是多少?"对于不同测试组,下画线处的动词不同,分别为"碰撞"和"撞毁"。结果表明,当动词为"碰撞"时,被试估计车速为 34 英里;而当动词为"撞毁"时,被试估计车速为 41 英里。更为有趣的是,当被试后来被问及是否看到现场有打碎的玻璃时,"碰撞"组有 14% 作了肯定回答,"撞毁"组有 32% 作了肯定回答。而事实上,录像中根本没有碎玻璃。实验者认为,动词"撞毁"使被试对撞车事故的记忆编码和组织方式发生改变,使他们后来更可能"记得"并不存在的碎玻璃。

3. 词语遮蔽效应(verbal over shadowing effects)。一般情况下,对外部刺激事件的语词编码有助于记忆。然而,当事件难于用语言来描述时,语词编码反而会有损记忆,导致记忆错觉。斯库勒等人(Schooler et al.,1990)发现,当被试观看面部图形并描述它们时,对面部图形的记忆差于未描述的被试。在另外一项研究里(Melcher et al.,1996),未经训练的品酒者初次品酒时,如果借助语言描述白酒味道,则对白酒的再认差于那些品酒时无须描述的人。之所以如此,是因为语词描述使人记忆是关于事件的描述,而不是事件本身。

4. 记忆中的错觉结合(illusory conjunction in memory)。安德伍德等人(1973)给被试

呈现两个单音节合成词(如 handstand, shotgun)。在再认测验中,呈现词中插入与先前所学单词有一个音节相同的词(如 handmaid)、两个音节相同的词(如 handgun)和无关的控制词。结果表明,被试对两个音节与所学单词相同的词有更高的虚报率。在使用面部图形为材料的实验中(Reinitz et al.,1994),也表现出同样效应。对于记忆中的错觉结合的解释是,学习对象(如合成词)的各部分特征并没有紧密地结合起来成为一个整体,各部分特征在一定程度上自由漂浮,当来自不同单元的两个特征组合在一起时,容易导致错误再认。

记忆错觉的产生与许多因素有关。例如,有研究(Garry, Manning & Loftus, 1996)表明,对未发生过的事件的想象能提高虚报率。实验者认为,想象使人们对虚假事件更熟悉,这种熟悉使被试混淆了事件的来源。生活中人们也发现,儿童经常混淆想象中的事件与亲身经历的事件。引导和暗示也是产生记忆错觉的重要原因。儿童由于成人的引导会发生虚假的回忆和再认(Loftus & Coan, 1995),某些证人在法庭上也会在检察官、律师甚至被告的暗示下作出虚假的证言。

第二节 记忆的规律与策略

一、记忆的规律

(一) 记忆的储存规律

1. 外界刺激通过感觉系统将信息储存在感觉记忆中

信息在感觉登记中似乎按照其被感知的同样的形式存储。感觉记忆中的信息是未经任何加工的,按照刺激的物理特征编码。例如,在瞬间内呈现视觉刺激,感觉记忆就是将其原封不动地按照刺激的物理特征加以登记。它没有受到英语字母"B"或数字"3"这种意义加工,而是按原样直接加以储存的。

2. 感觉记忆通过注意的作用存储信息至工作记忆

信息从感觉记忆转移到工作记忆中,需要注意的作用。学习和生活中存在大量的信息,人们可能只注意到环境中接收到的一小部分信息,通过视觉、听觉、嗅觉、味觉等方式输入信息。本质上来说,学习者给予注意的信息会转移到工作记忆中,而那些不被注意到的信息则从记忆系统中消失了。

3. 工作记忆将新信息与先前知识建立联系,进而将信息储存至长时记忆

工作记忆一方面可以通过对信息进行某种方式的组块以增加工作记忆的存储容量,进而增加长时记忆的容量;另一方面主要通过精细复述的方式,将新信息储存到长时记忆中。而组块和精细复述实质都是将工作记忆中的新信息与先前知识建立联系实现的。

4. 影响长时记忆储存的因素

信息的存储是一个动态过程,受选择、复述、有意义学习、内部组织、精细化和视觉形

象等认知过程的影响,呈现出有选择性、建构性、偶尔的歪曲以及某种程度上以一个学习者现存的知识为依据等特征。

(1) 选择。

一些注意到的信息会自动储存到长时记忆中,不需要有意识的选择。但是长时记忆中的信息大部分是经过有意识地选择以进行更深的加工,最终能够长期有效储存。选择过程不仅受工作记忆中中央执行器的指引,也受长时记忆的影响。人们关于世界的知识、个人和文化倾向以及对环境信息的判断,都会影响他们要注意和思考的对象。例如,一个学生如果知道所学的内容将会在未来考试中用到,可能会更认真地学习这些知识;相反,则可能不好好学习。

(2) 复述。

前面讲到复述,尤其是精细复述,有助于将信息储存到长时记忆中。

(3) 有意义学习。

有意义学习时,通过将新信息与已经储存在长时记忆中的信息建立联系,人们就能发现新信息的意义,这一过程类似于理解或领悟。很多研究都证实有意义学习能够促进储存和提取。将新信息与个人相联系,也会对学习产生显著的效果,这一效应称为自我参照效应。例如,与自己生日相同或相近的朋友的生日很容易记住。

(4) 内部组织。

当新信息中的不同的部分以某种方式互相联结时,即其有内部组织时,新信息的存储会更加有效且回忆也会更全面。例如,让学生通过组句的方式把这些单词组织起来进行记忆的效果远好于让学生单独记忆几个单词的记忆效果。

(5) 精细化。

精细化是指人们利用先前知识来润色新知识并储存润色后的知识版本的过程。这一过程不仅是对呈现材料的学习过程,也是对新知识进行建构的过程,有助于信息的储存和提取。精细化加工通常包含做出正确假设、解释和推断的过程。

(6) 视觉形象。

视觉形象是捕捉事物实际模样的心理"图像",依赖于某些与视知觉相同的具体加工过程和脑区。形成视觉形象是将信息储存到长时记忆里的一种强有力的方式。各年龄段的人大都有相当精确的视觉信息记忆,且这种记忆效果好于纯文字材料。很多记忆术都是以视觉化为基础的。

(二) 记忆的提取和遗忘规律

1. 提取线索有助于长时记忆信息的提取

能够帮助长时记忆提取的刺激、情境或事件等都可以是提取的线索。例如,回到阔别已久的小学校园,那里的一砖一瓦、一树一木都可以帮助你回忆起许多童年时发生的事情。

① 一致性线索。一致性线索是长时记忆心态提取典型的一类线索。再认主要是利用一致性线索,即当前信息提供的线索与努力提取的线索是一致的。一致程度越高,越容易再认。这也可以解释为什么再认任务如选择题比回忆任务更容易。

② 关联线索。当关联线索与正在搜索的词语相联系,就可以引导搜索到长时记忆中

相关的部分。例如,研究发现,名词分类有助于提高系列词语的回忆效果。

③ 提取线索是一种组织结构或框架的时候,它能够引导长时记忆的搜索。完整的组织框架能够提供大量节省搜索经历的线索。

④ 情境和生理或心理线索也是长时记忆重要的提取线索,即存在情境依存性的记忆和状态依存性的记忆。

情境依存性的记忆是指提取信息时的情境和编码时的情境越相似,越有助于记忆的现象。例如,主场效应,也就是运动员在自己的场地上进行比赛,要比在其他地方进行比赛能更好地发挥技能。情境依存性的记忆产生是因为学习时的情境因素也被编码进入长时记忆中,这些情境因素在以后的回忆中就成为有效的提取线索帮助回忆学习过的内容。

状态依存性记忆是指提取信息时的生理或心理状态和编码时的状态越相似,越有助于记忆的现象,即在心情好的情况下,人们往往回忆出更多美好的往事;而在心情不好时,人们往往更多回忆起不愉快的事件。产生状态依存性的原因是学习时内在的生理和心理状态也会被编码进入长时记忆中,这些状态作为一种提取线索也能促进记忆中信息的提取。

2. 长时记忆的提取包含建构的过程

长时记忆的提取可能像长时记忆的储存一样,包含建构的过程。人们常常只提取他们先前已经储存的信息的一部分,然后用与他们关于自我或通常世界的已有知识和信念相一致或逻辑相通的东西来填补。

对于经历的或者听到的有意义的忘情的事件,我们往往有非常生动、详细的,似乎有快照般高品质的记忆,这称为闪光灯记忆。闪光灯式记忆是自动编码的一种,它之所以会发生,是因为未预期事件引发的强烈的情绪联系使得个体可以记住它。

闪光灯记忆有时候非常准确,但有时候则会引导我们误入歧途。

① 后呈现的信息对先前的信息具有暗示的力量。人们的回忆,不仅受到与此回忆有关的先前知识的影响,有时也受到学习了某回忆信息之后所呈现信息的影响。这种影响一般来说是件好事,有助于人们不断更新知识和理解,但是在一些情况下,比如目击者证词,即以错误的形式呈现的新信息或误导的问题则对人的记忆是有害的,即已经被证明的错误信息效应:当人们在事件发生后接收到有关事件的错误信息,将可能对这件事情的记忆发生扭曲。也就是说,当人们将错误信息与原有的关于某个事件的认识进行了综合,就重构了"应当"发生的事情。如经典的儿童目击证词的例子。一个叫萨姆·斯通的男人走进一个学前班的教室,他称赞了老师正在读给孩子们的故事,闲逛了教室一周,挥手告别后离开了。随后,一个成年人向孩子们提问:"萨姆·斯通把那只熊弄脏了,他是故意的还是无心的?""当萨姆·斯通弄脏那只熊的时候,他是快乐的还是伤心的?"当问到这些问题的时候,虽然萨姆·斯通来教室时,根本没有接触填充玩具动物,但很多孩子回忆到萨姆·斯通弄脏了一只泰迪熊。对这种诱导性问题的敏感性,在三四岁孩子身上是常见的,而五六岁孩子则几乎不受暗示语的影响。在相关的目击者证词的研究中也发现,被试对事物的重构,一定程度上受到问题中对撞击严重性进行暗示的影响。

② 建构全新"记忆"。在某些情况下,提取完全是一个建构过程。建构时,人们会提供一些从未确切存储过的信息。例如,Stazyk Ashcraft 和 Hamann(1982)研究发现,学生很

容易就能提取出他们已经练习过很多遍的乘法运算,如2×3和4×6,但当他们回答"0"问题时,如2×0和0×6这样的问题,速度则较慢。很多学生可能仅仅储存了一条普遍的关于"0"的问题规则(任何数乘以0等于0),因此,每当这样的问题出现时,他们必须建构出这样的答案。当学员做出快速反应时,学习所需要的特定信息或许对学习者更为有利。

在特殊情况下,某些"记忆"几乎没有或不存在事实基础,但是人们仍然会产生一种错误记忆。例如,请人们描述一个想象的物体或事件,如果后来实际上也接触到该物体或经历了该事件,就会提高对此回忆的可能性。年幼的孩子在区分事实和幻想方面会经历一段非常困难的时期。此外,当刺激能合理地或者有逻辑地产生时,错误记忆是普遍存在的。例如,Pezdek等人(1997)进行的研究中,高中学生被问及他们8岁时,某些事件是否发生过。部分事件是真实存在的,但是研究中伪造了另外两个事件,一件涉及对于天主教孩子而言的常规宗教仪式,另一件涉及对于犹太民族孩子而言的常规仪式。结果发现,天主教学生更可能"记得"天主教事件,犹太民族学生倾向于"记得"犹太事件,并且他们本身对于这些事件的经历使得他们"回忆起"有关这些事件的大量细节。

③ 记忆早期的回忆。回想先前经历过的事件常常会影响后来对该事件的记忆,特别是如果口述了该事件(即使口述的事件是错误的记忆),并且可能以某种方式进行了修饰。很多孩子在两岁之前便获得了初步的叙述结构,这增强了他们对经历过的事情的记忆。随着孩子逐渐长大,叙述越来越详细,越来越完整。他们不仅开始讲述发生过的事情,也开始谈论特定人们的动机和意图。一些孩子比另外一些孩子建构了更为详尽的叙述,这部分源于父母对孩子精细化叙述的鼓励,因此他们对事情的记忆更好一些。就如作家马里昂·威尼克的描述:有时候,我觉得童年的记忆就像沙子里的珍珠一样。你知道它是如何形成的,例如,拿出一张老照片,当时的记忆会迅速闪现,假设你听到的发生过的事情,然后一遍遍地讲述这个故事,直到你记住了所有的细节。

④ 提取时的自我监控。自我监控是指人们观察和评估自身的行为。当一个回忆似是而非,却与人们对于自身和世界的常规了解一致时,或当一个记忆是生动的、详细的、容易提取的时,人们倾向于相信它是正确的。对很久以前的事情的记忆是相当朦胧的,经常认为童年早期没有回忆起来的事情,甚至是伪造的事情,人们也认为是正确的。

错误的记忆一部分是错误的来源监控。错误的来源监控是指人们以错误记忆了想象过的而非真实经历过的事情为基础的。来源监控是指关于记忆实际上从何时或者在何地开始存在的监控。例如,记忆专家唐纳德·汤姆森(Donald Thomson)曾经被指控他在进行有关记忆的电视访谈的同一时间强奸了一名女子。这位女士很详细地描述了汤姆森博士,很确信他就是对她的袭击者。事实上,她在被强奸前刚刚看完了这个访谈,在混乱的记忆来源中,他的脸成为她记忆中有关犯罪的一个完整部分。

3. 长时记忆的遗忘规律及影响因素

(1) 时间因素影响遗忘进程。

德国心理学家艾宾浩斯于1885年提出了遗忘曲线,认为保持和遗忘是时间的函数。遗忘在学习之后立即开始,遗忘的进程是不均衡的,遗忘的过程最初进展得很快,以后逐渐缓慢。艾宾浩斯遗忘曲线见图4-2。

(2) 识记材料的性质与数量。

对形象的材料比抽象的材料遗忘得慢,对有意义的材料比无意义材料的遗忘要慢得多;学习程度相等时,识记材料越多,遗忘得越快,识记材料越少,则遗忘得较慢。因此,学生要根据材料的性质来确定学习的数量,切勿贪多求快。

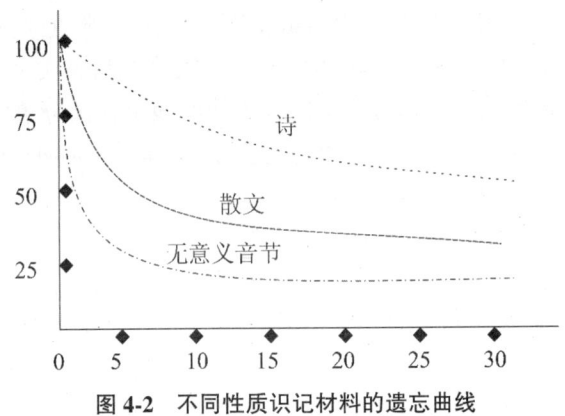

图4-2 不同性质识记材料的遗忘曲线

(3) 学习的程度。

一般认为,对识记材料的背诵没有一次能达到无误背诵的标准,称为低度学习。如果达到恰能成诵后还继续学习一段时间,称为过度学习。实验证明,低度学习的材料容易遗忘,而过度学习的材料比恰能背诵的材料记忆效果要好一些。当过度学习达到150%,效果最为经济合理,再多就会造成精力与时间的浪费。

(4) 记材料的系列位置。

人们发现在回忆系列材料时,材料的顺序对记忆效果有重要影响。在回忆正确率上,最后呈现的词遗忘得最少,其次是最先呈现的词,遗忘最多的是中间部分,这种在回忆系列材料时发生的现象叫系列位置效应。最后呈现的材料最易回忆,遗忘最少,叫近因效应;最先呈现的材料较易回忆,遗忘较少,叫首因效应。

(5) 识记者的态度。

识记者对识记材料的需要、兴趣等,对遗忘的快慢也有一定的影响。研究表明,在人们的生活中,不占重要地位的、引不起人们兴趣的、不符合个人需要的事情容易被遗忘。

二、记忆的策略

(一) 促进有效存储的策略

1. 指导学生建立新知识与先前知识的关联

即使学生已经具有了能够与新材料建立联系的原有知识,他们也不总能有意识地去联系。因此,有效的教师指导教学包括先前知识的激活:以学生已经知道的知识为开端,不断地让学生回忆起那些能和要学习的内容相联系的已知知识。例如,在学习新的知识时,先引导学生讨论将要学习的任务的主题与已有知识的关联,以便理解新学习的任务。如果没有一个关于将要学习的新知识的关联知识时,教师可以提供一些实际经验,帮助学生建立与新知识的连接。也可以通过类比,将课堂主题与相似的概念和情境联系起来。

2. 鼓励学生进行有意义学习

学生必须以有意义学习的心向去接近新信息。教师有意识引导学生去理解知识而不是简单背诵时,有助于培养学生有意义学习的心向。最根本的是,学生必须对自己能够理解新材料有信心,否则,就很有可能采用死记硬背式的方法。

3. 帮助学生确定重点

当教学提供大量信息时,学生可能很难判定哪些东西对于教学目标是最重要和最相关的。大量指向重要信息的信号有助于学生从讲解式教学中学到东西。教师可以通过板书重要知识点,在课本上画线或者写成斜体,制定一门课程每章节的教学目标,将重点知识总结标注出来等方法来为学生提供帮助。利用学生记忆力和注意力的特点,将课堂进行切片,通过切片教学将学生的注意力集中到重点内容和观点上。

4. 帮助学生对新材料进行有效的组织

广泛提倡的策略是先行组织者,有两种方式:说明式的组织者对新材料进行粗略的概述或勾勒,描述它要呈现的大概主题及其与另一种材料之间的关系,它提供一种内部组织性图式的开始;比较式组织者展现新材料是如何与学生的先前经验,或之前在学校学习的信息,或他们学习这些新材料时的目的联系在一起的。

另一个有效的策略是概念地图或知识地图。这是由一个单元中的概念或者主要观点(通常用圆环来表示)以及他们之间的关系(用先和联结两个概念的词语或者短语来表示)组成的一种图表形式。可以直接用教师建构的知识地图,也可以带领学生建立学生自己的知识地图。

5. 鼓励学生对所学内容进行精细化加工

许多班级活动能潜移默化地提高学生对课堂内容的精细化加工。例如,课堂讨论或者合作学习的活动会,提一些需要学生对所学知识做推断的问题,让学生自己提出和回答相关问题,学生之间的相互帮助指导等都有助于帮助学生对所学内容进行精细化加工。但是,精细化加工有时会导致学生获得一些错误观念或掌握错误概念,因此,教师必须不断地监控学生对课题材料的理解。

6. 视觉帮助强化长时记忆储存

视觉形象可以成为一种高效的信息编码方式,当与有意义学习或者精细化等其他储存过程联合使用时,会尤其有价值。通过实物、图片、地图、表格、曲线图、生动例子等视觉形式呈现信息,会对语言材料起到有益的补充作用。视觉化会减轻工作记忆的压力,因为它们提供了一种储存学习者试图理解的信息的外在的、工作记忆之外的储存方式。对于一些概念和原理,由学生创建自己的图解也是有效的。

大部分情况下,视觉辅助应该是简单、简洁和清晰的,只呈现主要观点,不让学生淹没在细节中。也可采用彩色图像。除了提高视觉形象外,许多视觉辅助有助于学生明白重要观点是如何与另一个观点联系起来并对其产生影响的。

7. 教授程序性知识取决于要学习的程序的性质

当程序和技能涉及相当多的心智活动时,如解答数学题、修理汽车发动机、玩策略性网球游戏,就需要额外的策略,需要程序性知识和陈述性知识协力完成。例如,教学者可以将自己的想法语言化,显示活动过程中的心理过程及其合理性。当程序相当复杂和层次较多时,教师可以将其分解成小任务,先让学生单独练习每个小任务。

8. 在学习新材料之前,给学生足够多的时间

有效的长时记忆储存过程,比如有意义学习、内部组织、精细化、视觉形象,经常需要花费时间。在学习者主导的教学活动中,学生对于如何花费自己的时间有相当大的支配权,因此,当他们需要彻底想清楚事情时,可以停下来思考。在教师主导的教学活动中,教师要给学生足够的加工时间。

9. 课后总结有助于提高学习和记忆

总结可以帮助学生复习材料,判定学习过的许多观点中哪个是最重要的,以及整合关键知识点到一个更加紧凑的组织结构中。

10. 有效教学提供复习和实践先前学习的知识和技能的机会

在较长时间内,如几天、几周或几个月,间或重复学习过的信息确实会加强储存和记忆。因此,教师可以通过将材料整合到新课文情景中,让学生在整个学期复习和实践重要的学习材料。重复对于学生每天必需的常识和技能当然应该以尽可能有意义的方式去学习,但也应该加以练习,直至学生能够迅速和自动地将其提取出来。

11. 快速学习并不总是意味着学得更好

真正掌握一个主题,学生必须将其与已知的东西联系起来,形成不同部分间的相互联系,从中做出推论,并用其他方式对其进行精细化加工,以及将某些方面学习到能够自动运用的程度。这些都会耗费时间,某些情况下,还会耗费大量时间,但是对于重要主题和技能,花费时间很值得。

学习者不仅仅在完成特定任务时需要练习,在提取每一个任务的相关知识和自我反馈时,也需要进行练习。当学习者一直犯错,在获得了如何发现和改正错误的知识后,他们会对偶尔性的错误更加接纳,从长远来看,也表现得更好。

即使学生已经具有了能够与新材料建立联系的原有知识,他们也不总能有意识地去联系。因此,有效的教师指导教学包括先前知识的激活:它以学生已经知道的知识为开端,不断地让学生回忆起那些能和要学习的内容相联系的已知知识。例如,在学习新的知识时,先引导学生讨论将要学习的任务的主题与已有知识的关联,以便理解新学习的任务。如果没有一个关于将要学习的新知识的关联知识时,教师可以提供一些实际经验,帮助学生建立与新知识的连接。也可以通过类比,将课堂主题与相似的概念和情境联系起来。

(二) 促进有效信息提取的策略

1. 信息的内部组织促进信息的提取

当材料以有组织的形式呈现,如层次结构、因果关系等非常明确时,学生更有可能用类似的组织网络对其进行储存。

2. 信息的首次提取影响它后来的提取

人们倾向于以同样的方式反复记忆事物。如果人们曾经错误地记忆了一些东西,那么很有可能在未来以同样错误的方式去记忆其他东西。

3. 在特定情境下才能提取的信息理想上应该和那个特定情境一起储存

当人们已经储存了与情境密切相关的信息时，才有可能提取到与这个情境相关的信息。因此，教师应该给学生大量的机会，将课堂材料和提取这种材料时所需的情境联系起来，学生才有机会将所学应用到真实世界的情境中去。

4. 外部提取线索能够将提取失败减少到最小

帮助学生建立外部提取线索，即记忆系统之外的外部物理提醒。例如，可以利用纸质版或者电子版的日历、事情清单、自我提醒便利贴等，这样有助于信息提取。

5. 与先前学习材料有关的问题能够促进功课复习和进一步细化

可以利用教师提问帮助学生集中注意力，也能警惕学生对一个话题的概念混淆。提问能提供一个反馈机制，有助于教师发现学生对当前课题知识学习的情况。

问题可以分为低水平问题和高水平问题，低水平问题要求学生提取的是与记忆中的信息非常类似的信息，而高水平问题要求学生将提取的信息精细化。高水平问题对于鼓励学生超越信息本身，进而更丰富地理解有特殊的作用；低水平问题对教学目标进行分类，有助于提醒学生要求思考和运用所学的知识。

6. 提取需要时间

有时候提取是迅速的、容易的，特别是对于经常重复使用和可能自动化的材料；但有些情况下，搜索与特定问题或任务相关的长时记忆的信息需要花费相当长的时间。学习者甚至需要更多的时间将能够记得的所学知识放在一起做出新的推断、新的比较，产生新的应用等。

研究发现，当教师留出至少3秒钟的等待时间时，绝大多数学生会参与到课堂中来，也能够开始回答另外的评论和问题，且有助于提升学生学习的积极性。等待时间是指教师自己和学生所提问题与所做评论之后停顿时间的长短，也称为停顿时间。

7. 课题评估显著影响储存和提取

研究发现，如果设计得当，课堂评估能够通过几种方式提高学生的学习和记忆。第一，通过促进有效的储存过程。例如，学生在记忆的时候，对课题内容做精细化加工。第二，通过鼓励测评之前的复习。例如，告诉学生要对课题进行考试比仅仅告诉学生学习课堂内容，会使大多数学生更努力地学习并且学得更好。第三，通过测评过程本身进行复习。进行测试或完成作业的过程本身就是一个提取和复习所学信息的机会。一般来说，完成一项课堂测验的过程可以帮助学生更好地学习课堂内容。第四，通过提供反馈。反馈可以使学生了解已经正确掌握或错误掌握或完全没有掌握哪些知识。

8. 长时记忆可能永远都不会是对信息的完全可靠的记录

长时记忆的存储和提取都是不可靠的建构过程。学生的记忆永远都不会是对他们在学校或者其他地方所学知识的一种完整的、一字不差的保持。

第三节 中学生的记忆特点及其教学启示

一、中学生记忆的特点

一般来说,人的记忆能力在 18~35 岁之间达到顶峰。中学阶段是个体记忆能力的全盛时期,也是学习文化知识的黄金时期,其记忆力不仅发展速度快,而且有许多质的变化。

(一) 中学生记忆发展的一般特点

中学生记忆发展的最大特点是,中学阶段是人的一生中记忆力最佳的时期。

1. 中学生识记的特点

(1) 有意记忆逐渐在学习中占主导地位。

中学阶段是有意记忆占主导地位的时期。中学生的有意记忆被动成分逐渐减少,主动成分逐步增多。中学生有意记忆和无意记忆都在发展,但有意记忆比无意记忆发展得快。

(2) 意义记忆逐渐在学习中成为主要的识记形式。

初中开始,学生慢慢地学会并掌握了意义记忆的方法和技巧,与小学生相比,机械记忆相对减少,而意义记忆远高于机械记忆。这一方面是因为教师经常要求学生把教材内容按意义分段或者记忆古诗词等,另一方面是因为学生在学习中必须通过理解来识别和记忆一些定理、法则、公式等。所以,中学阶段是学生从机械记忆向意义记忆过渡的关键期。教师应当通过各种教育和训练的手段,促使学生的机械记忆与意义记忆和谐。

(3) 词的抽象记忆能力迅速发展,抽象记忆占主导地位。

中学生对词的抽象记忆能力得到迅速发展,对具体形象材料与抽象材料识记能力不断提高,表现在他们不仅要从直观、具体的材料中去学习知识,而且要大量地掌握各学科的概念、规则、原理并进行判断、推理和证明。张世富(1997)研究表明,从童年到少年,对具体材料的识记一般从 50% 增至 84%,而对抽象材料的识记则从 68% 增至 192%。因此,在中学阶段,发展学生形象记忆和抽象记忆的能力都是教学的重要任务。

2. 中学生记忆保持的特点

保持是经历过的事物在头脑中储存和巩固的过程,是回忆的前提。

随着年龄的增长,中学生记忆保持时间逐步延长,且中学生智力活动会更加明显地伴随着情绪色彩。他们在积累知识经验的同时,也会记忆当时所体验到的情绪与情感,甚至日后即使记忆内容忘了,但是伴随记忆内容的情绪与情感体验也会留下来,这可以解释为什么人们会有似曾相识的感觉。心理学研究发现,学生对记忆带有情绪内容的材料的兴趣是随着年龄的增长而增强的。

记忆数量不断增加,范围不断扩大。记忆范围是用记忆量的大小来衡量的。研究表明,在同一时间间隔,对同一材料的记忆范围会随着学生的学习能力和年龄的增长而不断扩大。记忆范围的扩大在初中阶段最为明显。但初中生记忆经验不足,记忆方法不够合理,因此,需要教师在教学过程中注意指导学生采用科学的记忆方法,进而保证学生的记忆范围能够正常地发展和扩大。

3. 中学生回忆的特点

(1)随着年龄的增长,记忆效果明显增强。

随着年龄的增长,中学生回忆和再认的能力都比小学生有了大大的提高。研究表明,6~14岁是人的外显记忆、内隐记忆、日常记忆以及延迟记忆等迅速发展的时期,14岁之后仍会稳步上升。

(2)逐渐掌握了回忆的技巧与方法。

随着年龄的增长、知识和经验的增加,中学生掌握了一定的方法和技巧,逐渐学会使用系统搜索和追忆去提取知识。主要表现在:第一,对识记材料进行整理。在整理的过程中,有助于提升学生思维活动的积极性,且整理出来的有次序、有系统的材料,可以形成意义上的联系,进而有助于增进记忆效果。第二,利用联想。联想有助于提升回忆的效果,且16岁以后学生的联想学习快速发展。第三,运用推理。运用推理进行回忆的基础是依据事物之间的本质联系和规律。中学生随着思维能力的发展,以及教学中教师提出的学习要求,逐步掌握了一些推理的方法。

(二)中学生不同类型记忆的发展特点

1. 中学生有意记忆和无意记忆的发展

有意记忆的出现是个体记忆发展过程中的一个质变。有意记忆最初是被动的,而到青少年时期,个体已经能够确定目标进行记忆。中学生的有意记忆在记忆中逐渐占据主导地位,他们的自觉性增强,学习目的逐渐明确,开始根据学习内容,自觉地确定目标,自己提出记忆任务。从初中二三年级起,他们能逐步自觉地检查自己的记忆效果,主动根据识记任务的具体内容与自己的具体特点选择适宜的记忆方法。

所谓内隐记忆即无意记忆,是指没有预定目的、没有任务、不知不觉的记忆。外显记忆又称为有意记忆,是指有意识、有目的任务的记忆,对记忆材料的有意识的思维加工。

研究内隐记忆或外显记忆的方法,主要是给予被试一定的记忆目的任务,一定时期后,检查其再认或再现的情况,其成绩是这种记忆的效果。研究表明:

外显记忆随着年龄的增长,学习动机的激发,学习兴趣的发展,学习目的的明确,在学习中的主导地位愈加显著。一般情况下,这个主导地位的显著表现是从小学三年级开始的,但小学生的有意记忆的任务往往是由教师提出的。

中学阶段有意记忆的突出特点是,学生逐渐学会根据不同的教材内容,由自己提出记忆的目的任务,并且是适当长远的记忆任务。从初中二三年级起,学生能逐步自觉地、独立地检查自己的记忆效果,主动根据记忆任务的具体内容与自己的具体特点选择良好的记忆方法。

中学阶段,不仅有意记忆在发展,无意记忆及其效果也在发展。有意记忆和无意记忆的记忆效果,主要在于记忆过程的思维活动的程度,也就是能否将所记忆的东西或材料当作智力活动内容或对象。

2. 中学生的机械记忆和理解记忆的特点

所谓机械记忆,是在不理解、不甚理解或者无法理解的情况下,原原本本、逐字逐句地记忆。例如,背单词、记忆国际音标就是采用这种记忆方法。所谓理解记忆,就是在思维的指导下,根据对材料的理解,结合自己的经验进行记忆。例如,学生通过理解古诗词的含义背诵全文。

机械记忆所反映的往往是事物个别的、外部的联系,而理解记忆则是对材料的理解为基础的记忆,它反映的是事物的本质特点。

小学低年级学生主要是机械记忆,到了小学三四年级,随着思维的发展,学生的理解记忆明显地发展起来,虽然此时的机械记忆还很发达,占优势地位,但机械记忆的主导地位将逐渐由理解记忆取代。

随着年龄的增长和年级的升高,到了中学阶段,教学内容更加深刻地反映事物的本质特点,因此,对学生提出了更高的要求,要求他们对记忆材料进行逻辑加工,加上他们的知识经验日益丰富,言语、思维进一步发展,于是中学生在学习过程中不断地掌握学习方法和技巧,发展着理解记忆。

实验研究表明,中学生的年级越高,理解记忆的成分越多,记忆效果越来越好;相反,机械记忆的成分相对地减少,且机械记忆的效果也越来越差。

3. 中学生形象记忆和抽象记忆的发展

从小学四年级起,由于思维从具体形象占优势发展到逻辑抽象占优势,所以语词的、抽象的记忆逐步占据优势,但小学儿童在很大程度上仍依靠形象记忆接受和保持外界的信息。

中学生在学习过程中必须大量掌握各种科学概念,必须进行逻辑判断、推理和证明,这样,随着中学生言语和思维的发展,其语词的、抽象的记忆能力也日益发展着。中学阶段,学生的知识表征由形象记忆向抽象记忆转变。

4. 中学生工作记忆能力的发展

工作记忆能力与年龄之间关系密切,工作记忆能力发展随着年龄的增长而不同。

5. 中学生元记忆能力的发展

小学生只能认识到年龄、学习经验等单个因素对记忆的影响,中学生则能认识到多种因素以及多种学习项目之间的联系,其元认知知识有了较大的发展。中学生的辩证逻辑思维开始发展,能够较好地利用类的群集来组织记忆,意识到可以采用各种记忆策略来帮助记忆,较多采用联想策略和精细加工策略,较少采用简单复述策略。中学生的元记忆监控能力也在不断发展,与小学生相比,他们对自己能够进行有效的监控。小学生主要依靠有意识的回忆进行记忆的监测判断,中学生则能使用直觉进行监测,尽管其监测判断的准确性有所下降,但能自觉而快速地从元记忆监控中获得学习结果的自我反馈,并能够有意识地对学习材料进行组织和学习时间的再分配,形成新的学习计划。到大学阶段,元记忆监控能力的发展基本完成。

二、中学生的记忆特点对教学的启示

（一）注意对外显记忆必不可少

不管采用哪种记忆模型，注意对信息的长期保持都很关键，至少对有意识回忆的信息非常重要。教室通常是充满了许多刺激的环境，这使学生的注意力很容易分散。例如，课堂上除了听老师讲课的内容，老师的外貌举止、其他同学的衣着动作、教室外的声音或者与同学约定的事情等都会使学生的注意力分散。走神在成人和儿童中普遍存在。吸引和保持学生注意力的有效策略主要有：

① 包含主题和演示方式上的变化。日复一日地重复同样的主题和程序会使教师产生倦怠感，学生产生无趣感，从而降低注意。主题和演示方式的变化性和新颖性有助于使学生的注意保持在课堂上。

② 在要求大量注意和专注的任务中，提供多次休息机会。人们集中注意时间是有限的，学生的集中注意时间更短，经常休息有助于学生缓解疲劳。

③ 提问。提问是保持注意力十分有效的办法。通过阶段性提问——可以偶尔指定人回答问题，或要求所有人举手回答问题，或者完成事先打印的正误题卡片——教师能够帮助学生将注意力保持在其应该在的地方。在学生阅读课本时，同时给他们提出问题，有助于增加他们对问题相关内容的学习。

④ 独立完成任务时，分心会减少。对于很多学生，尤其是低年级学生来说，当其工作环境相对安静和隔绝时，他们更容易集中注意力去完成任务。

⑤ 监督学生的行为。课堂上，如果学生集中注意听讲，其表情动作都是可以识别的，同样，在注意分散的时候也是很明显，所以，教师在讲课的时候要关注学生行为的变化。

（二）学习者一次只能加工有限数量的信息

在任何时候，注意和记忆的"工作"部分容量都是有限的。人们只能注意或思考一小部分信息。每节课不要给学生呈现的信息过多过快，否则学生根本记不住、学不会。

（三）学习者必须选择性地学习和记忆

每个学生已有的知识经验和精力不一样，课堂上，总会有一些学生会遇到他们不能理解或者记不住的信息，即使集中注意且适当安排了指导和活动，在注意控制力和意识性思考能力上，学习者也表现得各不相同，这就需要教师帮助学生选择性地学习和记忆。此外，工作记忆容量有限不一定是坏事，工作记忆的瓶颈强迫学习者去浓缩、组织和整合他们接收到的信息，长期来看，这些过程对学生思维能力的提升也是有帮助的。

（四）要理解记忆的内容，并激发对记忆内容的兴趣

一方面，理解记忆的效果要显著高于机械记忆的效果，且对记忆内容理解越深刻，思维活动越活跃，记忆效果就越显著，因此，要帮助学生学会理解记忆；另一方面，学习兴趣有助于提高学生的记忆效果。兴趣是最好的老师，只有激发学生对所学记忆内容的兴趣，学生才能积极地有意识地进行学习记忆。

（五）记忆要有目的

同样的材料，有目的的有意记忆比无目的的无意记忆效果要好很多；对记忆内容和进程有清晰的目的和计划的记忆效果也会好很多。因此,要启发中学生明确了解自己活动的目的任务,变被动学习记忆为主动的、有计划的学习,培养他们独立地、自觉地检查自己记忆的效果,这样有助于其记忆力的提升。

(六) 学会对材料进行比较、分类、分段、列提纲等

当识记一系列概念时,人们不是按它呈现的顺序去记忆,而是先进行语义归类,把同一类概念倾向于群集回忆,在自由回忆的实验中可看出这种加工倾向。通过比较和分析事物的异同,可以认识事物的本质特点和内在联系,这不仅有助于理解记忆能力的发展,而且有助于记忆准确性的提升。此外,根据学习材料的特点,采用比较、分类、列提纲等方法,有助于深刻理解记忆材料,从而提高记忆效果。

(七) 复习要及时、合理

复习是为了与遗忘做斗争,根据记忆特点及艾宾浩斯遗忘规律,遗忘是先快后慢的,因此,中学生在学习新知识之后要及时复习,并且根据遗忘速度曲线,合理分配复习时间与内容,在遗忘之前及时有效复习。

(八) 回忆与反复阅读交替进行

研究发现,在学习过程中进行不给予反馈的测试就能显著促进学习内容的保持。因此,对于必须要记住或者要背诵的内容,反复的阅读或者默读过程中,尽可能早地尝试背诵,检查被遗忘的地方,再重新重点记忆背诵,既可以提高背诵效率,也可以养成良好的记忆习惯。

(九) 间隔记忆

在背诵某个学科知识后,停顿一下、活动一下或者进行其他不同性质的课程的学习,比长时间地一次试图背诵下来效果好。因为长时间背诵,大脑神经容易抑制相同信息的加工,记忆效果并不好。因此,教学中安排学生学习和复习时,各项学科根据学科性质交替进行。此外,运动可以减少前摄抑制和后摄抑制的影响,在学习和复习时,适当的运动有助于提升记忆效果。一天中,把早晚时间留给最重要的记忆内容,体育锻炼时间和其他类型的学习尽量错开,每一个时段(比如一节课)的开头和结尾安排点题和复习。

(十) 善于利用外部记忆工具

笔记法是把所学的信息进行适当的记录以促进理解和记忆的方法。学习过程中借助于笔记可以帮助学生发现新知识的内在联系和建立新旧知识之间的联系。

(十一) 动员多种感觉器官参加学习和复习活动

多感官共同投入一种记忆中,有助于巩固记忆、减少遗忘。因此,在学习和背诵知识时,多感官都参与进来,增加大脑皮层不同部分的协调作用,有助于加深记忆,如地点法、谐音法、视觉心像法、自然语言媒介法。一些记忆术就是基于各感官的作用开展的。

① 地点法。地点法又称位置法,是一种有效的编码形式。通过将事务与生动、独特的心理图像联系起来,你可以很容易记住它们。通常把要记的材料想象为放在自己熟悉地方的不同位置上,回忆时在头脑里对每一个位置逐个进行检索。不同的"地点"适合于不同的材料:大楼就适合成排的信息记忆,房间就适合日常生活信息记忆。

② 谐音法。根据信息的声音特点进行编码,例如 3.14159——山巅一寺一壶酒;1.414——意思意思;化学口诀:氢是 H 氧是 O,磷 P 钾 K 金 AU,NA 钠 CA 钙,CU 是铜碘

是 I. 铅 PB 镁 MG,BA 为钡银 AG;地理口诀:两湖两广两河山,五江云贵福吉安,四西二宁青陕甘,还有内台北上天。

③ 视觉心像法。该方法就是把要识记的材料同视觉心像联系起来记忆,视觉心像越清晰,记忆效果越好。视觉编码生动清晰而且持久,记录了人生最快乐、最糟糕的情境。

④ 自然语言媒介法。该方法把要识记的材料同长时记忆中已有的自然语言的某些成分,如字形、音韵、词义等相联系以提高记忆的效率。例如,在学习"小狗—香烟"时,把它说成"小狗吃香烟",就很容易记住。

※**知识链接**

笔记与记忆

记笔记是人们在阅读和听讲中经常采用的外部记忆的手段,它可以大大增进记忆效果。俗语说:好脑子不如烂笔头,心不及墨。我国著名教育家徐特立先生在湖南第一师范任教时常对他的学生说:"不动笔墨不看书。"毛泽东学习徐特立的经验,在师范读书的几年中,写的读书笔记就装了几网篮。马克思19岁时在给父亲的信中说:"从我读过的书中做出提要,已成为我的习惯。"从心理学的观点分析,做笔记能将复述和组织的许多功能结合在一起。实验结果也表明,记笔记的学生回忆当时做笔记的内容,是不做笔记的7倍。对大学生研究也发现,学生在听讲时做笔记的,在3周后的回忆测验中,比不做笔记的学生好得多。

笔记为什么会增进记忆成绩?目前主要有两种理论:① 贮藏功能假说:认为笔记的作用主要在于对信息的占有。通过对笔记的复习,唤起讲课或阅读时信息的再现,巩固所学内容。② 编码功能假说:认为笔记可以引起学习者的积极活动,如增加学习者在学习中的注意水平和努力程度,导致信息的深度加工,更好地组织所学内容,复述重要的信息等。另外,做笔记和只阅读或只听讲的信息加工的流程是不同的,做笔记的信息流程是耳→脑→手→纸或眼→脑→手→纸。这种信息的外部储存为回忆提供了一个很有价值的手段。

做笔记不是抄书或抄写教师在课堂上的板书。好的记笔记方式有助于提高记忆效果。下面介绍一种典型的课堂笔记形式——5R笔记法。

5R笔记法诞生于美国的康奈尔大学,所以又称康奈尔笔记法。5R即指由5个字母开头的术语。使用这种方法时,先将笔记纸从左至右分成两部分:主栏和辅栏(主栏占2/3,辅栏占1/3),然后按下列顺序进行操作:① 记录(Record):在听课或阅读过程中,在主栏内尽量多记有意义的概念、论据等;② 简化(Reduce):课后,将主栏的内容进行概括,并简明扼要地写进辅栏中(回忆栏);③ 背诵(Recite):遮住主栏的内容,以辅栏的内容为线索,叙述学习过的东西,叙述过后,再核实所述之正误;④ 反省(Reflect):即把自己听课或阅读时的想法、意见等,写在卡片或笔记本的某一单独部分,与课堂记录内容分开,并加上标题或索引,编制成提纲或摘要;⑤ 复习(Review):每周花一定时间浏览笔记,主要是看回忆栏。

※**本章小结**

记忆是在头脑中积累和保存个体经验的心理过程。记忆包括三个基本过程:编码(识记)、存储(保持)和提取(回忆和再认)。从不同的角度来看,记忆有不同的分类:根据信息加工处理与存储方式的不同,记忆可以分为陈述性记忆和程序性记忆;根据记忆内容的不同,记忆可以分为形象记忆、语词逻辑记忆、情绪记忆和动作记忆;根据记忆时意识参与的程度,记忆可以分为外显记忆和内隐记忆;图尔文进一步将长时记忆分为情景记忆和语义记忆;由元记忆知识、元记忆监测和元记忆控制三个部分组成元记忆。记忆的形成必须经过三个联系的加工阶段:感觉记忆、工作记忆和长时记忆。总结梳理了每个阶段的编码、储存、提取和遗忘过程以及各个过程的影响因素。

基于记忆的规律和相关的研究基础,介绍了促进有效信息存储和提取的一些策略。中学阶段是个体记忆能力的全盛时期,也是学习文化知识的黄金时期,中学生记忆发展的一般特点和不同类型记忆的发展特点都存在许多质的变化。最后,结合中学生记忆的特点和规律,运用记忆策略加强对中学生记忆力的培养,促进其有效记忆。

※习题

一、单项选择题

1. 在艾宾浩斯的研究中出现了怎样的记忆模式?(　　)
   A. 记忆以稳定的速率减少。
   B. 记忆在最初出现少量减少,随后不再减少。
   C. 记忆在最初没有减少,但之后逐渐减少。
   D. 记忆在最初大幅度减少,随后逐渐减少。

2. 当我们说到记忆必须被编码时想表达的是(　　)。
   A. 它们必须从存储系统中被提取出来才能运用。
   B. 它们必须被转换为大脑可以登记的形式。
   C. 它们必须从一个网络转移到另一个网络。
   D. 它们必须被被动地存储。

3. 短时记忆大约可以容纳(　　)个项目?
   A. 3　　　　　B. 7　　　　　C. 11　　　　　D. 数量无限

4. 想象你需要记忆20个一位数组成的数列。完成这项任务的最佳方式就是通过(　　)技巧来增加短时记忆的容量。
   A. 选择性注意　　B. 限定词　　C. 复述　　D. 组块

5. 根据戈登·鲍尔的观点,一个好的记忆系统的重要特征是(　　)。
   A. 存储与提取之间存在共同点。　　B. 听觉成分比视觉成分更重要。
   C. 学习者具备强烈的记忆动机。　　D. 为了长时记忆而忽略短时记忆。

6. 内隐记忆可以通过启动得到激活,而外显记忆则能够通过可再认的刺激得到激活。无论在哪种情况下,心理学家都会认为这些记忆得到了(　　)。
   A. 提示　　　　B. 再认　　　　C. 编码　　　　D. 组块

7. 将项目在短时记忆中保持一段不确定的时间的最佳方式就是(　　)。
   A. 组块　　　B. 创建背景线索　　C. 运用限定词系统　　D. 复述

8. 长时记忆是以(　　)的形式组织的。

A. 复杂的联系网络 B. 系列列表
C. 一组视觉图像 D. 一堆没有清晰的组织方案的个体记忆

9. 你可以通过联想来记忆一组无关的词语,每次记忆一个词语,同时联想一块小圆面包、一只鞋子、一棵树、一扇门、一个蜂房、一根树枝、天堂、一个登机口、一条线以及一只母鸡对应的图像。你运用的是( )记忆技巧?
A. 位置记忆法 B. 限定词 C. 联系 D. 数字转换

10. 一个经历话到嘴边现象的个体无法( )一个特定的词语。
A. 再认 B. 编码 C. 回忆 D. 加工

[参考答案] 1~5,DBBDA;6~10,ADABC。

二、多项选择题

1. 艾宾浩斯遗忘曲线表明,(   )。
A. 采取多样化的复习方法 B. 遗忘是逐渐产生的
C. 应及时复习 D. 遗忘是先快后慢的

2. 影响短时记忆编码的因素有(   )。
A. 个体觉醒状态 B. 复述 C. 组块
D. 定势 E. 加工深度

3. 长时记忆中存储的信息会发生(   )的变化。
A. 存储信息的数量随时间迁移逐渐下降 B. 有些不重要的细节会逐渐消失
C. 内容变得更加完整、合理和有意义 D. 内容变得更加具体
E. 内容变得夸张和突出

4. 引起遗忘的原因可能是(   )。
A. 记忆痕迹衰退 B. 其他刺激干扰
C. 对不愉快经验的自我压抑 D. 没有良好的提取线索
E. 脑组织病理性损伤

5. 以下关于记忆的说法中正确的有(   )。
A. 个性的形成是记忆发展的前提
B. 记忆就是过去经验在头脑中的反映
C. 记忆的内容有时可以提取有时不能
D. 有了记忆才能把过去和现在的心理活动联系在一起

6. 以下属于内因记忆测量的方法有(   )。
A. 节省法 B. 词干补笔 C. 系列回忆 D. 模糊字辨认

7. 艾宾浩斯第一个运用无意义音节对记忆进行实验研究,绘制了艾宾浩斯遗忘曲线,证明了(   )。
A. 遗忘的进程先快后慢 B. 时间因素影响遗忘
C. 材料性质影响遗忘 D. 材料数量影响遗忘

8. 记忆是通过(   ),再认或回忆等基本环节在人脑中积累和保存个体经验的心理过程。

A. 复述　　　　B. 识记　　　　C. 注意　　　　D. 保持

9. 长时记忆系统中编码信息的方式为(　　)。
A. 语言特点为中介编码　　　　B. 主观组织
C. 形象编码　　　　D. 语义编码

10. 记忆表象是头脑中出现的过去经验过但现在不在眼前的事物的形象,它具有(　　)特性。
A. 直观性　　　　B. 概括性　　　　C. 可操作性　　　　D. 抽象性

11. 倒摄抑制(　　)。
A. 指先学习的材料对识记和回忆后学习的材料的干扰作用
B. 表明遗忘是衰退的结果
C. 指后学习的材料对识记和回忆先学习的材料的干扰作用
D. 表明遗忘是干扰的结果

12. 学习记忆比较长的材料,中间部分的内容记忆的效果差,是由于受到(　　)的影响。
A. 前摄抑制　　　　B. 倒摄抑制　　　　C. 内抑制　　　　D. 外抑制

13. 接到老朋友的电话,知道对方是谁却叫不出名字,过一会儿就会想起来,这被称为(　　)现象。
A. 暂时性遗忘　　　　B. 舌尖现象　　　　C. 抑制现象　　　　D. 压制现象

14. 遗忘受(　　)因素的影响。
A. 时间　　　　B. 识记材料的性质
C. 识记材料的数量　　　　D. 识记材料的序列位置

15. 在短时记忆中,组块是(　　)。
A. 把几个孤立的项目结合成一个有意义的单位
B. 编码信息
C. 项目
D. 扩大容量

16. 短时记忆的功能是(　　)。
A. 加工信息　　　　B. 存储信息　　　　C. 知觉信息　　　　D. 复述信息

17. 关于记忆的SPI理论假定,记忆或记忆系统主要有(　　)。
A. 程序记忆系统　　　　B. 知觉表征记忆系统
C. 语义记忆系统　　　　D. 初级记忆系统
E. 情景记忆系统

18. 感觉记忆的特征是(　　)。
A. 鲜明的形象性　　　　B. 信息的被意识性
C. 信息保持时间在2秒之内　　　　D. 记忆容量较大

[参考答案]
1. CD　2. ACE　3. ABCDE　4. ABCDE　5. BD　6. ABD　7. AB　8. BD　9. ABD
10. AC　11. CD　12. AB　13. AB　14. ABCD　15. AB　16. AB　17. ABCDE　18. ACD

三、名词解释

记忆 编码 存储 提取 形象记忆 情景记忆 语义记忆 程序性记忆 陈述性记忆 外显记忆 内隐记忆 感觉记忆 工作记忆 长时记忆 组块 精细复述 回忆 再认 前摄抑制 倒摄抑制 首因效应 近因效应 元记忆

四、思考题

1. 什么是记忆？记忆的主要种类与特点有哪些？
2. 舞蹈演员的技能更多地依靠陈述性记忆还是程序性记忆？
3. 突然想不起来银行密码，哪个记忆过程最有可能造成这个困难？
4. 试述工作记忆的含义、成分及各成分的功能。
5. 简述记忆的形成过程。
6. 简述遗忘规律及影响因素。
7. 简述中学生一般记忆的发展特点。
8. 提高中学生记忆储存的方法有哪些？
9. 为什么考前临时抱佛脚不是获取长时记忆的一个好办法？
10. 一般情况下，你认为消极情绪事件更容易记住，还是积极情绪事件更容易记住呢？设计一个研究方案研究此问题，并与老师、同学讨论研究的结果。
11. 找3~4名同学，比较一下你们在课堂上记笔记的方法和策略。你和别人的策略比较相似还是很不同？就如何更有效地学习，你从与别人的对比中学到了什么？从本单元中学到了什么？

※ 参考文献

[1] 杨治良,孙连荣,唐菁华.记忆心理学[M].3版.上海:华东师范大学出版社,2012.
[2] 刘儒德.高效实用的记忆策略:来自心理学的建议[M].上海:华东师范大学出版社,2013.
[3] 刘儒德.提高学习成绩的6个策略:来自心理学的建议[M].上海:华东师范大学出版社,2013.
[4] 哈里·洛拉尼.哈佛记忆课:过目不忘训练法[M].陈嘉宁,译.北京:北京联合出版公司,2014.
[5] 全脑开发巨人;http://swdtjiyi.com.
[6] 最强大脑记忆力教育网:http://ww.Shapeini.com/zqdn.
[7] 尹可丽.中学生认知与学习[M].1版.北京:高等教育出版社,2014.
[8] 简妮·爱丽丝·奥姆罗德.学习心理学[M].6版.汪玲,等译.北京:中国人民大学出版社,2015.
[9] 戴炳荣.中学生认知与学习[M].南京:南京大学出版社,2014.
[10] 李彩娜.中学生认知与学习[M].西安:陕西师范大学出版社,2016.
[11] 邱莉.中学生认知与学习[M].北京:北京师范大学出版社,2013.
[12] 彭聃龄.普通心理学[M].5版.北京:北京师范大学出版社,2019.

[13] 林崇德.中学生心理学[M].北京:中国轻工业出版社,2019.

[14] 赵国祥.心理学概论[M].北京:光明日报出版社,2007.

[15] 赵俊峰.教育心理学[M].北京:高等教育出版社,2011.

[16] 黄希庭,郑涌.心理学导论[M].3版.北京:人民教育出版社,2015.

[17] 王亚鹏,董奇.学习神经科学:一门新型的交叉学科[J].教育学报,2012,8(4):42-47.

[18] 理查德·格里格,菲利普·津巴多.心理学与生活[M].19版.王垒,等译.北京:人民邮电出版社,2016.

[19] 菲利普·津巴多等.津巴多普通心理学[M].7版.钱静,等译.北京:中国人民大学出版社,2016.

[20] 张积家.普通心理学[M].北京:中国人民大学出版社,2015.

第五章　中学生的思维与想象

※**名人名言**

思考是人类最大的乐趣。

——布莱希特

想象力比知识更重要,因为知识是有限的,而想象力概括着世界的一切,推动着进步,并且是知识进化的源泉。严格地说,想象力是科学研究中的实在因素。

——爱因斯坦

※**本章提要**

1. 思维的含义、种类、组成和过程
2. 想象的含义、种类、功能和综合过程
3. 中学生思维与想象的特点
4. 中学生思维与想象的培养

※**学习目标**

1. 理解思维的含义,掌握思维的种类、组成和过程
2. 理解想象的含义和种类,掌握想象的功能和综合过程
3. 理解中学生思维与想象的特点
4. 掌握中学生思维与想象的培养方法

※**案例导入**

生物学张老师在给学生讲完植物的光合作用现象以后,接着教授植物的呼吸作用现象。为了让学生更好地理解植物的呼吸作用,在教学中,他让学生通过设计实验来证明植物的呼吸作用。小丽通过查询资料得知,植物的呼吸作用与动物的呼吸作用相似,本质上都是吸入氧气,呼出二氧化碳。为了证明这一点,小丽根据学到的生物学和化学知识设计了两个实验:实验一证明植物呼吸时吸收了氧气;实验二证明植物呼吸时释放了二氧化碳。第一个实验中,小丽取了两个同样大小的锥形瓶甲和乙,将适量萌发的黄豆种子放入甲瓶中,乙瓶不放种子。将两个瓶密闭起来并同时放在温暖的环境中24小时,然后用燃烧的蜡烛检验两个瓶子中空气成分的变化。结果发现,放入甲瓶中的蜡烛很快熄灭了,而放入乙瓶中的蜡烛则没有熄灭,这证明甲瓶中的氧气被种子吸收了。第二个实验中,小丽

将等量萌发和干燥的黄豆种子分别放入相同大小的两个干燥的锥形瓶中,密闭并放在温暖的环境中,24小时以后用加水排气法将瓶中的气体排入盛有等量的澄清石灰水的试管中,观察石灰水的变化。结果发现,盛有萌发的黄豆种子的瓶子中排出的气体使石灰水变浑浊了。这说明,萌芽的种子吸入氧气,并排出了二氧化碳。

从上面这个案例中,我们看到小丽通过实验证实了植物的呼吸过程与动物的呼吸过程一致,都是吸入氧气,呼出二氧化碳。要证明这一问题,学生需要具备相应的光合作用的语义知识和氧气、二氧化碳的检验方法等程序性知识。在这一章中,我们将探讨中学生的思维和想象。

第一节 思维的含义与种类

一、思维的含义

(一) 思维的概念

思维是借助语言、表象或动作实现的对客观事物概括的和间接的认识,是认识的高级形式。它能揭示事物的本质特征和内部联系,并主要表现在概念形成、问题解决和决策等活动中。

思维是对输入的刺激进行更深层次的加工,以揭示事物之间的关系,形成概念,利用概念进行判断、推理,解决人们面临的各种问题。思维是在大量感性信息的基础上,在记忆的作用下,人们进行推理,做出假设,并检验假设,进而揭示感觉、知觉和记忆所不能揭示的事物的内在联系和规律。其中概念、表象、动作以及直觉等是思维的基本的构建单位,而推理、问题解决和决策则体现了思维的过程。

(二) 思维的主要特征

1. 概括性

思维的概括性是指在大量感性材料的基础上,把一类事物共同的特征和规律抽取出来,加以概括。例如,通过感知,我们可以认识人的类别的多样性,如男人、女人、儿童、老人、黑人、白人、富人、乞丐等;而通过思维,我们可以舍弃人的年龄、种族、性别、贫富这些具体的特征,抽象出人类共同的、本质的属性:有意识和语言、能够制造和使用工具。这一论证正是思维概括性的产物。

2. 间接性

思维间接性是指人们借助于一定的媒介和一定的知识经验对客观事物进行间接的认识。例如,人们不能直接感知远古时代猿人的生存状态,但是考古学家通过化石和其他考古资料,可以复原出猿人的形象和他们当时的生活情景;医生根据病人的体温、脉搏、血压的变化,能对无法直接观察的病人内部器官的状态做出诊断;科学工作者根据气候、动物、磁场等自然界的异常变化,尝试对地震灾害做出准确预测。

3. 对经验的改组

思维是一种探索和发现新事物的心理过程。它常指向事物的新特征和新关系,这就需要人们对头脑中已有的知识经验不断进行更新和改组。例如,一个世纪以前,人们还以为宇宙是永恒的、静止的。在1920年代,勒梅特在研究了爱因斯坦的广义相对论后,推测宇宙是在膨胀的,后来科学家提出了宇宙大爆炸理论,直到1960年代,当科学家发现宇宙微波背景时,人们才接受宇宙大爆炸理论。因此,思维不是简单的再现经验,而是对已有的知识经验进行改组、更新和重建的过程。

思维活动常常是由一定的问题情境引起的,并表现为试图解决这些问题的过程。例如,最初在武汉发现不明原因的肺炎,表现特征与以往的肺炎都不一致。在对新发现的肺炎不了解的情况下,一方面需要通过病理分析和基因测序,了解新型肺炎的作用原理,另一方面需要了解新型肺炎是否传播以及传播路径,研究人员、医生和民众重新组织已有的知识经验,提出种种可行的方案,然后进行检验,逐步形成一种新的可行的方案。目前,已经确认该肺炎为新型冠状病毒(2019-nCoV),在2003年抗击"非典"的知识经验进行重新组织的基础上,我国早已控制住疫情,并且已经研发出疫苗。可见,思维就是不断地对已有的知识经验进行改组、重建,进而做出决策,解决问题。

二、思维的种类

思维可以从不同角度进行分类。

(一) 直观动作思维、形象思维和逻辑思维

这主要是根据思维任务的性质、内容和解决问题的方法进行分类的。

1. 直观动作思维

直观动作思维又称实践思维,解决问题的方式依赖于实际的动作。例如,3岁以前的幼儿只能在动作中思考,他们的思维基本上属于直观动作思维。成年人也要通过动作思维,但这种直观动作思维比幼儿的直观动作思维水平高,比如机械师制造精密机械,舞蹈家跳舞等。

2. 形象思维

形象思维是指人们利用头脑中的具体形象来解决问题。例如,幼儿计算"3+6=9"的数学题,其运算过程往往是在头脑中呈现相同数量的手指、苹果等实物的表象,然后依次相加计算。形象思维在问题解决中有重要的意义。例如,艺术家、作家、设计师、导演等更多地运用形象思维。

3. 逻辑思维

当人们面对理论性质的任务,并运用概念、判断、推理等形式来解决问题时,这种思维称为逻辑思维。它是人类思维的典型形式。例如,中学生学习各种科学知识,科学研究人员从事的科学研究都需要运用这种思维。

(二) 经验思维和理论思维

经验思维是人们凭借日常生活经验进行的思维活动。例如,人们对"月晕而风,础润而雨"的判断,儿童凭自己的经验认为"鸟是会飞的动物",人们通常认为"太阳从东边升

起,往西边落下"等都属于经验思维。

理论思维是根据科学的概念和论断,判断某一事物,解决某个问题。例如,根据"凡绿色植物都是可以进行光合作用的"一般原理,去判断某一种绿色植物的光合作用。科学家、理论家运用理论思维发现事物的客观规律。教师利用理论思维传授科学理论,学生运用理论思维学习理性知识。

(三) 直觉思维和分析思维

直觉思维是人们在面临新的问题、新的事物和现象时,能迅速理解并做出判断的思维活动。这是一种直接的、领悟性的,且具有快速性和跳跃性的思维活动。例如,医生听到病人的简单自述,迅速做出疾病的诊断;公安人员根据作案现场情况,迅速对案情做出判断;学生在解题中未经逐步分析,就对问题的答案做出合理的猜测、猜想等的思维。

分析思维也就是逻辑思维,它遵循严密的逻辑规律,经过逐步推导,最后得出合乎逻辑的正确答案或做出合理的结论。例如,学生解几何题的多步推理和论证,医生面对疑难病症的多种检查、会诊分析等的思维。

(四) 辐合思维和发散思维

吉尔福特把思维分为辐合思维和发散思维两种,并认为发散思维是创造性的主要成分,而辐合思维也是创造性的一个组成部分。

辐合思维是指人们根据已知的信息,利用熟悉的规则解决问题,也就是从给予的信息中,产生合乎逻辑的结论,它是一种有方向、有范围、有条理的思维方式。例如,学生从各种解题方法中筛选出一种最佳解法,工程建设中把多种实施方案经过筛选和比较找出最佳的方案等的思维。

发散思维是指人们沿着不同的方向思考,重新组织当前的信息和记忆系统中存储的信息,产生出大量独特的新思想。例如,数学中的"一题多解",科学研究中对某一问题的解决提出多种设想,教育改革的多种方案的提出等的思维。

(五) 常规性思维和创造性思维

常规性思维是人们运用已获得的知识经验,按现成的方案和程序直接解决问题,如学生运用已学会的公式解决同一类型的问题。这种思维的创造性水平低,对原有的知识不需要进行明显的改组,也没有创造出新的思维成果,因而称之为常规性或再造性思维。

创造性思维是指重新组织已有的知识经验,提出新的方案或程序,并创造出新的成果的思维活动。例如,技术革新、科学的发明创造、教学改革等所用到的思维都是创造性思维等。

三、思维的组成

(一) 表象

1. 表象的概念

表象是指人在头脑中出现的关于事物的形象或者像图画一样的心理表征。

从表象产生的主要感觉通道来划分,表象可以分为视觉表象(如对物理空间的认知表征构建的认知地图)、听觉表象(如某首歌的旋律的想象)、运动表象(如对舞蹈动作的想象)等。根据表象创造程度不同,可将表象分为记忆表象和想象表象。记忆表象是在记忆中保持的客观事物的形象,如想起奶奶的音容笑貌。想象表象是在头脑中对记忆想象进行加工改组后形成的新形象,这些形象可能我们从未看到过,或者本来就不存在,如想象宇宙飞船。

2. 表象的特征

(1) 直观性。

表象是以生动具体的形象在头脑中出现的。人在头脑中产生某种事物的表象,就好像直接看到或者听到这种事物的某些特征一样。例如,研究发现,儿童可能会产生一种"遗觉象"。儿童在观看了某件东西后,在短时间内(约几分钟),仍保持着异常鲜明、生动、清晰的形象。尽管该件东西已从眼前移去,但观看者似乎仍能"看到"它,每一个细节都仿佛历历在目,保持着原有的一切特征。这样的视觉表象即遗觉象。遗觉象多见于儿童。据研究,儿童中有40%~70%的人有遗觉象,并且在11~12岁时最明显,很少能继续保持到成年期。

表象是在知觉的基础上产生的,因此表象和知觉中的形象具有相似性,但是表象和知觉的形象又有所不同。知觉的形象鲜明生动,表象的形象比较暗淡模糊;知觉的形象持久稳定,表象的形象不稳定、易变动;知觉的形象完整,表象的形象不完整,时而出现这一部分,时而出现另一部分,甚至有些部分消失。例如,一个房子的表象不如房子的知觉形象鲜明,它的形状、颜色和构造都不清晰,而且表象常常是不完整的,我们一会儿想到房顶,一会儿想到窗户等。

(2) 概括性。

表象是人们多次知觉的结果,它不表征事物的个别特征,而是表征事物的大体轮廓和主要特征,因此表象具有概括性。例如,"长颈鹿"的表象,可能只是长脖子、长腿、高大的身躯。这些特征代表了"长颈鹿"一般的、概括的形象,而不包含长颈鹿的某些个别特征。

(3) 可操作性。

人们可以在头脑中对表象进行操作,这种操作就像人们通过外部动作控制和操作客观事物一样。库珀和谢帕德(1973)的心理旋转实验证明了表象可操作性的存在,并且说明人们在完成某种作业时,确实可以借助于表象进行形象思维,形象思维的蜘蛛就是人们已经形成的各种各样的表象。

3. 表象在思维中的作用

(1) 表象为概念的形成提供了感性基础。

表象是认知过程的一个重要环节,它既具有直观性,又具有概括性。直观性上接近知觉,而概括性接近思维。表象离不了具体的事物,摆脱了感知觉的局限性,因而为概念的形成奠定了感性的基础。例如,对"水果"这个概念,儿童常常用苹果、香蕉、橙子、西瓜等具体形象来说明。儿童主要借助于表象形成抽象的概念。

(2) 表象促进问题的解决。

表象有助于问题的解决。例如,小学低年级的学生在解决运算问题时,经常利用表象来完成;中学生在解决几何问题时,也会利用表象帮助解题;成年人在利用概念进行抽象思维时,也常需要表象的帮助和支持。

表象也有助于推理。例如,在线性推理中,给被试两个命题,如"小明比小亮高,小亮比小涛高",要求被试判断谁最高谁最低,这时头脑中可能会出现不同高度的圆柱体,并用它们代表小明、小亮和小涛。根据对表象的比较,被试直接说出了答案。

(二) 概念

1. 概念的含义

概念是具有共同属性的一类事物的总称,是人脑对客观事物的本质特征的认识。例如,鱼就是"生活在水中,身体表面大都覆盖有鳞片,用鳃呼吸,用鳍游泳"的一类动物的总称。这些特征使鱼类与其他动物区别开来。

概念是人脑反映事物本质的一种思维形式,是思维的最基本的单位。概念代表的是一类事物的观念。正是由于有了概念,人类思维才更为抽象,才能摆脱事物中零散的细枝末节的干扰。因此,概念是人类思维的重要工具。

每个概念都包括内涵与外延两个方面。概念的内涵就是概念对事物的特有属性的反映(概念的质)。外延是具有概念所反映的特有属性的那些具体的事物(概念的量,即范围)。例如,"脊椎动物"概念的内涵是有生命和有脊椎的动物,它的外延包括一切有脊椎的动物,如、鱼、鸟、蛇、鸡、狗等。概念的内涵与外延的关系为,内涵增加,外延缩小。

概念具有不同的等级或层次,有上位概念、基本概念和下位概念等不同层次。它们共同构成一个个概念家族。以"蔬菜"为例,蔬菜是上位概念,青菜、土豆、芹菜、南瓜等是基本概念;板栗南瓜、蛇南瓜、蜜本南瓜、中国芹菜、西洋芹菜则是下位概念。研究表明,基本概念最容易在头脑中激活,然后会扩散到概念网络的上位概念和下位概念。

概念和词是不可分的。概念是用词来表达、巩固和记载的,概念的形成也是借助于词和句子来实现的。词的意义不断充实的过程,也是概念不断扩大和深化的过程。但是,概念与词不是一一对应的。同一概念可以由不同的词来表示,同一词也可以表达不同的概念。如"爸爸"与"父亲"两个不同的词表达了同一概念,而"先生"一词表达了"男性""丈夫""教师"等不同的概念。

2. 概念的种类

概念可以从不同的角度进行分类。

(1) 合取概念、析取概念和关系概念。

根据反映事物属性的数量及其相互关系,可以将概念分为合取概念、析取概念和关系概念。

合取概念是指根据一类事物中单个或多个相同属性形成的概念,它们在概念中必须同时存在,缺一不可,如毛笔。合取概念是指最普遍的概念,如鸟类、水果、动物等都属于这种概念。析取概念是指根据不同的标准,结合单个或多个属性所形成的概念,如好学生。关系概念是根据事物之间的相互关系形成的概念,如上下、左右、前后、高低、大小等。

(2) 自然概念和人工概念。

根据形成的自然性可以将概念划分为自然概念和人工概念。

自然概念是指在人类历史发展过程中自然形成的概念。自然概念的内涵和外延是由事物自身的特征决定的,如在自然科学中,声、光、电、原子、分子等概念;在社会科学中,国家、民族、地区等概念。人工概念是在实验室的条件下,为模拟自然概念的形成过程而人为地制造出的一种概念，主要是研究者为了某种研究的需要自己创造的概念，人工概念的内涵和外延常常可以人为地确定。

四、思维的过程

思维过程主要表现在以下几方面。

（一）推理

1. 推理的含义

推理是指根据一般原理推出新结论，或者从具体事物或现象中归纳出一般规律的思维活动。前者叫演绎推理，后者叫归纳推理。例如，"直线是两点间最短的距离。线 A-B 是点 A 和 B 间的最短距离。所以，A-B 是直线"这个例子就属于演绎推理，它是从一般性的原理推演出个别例子的结论。而"孔雀会飞，麻雀会飞，啄木鸟会飞……孔雀、麻雀、啄木鸟都是鸟，所以，所有鸟都会飞"这个例子则属于归纳性推理，它是从个别事物的特征推演出一般性的结论。

2. 演绎推理的形式

演绎推理的形式主要包括三段论推理、线性推理和条件推理。

三段论推理是由两个假定真实的前提和一个可能符合，也可能不符合这两个前提的结论所组成。例如，未婚者都不戴结婚戒指，小李未戴结婚戒指，所以，小李未婚。

三段论推理的特点：第一，都由三个简单判断组成；第二，都只有三个不同的概念，例如上例中的"未婚""戴结婚戒指""小李"；第三，前提中都有一个共同的概念在其他两个概念之间起媒介作用，例如上例中的"未婚"在"戴结婚戒指"和"小李"之间起媒介作用。

线性推理又称关系推理，在这种推理中，所给予的两个前提说明了三个逻辑项之间的可传递性的关系。例如，$A>B$，$B>C$，所以 $A>C$。由于这种推理的三个逻辑项之间具有线性的特点，所以线性推理又称线性三段论。

休腾洛切尔等人认为，线性推理的前提是以表象的方式复现在人脑中，并按一定的空间系列进行操作，即人们把前提结合成统一的视觉形象，把一些项目按大小想象为自上而下的垂直排列或自左至右的水平排列。这样三个逻辑项之间的关系就可以从这个空间系列中的相对位置来判断。

克拉克等人则认为线性推理的前提不是由表象表征的，而是由命题表征的。

条件推理是指人们利用条件性命题进行的推理。例如，"如果疫情不被控制，学校就不开学"。在条件推理中，人们有一种强烈的证实倾向，即人们倾向于证实某种假设或规则，而很少去证伪它们。例如沃森选择任务（wason selection task），在抽象任务中，给你四张卡片，分别印着 A，D，4 和 7，你的任务是，为了检验"如果卡片的一面是元音字母，那么，它的另一面则是偶数数字"这一规则，你必须翻开哪些卡片？研究发现，大多数人说他们翻开卡片 A——它是对的，还有卡片 4——它是不对的。不管在卡片 4 翻过来的那一面上出现什么符号，都无法证明规则失效，相反，必须翻动卡片。如果你发现 7 背面有一个元音字母，那么就会认为这个规则是错误的。只有 4% 的人做出了正确的选择，即认为应该翻看卡片 A 和 7。

当参加者能够把他们在现实生活中的知识运用于沃森任务时,演绎推理可以得到改善。例如,沃森任务的四张卡片换成与现实世界相关的任务,四张卡片分别为"喝啤酒""喝苏打水""23""17",要求评估规则"如果一位消费者要喝酒精饮料,那么,她必须年满18岁",这种情况下,绝大部分人都会明白应该翻17和"喝啤酒"这两张卡片。这种关于年龄和饮酒的例子来自于现实生活中熟悉的现实情形。人们拥有大量的类似经验——"如果作业没做完,就不能看电视"。所以,现实经验的积累可以帮助人们轻易地做出正确的判断。

(二) 问题解决

1. 问题解决的含义

问题解决是由一定的情境引起的,按照一定的目标,应用各种认知活动、技能等,经过一系列的心理操作,使问题得以解决的过程。例如,对几何题的证明,解决生产中的难题等。

纽威尔(Newell)和西蒙(Simon)用问题空间的概念说明问题解决的过程。问题空间是指问题解决者对所要解决的问题的一切可能的认识状态,包括对问题的初始状态和目标状态的认识,以及如何从初始状态转化为目标状态的认识等。他们认为,问题解决就是对问题空间进行搜索,以找到一条从问题的初始状态到目标状态的通路。

2. 问题的种类

(1) 界定清晰的问题和界定模糊的问题。

根据明确程度,问题可分为界定清晰的问题和界定模糊的问题。

界定清晰的问题是指初始状态、目标状态以及由初始状态如何到达目标状态的一系列过程都很清楚的问题。这类问题通常只有一个正确答案。例如,32除以4这一类问题。

界定模糊的问题是指对问题的初始状态或目标状态没有清楚的说明,或者对两者都没有明确的说明,这些问题具有很大的不确定性。例如,改革开放。

(2) 对抗性问题和非对抗性问题。

根据在问题解决时,解题者是否有对手,问题可分为对抗性问题与非对抗性问题。

在解决对抗性问题时,人们不仅要考虑自己的解题活动,而且这种活动还要受对手解题活动的影响。例如,棋类、球类活动都属于对抗性问题。

非对抗性问题是指在解决问题时没有对手参与的问题。例如,代数问题、几何问题等都属于非对抗性问题。

(3) 语义丰富的问题和语义贫乏的问题。

根据在问题解决时,解题者具有的相关知识的多少,问题又可以分为语义丰富的问题和语义贫乏的问题。

语义丰富的问题是指解题者对所要解决的问题具有很多相关的知识。例如,物理学家解决物理学方面的问题,这种问题对他们来说为语义丰富的问题。

语义贫乏的问题是指解题者对所要解决的问题没有相关的经验。例如,如果解题者对要解决的问题没有相关的经验,这种问题称为语义贫乏的问题。

3. 问题解决的策略

中学生的形式逻辑思维已获得相当完善的发展,在其思维活动中占据主导地位。主要表现在概念、推理和逻辑法则运用能力的发展上。

(1) 算法策略。

算法策略类似于公式和程序,如果运用得当,它能一步一步地导向问题的解决。一般计算机都使用算法策略解决问题。大数据也是利用算法来解决问题。采用算法策略能保证问题解决,但是这种策略解决有时费时费力,而且当问题复杂、问题空间很大时,人们很难依靠这种策略来解决问题。另外,对于那些没有现成算法或者算法尚未被发现的问题,则不能利用算法策略解决问题。

(2) 启发法。

启发法是人们根据一定的经验,在问题空间内进行较少的搜索,以达到问题解决的一种方法,启发法不能保证问题解决的成功,但这种方法比较省时省力。常用的启发法有:

① 手段-目的分析法(means-end analysis)。该方法是将问题的目标状态分成若干子目标,通过实现一系列的子目标最终达到总目标。它的基本步骤是:第一,比较初始状态和目标状态,提出第一个子目标;第二,找出完成第一个子目标的方法或操作;第三,实现子目标;第四,提出新的子目标。如此循环往复,直至问题的解决。

② 逆向搜索法(backward search)。逆向搜索就是从问题的目标状态开始搜索直至找到通往初始状态的通路或方法。

逆向搜索法更适合于解决那些从初始状态到目标状态只有少数通路的问题,但是反目标到初始状态的通路比较清晰。

③ 爬山法(hill climbing method)。爬山法是类似于手段-目的分析法的一种解题策略。它是采用一定的方法逐步缩短初始状态和目标状态的距离,以达到问题解决的一种方法。

爬山法与手段-目的分析法的不同在于后者包括这样一种情况,即有时人们为了达到目的,不得不暂时增大目标状态与初始状态的差异,以便最终达到目标。

④ 头脑风暴法(brainstorming method)。头脑风暴法又称智力激励法、BS法、自由思考法,是由美国创造学家A.F.奥斯本于1939年首次提出、1953年正式发表的一种激发性思维的方法。此法经各国创造学研究者的实践和发展,已经形成了一个发明技法群,如奥斯本智力激励法、默写式智力激励法、卡片式智力激励法等。当一群人围绕一个特定的兴趣领域产生新观点的时候,这种情境就叫作头脑风暴。头脑风暴法成功要点:一方面,通过一定的讨论程序与规则来保证创造性讨论的有效性,具体程序上的几个关键环节包括确定明确的议题,做好会前准备,确定参与人选,明确在活动中每个人的分工,同时要制定好纪律和会议时间;另一方面,在头脑风暴中,探讨方式和心态很重要,要做到每个人都能充分地自由畅谈,非评价性和无偏见的交流,以追求数量为首要任务。

在头脑风暴中,个体起初被要求尝试提出大量的问题解决方法而不用考虑方法的真实性及可行性。只有产生了很多可能的方法之后,我们才去评估它们潜在的价值和效果。这种延迟评估增加了人们对长时记忆进行更广泛搜索的可能性,可能会碰巧找到一个不同寻常的、有创意的问题解决方法。

⑤ 使用问题内容的外部表征。工作记忆有限的容量,不可避免地限制了人们在处理一个问题时可以在头脑中完成的任务数量。人们可以通过将问题的某些方面储存在外部来增强工作记忆的容量。例如,绘制图表、列出问题要素,或记下潜在可行的解决方案。问题的外部表征也可以帮助人们对问题进行更具体的编码,同时更清晰地帮助人们澄清各种元素之间的相互关系。

※ **知识链接** 5-1

算法与启发式的比较

下面是一道密码算题。已知:10个字母中的每一个字母分别代表10个(0~9)数字中的每一个数字,且D=5。要求:找出每一个字母所代表的数字,使下面的加法算式成立。

D O N A L D
G E R A L D
―――――――――
R O B E R T

用算法策略解决这道密码算题,需要经过30万次尝试才能得到正确答案。

但如采用启发式策略解答,只需要几次搜索就能够解决问题。

第1步:从个位算起,因为D=5,所以T必定是0,并向第2列进1。

第2步:第5列中,O+E=O,只有当O与0或与10相加,才可能出现这种情况,所以E一定是9(加上进1)或0,但已知T=0,因此E必定是9。

第3步:第3列中,如果E是9,那么A一定是4或9(都需要加上进1),但由于E=9,所以A必定是4。

第4步:第2列中,L+L+1(进位)=R,所以R一定为奇数。由于D=5,E=9,现在奇数只剩下1、3和7。从第6列可知,5+G=R,所以R一定大于5,因此R为7,这样又推出L=8,G=1。

第5步:第4列中,N+7=B+1(进位),所以N应是大于或等于3。现在剩下的数字只有2、3和6。所以N是3或6,但如果N=3,那么B应该为0,所以N=6,B=3。

第6步:现在只剩下字母为O和数字2,因此O=2。

因此,正确的数字算式为: 5 2 6 4 8 5
+ 1 9 7 4 8 5
―――――――――
7 2 3 9 7 0

启发式策略省时省力,但是有时不能保证问题一定得到解决。

4. 影响问题解决的心理因素

问题解决的思维过程受多种心理因素的影响。有些因素能促进问题的解决,有些则妨碍思维活动对问题的解决。

(1) 问题的表征方式。

问题解决首先要对问题加以理解。所谓理解问题,就是要用最佳的方式对问题加以表征。表征是指客观事物在头脑中的呈现方式。同一事物或问题由于表征的方式不同,在理解上会出现很大差异。以图 5-1 所示,一个残缺的国际象棋棋盘,它有两个方格被切掉了,现只剩下 62 个正方形。问题是有 31 张骨牌,每张恰好可以遮盖棋盘上两个正方形。问:能否用骨牌把这个棋盘上所有部分盖住呢?

图 5-1　国际象棋盘问题

研究证明,绝大多数人对于这个问题,会用很长时间在头脑中尝试着去摆,但是总找不到正确答案。可是,如果不是用视觉形象方法去考虑,而是改用推理的方法:只要分析出每一张骨牌都必须盖住一个白格子和一个黑格子,而去掉的是两个白格子,那么很快就可以发现,无法用 31 张骨牌盖住图中的棋牌,这个问题实际上是无解的。

(2) 知识经验在问题解决中的作用。

大量有关专家和新手问题解决的研究表明,知识经验在问题解决中起着重要的作用。所谓专家是指在某一领域具有丰富知识的人,如数学家、医学专家、律师、象棋大师等,他们解决专业领域的问题比新手容易得多。研究表明,专家和新手在知识的数量及组织方式上的差别,可能是造成问题解决效率不同的主要原因。

表 5-1　专家和新手在问题解决中知识差异比较

专家	新手
具有大量、丰富的图式,其中包含许多关于领域的陈述性知识	具有相对贫乏的图式,图式中关于领域的陈述性知识相对较少
在图式中具有良好组织的、高度相互联系的知识单位	只具有组织较差的、松散联系的、分散的知识单位
决定怎样表征一个问题上比搜寻和执行一个解决问题的策略花更多的时间	搜寻和执行一个解决问题的策略用时较多,决定怎样表征问题用时较少

续表

专家	新手
依据问题之间的结构相似性,发展出复杂的问题表征	依据问题之间的表面相似性,发展出贫乏和幼稚的问题表征
从给定信息向前工作到找出发现未知的工具性策略	从聚焦未知向后工作到发现问题的策略以利用给定信息
通常采用一种以问题解决策略的精细图式为基础的策略;将手段-目的分析仅作为一种处理不寻常的、非典型的问题的替代策略使用	经常将手段-目的分析作为一种处理大多数问题的策略;有时选择一种以问题策略的知识为基础的策略
图式中包含了大量与领域有关的问题解决策略的程序性知识	图式中仅包含了少量与领域有关的问题解决策略的程序性知识
在问题解决策略中许多连续的步骤已经自动化	在问题解决的策略中很少或没有连续的步骤达到自动化水平
问题解决具有高效性;当有时间限制时,解决问题比新手更快	问题解决的效率低;解决问题比专家慢
能准确地预言解决特殊问题的困难	不能准确地预言解决问题的困难
能仔细地监控自己的问题解决的策略和过程	对自己的问题解决的策略和过程监控很差
在达到合适的解决的过程中显示出高度准确性	在达到合适的解决的过程中准确性比专家差
当面临带有非典型结构特征的高度不寻常问题时,比新手花更多时间去表征问题和提取合适的问题解决策略	当面临带有非典型结构特征的高度不寻常问题时,比专家花较少时间去表征问题和提取合适的问题解决策略
当提供的新信息和开始的问题表征矛盾时,在采取一种更合适的策略方面显示出灵活性	当提供的新信息和开始的问题表征矛盾时,在采取一种更合适的策略方面能力较差

(3) 无关因素的影响。

在问题解决中,有些信息与要解决的问题没有关系,但人们容易受到这种无关信息的影响,从而妨碍问题的解决。例如,"卖马问题"——密执安大学的梅尔和柏克的实验:

有一个人用 60 美元买了一匹马,又以 70 美元卖了出去。然后,他又用 80 美元买了回来,再用 90 美元卖了出去。在这桩交易中,他赚了多少钱? A.失去了 10 美元;B.收支平衡;C.赚了 10 美元;D.赚了 20 美元;E.赚了 30 美元。正确答案是 D,赚了 20 美元。

研究发现人们经常错误地假定:问题中的所给出的条件或数字在解题中都有用。因此,总是想办法去利用这些信息。了解了这个普遍倾向,我们在解题时就应该先注意考虑一下哪些信息有用,哪些没用。

(4) 工作记忆容量。

如果问题解决所需的信息量或加工量超过了工作记忆的容量(或无关的想法消耗了工作记忆的容量),此时问题都不能得到解决。对于此,一方面我们可以采用外部方法将那些对问题解决所必需的信息储存起来或者进行外部加工,如写在纸上,或使用计算器等;另一方面,有些问题解决的技巧应该进行充分的练习,使其达到自动化的程度,这样占用工作记忆的容量就很小了。例如,专家和新手在问题解决中的差异在一定程度上也是因为专家对很多问题达到了自动化的程度,占用工作记忆的容量小。

(5) 思维定势。

定势是指重复先前的心理操作所引起的对活动的准备状态。它的影响有积极的,也有消极的。积极的作用表现为在条件不变的情况下,快速解决问题;消极的作用表现为用旧的方法解决新的问题,妨碍新方法或者简单方法的发现和运用。例如,公安局长在路边同一位老人谈话,这时跑来一小孩,对公安局长说:"你爸爸和我爸爸吵起来了!"老人问:"这孩子是你什么人?"公安局长说:"是我儿子。"请回答:这两个吵架的人和公安局长是什么关系?这一问题,在100名被试中只有两人答对。后来对一个三口之家问这个问题,父母没答对,孩子却很快答了出来:"局长是个女的,吵架的一个是局长的丈夫,即孩子的爸爸;另一个是局长的爸爸,即孩子的外公。"按照成人的经验,公安局长应该是男的,而小孩子没有这方面的经验。定势的表现形式通常包括动作定势、知觉定势、思维定势、学习定势。定势的形成一方面受当前的知觉和重复练习的影响,另一方面是过去的知识经验和认知风格造成的。

如何突破定势呢?"法国科学家贝尔纳说过:造成我们思维的最大障碍是已知的东西,而不是未知的东西。"首先,要在观念上转变,培养创新的意识、探索的精神。不崇拜权威,不迷信教条。此外,进行发散思维的训练,例如,求多,尝试多角度思考,培养思维的流畅性;求变,打破条条框框,培养思维的变通性;求异,克服从众心理,培养思维的创新性。

(6) 功能固着。

人们把某种功能赋予某种物体的倾向称为功能固着。例如,对于电吹风,一般人只认为它是吹头发用的,其实它还有多种功能,可以做衣服、墨迹等的烘干器;砖,它的主要功能是用来建筑,然而我们还可以用它来当武器、板凳等。

功能固着的形式与经验有很大的关系。研究表明,儿童比成人较少受到功能固着的影响,因为儿童有关物体用途的知识比成年人少。克服功能固着需要人们灵活机智地使用已有的工具或材料,使之服务于解决问题的目的,这称为功能变通。功能变通与功能固着的作用相反。要想具有功能变通的能力,一方面需要有丰富的知识,要熟悉物体的不同功能;另一方面,也要进行思维灵活性的训练。

(7) 动机和情绪。

人们对活动的态度、社会责任感、认识兴趣等,都可以成为发现问题的动机,影响问题解决的效率。动机的强度不同,影响的大小也不同。心理学家的实验表明,在一定的限度内,动机的强度和解决问题的效率成正比,但动机太强或太弱都会降低解决问题的效率。

情绪对问题解决也有一定影响,紧张、惶恐、焦虑等消极的情绪阻碍问题的解决,而乐观、平静等积极的情绪有助于问题的解决。具体表现为,愉快强度与操作效果呈非线性相关,即愉快强度适中比愉快强度过高和过低的操作效果都要好(图5-2);痛苦强度与操作效果呈线性相关,即痛苦强度越大,操作效果越差(图5-3)。

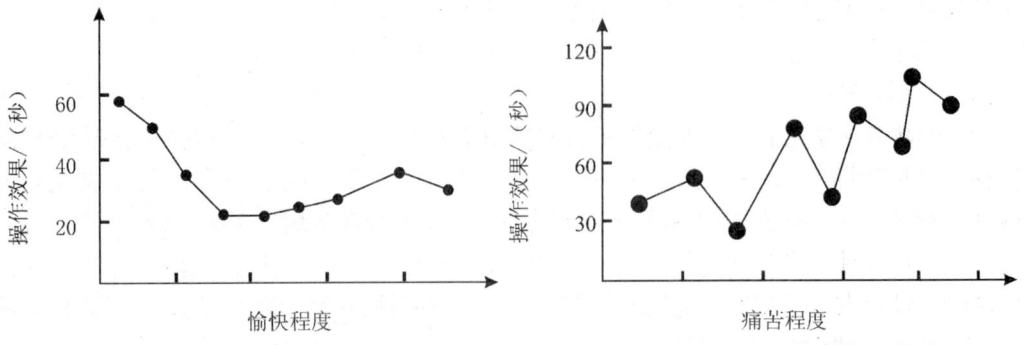

图 5-2　愉快程度与操作效果的关系　　图 5-3　痛苦程度与操作效果之间的关系

(8) 从长时记忆中提取信息。

问题解决的过程需要从长时记忆中提取信息,因此,有利于长时记忆提取的因素,如有意义学习、新观点的组织与整合等,也有助于问题的解决。潜伏期对长时记忆提取有重要的价值。潜伏期是让问题"酝酿"一会儿(可能处于无意识水平),与此同时去从事其他事情。在这个过程中,许多妨碍问题解决的因素(如疲劳、焦虑、消极的思维定势)可能在潜伏期消失。此外,个体可以在长时记忆中进行更大范围的搜索,这样可能会提取出来一些潜在的有用信息。当提取到的信息与之前未解决的问题之间存在联系,人们便会以新的方式来对问题进行编码,进而有助于问题的解决。

(9) 人际关系。

人处在一个复杂的社会中,问题解决不仅受个人心理因素的影响,也会受人们之间相互关系的影响。团体内的相互协作和互相帮助是使问题得以迅速解决的积极因素;相反,互不信任、人际关系紧张则会妨碍问题的解决。

(10) 人格因素。

① 智力水平。智力对问题解决有十分重要的影响。智力水平高的学生,解决问题易取得成功;智力水平低的学生,解决问题时易遭到失败。研究表明,聪明儿童在遇到比较复杂的问题时,更善于运用设想、实验、推论来解决问题;而智力中等的儿童,更倾向于用尝试方法解决问题;聪明儿童在解决问题时更易产生"哎呀"经验,中等智力的儿童则多是逐步地解决问题;儿童智力水平越高,越不易受心理定势影响。

② 性格特点。一般说来,乐观、自信、意志坚强、勤奋谦虚、富有创新精神、场独立认知风格等人格特点会促进问题解决,悲观、自卑、意志薄弱、懒惰、骄傲、因循守旧、场依存认知风格等人格特点则会阻碍问题解决。

(三) 判断与决策

1. 判断和决策的含义

判断是一个过程,通过它形成看法、得出结论,以及对事件和人做出评论性评估。而决策是在备选项之间做出选择,选择某些结果而拒绝另外一些选项的过程。

判断和决策是两个相关的过程。例如,在一个朋友组织的聚会上,你可能遇见某个人,在简短的谈话和互动游戏中,你判断这个人聪明、漂亮、有趣、真诚。然后,你可能决定在聚会中大部分时间和这个人在一起,留下这个人的电话和微信,并决定下周末安排和她单独约会。决策更紧密地与行为和动作联结在一起。

2. 启发式和判断

阿莫斯·特维尔斯基(Amos Tversky)和丹尼尔·卡尼曼(Daniel Kahneman)认为,人们的判断依赖于启发式而不是正式的分析方法。研究者认为,人们会陷入一个所谓的"适应性工具箱",即一个"快速而节省"的启发式仓库,得到的判断大多数时候是正确的。同时,针对启发式的研究通常关注哪些情形会导致不正确的判断。

(1) 可得性启发法。

可得性启发法是指人们倾向于根据事件或者现象在记忆中获得的难易程度来评估其概率的现象,即根据事件或现象在记忆中是否容易提取到来做判断。可得性启发法判断的依据是,重视典型特征和知觉中的可得性程度。

例如,请你随机从一本英文书中抽出一章,请回答:"以 K(如 key)开头的单词多,还是第三个字母是 K(如 bike)的单词多?"人们通常会认为以 K 开头的单词多,但实际上以 K 为第三个字母的单词更多。这是因为人们更容易从记忆中找到以 K 开头的单词。

可得性启发法有两个成分,第一个是提取信息时是否相对容易或流畅,比如判断如果你有一个朋友最近在附近遭到抢劫,你是否会认为你所在的城市很危险?一般人会根据最近朋友的经历而判断所在的城市很危险。第二个成分是,发现某些记忆内容很容易提取。例如上面判断以 K 开头的单词多还是以 K 为第三个字母的单词多。

"想象自己在教室参加考试,你现在需要决定是否改变答案。"研究表明,人们的判断所依据的信息库是有偏差的,人们更易记得消极性结果而非积极性结果。这些分析说明为什么在考试时考虑改变答案时会出现困惑。

(2) 代表性启发法。

代表性启发法是指人们估计事件发生的概率时,受它与其所属总体的基本特性相似性程度的影响。通俗来讲,样本与总体的原型越相似,就越容易被归入该总体。判断的依据是代表性更大、随机性更高的主观认识。做判断的基础是刻板印象或功能定势。

例如,耶路撒冷一名成功的律师,同事们说他的心血来潮妨碍他成为一个好的团队工作者,他的成功归功于他的竞争力和动力。他很瘦且不高,他很自负。他每周会花不少时间从事他最喜欢的运动。那会是项什么样的运动呢?A. 快步走;B. 一项球类运动;C. 网球;D. 一项田径运动。如果选择正确的话,被试有机会赢得 45 美元,让被试做出判断。

研究结果表明,大多数人选择"网球"而不是"一项球类运动"。一项球类运动包括了网球,但是通过代表性所做的判断是参与者忽视了另一种信息——范畴结构。

(3) 锚定和调整启发法。

锚定和调整启发法是指人们根据给定的信息做出最初的估计后,根据当前的问题对最初的估计做出调整,但是调整的幅度不大。

例如,请你先花 5 秒钟估计下面几个数字的乘积,然后写下你的答案:

$1×2×3×4×5×6×7×8 = ?$

在 5 秒钟的时间里,被试所产生的估计中数为 512。

然后再花 5 秒钟估计下面几个数字的乘积,然后写下你的答案:$8×7×6×5×4×3×2×1 = ?$

这时，即使被试注意到这是反过来的同样一个序列，被试只能进行部分的猜测，然后向上调整估计的数值，被试所产生的估计中数为2250。显然，当被试从其5秒钟的估计开始向上调整时，较高部分的解答导致较高的估计。但实际上正确答案是40320，因此，即使对初始值有所调整，调整的幅度也不会高。这里最初的估计值相当于锚定，以后的调整是在锚定基础上的微调。甚至当这个最初的锚定信息只有很小的用途或根本没用时，人们仍然显示出很强的受锚影响的倾向。

为什么人们会根据锚做出不充分的调整呢？因为人们在开始调整之前已经产生了自己的锚。例如，思考火星绕太阳公转一周需要多长时间。有研究表明，人们会以365天作为锚来估计火星的公转周期，结果参与者得出的结果是大约492天，这个数字与真实数字869天要小。在这个实验中，人们以一个合理的锚作为推测的起点，然后不断地调节直到得出一个看起来可能的值。

3. 决策心理学

传统经济学的期望效用理论认为，决策过程是完全理性的，人们依赖于期望效用做出决策，追求利益最大化。

期望效用=某结果发生的概率×该结果的效用。

例如，下面的两种方法请你选择：

A. 100%地获得400元；B. 50%的可能获得1000元。你会如何选择？

按照期望效用理论，A的期望效用值为：$400×100\%=400$；B的期望效用值为：$1000×50\%+0×50\%=500$，人们应该选方案B。但实际上，卡尼曼（Kanhnman）认知心理学实验结果发现：84%的人选择A。实际决策行为并不符合期望效用理论的预测。

卡尼曼等人（1979）提出了决策的前景理论。前景理论力图描述人们是如何进行决策的。其基本观点之一是：人们对损失比对收益更敏感，大多数人在面临获得的时候是风险规避的，而在面临损失的时候是风险偏好的。具体存在以下几个主要的效应。

（1）参照依赖效应。

参照依赖效应是指在自然决策中，当获得收益或减少损失都存在风险时，人们的风险态度是相对于当前参照而言的。

一方面，在获得性问题中，人们不喜欢通过冒险行为获益，是风险规避的，存在确定效应；另一方面，当面临损失时，人们更愿意冒着风险防止损失或减少损失的幅度，即面临损失性问题时，是风险偏好的，存在反射效应。

例如，确定效应——获得性问题。

选择A：80%机会赢4000块，20%机会啥也不赢。

选择B：给你3000块。

反射效应——损失性问题。

选择A：80%机会损失4000块，20%机会不损失。

选择B：肯定损失你3000块。

获得性问题中，绝大部分被试会选择A，而在损失性问题中，绝大部分被试会选择B。这就类似于，对于赌博的人，赢的随时都会想要结束牌局，而输者总是会加大成本去投入更多。

(2) 框架效应。

框架效应是指相同的问题的不同表征对个体决策有影响。人们对损失和获得的敏感程度是不同的,损失的痛苦要远远大于获得的快乐。例如:

幸存框架手术:在100个做过手术的人中,90个过了术后期还活着,68个在第一年的年底还活着,34个在第五年的年底还活着。

放射治疗:在100个做过放射治疗的人中,所有的人过了治疗期还活着,77个在第一年的年底还活着,22个在第五年的年底还活着。

你选择什么:手术还是放射治疗?

死亡率框架手术:在100个做过手术的人中,10个过了术后期还活着,32个到了第一年的年底死亡,66个到了第五年的年底死亡。

放射治疗:在100个做过放射治疗的人中,没有一个在治疗期间死亡,23个到了第一年的年底死亡,78个到了第五年的年底死亡。

你选择什么:手术还是放射治疗?

客观上,两种框架中的数据是相同的,唯一的差别是,关于每种治疗结果的统计信息,是从幸存率还是从死亡率的角度来呈现。当向参与者呈现这一决策时,关注收益还是关注损失显著地影响了对治疗方法的选择。只有18%的接受幸存框架的参与者选择放射治疗,但是在接受死亡率框架的参与者中,这个数字是44%。对于临床病人、统计学方面富有经验的商科学生以及有经验的医师来说,这种框架效应都会起到作用(McNeil et al., 1982)。

(3) 捐赠效应。

捐赠效应是指人们对于获得的本来非自己的财产的评价更高,更不愿意放弃。例如,许多商家提供产品的试用期。

问题:

组一:给你一个6美元的杯子,在卖掉的时候,你希望能卖多少钱?

组二:如果你刚好需要买一个这样的杯子,你希望以多少价格买到?

组三:如果让你选择获得6美元或杯子,你认为这个杯子值多少钱?

结果发现:

拥有杯子的第一组人期望以不低于7.12美元的价格卖出杯子;

第二组人则期望以不高于2.87美元的价格得到杯子;

第三组人对杯子的估价是3.12美元。

(4) 成本沉没效应。

成本沉没效应是一种适应不良的经济行为,具体表现为:在某一方面一旦投入了金钱、努力或时间之后,就表现出继续投入的巨大倾向。

例如,有两个人预付100美元去一个地方度周末,这100美元是不可退还的。在前往目的地的途中,两人感到身体不适,他们都觉得留在家里过周末会更舒服。问题:他们是该继续走还是驾车返家?

研究结果发现,很多被试都认为两人应该继续前往目的地以免浪费100美元。

沉没成本就是那些已经发生且无法收回的支出,如已经付出的金钱、时间、感情和精力等。比如输掉的那部分钱,本质上已经跟自己没有关系,成为"死钱",但是,对于大部分人来说,只要没有离开赌场,这些"死钱"都应该属于他们,所以他们会不惜一切代价妄想把那些"死钱"赢回来,结果往往是输得更惨。

(5) 决策规避效应。

决策规避是指在预料到可能会后悔时,在面临决策时会更加慎重,在有些时候,人们会努力设法避免做出任何决策。

A. 假设你正在考虑购买一个CD播放机,并且还没有决定买哪种型号。你经过一家商店,这家商店正在进行一天的清仓削价销售。一种流行的索尼播放机,他们只卖99美元,比定价低很多。你:

a. 购买这种索尼播放机;

b. 等一等,直到你对各种型号了解得更多。

B. 假设你正在考虑购买一个CD播放机,并且还没有决定买哪种型号。你经过一家商店,这家商店正在进行一天的清仓削价销售。一种流行的索尼播放机,他们只卖99美元,高价位的爱华播放机也只卖159美元,两款均比定价低很多。你:

a. 购买这种爱华播放机;

b. 购买这种索尼播放机;

c. 等一等,直到你对各种型号了解得更多。

研究者发现,针对A部分中的情形,只有34%的参与者说会等待更多的信息(Tversky & Shafir,1992)。针对B部分中的情形,则有46%的参与者说他们会等待新的信息。获得这种效应的关键是,它让决策变得困难。

C. 在A的基础上增加一种低质量CD播放机作为额外选项的版本来测验,只有24%的参与者说他们会等待更多的信息,参与者容易选择索尼。这是因为在并不昂贵的索尼与高质量的爱华之间做出决策,较为困难。因此,推迟困难的决策,等待更多的信息是合适的解释。

(四) 创造性

1. 创造性的含义

创造性是指人们应用新颖的方式解决问题,并能产生新的、有社会价值的产品的心理过程。例如,作家创作一部新的作品,工程师设计一台新机器,科学家发明一项新技术都属于创造性活动。创造性总是体现在问题解决的活动中,因此属于问题解决的研究领域,但是创造性问题解决比一般的问题解决更复杂。

2. 创造性的心理成分

(1) 想象。

创造性活动需要想象,特别是创造想象的参与。想象是对头脑中已有的表象进行加工改造,形成新形象的过程。

(2) 辐合思维和发散思维。

吉尔福特把思维分为辐合思维和发散思维两种,并认为发散思维是创造性的主要成分。他还设计了发散生成测验来测量创造性,测验发散思维的流畅性、变通性、独特性来衡量创造性。

流畅性是指单位时间内发散项目的数量。创造性高的人能在短时间内想出数量较多的项目,即反应迅速而众多。例如,在五分钟内尽可能多地列出带有"春"字的成语或诗词。请在纸上写出你的答案,不要出声。思维的流畅性包括用词的流畅性、联想的流畅性、表达的流畅性、观念的流畅性等。

变通性是指发散项目的范围或维度。范围越大,维度越多,变通性越强。创造性高的人,其思维的变通性较强,他们在解决问题时能触类旁通,举一反三。吉尔福特通过非常规用途测验来测量发散思维的变通性。非常规用途测验就是要求人们在一定的时间内尽可能多地说出某个物体的用途,通过说出物品用途的维度来衡量发散思维。例如,要求被试在8分钟之内列出红砖的用途。结果一类被试只能列举出局限在建筑材料范围之内的例证,如盖房子、建教室、铺路、修围墙等,这些例证的变化范围极小,说明被试的变通性较差。而另一类被试则能列举出红砖的各种非常规用途,如压纸、打狗、钉钉子、砸核桃等,表现出较好的变通性。

独特性是指对问题能提出超乎寻常的、独特新颖的见解。吉尔福特采用命题测验来测试人的思维的独特性。这种测验方式是提出一段故事情节,要求被试按照自己的意思给予一个适当的题目,题目越奇特越好。例如,根据你的理解,请在三分钟内给下面的故事一个适当的题目:一对夫妇,妻子是一个哑巴,经医生治疗后能像常人一样说话,妻子太高兴了,一天到晚说个不停,并且还经常和丈夫吵架。丈夫非常痛苦,只好要求医生设法把自己变成一个聋子,家中又恢复了安宁。一类被试命题为《丈夫与妻子》《医学的奇迹》《永远不满意》;另一类被试命题为《聋夫哑妻》《无声的幸福》《开刀安心》。吉尔福特认为后一类比前一类独特。

辐合思维也是创造性的一个组成部分。在解决问题时,人们必须把发散思维的结果与原有的思维任务相对照,并利用辐合思维从各种不同的方案中做出正确的选择。在一项创造性活动中,人们需要从发散思维到辐合思维,又从辐合思维到发散思维,经过多次循环往复才能完成。

(3) 远距离联想能力。

远距离联想能力是在彼此相距很远的概念间看出其关系的能力。它是创造性的一种构成成分。远距离联想能力高的人能够根据某些标准把互不相关的概念联系起来,形成一种新的联想。

梅德尼克等人采用远距离联想测验来测量创造性。测验给每个被试呈现由三个词或短语组成的测验项目,要求被试说出第四个词,使它和已呈现的三个词或短语联系起来。例如,测验项目的三个单词为食物(food)、捕捉器(catcher)、热(hot)。被试可想出 dog (狗)和它们联系起来,即 dogfood(狗食)、dogcatcher(捕狗器)、hotdog(热狗)。

梅德尼克等人的一系列研究说明,远距离联想能力能有效测量人的创造性。但是有的研究发现,远距离联想分数与创造性只有较低的相关。这说明仅仅用远距离联想分数测量创造性是不够的。

(4) 与创造性相关的非智力因素。

创造性不仅受智力因素的影响,而且还受一系列非智力因素的影响。例如,一些人格特质,如独立、对某一问题持有强烈兴趣、愿意重构问题、喜欢复杂性、需要刺激性的交流另外,人的坚持性、自信心、意志力等对创造性也有重要的影响。

※**知识链接 5-2**

创造思维的过程

华莱士(Wallas)根据名人传记和一般人成功的业绩,创作了《思维的艺术》。在书中,他将创造思维的过程划分为 4 个阶段。

第一,准备阶段。此阶段为创造思维的起始阶段,主要任务是收集创造思维所必需的材料。例如,爱因斯坦在青年时代,就为物理学中的基本问题——光速问题深感不安。他思考这个问题,前后用了七年时间。司马迁为了撰写《史记》,前后准备了数十年的时间。因此,准备阶段是进行创造思维的先决条件。

第二,酝酿阶段。此阶段为创造思维最艰苦的阶段,主要任务是对所收集的材料进行深入加工。在这个阶段,要求个体付出艰苦努力,不断思考,对所研究的问题魂牵梦绕,正所谓:"衣带渐宽终不悔,为伊消得人憔悴。"

有时,出现问题长期解决不了、理不出头绪时,可以先将所思考的问题暂时放置在一边,几小时、几天或几个星期以后再来解决,这时常常会很快找到问题的解决办法。这种现象称为酝酿效应(incubation effects)。酝酿效应可用西尔维拉(Silveira,1971)的项链问题(图 5-4)的实验加以说明。其指导语如下:"你面前有四个小链子,每个链子有三个环。打开一个环要花两分钱,焊接一个环要花三分钱。开始时所有的环都是封合的。你的任务是把这十二个环全部连接成一个大链子,但所花钱数不能超过十五分。"

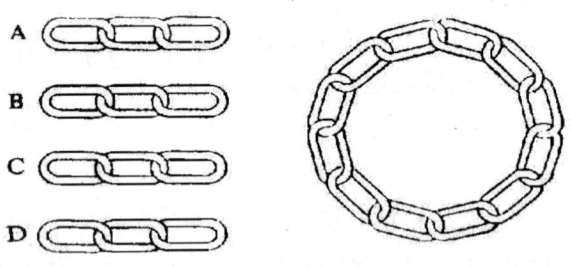

图 5-4 项链实验的材料

实验中三组被试都用半小时来解决问题。第一组被试在半小时中有 55%的人解决了问题;第二组被试在解决问题中插入半小时做其他事情,结果有 64%的人解决了问题;第三组被试解决问题中间插入四个小时做其他事情,结果有 85%的人解决了问题。在实验中,主试还要求被试大声说出解决问题的过程,结果发现第二、三组被试做完其他事后回头来解决问题时,并不是接着已经完成的解法去做,而是像原先那样从头做起。因此,可以认为,酝酿效应打破了原来问题解决过程中思维定势的影响,从而促进了新思路的产生。(答案为:把一个小项链的三个环都打开,花六分钱;用这三个环把剩下的三个小链连接起来,花九分钱;共花十五分钱。)

第三,明朗阶段。此阶段为创造思维的收获阶段,主要任务是把握突然出现的解决问题的灵感。在这个阶段中,有时人们长期思考不得其解的问题,突然因某物或某事的启发而一下子变得迎刃而解了。正所谓"踏破铁鞋无觅处,得来全不费功夫""山重水复疑无路,柳暗花明又一村"。这种现象常被认为是灵感的出现。例如,阿基米德为鉴别皇冠真假问题长期思考不得其解,在一次洗澡时,得到了启发,找到了鉴别皇冠的方法,并发现了浮力定律。明朗阶段产生的条件,一为长期思考的准备,二为精神放松。

第四,验证阶段。此阶段为创造思维的深化阶段,主要任务是把大脑中突然出现的灵感或想法,通过实验来加以验证。同时,还要不断完善解决问题的方案,因为灵感所提供的只是解决问题的最佳方案的雏形。只有经得起检验的灵感才能发展为科学理论。例如,爱因斯坦根据自己的理论,预测光的射线在经过一种较大的物体时,由于引力作用会发生弯曲。爱因斯坦提出的这个假设,被1919年科学家的日蚀观测结果所证实。

(五) 批判性思维

1. 批判性思维的含义

批判性思维是对信息和推理的精确度、可信度与价值的评价。批判性思维是深思熟虑的、有逻辑的、讲求证据的。它也具有目的性这一特质,即学习者进行批判性思考是为了获得特定的目标。

2. 批判性思维的形式

(1) 言语推理:出现在口语和书面语中,关于理解和评价的说服技术。例如,夏天的时候,很多地方宣传贴三伏贴,你是否也去贴个三伏贴呢?这种说服自己去贴三伏贴的形式就是言语推理。

(2) 论证分析:对支持和不支持结论的理由进行区别。例如,你花了数千美元买了一辆运转正常的破旧汽车,你也可以以1500美元的价格将其卖掉,或者再花2000美元来修理,之后将其以3000美元的价格出售,你该怎么做呢?对比来说,现在就把车卖掉最合理。但是许多人错误地认为,他们过去的投资肯定能带来更多收益,而事实却是过去的投资与当前事情的状态根本无关。考虑关于花2000美元修车的正反两方面的理由,就是进行论证分析。

(3) 概率推理:判断不同事件的可能性和不确定性。例如,你正在掷有六个面的骰子。在刚掷过的30次里,4点一次都没有出现过,请问下一次掷出4点的可能性有多大?对于这类问题,每一次掷骰子的每点的概率都是六分之一,但是很多人会高估4点出现的概率,这种错误想法被称为"赌徒谬误"。

(4) 假设检验:基于获取数据和结果的方法及其与特定结论之间的相关性而评定数据及研究结果的价值。当假设检验包括批判性思维时,就需要对如下问题进行思考:

① 是否运用了某个适当的方法来衡量结果?
② 是否可能忽略了其他的解释或结论?
③ 在一种情况下获得的结论能否被合理地推广到其他情景?

批判性思维在不同领域其本质不同。在写作领域,它意味着阅读议论文的初稿,并找出逻辑推理上的错误,或者找出并不足够合理的观点;在科学领域,它意味着修正现有理论和观点使之能解释新的迹象;在历史领域,它意味着基于历史文献做出推论,试图判断这些事件确实是以某种特定的方式发生,还仅仅只是可能而已。

第二节 想象的含义与作用

一、想象的含义

想象是对头脑中已有的表象进行加工改造,形成新形象的过程。这是一种高级的认识活动。例如,人们在看武侠小说时,在头脑中所呈现的各种情景和人物形象。这些根据别人的介绍或者自己已有的知识经验,在头脑中产生的新形象都是想象活动的结果。

形象性和新颖性是想象的基本特点。想象是在感知基础上,改造旧表象,创造新表象的心理过程。想象产生的新形象可能是现实中已经存在,但个人尚未接触的事物形象,如恐龙,过去存在,但现在已经消亡,人们根据对恐龙的研究,造出来恐龙的形象;可能是现实生活中不存在或根本不可能存在的事物的形象,如龙和凤的形象、外星人的形态、鬼神的形象等。想象出来的事物的形象,在现实生活中都能找到原型,都有现实的依据。

二、想象的种类

按照想象活动是否具有目的性,想象可以分为有意想象和无意想象。

(一) 无意想象

无意想象是一种没有预定目的、不自觉地产生的想象。它是在意识减弱时,在某种刺激的作用下,人们不由自主地想象某种事物的过程。例如,人们看着天上的星星,就会想象出各种动物的形象。另外,当人们长久地进行机械、枯燥无味的活动时,通常会浮想联翩,一些形象会不由自主地出现在眼前。此外,梦中的形象、精神病患者的幻觉、药物引起的幻觉等也都属于无意想象。

(二) 有意想象

有意想象是按一定目的、自觉进行的想象。例如,作家在头脑中构思的各种人物的形象,都是有意想象的结果。根据想象内容的新颖程度和形成方式的不同,有意想象又可分为再造想象和创造想象。

1. 再造想象

再造想象是根据语言、图形、模型等形成新形象的过程。例如,学生根据鲁迅的言语描述,想象阿Q、祥林嫂、孔乙己的形象;演员根据剧本,想象如何塑造角色的过程;工程师根据设计图纸,想象建筑物的形象等。再造想象依据现有的描述或示意进行,再造别人想象过的事物,它虽然有一定的创造性,但独立性较差。由于个体间的知识、经验、兴趣、爱好和个性的差异,每个人再造出来的形象会有所不同,因此,再造想象也并非千篇一律。

2. 创造想象

创造想象是在创造活动中,根据一定的目的、任务,在头脑中出现新形象的过程。作家创作出新的人物形象,科学家提出新的理论模型,艺术家创作出新的作品,工厂生产出新产品,都属于创造想象。创造想象需要对已有的感性材料进行深入的分析、综合、加工和改造,在头脑中进行创造性的构词,因此创造性更高,其主要特点是首创性和新颖性。创造想象也来源于生活,但又高于生活,如《西游记》中三头六臂的哪吒、七十二变的孙悟空和各种妖魔鬼怪等形象。创造想象是创造活动顺利开展的关键。没有创造想象,技术发明、科学研究、艺术创作,一切创造活动都无法顺利进行。创造想象与创造思维有密切联系,它们都是创造性活动的重要组成部分。

幻想是创造想象的一种特殊形式,其主要特点有两个。其一,幻想带有向往的性质,幻想中所创造的形象总是和个人的愿望相联系,体现个人所向往或祈求的事物。例如,作家创造出来的人物形象往往与个人的愿望相关联;其二,幻想不是直接指向当前的物质产品或精神产品的创造,而是指向未来的活动,但它又常常是创造性活动的准备阶段。例如,18世纪法国著名科幻作家凡尔纳一生运用憧憬性想象写出了104部科幻小说和探险小说,书中写的霓虹灯、直升机、导弹、雷达、电视台等,当时虽都不存在,但在20世纪都已实现。更使人难以置信的是,凡尔纳曾预言:在美国的佛罗里达将建造火箭发射基地,发射飞向月球的火箭。一个世纪以后,美国果然在佛罗里达发射了第一艘载人宇宙飞船。凡尔纳幻想的事物70%如今已成为现实。

三、想象的功能

1. 想象具有预见作用

想象能预见活动的结果,指导人们活动进行的方向。憧憬性想象的确是科学创造发明的前导。例如,凡尔纳幻想的事物有70%已经成为现实。勒梅特(George Lemaitre)在研究了爱因斯坦(Albert Einstein)的广义相对论后大胆推测,宇宙并非像过去人们所认为的是静止的,而是在膨胀。后来的科学家们证实了这一想法的正确性。

2. 想象具有补充功能

在实际生活中,有许多事物是人们不能直接感知的,但是人们可以通过想象补充这种知识经验的不足。例如,红楼梦中对王熙凤的介绍,一双丹凤三角眼,两弯柳叶吊梢眉,粉面含春微不露,丹唇未启笑先闻;再如,宇宙到底有多大,有多重,是什么形状?

3. 想象具有替代作用

当某些需要不能得到实际满足时,人们可以利用想象得到满足或实现。如"望梅止渴"和"画饼充饥"。但是,想象的代替功能不可过分使用。人的需要毕竟要通过实际地得到所需要的事物或活动才能真正满足,如过多地通过想象得到虚假的"满足",人就会越来越脱离现实。

4. 想象对机体的生理活动具有调节作用

想象能改变人体外周部分的技能活动过程。例如,圣斑现象,早在中世纪,人们发现有些患有歇斯底里症的病人,每当想到耶稣被钉在十字架上的痛苦时,他们自己的手掌和脚掌上就会出现瘀血溃疡症状,就像自己受了同样的刑罚一样。当时的人把这种症状叫圣斑。这一令人吃惊的事实的出现是病人的想象所致。近年来,生物反馈的研究发现,想象对机体有调节控制作用。

四、想象的综合过程

想象是从旧的形象中分析出必要的元素,按照新的构思重新结合,创造出新的形象的过程。想象过程是对形象的分析综合过程。

1. 黏合

黏合是人们把客观事物中从未被结合过的属性、特征、部分在头脑中结合在一起而形成新的形象。通过这种综合活动,人们创造了许多童话、神话中的形象,例如,龙和凤。相传,轩辕黄帝统一了三大部落,七十二个小部落,建立起世界上第一个有共主的国家。黄帝打算制定一个统一的图腾(类似现在的国旗,或者说是国家的标志)。在原来各大小部落使用过的图腾基础上,创造了一个新的图腾——龙。在中国的神话与传说中,龙是一种神异动物,具有蛇身、蜥腿、鹰爪、蛇尾、鹿角、鱼鳞,是一个口角有须、额下有珠的形象。"龙"的图腾组成后,还剩下一些部落图腾没有用上,这又如何是好呢?黄帝第一妻室嫘祖是一位绝顶聪明的女人,嫘祖受到黄帝制定的新图腾的启示,她把剩余下来各部落的图腾,经过精心挑选,也仿照黄帝制定龙的图腾的方法——孔雀头,天鹅身,金鸡翅,金山鸡羽毛,金色雀颜色……组成了一对漂亮华丽的大鸟。造字的仓颉把这两只大鸟取名叫"凤"和"凰"。凤,代表雄,凰,代表雌,连起来就叫"凤凰"。这就是"凤凰"的来历。

创造发明也有运用这种综合方式的,例如,水陆两用的坦克,就是坦克与船的某些特征的结合。黏合的手法在农业育种中有重要作用,骡子、狮虎、杂交玉米、杂交水稻都是黏合的产物。

2. 夸张

夸张又被称为强调,是通过改变客观事物的正常特点,或者突出某些特点而略去另一些特点在头脑中形成新的形象。例如,千手观音、九头鸟、七个小矮人等形象,都是采用这种方式。

3. 典型化

典型化是根据一类事物的共同特征创造新形象的过程,它是文学、艺术创作的重要方式。小说中的人物形象的创造,都是作家综合某些人物的特点之后创造出来的。例如,装在套子里面的人,鲁迅《阿Q正传》中的阿Q。

4. 拟人化

拟人化是把人类的特性加在外界事物上,使之人格化从而形成新形象。例如,《西游记》里面的孙悟空、猪八戒和各种妖怪;喜洋洋与灰太狼、熊出没、小猪佩奇、托马斯小火车等各种动画片和漫画中的形象。

5. 联想

由一个事物想到另一个事物,也可以创造新的形象。想象联想不同于记忆联想,它的活动方向服从于创作时占优势的情绪、思想和意图,因而它往往会打破日常联想的习惯,引发新形象。如由"流浪者"想到"流浪地球",由图片拍摄到火星上有类似人的面孔的图片,联想到火星人等。

第三节 中学生的思维与想象特点及其教学启示

一、中学生思维的特点

一般来说，人的记忆能力在 18~35 岁之间达到顶峰。中学阶段是个体记忆能力的全盛时期，也是学习文化知识的黄金时期，其记忆力不仅发展速度快，而且有许多质的变化。

（一）抽象逻辑思维处于优势地位

中学生的抽象逻辑思维占优势，思维不断发生变化。初中二年级（约十三四岁）是中学阶段思维发展的关键期。从初二开始，青少年的抽象逻辑思维即有经验型水平向理论型水平转化。到了高中二年级（约十六七岁），这种转化初步完成。这意味着青少年的思维或认知趋向成熟。

抽象逻辑思维具有五个方面的特征。

1. 通过假设进行思维

思维的目的在于解决问题，问题解决要依靠假设。中学阶段，是产生运用概念进行抽象逻辑思维的时期。通过假设进行思维，使思维者按照提出问题、明确问题、提出假设、检验假设的途径，经过一系列的抽象逻辑过程，以实现问题解决的目的。

2. 思维具有预计性

古人云："凡事预则立，不预则废。""预"就是思维的预计性。计划是自我监控中的核心成分之一，从中学开始，在思维活动中就表现出了预计性。随着年龄的增长，中学生在问题解决或认知操作中用于计划的时间逐渐延长，操作任务越难，计划时间越长。

3. 思维的形式化

从中学开始，在教育条件的影响下，思维的成分中，逐步地由具体运算思维占优势转变为形式运算思维占优势。

4. 思维活动中自我意识或监控能力的明显化

自我调节思维活动的进程，是思维顺利开展的重要条件，对认知操作、学业成绩等都有重要影响。从中学开始，反省性、监控性的思维特点越来越明显。中学生自我监控能力的发展呈现出逐渐从他控到自控、从不自觉经自觉到自动化、迁移性逐渐提高、敏感性逐渐增强、从局部到整体等基本规律。但是，中学生的自我监控能力的发展仍然落后于其他心理能力的发展。

5. 思维能跳出旧框框

从中学开始，由于发展了通过假设的、形式的、反省的抽象逻辑思维，思维能跳出旧框框；同时，创造性思维获得迅速发展，并逐步成为青少年思维的一个重要特点。在思维过程中，青少年追求新颖、独特的因素，追求个人色彩、系统性和结构性。

(二) 形式逻辑思维处于优势,辩证逻辑思维迅速发展

1. 中学生形式逻辑思维的发展

中学生的形式逻辑思维已获得相当完善的发展,在其思维活动中占据主导地位。主要表现在概念、推理和逻辑法则运用能力的发展上。

(1) 在概念方面。

中学生掌握字词概念的水平与年龄有着密切关系:初一学生大多是功用性的定义或具体形象的描述水平向接近本质的定义或做具体的解释水平转化;初二三年级的学生大多是接近本质的定义或做具体的解释水平,或者由这类水平向本质定义水平转化,初二是掌握概念的一个转折点。高中生掌握字词概念的数量和接近本质水平和本质定义水平的能力比初中多。高中生能够对他们所理解的概念做出比较全面地反映事物本质特征和属性的合乎逻辑的定义。

在字词概念分类方面,初中生与高中生的分类水平存在差异。初中生对所理解的概念能正确分类,但不能从本质上说明分类根据,仅能从事物的某些外部特征或功用特点说明分类根据;而高中生对所理解的概念不仅能正确分类,并且基本上能揭露事物的实质,理论性较强。

初中生进行正与反、肯定与否定之间相互转化的辩证思维能力较差,还处于形式逻辑思维阶段。

(2) 在推理方面。

从初一起,学生就开始具备归纳推理和演绎推理能力以及运用推理的能力,但不同年级间的推理发展水平和运用水平存在显著差异。初一学生虽已开始具备各种推理能力,但还只是初步的,演绎推理、运用推理解决问题的能力还比较差;初三学生的推理能力则比初一学生有质的飞跃,演绎推理能力的得分已超过50%,运用推理解决问题的能力也不断发展;高二学生的推理能力已基本成熟。中学生的形式推理能力随年级递增而逐步分化。

中学生的类比推理能力随着年级增长而增长,初一、初二和高二学生的类比推理能力发展速度较快。在高二文理分科后,理科生的推理成绩比文科生好,其差异主要表现在"数字类比"和"结构类比"方面。

(3) 在逻辑法则运用方面。

中学生无论掌握和运用哪类逻辑法则的能力,都在随年级的增长而提高。初中学生已经基本上掌握并能运用逻辑法则,发展到高二年级,学生在掌握和运用逻辑法则方面已趋于成熟。中学生掌握和运用逻辑法则的能力在稳固而扎实地提高,从而也表现出年龄特征的稳定性。

中学生掌握不同逻辑法则的能力存在着不平衡性。一方面在掌握三类逻辑法则中,矛盾律和同一律的得分明显高于排中律;另一方面,在三种类型的问题中,逻辑法则的运用水平也不一样:对正误判断问题的成绩的总平均数最高,对多重选择问题的成绩次之,对回答问题的成绩最差。

总体来说,形式逻辑思维在初中一年级即开始占优势,高中二年级则已趋于基本成熟。

2. 中学生辩证逻辑思维的发展

辩证逻辑思维是人类思维的最高形态。

(1) 中学生认知活动中辩证逻辑思维的发展。

中学生辩证逻辑思维能力明显低于其形式逻辑思维能力。相比于形式逻辑思维来说,中学生的辩证逻辑思维发展是快速的,整个中学阶段,是青少年的辩证逻辑思维从出现经迅速发展到占优势的关键时期。

不同形式的辩证逻辑思维能力发展存在着不平衡性。在辩证逻辑思维的概念方面,初一学生以掌握抽象概念为主,高二学生以掌握抽象辩证的、科学的概念为主,初三学生则处于两者之间,并表现出逐步过渡的趋势。在辩证逻辑思维的判断方面,高二学生的辩证判断形势已占优势,他们主要以客观对象的普遍性为判断依据;在辩证逻辑思维的推理方面,由于辩证推理是经过对事物进行历史的和现实的规律性的分析,以及对事物的具体矛盾的分析而进行的推理,这一思维形式的难度大,在青少年阶段仅是个开始,学生还不能运用自如。

(2) 中学生社会认知活动中辩证逻辑思维的发展。

中学生在社会认知活动中辩证逻辑思维能力既具有年龄特征,又存在着不平衡性。主要表现在,有相当一部分的青少年学生具备了道德评价中的辩证逻辑思维能力,高中生这方面的能力已经占据优势地位。

(三) 抽象思维的发展在高中阶段进入成熟期

已有研究表明,初二是青少年认知或思维发展的一个转折点。高一和高二学生的抽象逻辑思维开始从经验型向理论型转化。高一是抽象逻辑思维发展的初步定型时期,高二之后抽象逻辑思维已经发展成熟。这种成熟主要表现在以下三个方面:首先,各种思维成分趋于稳定,基本上达到了理论型抽象逻辑思维的水平;其次,个体思维差异包括思维品质和思维类型上的差异也基本趋于稳定;最后,从整体上来说,思维的可塑性已大大减少,与成人的思维水平基本上一致。

(四) 中学阶段是学生创造力发展的关键时期

中学阶段学生的创造性思维水平总的趋势是不断向前发展的。研究表明,初一-初二学生的聚合思维优于发散思维;而从初三开始,发散思维发展速度明显加快,超过了聚合思维;到了高中阶段,二者进一步发展,形成了以发散思维为主要成分、聚合思维协调发挥作用的创造性思维模式,创造力结构日趋完善。

其中发散性思维的流畅性、变通性和独创性三个特性发展不平衡,流畅性发展最早,初二就开始发展起来了;变通性次之,高中阶段学生已能从不同方面运用多种方法思考问题;独创性难度最大,发展最慢。高中生的独创性表现还不明显、不成熟,水平也不高。

中学生创造性的总体特点:第一,中学生的创造力不再带有虚幻的、超脱现实的色彩,而更多地带有现实性,更多地由现实中遇到的问题和困难情境激发。第二,中学生的创造力带有更大的主动性和有意性,能够运用自己的创造力解决新的问题。第三,中学的创造力正逐步走向成熟。

(五) 思维品质具有矛盾性

思维品质的成分及表现形式有很多,如独立性、广阔性、灵活性、深刻性、创造性、批判性、敏捷性等。思维品质各成分及表现形式在不同年龄阶段发展不均衡。青少年思维品质最突出的特点是具有矛盾性，主要表现在从中学阶段开始，青少年思维的独立性和批评性有了显著的发展，但是他们对问题的看法还存在片面性和表面性。

二、中学生想象能力的特点

中学生的想象十分丰富、生动、复杂，主要特点表现在以下几个方面。

第一，中学生想象的有意性在迅速增长。中学生的想象，尤其是高中生的想象，大多是有意识、有目的的。例如，中学生的作文能够围绕中心不断地进行连贯的构思。

第二，中学生想象中的创造性成分逐步增加，创造想象在想象能力里越来越占优势。例如，全国青少年科技作品展览中，会出现许多创新的作品。

第三，中学生想象的现实性在不断发展。中学生是富于幻想的，但是随着年龄的增长，他们的想象由具体的、虚构的向抽象的、现实的方向发展。

第四，初二到初三是想象能力发展的加速期或关键期。想象能力在空间想象和构图匹配中的表现都在初二到初三也有明显的发展，这也与中学生思维能力的发展趋势一致。

三、中学生思维和想象能力的培养

（一）问题解决能力的培养

1. 问题导向式教学模式

学生问题解决能力的培养必须立足于日常的学科教学。问题导向式教学模式是教师培养学生问题解决能力的首选。问题导向教学模式是指教师运用系统化的步骤，指导学生发现问题、思考问题并循序渐进地解决问题，以增进学生知识，充实生活经验并培养思考及解决问题能力的教学方法。

2. 问题导向式教学模式的实施步骤

（1）提出问题。

问题导向式教学模式旨在激发学生将高级思维能力运用于问题解决当中。教师在课堂授课中采用问题导向式教学模式，旨在将教材中的基本概念、规则与原理等知识转化为各类问题，指导学生通过问题解决的过程获得知识。因此，在基于问题教学模式的教学设计中，一方面需要界定教学目标，另一方面需要设计适当的问题情境。

（2）组织学生学习。

学生的学习过程应当是在合作的形式下集体进行的。教师可以组织学习小组，制订合作计划，小组合作学习与独立学习协同进行。

（3）产品的展示。

教师在组织学生学习之后，接下来的步骤是帮助学生对自己的产品进行展示。通过产品展示，可以展现问题的独特性，了解产品的制作水准，展现学生的能力等。教师还要引导学生相互评鉴，透过相互回馈提高学习的水平。

(4) 问题解决过程的分析与评价。

教师通过对学生问题解决过程进行分析，理清存在的问题，发现学生独特的思维方式，最终帮助学生形成符合自己特点的思维风格。

(二) 发散思维能力的培养

目前世界上关于发散思维能力培养的方案有很多，其中最著名的有智力激励法、强制联想法和设问法等。

1. 智力激励法

智力激励法又称头脑风暴法，是美国心理学家奥斯本提出的一种颇为有效的创造性思维培养法，它是专门为团体使用而设计的。智力激励法不仅作为一种独立的创造技法在各种创造活动中被广为运用，而且常常作为其他技法的组成部分，使其他技能更加有效。

2. 强制联想法

联想可以使知识活跃，举一反三、触类旁通，以产生认识的飞跃，出现创造的灵感。

(1) 查阅产品样本法。

查阅产品样本法是将两个或两个以上，一般情况下彼此无关联的产品或想法，强行联系在一起，从而产生独特性想法的方法。这个方法非常简单，秩序打开产品样本，随意地将某个项目、某个题目的语句挑选出来，并用同样的方法将第二个项目、题目、语句随意地挑选出来，强制性地把这两个无关联的东西联系起来，使它们合二为一，产生独创性的设想。在人们进行创造的过程中，用查阅产品样本的方法做出的发明是很多的。

这个方法的优点是思维随着这种看起来毫无关系的两件事的"联系"而产生，跳跃比较大，能够克服个人经验的束缚，启发人们的灵感，产生新想法。缺点是，这种强制性的联想由于没有内在的某种联系，因而得到的设想有许多是毫无道理的"畸形"组合，因此，对于强制联想产生的设想要加以分析鉴别。

(2) 焦点法。

焦点法是只能任选一个项目，另一个项目是指定的（将它作为创造性联想的"焦点"）。焦点法要求紧紧围绕这个"焦点"进行联想，不仅可以从任选的一事物联想到焦点，还可以从焦点联想到任选的一事物这样反过来进行联想。

焦点法是思维指向某一固定点的收敛过程，它要求人们从多角度、多层次考虑某一问题，以产生解决问题的完美做法。

3. 设问法

设问法就是将要改进的事物进行分析、展开、综合，以明确问题的性质、程度、范围、目的、理由、场所、责任等项目，从而由问题的明确化来缩小需要探索和创造的范围。设问法的特点是以提问的方式寻找发明的途径，并从多角度灵活地看问题。

常用的设问法 5W1H 法是一种通过问为什么(why)、做什么(what)、何人(who)、何时(when)、何地(where)以及如何(how)等六个方面的问题，从而形成创造方案的方法。设问法的优点是能克服不愿提问的心理障碍，还有助于克服不能利用多种观点看问题的局限。其缺点是忽略了对技术对象的客观规律性的认识，所以在使用这种方法解决较复杂的技术发明问题时，仅能提供一个大概的思路，还需要进一步与技术方法结合，才能做出有使用价值的发明。

(三) 创造性的培养

美国著名心理学家马斯洛指出,创造力是每一个人都有可能发展的一种能力。把创造力限制在少数科学家、文学家和艺术家的多产创作上是一种陈腐的观念。创造性是每一个人作为人类的一员都具有的天赋潜能,它和心理健康的发展密切相关,在心理健康发展的条件下,人人都可以表现出创造性。中学生创造性的培养可以采取以下途径。

1. 激发学习动机

学习动机是直接推动学生学习的内部动力。只有具备强烈的学习动机,才能主动积极地学习,克服各种困难,达到学习目的。创造性思维活动也要求学生要主动、积极地去发现问题,解决问题,因此要培养创造性思维能力,就要培养学生学习的自觉性,帮助他们树立远大理想和奋斗目标,培养学生对学习的兴趣和热爱,形成正确的学习动机。

2. 鼓励学生的创造性行为

在教学过程中,教师传授知识不应是灌输式的,而要多采用启发式的教学方法,把学生置于某一问题情境中,引导他们自己去发现问题,找出事物之间的关系,凭借已有的知识经验去解决问题。不要用固定的答案或标准去评价他们,要鼓励他们超常的思维、创新的答案。

托兰斯曾就如何尊重学生意见,培养学生的创造性思维向教师提出五点建议:

第一,尊重学生提出的任何幼稚甚至荒唐的问题;

第二,欣赏学生表示出的具有想象与创造性的观念;

第三,多夸奖学生提出的意见;

第四,避免对学生所做的事情给予肯定的价值判断;

第五,对学生的意见有所批评时应解释理由。

3. 培养发散思维和集中思维的能力

创造性思维是发散思维与集中思维相结合的产物,其中发散思维是创造性思维最主要的特点,为此在教学过程中要注重发散思维能力的培养。例如,对于一个问题,让学生从不同方面、不同角度进行思考,找出不同的解决问题的办法。从思维的独特性、变通性、流畅性等方面入手,经常进行发散思维训练。培养集中思维主要是培养学生抽象、概括、判断和推理的能力。例如,给学生提供众多案例,让他们总结规律或进行推理等。

4. 教给学生发明创造的思维方法

通过对中外许多科学家、艺术家的发明创造过程的研究,人们找出了多种有规律性的创造发明的方法,掌握这些方法可以提高学生的创造性思维能力。例如,奥斯本的"头脑风暴法"、格兹尔的"问题分类法"以及克劳福德的"特征列举法"等。

例如,特征列举法指出创造就是对旧事物的改进,通过改进事物的某一特征,或把事物的某一特征添加于另一事物之上,从而完成创造过程。此方法的使用首先是列举事物的关键特征,如颜色、体积、形状、材料等,然后对每一特征进行分析,看看能否进行改变。第一台电子计算机有篮球场那么大,通过改变体积,使它越来越微型化。

5. 引导学生积极参加创造性活动

教师应在教学和课外活动中,有计划地组织学生参加一些创造性活动,如兴趣小组、科技小组等,鼓励他们进行创造发明,在活动中逐渐掌握创造发明的思维方法,这是培养学生创造性思维能力的重要途径。

※**知识链接 5-3**

创造技法

创造技法有很多,现主要介绍五种常用的创造技法。

1. 检查单法。又称提示法或检查提问法。在创造活动中,经常需要把现有事物的要素分离,然后按照新的要求和目的加以重新组合。具体途径有:① 现有的发明、方法、材料有无其他用途?② 能否借用别的方案?③ 是否可作某些改动?④ 扩大一点怎么样?⑤ 省略一些怎样?⑥ 变化一下角度怎么样?

2. 类比推理。指用发明创造的客体与某一类事物进行类比对照,从而获得有益启发。类比的基本模式是:如果对象 A 具有 a、b、c、d 属性,对象 B 具有 a、b、c 属性,那么,对象 B 也可能具有 d 属性。通常运用的类比推理法主要有拟人类比、直接类比、因果类比、对称类比、综合类比、象征类比等。

3. 移植法。移植法是将某一学科的理论、概念或者某一领域的技术发明和方法应用于其他学科和领域,以期取得新的发明和创造的方法。这种方法最适用于应用领域。

移植法包括五个基本组成部分:① 供系,即提供移植的系统;② 受系,即接受移植的系统;③ 移植对象,指被移植的因素;④ 共同因素,是与供系、受系密切联系的某些共同机制或因素;⑤ 移植手段,指进行移植用的工具、方法、方式等。只要对上述五个因素进行系统分析,移植得当,就会有创造、发明。

4. 智力激励法。这是一种集思广益、相互启发的方法,常用的有"BS 会议法""默写式 BS 法"等。

(1) BS 会议法。召集 5~10 人的会议,设主持 1 人,记录员 1~2 人。与会者思想自由驰骋,不加约束地畅所欲言,在他人的发言中丰富、深化自己的思想,并随之说出来,努力形成数量可观的构思。记录员负责详细记录全部发言,尽管有的发言听起来似乎平庸、幼稚、可笑,也不能忽视,必须照记不误。运用 BS 会议法应注意以下几点:① 坚持"延迟评判原则";② 构思设想应围绕主题,不能跑题;③ 会议以 1 小时左右为宜;④ 会场应安排在安静的地方,以便保持注意力,免受外界干扰。

BS 会议法始于美国,适合美国人的人格特征,此法传入德国后,被改造为默写式 BS 法,即"635 法"。

(2) 默写式 BS 法。每次会议由 6 人参加,每人书面提出 3 个设想,要在 5 分钟内完成。开"635 法"会议时,主持人宣布议题,发给每人几张空白卡片,每张卡片均标上相隔距离较大的号码 1、2、3。在第 1 个 5 分钟内,每人按议题在 3 个号码后面分别填写 3 个设想,然后把卡片传给右邻,在下一个 5 分钟里,每个人从传递到自己手中的别人所填的 3 个设想中受到启发,再继续填写 3 个设想,或者补充完善、丰富、发展别人的设想。这样多次传递,半小时传递 6 次,每个人的原始卡片轮递一周后,共可产生 108 个设想。

5. 属性列举法。属性列举法是克劳福(Crawford,1954)提出的,此法分为三个步骤:

(1) 属性列举。即先将物品的构造和性能按名词的、形容词的、动词的三个方面的属性予以列出,然后一一校对每项属性可以改良之处。

(2) 缺点列举。即把产品的缺点毫不客气地指出来,尽量挑毛病,如不平、不实用、不美观、不安全等。凡是能够找到的缺点,就可以着手去改良。

(3) 希望点列举。即把个体的多种多样的希望、梦想、联想以及偶发奇想等都一一列举出来,通过分析,探求究竟有哪些事物联想起来能满足这些希望,实现新的创造。

※ 本章小结

思维是借助语言、表象或动作实现的对客观事物概况的和间接的认识,是认识的高级形式。它能揭示事物的本质特征和内部联系,并主要表现在概念形成、问题解决和决策等活动中。思维具有概括性、间接性、对经验的改组等特征。思维可以从不同的角度进行分类,根据思维任务的性质、内容和解决问题的方法,可以分为直观动作思维、形象思维和逻辑思维,经验思维和理论思维,直觉思维和分析思维等。思维的组成有表象、概念、推理。思维的过程主要为推理,问题解决,决策与判断,创造性,批判性思维。想象是对头脑中已有的表象进行加工改造,形成新形象的过程。形象性和新颖性是想象的基本特点。想象可以分为无意想象、有意想象两种。想象的功能表现为预见、补充、替代,对机体的生理活动也有调节作用。想象过程是对形象的分析综合过程,主要表现为黏合、夸张、典型化、拟人化。中学阶段是个体记忆能力的全盛时期,也是学习文化知识的黄金时期,其记忆力不仅发展速度快,而且思维也具有变化。中学生思维的特点主要表现在:抽象逻辑思维处于优势地位,形式逻辑思维处于优势,辩证逻辑思维迅速发展,抽象思维的发展在高中阶段进入成熟,中学阶段是学生创造力发展的关键时期,思维品质具有矛盾性。中学生想象能力是十分生动、丰富的,主要特点表现在:中学生想象的有意性在迅速增长,中学生想象中的创造性成分逐步增加,创造想象在想象能力里越来越占优势,中学生想象的现实性在不断发展,初二到初三是想象能力发展的加速期或关键期。中学生思维和想象能力的培养,不仅要注重问题解决能力的培养,也要注重发散思维和创造力的培养。

※ 习题
一、单项选择题
1. 根据在解决问题时,思维活动的方向和思维的成果的特点,可将思维分为( )。
   A. 动作思维和形象思维   B. 辐合思维和发散思维
   C. 常规思维和创造性思维   D. 形象思维和抽象思维
2. 看完《西游记》后,脑中产生一个"栩栩如生"的孙悟空的形象的心理过程是( )。
   A. 再造想象   B. 创造想象   C. 幻想   D. 表象形成
3. 思维是借助语言、表象或动作实现的,对客观事物( )的认识。
   A. 直接具体   B. 常规抽象   C. 概括间接   D. 直接概括
4. 为研究概念的形成,人们在实验室条件下对( )进行了研究。
   A. 具体概念   B. 抽象概念   C. 自然概念   D. 人工概念
5. 在解决河内塔问题时人们采用的策略是( )。
   A. 算法   B. 手段-目的分析 C. 逆向搜索   D. 爬山法

6. 心理旋转实验证明表象具有( )。
   A. 直观性   B. 稳定性   C. 概括性   D. 可操作性
7. 想象是人脑对已有的( )进行加工改造而创造新形象的过程。
   A. 经验   B. 知识   C. 客体   D. 表象
8. 从爱听童话神话故事发展到爱听英雄模范故事,这是想象( )发展的表现。
   A. 有意性   B. 现实性   C. 创造性   D. 概括性
9. 当人们在交谈中提到"黄山"时,头脑中出现迎客松的形象,这是( )。
   A. 会议   B. 重现   C. 表象   D. 想象
10. 当我们在阅读《祥林嫂》时,头脑中出现的祥林嫂的形象是( )想象的形象。
    A. 有意   B. 无意   C. 再造   D. 创造
11. 人们为什么要采用启发式策略?( )
    A. 提高记忆容量   B. 保证问题解决的正确
    C. 缩短问题解决和决策的时间   D. 提高想象力
12. 医生通过观察、摸脉、听诊能诊断病情,属于下列选项中哪种思维特性?( )
    A. 直接性   B. 形象性   C. 间接性   D. 概括性
13. 欣赏"月落乌啼霜满天,江枫渔火对愁眠"的意境时,运用的是( )。
    A. 记忆表象   B. 创造想象   C. 再造想象   D. 幻想
14. 从其他类似的事物中,通过联想启示作用,从而解决问题的过程叫( )。
    A. 变式   B. 原型启发   C. 问题情境   D. 定势
15. 作家在头脑中形成小说中人物形象的心理过程叫( )。
    A. 表象   B. 再造想象   C. 创造想象   D. 幻想
16. 根据( )可以把思维分为动作思维、形象思维、抽象思维三类。
    A. 思维的形态   B. 思维的结构   C. 思维的方向   D. 思维的创造水平
17. 艺术家创作时的构想活动主要是( )。
    A. 无意想象   B. 记忆表象   C. 再造想象   D. 创造想象
18. 一种与生活愿望相结合并指向未来的想象是( )。
    A. 表象   B. 联想   C. 做梦   D. 幻想
19. 小孩子边搭积木边思考,这属于( )。
    A. 直觉思维   B. 直观动作思维   C. 形象思维   D. 抽象思维
20. 在解决问题过程中,对解答问题有启示作用的相类似的事物叫( )。
    A. 定势   B. 功能固着   C. 原型   D. 问题情境
21. 尽可能多地说出"砖"的不同用途,这主要属于( )。
    A. 发散思维   B. 聚合思维   C. 直觉思维   D. 分析思维
22. 聚合思维又称为( )。
    A. 形象思维   B. 抽象思维   C. 求同思维   D. 求异思维
23. 根据吉尔福特的观点,发散思维的三个特征是( )。
    A. 流畅性、应用性、灵活性   B. 流畅性、变通性、独特性
    C. 整体性、具体性、灵活性   D. 变通性、独特性、可操作性

24. 创造性思维是( )。
   A. 发散思维的表现　　　　　　B. 直觉思维的表现
   C. 多种思维的综合表现　　　　D. 想象力的表现
25. 在人脑中重现过去所感知过的事物的形象叫( )。
   A. 想象　　　B. 表象　　　C. 印象　　　D. 迹象
26. 当创造性活动接近突破时出现的心理状态是( )。
   A. 创造性思维　　B. 创造性想象　　C. 灵感　　　D. 顿悟
27. 医生根据病人的体温、血压、心电图等检查资料确诊病患,这属于下列哪种思维特性?( )
   A. 间接性　　B. 概括性　　C. 预见性　　D. 抽象性
28. 每次看见"月晕"就要刮风,"潮湿"就要下雨,即得"月晕而风""础润而雨"的结论,这属于下列哪种思维特性?( )
   A. 抽象性　　B. 概括性　　C. 间接性　　D. 情境性
29. 学生能做到"一题多解"的思维活动是( )。
   A. 再现思维　　B. 集中思维　　C. 发散思维　　D. 抽象思维
30. 运用已有知识经验,按现成方案与程序来解决问题的思维方式是( )。
   A. 常规性思维　　B. 创造性思维　　C. 直觉性思维　　D. 分析性思维
31. 问题解决受问题的难易和问题解决者的情绪状态的影响,解决难度较大问题时,其动机应处于( )水平。
   A. 强　　　B. 弱　　　C. 中等　　　D. 偏低
32. 创造性思维中能对问题提出超乎寻常的新颖独特的见解的思维特征是( )。
   A. 流畅性　　B. 变通性　　C. 新颖性　　D. 独特性
33. 思维敏捷,反应迅速,对于特定的问题情景能够顺利地做出多种反应或答案,反映了创造性思维的哪种特征?( )。
   A. 敏感性　　B. 流畅性　　C. 洞察性　　D. 独创性
34. 问题表征是( )。
   A. 问题的语言表述　　　　　B. 问题在脑中的呈现方式
   C. 问题条件的呈现　　　　　D. 问题目标的
35. 心理学家常用的研究概念形成的方法是( )。
   A. 抽象概念　　B. 具体概念　　C. 人工概念　　D. 科学概念
36. 想象处理的主要信息是( )。
   A. 表象　　B. 符号　　C. 语词　　D. 语义
37. 人们习惯于用老方法解决新问题,原因在于受到下列哪种因素影响?( )
   A. 心理定势　　B. 功能固着　　C. 无关信息的干扰　　D. 问题表征的方式
38. 苏联盲人作家杜布林斯基失明之后,仍能借助于过去经验保留的形象,对自然景物进行清晰、鲜明的描写,他的这种表象是( )。
   A. 视觉表象　　B. 听觉表象　　C. 运动表象　　D. 动作表象
39. 我们无法通过感知了解未来天气变化的情况,但可以根据气象台的预测,推断未来天气的变化,这反映出思维的( )特征。
   A. 直接性   B. 具体性   C. 间接性   D. 概括性
40. 瓦特从蒸汽把水壶盖推得上下移动而进入蒸汽机的发明制作,这是( )作用。
   A. 原型启发   B. 迁移   C. 科学幻想   D. 再造幻想
41. 以概念、判断、推理等来反映客观事物,达到对事物本质特征和内在联系理解的思维过程称为( )。
   A. 概念   B. 问题解决   C. 具体思维   D. 抽象思维
42. 把提供的各种信息重新组合,朝着一个方向,寻找出一个正确答案或最佳方案的思维过程称为( )。
   A. 辐合性思维 B. 再生性思维 C. 创造性思维 D. 辐射性思维
43. 游览过八达岭长城的人,头脑中重现长城的形象是( )。
   A. 后像   B. 表象   C. 想象   D. 联想
44. ( )是客观事物的本质属性在人脑中的反映,它是思维的形式。
   A. 概括   B. 概念   C. 推理   D. 抽象
45. 学生解题能够一题多解,说明他的( )能力强。
   A. 再现思维   B. 求同思维   C. 辐合思维   D. 发散思维
46. 再造想象和创造想象在性质上存在的差异主要表现在( )上。
   A. 表象储备   B. 实践要求   C. 知识经验   D. 新颖程度
47. 人们沿着不同的方向思考,探索问题答案的思维是( )。
   A. 发散思维   B. 辐合思维   C. 再造思维   D. 创造思维
48. 运用以前已获得的知识和经验,不需要更改地解决类似情境中的问题的思维过程叫作( )。
   A. 经验思维   B. 理论思维   C. 常规思维   D. 创造思维
49. 鲁迅在《阿Q正传》中塑造的阿Q形象,是一种( )。
   A. 再造想象   B. 创造想象   C. 幻想   D. 无意想象
50. 一系列有目的指向性的认知操作过程被称为( )。
   A. 问题解决   B. 概念形成   C. 抽象思维   D. 创造性思维
51. 动机水平适中,最容易激发学习动机的理论为( )。
   A. 成就动机理论   B. 耶克斯和多德森定律
   C. 成就结构理论   D. 强化理论
52. 在解决问题的过程中,对解答问题有启示作用的相类似的事物叫( )。
   A. 原型启发   B. 原型   C. 问题对象   D. 问题情境
53. 从一般原理到特殊事例的推理称为( )。
   A. 判断   B. 决策   C. 归纳推理   D. 演绎推理
54. 在创造性活动中,新形象的出现常带有突然性,这种心理状态称为( )。
   A. 思维的敏捷性 B. 再造想象   C. 幻想   D. 灵感
55. 从其他类似的事物中,引起联想,从而解决问题的心理过程称为( )。
   A. 原型   B. 原型启发   C. 问题解决   D. 定型

56. 创造性思维的主要成分是( )。
   A. 集中思维   B. 抽象思维   C. 发散思维   D. 直觉思维
57. 一年级小学生计算时往往扳着手指算,这种思维是( )。
   A. 形象思维   B. 动作思维   C. 创造性思维   D. 抽象思维
58. 关于初中生思维品质特点的描述中,错误的是( )。
   A. 具有明显的平衡性   B. 思维创造性比批判性明显增加
   C. 思维的自我中心性再度出现   D. 思维的片面性、表面性表现依然突出
59. 人的心理反应的最高级的形式是( )。
   A. 表象   B. 想象   C. 意识   D. 思维
60. 人类思维的基本过程是( )。
   A. 分析和综合   B. 间接性和概括性   C. 判断和推理   D. 指向性和集中性
61. 经过评价当前的问题状态后,限于条件,不是去缩小,而是去增加这一状态与目标状态的差异,经过迂回前进,最终达到解决问题的总目标,这种解决问题的方法称为( )。
   A. 手段-目的分析法   B. 逆向工作法   C. 爬山法   D. 算法式
62. 随着任务难度的增加,最佳动机水平有( )的趋势
   A. 下降   B. 上升   C. 先降后升   D. 先升后降
63. 根据思维活动及其结果的新颖性可将思维分为( )。
   A. 经验思维和理论思维   B. 直觉思维和分析思维
   C. 辐合思维和发散思维   D. 常规思维和创造思维
64. 有时候,我们一边做一边思考,这种思维属于( )。
   A. 形象思维   B. 直观动作思维   C. 逻辑思维   D. 经验思维
65. 依据有序事物间的关系进行的推理,属于下列哪种类型的推理?( )
   A. 三段论推理   B. 条件推理   C. 线性推理   D. 假言推理

[参考答案] 1~5,BACDB;6~10,DDBCC;11~15,CCCBC;16~20,ADDBC;21~25,ACBCB;26~30,CABCA;31~35,DDBBC;36~40,AABCA;41~45,DABBD;46~50,DACBA;51~55,BBDDB;56~60,CBADA;61~65,AADBCC。

二、多项选择题

1. 在人们的头脑中,运用存储在长时记忆中的知识经验对外界输入信息进行各种思维操作,其中最基本的思维过程是( )。
   A. 分析   B. 综合   C. 比较   D. 抽象   E. 概括
2. 在问题解决中所要经历的心理过程是( )。
   A. 发现问题   B. 分析问题   C. 理解问题   D. 提出假设   E. 验证假设
3. 专家和新手在问题解决上的主要差异在于( )。
   A. 受定势影响   B. 知识数量   C. 思维的发散性   D. 知识组织方式   E. 动机水平
4. 在测量创造性的测验中,通常用发散思维的( )。
   A. 流畅性   B. 广泛性   C. 变通性   D. 远距离联想能力

第五章 中学生的思维与想象

5. 思维活动的所借助的主要工具包括( )。
   A. 动作　　B. 表情　　C. 语言　　D. 表象

6. 表象的特点有( )。
   A. 典型性　　B. 抽象性　　C. 形象性　　D. 概括性

7. 想象与表象的区别在于( )。
   A. 想象是对已有的表象进行加工改造,创造出新形象的思维过程。
   B. 表象是过去感知过的事物的形象在头脑中的再现。
   C. 表象并没有创造出新的形象,因此它属于记忆的范畴。
   D. 想象是新形象的创造,所以属于思维的范畴。

8. 思维是人脑对客观事物间接的反映,所以它能( )。
   A. 认识事物之间的本质联系　　B. 认识事物内部的本质联系
   C. 认识不能直接感知的事物　　D. 对没有发生的事情做出预测

9. 发散性思维的主要特征包括( )。
   A. 流畅性　　B. 变通性　　C. 典型性　　D. 独特性

10. 记忆表象是头脑中出现的过去经验过但现在不在眼前的事物的形象,它具有( )特性。
    A. 直观性　　B. 概括性　　C. 可操作性　　D. 抽象性

11. 遗觉像是指( )。
    A. 一种特殊的创造想象　　B. 儿童期可能出现的一种记忆活动
    C. 与感知形象一样清晰的表象　　D. 儿童期出现的一种想象活动

12. 问题的策略有( )。
    A. 算法　　B. 启发法　　C. 推理法　　D. 尝试法

13. 问题解决就是在问题空间中进行搜索,以便从问题的初始状态达到目标状态的思维过程。所谓问题空间是指对( )的认识。
    A. 初始状态　　B. 目标状态　　C. 中间状态　　D. 算子

14. 研究表明,( )是影响问题解决的因素。
    A. 定势　　B. 动机　　C. 原型启发　　D. 个性

15. 对头脑中已有的形象进行黏合、强调、夸张、典型化等加工改造是( )的思维过程。
    A. 再造想象　　B. 记忆表象　　C. 创造想象　　D. 幻想

16. 想象不同于表象,( )。
    A. 前者属于思维　　B. 后者属于记忆　　C. 前者属于记忆　　D. 后者属于思维

17. 要培养人们创造思维的能力通常通过训练( )。
    A. 灵敏性　　B. 变通性　　C. 独特性　　D. 流畅性

[参考答案] 1. AB　2. ABDE　3. BD　4. AC　5. ACD　6. CD　7. ABCD　8. CD　9. ABD　10. ACB　11. BC　12. AB　13. ABC　14. ABD　15. AC　16. AB　17. BCD

三、名词解释

思维表象 概念推理 问题解决 决策判断 锚定效应 创造性原型 功能固着 想象 有意想象 黏合 发散思维 头脑风暴 代表性偏差 易得性偏差 框架效应 创造力

四、思考题

1. 什么是思维？思维有哪些特点？
2. 思维的形式有哪些？
3. 如何理解表象？
4. 什么是问题解决？问题解决的策略有哪些？
5. 影响问题解决的心理因素有哪些？
6. 如何理解功能固着和思维定势？
7. 什么是想象？无意想象与有意想象的区别何在？
8. 你能列举一些想象综合过程的例子吗？
9. 中学生思维与想象有哪些特点？
10. 请结合教学实践，设计一个培养中学生思维和想象能力的方案。

※参考文献

[1] 托马斯·萨蒂.创造性思维:问题处理与科学决策[M].1 版.北京:机械工业出版社,2016.

[2] 丹尼尔·卡尼曼.思考的快与慢[M].北京:中信出版社,2014.

[3] 斯科特·佩奇.思维模型[M].贾拥民,译.杭州:浙江人民出版社,2019.

[4] 米哈里·希斯赞特米哈伊.创造力:心流与创新心理学[M].黄钰苹,译.杭州:浙江人民出版社,2015.

[5] 凯娜·莱斯基.创造力:心流与创新心理学[M].王可越,译.北京:京华出版社,2020.

[6] 全脑开发巨人:http://swdtjiyi.com.

[7] 尹可丽.中学生认知与学习[M].1 版.北京:高等教育出版社,2014.

[8] 简妮·爱丽丝·奥姆罗德.学习心理学[M].6 版.汪玲,等译.北京:中国人民大学出版社,2015.

[9] 戴炳荣.中学生认知与学习[M].南京:南京大学出版社,2014.

[10] 李彩娜.中学生认知与学习[M].西安:陕西师范大学出版社,2016.

[11] 邱莉.中学生认知与学习[M].北京:北京师范大学出版社,2013.

[12] 彭聃龄.普通心理学[M].5 版.北京:北京师范大学出版社,2019.

[13] 林崇德.中学生心理学[M].北京:中国轻工业出版社,2019.

[14] 赵国祥.心理学概论[M].北京:光明日报出版社,2007.

[15] 赵俊峰.教育心理学[M].北京:高等教育出版社,2011.

[16] 黄希庭,郑涌.心理学导论[M].3 版.北京:人民教育出版社,2015.

[17] 理查德·格里格,菲利普·津巴多.心理学与生活[M].19 版.王垒,等译.北京:人民邮电出版社,2016.

[18] 菲利普·津巴多等.津巴多普通心理学[M].7 版.钱静,等译.北京:中国人民大学出版社,2016.

[19] 张积家.普通心理学[M].北京:中国人民大学出版社,2015.

第六章　中学生的情绪

※**名人名言**

能控制好自己情绪的人，比能拿下一座城池的将军更伟大。

——拿破仑

※**本章提要**

1. 情绪的定义、分类、功能和理论，情绪调节方法
2. 中学生的情绪特点，常见的学业情绪
3. 如何应对学业中的焦虑情绪

※**学习目标**

1. 理解情绪的功能、情绪对人的影响和各种情绪理论
2. 认识中学生的情绪特点和常见的学业情绪
3. 了解情绪调节方法以应对各种学业情绪

※**案例导入**

从小学到高中，王钦几乎一直是班里的第一名，甚至经常是年级第一，在高考前的全县最后一次模拟考试中，他还取得了全县第一名的好成绩。他的高考目标直指清华大学或北京大学。县教育电视台预测他会是县高考状元，在征得王钦本人及班主任的同意后，开始对他进行采访，跟踪报道，提前制作好节目，准备在高考放榜那天，一旦确定王钦是状元后就播出。高考第一天的下午场是数学考试，最后两道选择题很难，王钦在演算了几次后，仍没能确定选择，他开始紧张起来，毕竟数学是他擅长的科目，每次考试的选择题都能轻易拿到满分。王钦一想到如果他没选对这两道题，可能就会与县高考状元失之交臂，也可能考不上目标大学，他的额头开始冒汗，越想越紧张，越紧张，演算过程越出错，又10分钟过去了，他还是没能做出其中一道题。王钦额头的汗更密了，监考老师注意到他，便发出提醒："考生遇到一时不会的题先跳过去，将容易的题目做完后再来思考，不要在一道难题上耗费太长时间，而没有时间做容易的题。"王钦意识到了自己的焦灼和考试策略的错误，他告诉自己，是不是县高考状元不重要，不能考上清华或北大也未必是失败，中国还有很多好大学，重要的是现在要像平常考试一样做题，不要紧张。他闭目深呼吸，学着放松以平复焦虑感，然后开始做后面的题目。因为不再像刚才那么紧张，王钦很顺利地在考试

结束前做完了后面的题。高考成绩出来后,王钦虽不是高考状元,但成绩依然喜人,最后他选择了浙江大学,学了他喜欢的电气工程及自动化专业。

第一节 情绪的含义与类别

一、什么是情绪

情绪(emotion)是指伴随着认知和意识过程产生的对外界事物态度的体验,是人脑对客观外界事物与主体需求之间关系的反应,以生理唤起、主观体验、外部表现的变化为特征。这些变化都是针对个体认为具有个人意义的情境做出的。

情绪伴随性生理变化是情绪的一个主要成分,如心率、血压、呼吸和其他身体状态的改变。例如,我们紧张时会手掌出汗,心跳加速,口干舌燥,血压升高,厌恶时会出现恶心、反胃等身体反应。这些反应大部分是由交感神经系统、肾上腺素或去甲肾上腺素引起的。研究人员发现,在感受不同的情绪时,身体某些区域的活动增加或减少,头部和胸部的变化是最为明显的。科学家推测这一变化可能与呼吸、心率和面部表情的改变相关。在经历愤怒、开心、悲伤时,人体的上臂感觉会得到不同程度的激活或抑制。而人们似乎只有在经历开心时,全身的所有区域都能得到激活(图6-1)。

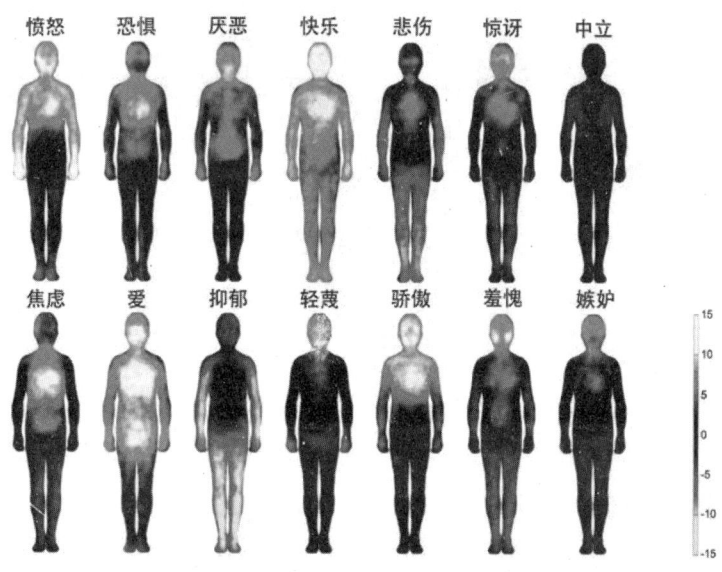

图6-1 情绪引起的生理唤醒(Nummenmaa L,2014)

主观体验是指个体对不同情绪状态的自我感受。每种情绪都有不同的主观体验。没有主观体验,个体就不知道自己是否产生了情绪和产生了什么情绪。在自然状态下,人的主观体验与外部反应往往存在固定的关系,即某种主观体验和相应的表情模式相联系,如快乐的体验必然伴随着欢乐的面容或手舞足蹈的外显行为。

外部表现指的是情绪发生时身体各部位的表现形式,通常称为表情。它包括面部表情、姿态表情和言语表情。面部表情是面部肌肉变化所组成的模式,如高兴时额眉平展、面颊上提、嘴角上翘。面部表情能精细地表达不同性质的情绪,因此是鉴别情绪的主要标志。某些情绪的面部表情在世界各地都是一样的,如恐惧、惊讶、愤怒、厌恶、悲伤、轻蔑和喜悦,这些情绪是人类的基本情绪(图6-2)。姿态表情是面部以外的身体其他部位的表情动作,如人在痛苦时捶胸顿足。言语表情也是表达情绪的重要形式,它是通过言语活动中声调、节奏和速度等方面的变化来表达的,如痛苦时语调低沉,语速较慢。总之,这些表情在告诉别人我们当时的感受。

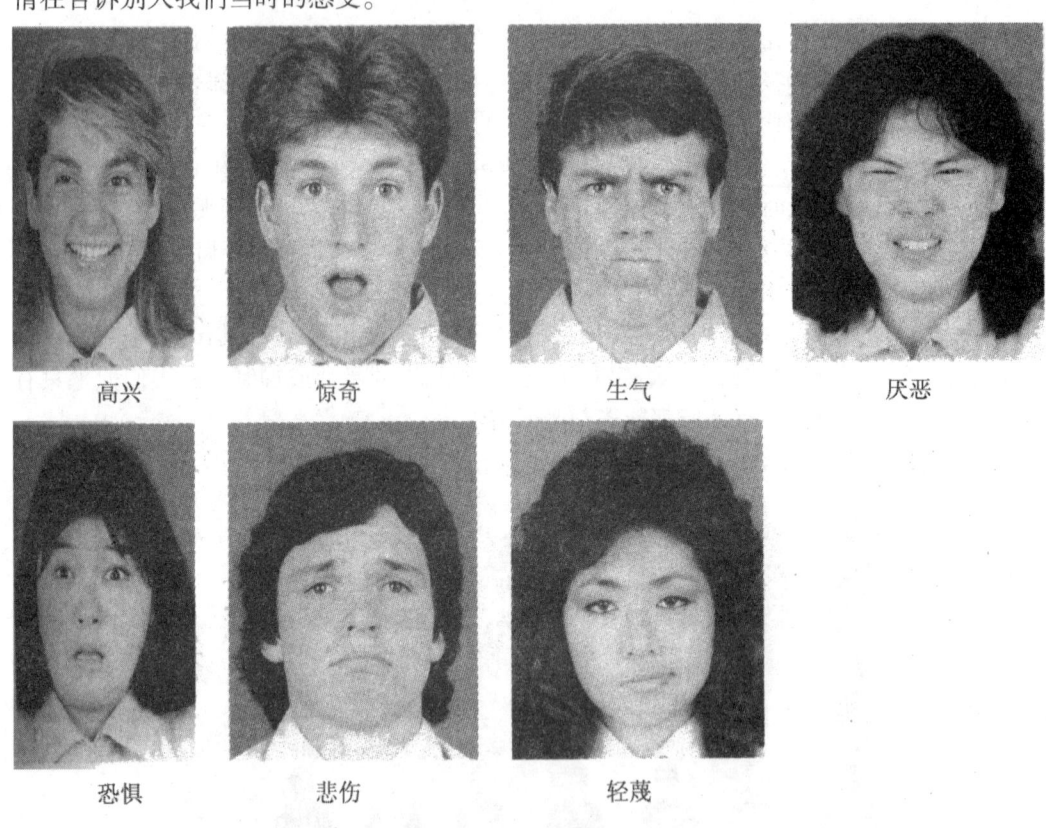

图 6-2 人类的基本情绪

二、情绪的类别

情绪本身是非常复杂的,因此要对情绪进行准确的分类就显得尤为困难,其中有两种分类方法颇有代表性。

（一）依据情绪的性质分类

情绪可以分为积极情绪和消极情绪。积极情绪是与接近行为相伴随产生的情绪,而消极情绪是与回避行为相伴随产生的情绪。

1. 积极情绪

当事情进展顺利时,或因意外得到奖赏,抑或某种需要得到满足时产生的感受,如快乐和爱。积极情绪能提高人的积极性和活动能力。一般认为,积极情绪有三个重要的适应功能,即支持应对、缓解压力、恢复被压力消耗的资源。积极情绪能拓宽注意范围,提高行动效能,有助于机体获得身体、智力和社会资源。积极情绪能明显影响思维过程,促进高效率地思考和解决问题,也有助于改善人际关系和社会关系。

2. 消极情绪

当事情进展不顺利时,或愿望无法达成时,抑或是企图摆脱和逃避某种危险情境而又无能为力时产生的情绪体验。消极情绪包括悲伤、愤怒、恐惧、厌恶等。虽然人们自然地倾向于喜欢积极情绪,而不喜欢消极情绪,但消极情绪也是有价值,有建设意义的。例如,忧伤促使一个人去寻求帮助,修复人际关系或寻求人生的新方向;恐惧使我们远离危险。另外,在适度的焦虑情绪下,大脑的活动增强,思考速度加快,因而能提高工作效率和学习效果。相反,过于强烈和持久的消极情绪则对人的健康和社会适应有害。它能阻碍大脑皮层的高级心智活动,如推理、辨别,使人的认识范围缩小,不能正确评估自己行动的意义和后果,自制力降低,并使工作和学习效率降低。如果消极情绪长期存在,而个人的心理适应力又差,不能及时疏导、缓解,还会引起相应的心理疾病。

(二) 依据情绪的状态分类

情绪状态是指在某种事件或情境的影响下,在一定时间内所产生的某种情绪,其中较典型的情绪状态有心境、激情和应激三种。

1. 心境

心境是一种使人的一切其他体验或活动都染上某种情绪色彩的情绪状态,没有特定的指向性,是微弱的、持续的和平静的。生活中的顺境和逆境、工作中的成败、人际关系是否融洽、个人健康状况、自然环境的变化等都可能影响某种心境的产生。心境具有弥散性特点,当人处于某种心境时,会以同样的情绪体验看待周围事物,如人伤感时,会见叶落流泪,对月伤怀。心境持续时间有很大差别,受个人的人格特征和引起心境的客观刺激的性质影响。性格开朗的人往往事过境迁不再考虑,而性格内向的人则容易耿耿于怀。亲人的去世往往使人产生较长时间的郁闷心境。一个人取得重大成就如被心仪的大学录取,在一段时间内会使人处于积极、愉悦的心境中。

2. 激情

激情是一种强烈的、爆发式的、短暂的情绪状态。通常是由对个人有重大意义的事件引起,往往带有特定的指向性,伴随着生理变化和明显的外部行为表现。例如,范进中举,小明拿到录取通知书后高兴得手舞足蹈。激情会给人带来或积极或消极的影响。激情状态下人往往会出现"意识狭窄"现象,即认识活动的范围缩小,理智分析能力受到抑制,自我控制能力减弱,进而使人的行为失去控制,可能会做出一些鲁莽的行为或动作。人能够认识到自己的激情状态,也能够有意识地调节和控制它。因此,任何人对在激情状态下的失控行为所造成的不良后果都是要负责任的。要善于控制自己的激情,做自己情绪的主人。培养坚强的意志品质、提高自我控制能力可以达到这个目的。

3. 应激

应激是出乎意料的紧迫情况所引起的急速而高度紧张的情绪状态,特点是难以应对的、高度紧张的。例如,学生在教室上课时,发生了地震,师生必须迅速做出选择,有效撤离到安全地带。应激的产生与人面临的情景及人对自己能力的估计有关。当情景对一个人提出了要求,而他意识到自己无力应付当前情景的过高要求时,就会体验到紧张而处于应激状态。

个体在应激状态下的反应有积极的也有消极的。积极的表现为急中生智,动作准确,行动有力,及时摆脱困境;消极的表现为目瞪口呆,惊慌失措,陷入一片混乱之中。应对应激状态的能力是可以训练的,但应激的状态不能持续太久,因为这样会消耗人的体力和心理能量,可能导致适应性疾病的发生。

三、情绪对人的影响

情绪对人的认知和行为有很大影响,从而关系着人的发展和成功。具体表现在以下几个方面。

(一) 情绪影响人适应环境

情绪随着人类社会的产生进化而来,随着社会的发展而分化,是有机体适应生存和发展的一种重要方式。如人遇到危险时产生害怕的呼救,就是人类求生的一种手段。婴儿出生时,不会用自己的语言表达需求,也不具备独立的维持生存的能力,这时主要依赖情绪来传递信息,如他饿的时候,会用哭来表达。成人通过婴儿的情绪反应,及时为婴儿提供各种生活条件。现代科学清楚地揭示了人们情绪发生时所表现出的一系列生理变化。在剧烈、紧张的情绪状态下,人的血压升高,脉搏加快,单位时间内心脏的排血量增加,肾上腺分泌增加,促进新陈代谢和集中使用能量,这些变化都有助于一个人充分调动自身的体力,去应付紧急环境,提高适应能力。

(二) 情绪影响人的认知过程

情绪是心理活动的组织者,可以调控智力活动。它可以影响人们对事物的知觉选择,维持稳定的注意,或重新分配注意资源到更重要的刺激上,对人的记忆和思维活动也会产生明显的影响。例如,人们往往更容易记住那些自己喜欢的事物(科目),而对不喜欢的东西(学科)则记起来比较吃力。

情绪良好时思路开阔、思维敏捷,学习和工作效率高;情绪低沉或郁闷时,则思路阻塞,操作迟缓,无创造性,学习工作效率低。研究发现,适度的情绪兴奋性会起到正向的推动作用,使人的身心处于最佳活动状态,适当的紧张和焦虑能促使人积极地思考和成功地解决问题,过度的紧张和焦虑或没有一点紧张会不利于问题的解决。有焦虑倾向的人往往比较难以应付压力大的状态,思考或行动上僵住或无法行动。例如,有些中学生平时学习不错,但面对考试时,头脑一片空白。其原因可能是焦虑这种情绪使人的注意力主要集中在与任务无关的思想上,"这次要考不好,我就完蛋了";或集中在与焦虑情绪有关的思维上,例如,"他们会觉得我很笨""别人会嘲笑我"。因此,只有很少的注意资源被用于任务完成上。

[案例]

积极情绪对言语和空间工作记忆的选择性影响

情绪对日常认知任务的影响,首先通过影响工作记忆这一基本认知过程来实现。工作记忆(working memory)是人类进行多种认知活动所必须涉及的基本过程,它为言语理解、学习和推理等复杂任务,提供临时的储存空间和加工时所必需的信息。言语工作记忆和空间工作记忆分别负责处理言语和空间信息。周仁来等人(2013)采用修正的延迟样本匹配任务,以国际情绪图片系统中的积极和中性图片为情绪刺激,考察积极情绪对两种不同工作记忆系统的影响。结果表明,积极情绪促进言语工作记忆,但损害了低负荷的空间工作记忆。

[资料来源:高鑫,周仁来,董云英.积极情绪对言语和空间工作记忆的选择性影响[J].中国临床心理学杂志,2013,21(2):175-179.]

(三) 情绪影响人的行为

情绪在一定程度上可以改变人们行为的发生、强度和对象。从情绪和行为的关系看,情绪对行为有促进作用,也有干扰作用,适度的情绪促进主体积极地行动并提高活动效率。某种行为若能引起积极肯定的情绪体验,就会使人产生模仿与反复进行的趋向,而消极否定的情绪则使人产生改变或避开的趋向。当人们处在积极、乐观的情绪状态时,容易注意事物美好的方面,其行为比较开放,愿意接纳外界的事物,促进人际交往;而当人们处在消极的情绪状态时,容易失望、悲观,放弃自己的愿望,不愿与人交往,有时甚至产生攻击性行为。

四、情绪理论

情绪发生的过程是什么样的呢?不同的情绪理论有着不同的解释。每一种理论中都包含着合理的部分。下面我们介绍几种主要的理论。

(一) 詹姆斯-兰格理论

你在田野中漫步,这时突然遇到了一条蛇,你会作何反应?我们会先感到恐惧,生理被唤起,然后出一身冷汗,大喊着逃跑,这是人们的常识。但是,反应的顺序真是如此吗?美国心理学家詹姆斯(William James)和丹麦心理学家兰格(Carl Lange)分别于1884年和1885年提出了内容相同的一种情绪理论。根据詹姆斯-兰格理论,生理唤起(心跳增加)并不是发生在害怕的情绪产生之后,恰恰相反,生理唤起应该是出现在情绪反应之前,因此,顺序应该是,我们看到了蛇,开始逃跑,生理唤起,然后我们意识到了自己的身体反应,才感到了害怕。为了证明这种观点,詹姆斯提出一个事实,即人在做出反应之前通常并没有体验到情绪。举个例子,想象一下:你正在开车,前方路口突然出来一辆车,挡在路上。此时的你可能顾不得想什么,只是迅速转动方向盘并在路边紧急刹车。停车后,你感觉到自己的心在怦怦跳着,呼吸急促,四肢紧张。此时你才感到后怕:太惊险了!

(二) 坎农-巴德理论

在20世纪30年代,美国心理学家坎农(Walter Cannon)和他的学生巴德(Phillip Bard)对詹姆斯-兰格理论提出了三点质疑:第一,在不同的情绪状态下,机体上的生理变化并无多大差异,因此,根据生理变化很难分辨各种不同的情绪。第二,机体的生理变化受自主神经系统支配,这种变化缓慢,不足以说明情绪瞬息万变的事实。第三,机体的某些生理变化可由药物引起,但药物(如肾上腺素)只能使生理状态激活,而不能产生某种情绪。坎农和巴德认为,情绪的中心不在外周神经系统,而在中枢神经系统的丘脑。根据坎农-巴德理论,情绪反应和生理唤起应该是同时发生的。当人看见蛇时,丘脑被激活,然后丘脑同时向上提示大脑皮层和向下提示下丘脑,人便开始产生情绪体验和生理唤起。因此,如果人们遇到了危险的蛇,大脑的活动会同时引发生理唤起、逃跑的动作和害怕的感觉。

(三) 沙赫特-辛格情绪认知理论

美国心理学家沙赫特(S.Schachter)和辛格(J.E.Singer)在20世纪30年代提出,情绪是在对一种生理唤起进行特定的认知解释后产生的。人们喜欢根据导致生理唤起的来源对其进行归因。比如你一个人在幽暗的教室走廊上走着,此时有人在你背后大喊一声:"嘿!"不管此人是谁,你的身体都会被唤起,如心怦怦跳、手掌出汗等。如果看到此人是个陌生人,你就会把这种唤起解释为害怕;如果此人是你的好朋友,这种唤起就会被解释为惊讶和兴奋。特定情绪的唤起受到过去的经验、情境和他人的反应的影响,可能被贴上"愤怒""恐惧"或"高兴"等不同标签。

为检验情绪认知理论,沙赫特等人(1962)进行了实验研究。实验中,研究者安排全部被试看了一部闹剧内容的电影。在看电影之前,每个人都被注射了某种试剂,但他们并不知道自己被注射的究竟是什么。其中1/3的被试被注射了肾上腺素,1/3的被试被注射了安慰剂,余下的1/3的被试被注射了镇静剂。注射过肾上腺素的被试认为电影非常有趣,在看电影时也表现得很愉快;相反,那些注射过镇静剂的被试并不感到愉快,而安慰剂组被试的情绪反应介于前两组之间。

根据情绪认知理论,注射肾上腺素后,人的身体被唤起,但是,他们无法解释自己的这种感觉。随后,电影开始了,给了他们一个暗示,即电影中的笑料唤起了他们,使他们变得快乐起来。有关实验结果都清楚地表明,情绪不仅受到身体唤起状态的影响,同时还受到认识、经验、态度、判断和许多其他心理因素的影响。因此,根据沙赫特-辛格理论,当人看见一条大狗后,身体被唤起,此时,如果狗很凶,对人的安全构成威胁,这种唤起将被解释为害怕;假如发现这条大狗不会伤人,对人非常友好,这种唤起将被解释为"惊喜"或"松了一口气"。

(四) 拉扎勒斯的认知-评价理论

根据拉扎勒斯(Richard Lazarus)(1991)的观点,认知在情绪体验中的作用不仅是对生理唤起进行归因,你体验到的情绪很大程度上是由情绪性认知决定的,例如,你对刺激作何评价? 相关的还是不相关的? 等等。表6-1中是一些情绪性认知和它所引发的情绪的例子。这意味着情绪是由你对事物的看法决定的。比如,你走在学校里,迎面被一名同学撞倒了,你可能会因此生气,但如果你改变对这件事的归因,比如想"他并不是故意的,可能有急事要去处理",或是改变对这件事的评价,比如想"我也没受伤,没什么大不了的",这样你就可以忘掉刚才那名同学的行为,避免钻进消极情绪的牛角尖里。

表 6-1　情绪性认知及其相应的情绪

情绪性认知	情绪
你受到轻视或侮辱	生气
面对不确定的重要考试的结果	焦虑
你失去亲人	悲伤
你违背了道德规范	内疚
你未能达到期望的目标	惭愧
憎恨他人得到别人的爱	嫉妒
从事或接近你排斥的人、物或思想	厌恶
你害怕面对坏的局面,并盼望事情好转	希望
由于自己的成就得到了别人的认同而使自我增强	骄傲
你正接近渴望的目标	愉悦
你受到别人的款待	感激
你渴望得到别人的感情	爱
你被他人的遭遇所触动	同情

总结一下,詹姆斯-兰格理论正确地指出了唤起和行为反馈对情绪体验的作用,坎农-巴德理论的合理部分在于提出丘脑和大脑皮层等在生理唤起中的先后顺序,沙赫特-辛格情绪认知理论指出了认知的重要性,拉扎勒斯强调了情绪性认知的作用。事实上,当今的心理学家越来越认识到,对一个事件的归因以及对某个情景的评价方式极大地影响了你的情绪。有一点需要记住的是,情绪的初始诱因可以来自外部,也可以来自内部,如过去被狗咬、和好朋友闹翻或去游乐场玩的记忆。因此,当我们想到或记起某些过去的事情时,也会感到害怕、悲伤或愉快。

第二节　情绪的调节

良好而稳定的情绪状态是心理健康的重要指标,可以起到增力和增智的作用,中学生的情绪不稳定是这一年龄段的正常心理特征,但人的情绪是可以受理智的支配和调节的。因此,中学生要学会调节自己的情绪,努力培养积极的情绪,使消极情绪向积极情绪转化,做自己情绪的主人。

一、情绪调节的概念

情绪无好坏之分,但由情绪引发的行为有好坏之分,行为的后果有好坏之分。情绪调节不是消灭情绪,也没有必要消灭,而是疏导情绪并合理化之后的信念与行为。情绪调节也称情绪管理,是指通过对自身情绪和他人情绪的认识,能够有意识地调适、缓解或激发情绪,以保持合适的情绪体验和行为反应。情绪调节是个体管理和改变自己或他人情绪的过程,在这个过程中,通过一定的策略和机制,情绪在生理活动、主观体验、表情行为等方面发生一定的变化。具体来说,情绪调节有以下几个方面。

(一) 具体情绪的调节

情绪调节包括积极情绪和消极情绪的调节。只要是某一具体情绪超出个体的承受能力或与环境不相适合都需要进行调节。例如,愤怒时需要克制,避免产生攻击破坏行为;抑郁时需要转换环境,想一些开心的事;当学生在学校取得好成绩时,不能表现得过分高兴,以免影响其他同学的情绪。

(二) 唤起水平的调节

情绪调节不只针对具有强烈感受和过高生理唤起的情绪,较低强度的、需要增强的情绪也需要调节。换言之,情绪调节既可以是抑制、削弱、掩盖情绪的过程,也可以是维持和增强情绪的过程。研究表明,适度的唤起可以帮助我们更专注于眼前的任务,高唤起对认知操作起瓦解和破坏作用,在不考虑个体差异的情况下,大多数人在中等唤起水平状态下表现得最好。举个例子,在考试时,如果你过于焦虑,唤起水平太高,也很难正常发挥;如果你的唤起水平太低,容易感到困倦或提不起精神,你很难考好。唤起水平和作业效率的关系可以用一条倒 U 型曲线来描述。在唤起水平很低时,人体还没有充分发动起来,无法好好表现。随着唤起水平的增高,能力发挥水平不断提高,曲线保持上升,直至曲线中部;然后随着人变得过于情绪化,效率开始下降。

(三) 情绪成分的调节

情绪调节不仅包括情绪系统的各个成分,也包括情绪系统以外的认知和行为等。情绪系统的调节主要指调节情绪的生理反应、主观体验和表情行为,如情绪紧张或焦虑时,控制血压和脉搏;体验痛苦时,离开情境使自己开心一点;过分高兴时掩饰和控制自己的表情动作等。此外,还有情绪动力学的调节,如调节情绪的强度、范围、不稳定性、潜伏期、发动时间、情绪的恢复和坚持等。总之,有效的情绪调节就是要把情绪的生理唤起、主观体验和表情行为调控在适度的水平。

二、情绪调节的维度

情绪调节包括五个维度:生理调节、情绪体验调节、行为调节、认知调节、人际调节。

(一) 生理调节

生理唤起是典型的情绪生理反应,如体温、心率、血压、瞳孔、神经内分泌等变化。比较明显的就是:当我们悲伤时,会感觉冷;兴奋高兴时,瞳孔会放大;消极情绪诱发后,心率显著增加。情绪的生理调节是以一定的生理过程为基础的,调节过程存在着相应的生理反应模式。抑制厌恶情绪引起躯体活动和心率下降,皮肤电反应、呼吸间隔指标上升;抑制悲伤情绪引起躯体活动下降,皮肤电反应升高;抑制快乐情绪引起躯体活动、心率和皮肤电反应下降。当我们处于烦恼、痛苦等消极情绪时,我们能够感知身体变得僵硬和难受。这个时候,我们可以快速做几个简单的伸展动作,或者原地走动一下。有条件的话,还可以慢跑一圈,洗个热水澡,让身体的各个指标和部位状态发生变化,从而来改善情绪,简单又容易操作。

(二) 情绪体验调节

当我们体验到强烈的情绪时,我们会采取一些相应的行动来"释放"情绪,改变情绪本身的状态,如发泄、寻求帮助、独处等。不同情绪体验可采用不同的策略。当某个事件让人愤怒得不可遏制时,我们可以选择立刻解决问题,发泄情绪;悲伤时采取寻求帮助的策略;伤感且问题又不能及时解决时,我们选择回避,暂且忘记这件事,去忙别的事,等时机成熟时再来解决。忽视可以比较有效地降低厌恶情绪。

(三) 行为调节

行为调节是个体通过控制和改变自己的表情和行为来实现的。在日常生活中,人们主要采用两种调节方式:一是抑制、掩盖不适当的情绪表达;二是给出适当的交流信号。实际上,在日常生活中,我们不自觉地就在对情绪进行行为调节,比如,就算不高兴,在看见其他人需要打招呼时,也会改变自己的低落情绪状态和表情,马上调整状态到友善愉悦的身体姿势和表情——微笑,问候一声。我们总是抱怨这种"强颜欢笑"的状态,但它确实有利于我们情绪状态的改变。有研究显示,颧肌(脸颊区)和轮匝肌(眼区)是指示微笑的,皱眉肌(额区)活动能更好地辨别与愤怒和厌恶有关的概念,提肌的活动(鼻区)是与厌恶有关的。由此可以看出人的面部表情是与特定的面部肌肉活动有关的,特定的情绪能够激活相应的面部肌肉活动;反过来,控制面部肌肉的活动时也能诱发出相应的情绪。研究者在控制被试的嘴部动作实验中,让被试用嘴唇或牙齿咬住一支笔,前者可以控制不产生笑的动作,后者可以让被试产生嘴角上翘类似微笑的嘴部动作,然后给这两组被试评价漫画或情绪类型的句子,结果发现微笑组更能理解漫画的幽默含义,微笑的被试阅读描述愉快事件的句子比阻止微笑的被试阅读时理解得更快,对描述不愉快事件的句子的理解,不微笑的比微笑的要快(Niedenthal,2008)。强颜欢笑,会让你真正笑起来。

(四) 认知调节

心理学家道奇等人认为,人的情绪系统和认知系统是信息加工过程中的两个子系统。情绪可以是信息加工过程的启动状态,也可以是信息加工的背景。在意识的信息加工过程中,我们意识到了某种不合适的情绪,就会去挖掘产生这个情绪的原因,然后想办法来改变当下这个情绪。道奇等人进一步提出,良好的认知调节包括以下几个步骤:通过知觉或再认唤起需要调节的情绪;解释情绪唤起的原因和认识改变情绪的方式和途径;做出改变情绪的决定和设定目标;产生适当的个体能做的调节反应;对反应进行一定的评价,尤其是评价这些反应是否达到目标;将调节付诸事件。

(五) 人际调节

人际调节属于社会调节或外部环境的调节。人活在社会中,很多负面情绪、痛苦体验来自于他人,来自于与他人的互动,来自于与他人的冲突。但社会中的他人,也是给予社会支持(关心、关爱、理解、倾听)、调节负面情绪的超级帮手。当不良情绪产生时,寻求与个体关系密切的人的互动,会是非常好的情绪安抚办法,同时还能找到良好的问题解决、冲突应对的经验和建议;有利于在以后的互动中减少负面情绪发生的概率。

三、情绪调节的策略

当有了不良的情绪时,我们应该怎样调节呢?根据美国心理学家 Gross 等人的情绪调节策略理论,情绪调节策略包括情境选择、情境修正、注意分配、认知改变和反应调整,其中情境选择是对可能产生情绪影响的情境的一种决策,情境修正则是在具体情境中进行的能够改变其情绪影响的一系列行为,注意分配对应情绪产生过程中的关注环节,认知改变则代表在特定外在情境中内在认知的改变,而反应调整涉及对已经产生的情绪体验与表达的调整。在情绪发生、发展的整个过程中,个体最常用且最有效的调节策略为五种策略中的后两种:认知重评和表达抑制。

(一) 情境选择策略

情境选择策略也叫回避和接近策略,是通过选择预期可能产生有益情绪的情境,或回避可能产生有害情绪的情境。它是情绪调节策略中最具前瞻性的一种常用策略,而且它常常能够成功地带来生活中的变化。在面临冲突、愤怒、恐惧、尴尬、窘迫等情绪时,运用这种策略非常有效。如你在学习之余,在庭院花卉、草坪旁休息,在绿树成荫的大道上散步,在风景秀丽的幽静的公园里游玩,往往心旷神怡,精神振奋,忘却烦恼,消除疲劳。当你由于学习的原因或人际关系的原因情绪低落时,不要一个人闷在屋子里,要走到大自然中去,到绿色的世界中去。

(二) 控制和修正策略

控制和修正情绪事件是一种更为积极的策略,是对情境中的问题或情绪事件进行初步控制,以改变情绪的过程或结果。假如你与父母兄妹或同学有点隔阂,可以采取幽默的手段化解,讲讲笑话,讲讲在你们心中记忆犹新且开心的往事。这种方法可以消除你们之间的隔阂尴尬。需要注意的是,这里定义的情境主要是外部物理环境。控制和修正策略属于关注问题的应对方式。2岁左右的孩子就会表现出用控制和修正情绪事件的策略来调节情绪,如给哭闹的小弟弟、小妹妹玩具等。

(三) 注意分配策略

注意分配就是个体在既定情境中,通过分配注意力来影响情绪的一种情绪调节方式,包括两个主要的策略:注意分散和注意集中。注意分散是指将注意力分配到情境中的其他方面(改变注意力),或者将注意力整个地转移到另一个情境中(改变内部聚焦)。注意分散有主动和被动之分。主动的注意分散,也叫自我注意分散,即通过努力有选择地关注情境中与情绪无关的方面。如可以有意识地通过转移话题或做点别的事情的方法来分散注意力。被动的注意分散策略的操作是个体被要求完成一个与情绪或情绪刺激无关的任务,而没有明确地被要求分散注意力,如完成连续的减2或减7的运算。相比较而言,主动的注意分散可能更有效果。将注意力分配到积极情绪相关的事情能够更有效地调节情绪,但前提是个体面对具体情境时能够想到那些积极的事情。注意集中是对情境中的某一方面长时间地集中注意,这时个体可以创造一种自我维持的卓越状态。例如,思考组织班上的一场辩论赛,需要做哪些工作?选择什么辩论主题?

(四) 认知改变策略

认知改变就是改变对所处情境的评价来调整它的情绪意义,可以通过改变看待情境的方式,或者改变自己的接受能力来进行情绪调节(如"这件事情只是有些挑战性,我完全可以胜任")。认知改变试图以一种更加积极的方式理解使人产生挫折、愤怒、厌恶等消极情绪的事件。认知改变不需要耗费许多的认知资源,能够有效降低消极情绪体验,是一种有益的情绪调节策略。认知改变可以是对情绪刺激或情境的重评,如要求个体"想出一种不太消极的说法解释图片内容",如因为一次月考成绩不理想而沮丧时,想着"这次考试让我知道了哪些知识还没有掌握,我还有粗心的毛病,好好改正,之后在重要的考试中就不会有这些问题了,会取得好成绩"。然而"重评"这个术语使用十分广泛,它常常用于代表整个认知改变策略。认知改变也可以是对情绪体验本身的重新解释,因为个体对自己的情绪有一种预先存在的消极评价。如我们总认为焦虑是一种不好的状态,但事实上,焦虑有助于我们积极行动,调动身体和大脑的资源来应对当前的困难。

(五) 反应调整策略

根据调整反应的不同方面,反应抑制有三种不同的方式。最为常见的是表达抑制,调动自我控制能力来抑制将要发生或正在发生的表情。表达抑制能够有效降低积极的情绪体验,而在降低消极的情绪体验上成效并不显著。第二种是体验抑制,是对内在感受的抑制。最后一种是停止回想引发情绪的事件。大多数时候人们都习惯于掩饰自己的情绪,特别是情绪不好的时候。但是,抑制情绪实际上会增加交感神经系统的活动,换句话说,隐藏情绪需要付出更大的代价。压制情绪会对思维和记忆造成一定的损伤,因为你得花精力去控制住自己。因此,尽管压制情绪使我们看起来更加冷静镇定,但这种表现却付出了很大的代价。持续压制情绪的人不能很好地应对生活,而且更容易抑郁。

在人际交往中,情绪调节能力强的个体并不全是压抑自己的情绪,而是能够在瞬间迅速改变自己的不利情绪。采用恰当的表情是情绪调节最为关键的策略,它有利于个体幸福和团体密切,如把愤怒转换为笑,把悲伤转换为动力等,这种策略也称之为情绪转换策略。此外,在实际生活中,一个成熟的个体还会选择更多的方式来调节自己的情绪,如改变生活方式、体育锻炼方式、倾诉方式,以及寻求帮助等。

四、情绪调节的过程

Gross(2015)提出了扩展的情绪调节过程模型,根据这个模型,情绪是通过评价系统进行具体化的。第二水平的评价体系将产生情绪的评价体系(即第一水平评价体系)作为目标并对其进行评价,产生试图修正第一水平评价体系的行为冲动。这种描述与情绪调节的定义是一致的,即调节正在发生的情绪反应。因此,从扩展的情绪调节过程模型的角度来看,情景选择和情境修正是指改变个体面对的外部世界,注意分配是改变看待世界的角度方法,认知改变是调整对世界的认知描述,而反应调整是修正情绪引发的行为。扩展的情绪调节过程模型以评价体系为核心,将情绪调节的过程分为三个阶段:识别阶段、选择阶段和执行阶段,每个阶段都是一个离散的评价系统,包括知觉、评价和行为三个环节。由于每个阶段的每个环节都存在一个决定点,相对应一个潜在的失败点,从而出现情绪调节过程的中断。

(一) 识别阶段

识别阶段是情绪调节的第一个阶段。当情绪受到第一水平评价体系激发后，这个阶段便开始了，然后将其作为调节的候选对象进行评估，决定是否要进行调节。知觉环节的任务是察觉（可能的）情绪，评价的任务是判断情绪与环境的匹配来决定是否需要调节。如果是的话，就会进入行为环节，激活调节情绪的目标。这是一种内部世界的变化。在识别阶段，第一个潜在的失败点在于情绪意识的个体差异，有研究表明，高水平的内部感受意识的个体更可能成功地进行认知重评。第二个潜在的失败在于可能没有对调节目标给予适当的重视，如有双相障碍的个体可能对躁狂感受持积极价值判断，导致情绪调节失败。行为环节中潜在的失败点既可能出于心理上的惰性，即保持之前行为的倾向（如不进行情绪调节），即使保持原状并非最适合的选择；也可能是因为对情绪的一般信念，如认为情绪不变的个体，情绪调节成功更少，这可能是因为他们在激活情绪调节目标时不够"努力"。

(二) 选择阶段

情绪调节目标的激活引发情绪调节的选择阶段。首先需要知觉到可能的情绪调节策略，然后评价环节对该策略的前后因素进行评价，如认知评价、心理资源、情境支持以及情绪的类型和强度等，最后行为环节激活使用一种具体策略的目标，策略的激活同样是一种内部世界的变化。在选择阶段，情绪调节失败和错误可能有几种方式。在知觉环节，个体可能由于暂时无法准确提取可行的策略，或者过于依赖某一策略，甚至几乎没了解多少策略，导致个体几乎没有可以选择的情绪调节策略。评价环节的问题可能出在对情境因素的权衡不当，如有社会焦虑障碍的个体可能会高估逃避（一种情境选择）。最后，行为环节出问题可能是由于个体自认为无法有效使用某具体情绪调节策略，即低情绪调节自我效能，自我效能感可能影响个体激活某具体调节策略的坚定性，也可能影响知觉和评价环节。幸运的是，自我效能感是可以提升的。

(三) 执行阶段

当选择阶段激活了情绪调节策略的表述，执行阶段便开始了。执行阶段的任务是将一般的策略（如认知改变）转化为适应具体情境的方法（如将某种漠视看作一次意外的疏忽）并执行。为了能够将一般策略转化为具体情境的方法，知觉环节必须提出情境相关的特征，以及执行某策略的各种可行的方法；在评价环节，评价这些方法并选择最可能的一种，行为环节则执行选择出的方法。只有通过具体调节方法的执行，才能够调节产生情绪的第一水平评价体系。与之前的阶段一样，情绪调节困难可能发生在这个阶段的每个环节。情绪调节过程在知觉环节中断，可能由于缺乏在新环境中将既定的情绪调节策略转化为方法的技能，或者无法提出所有相关的可行方法。在评价环节可能由于对相关环境变量缺乏鉴别力（如情绪的强度或类型，执行某具体情绪调节方法所需的认知资源），导致某个方法价值被高估或低估。最后，行为环节的操作不当也可能会导致整个情绪调节过程的失败，如抑郁症患者在调高积极情绪时，难以维持相关脑区的激活，导致无法调高积极情绪。

第三节 中学生的情绪特点及其教学启示

一、中学生的情绪特点

中学生，正值青春年华，而青春期是人生的"第二次断乳期"。这时期的青少年情绪波动体验剧烈，情绪活动广泛且丰富多彩，表现出很明显的心理年龄特征。中学生的情绪特点主要表现在以下几个方面。

（一）情绪的丰富性

在中学生的学习活动中，随着自我意识的不断发展，交往范围日渐增大，不断产生各种新的需要，并且其需要的强度也在不断增加。由于新的需要不断涌现，以及学习各种社会道德规范，对自己的身份、角色、志向、价值等问题有了更深入的思考，会发展出多样性的自我情感，比如自尊、自信、自我、自负等，以及由同伴交往带来的多种情绪体验。情绪活动的丰富性也导致了中学生情绪更加趋于复杂化，表现为情绪带上了文饰的、内隐的、曲折的性质，面部表情不再是心理世界的显示器，如有时对某事感到厌烦，但出于某种原因，既可以表现得不在意，也可以表现出热心；对一个人明明有好感，愿意接近，但出于自尊心或其他原因，又故意表现出冷淡的态度。

（二）情绪体验的冲动性

青春发育期由于性腺激素分泌的影响，神经系统活动的兴奋性增强，抑制过程较弱。因此，中学生对外界刺激表现出高度的易感性，容易激动和出现激情状态。具体表现为：他们喜欢感情用事，遇事武断，行为固执，不听劝告，我行我素；对外部刺激反应迅速、敏感，高兴时欢呼雀跃，甚至忘乎所以，失败时极端苦闷，悲观失望；常常因为生活中的一些小事动怒或与人争吵。正因为狂热愤怒和不冷静，而盲目做出一些追悔莫及的事，酿成不可挽回的后果。

（三）情绪活动的心境化

中学生情绪在时间上比小学生有更长的延续性，一件事引起的反应能够较长时间地留在心头，这种时间拉长了的情绪则会转为较稳定的心境化。具体表现为：在愉快的心境下，心情舒畅，对周围的人和事都会感到满足，做事有干劲，甚至对平时不感兴趣的活动也积极参与；相反，若心情不佳，则对什么事情都不感兴趣。由于情绪延续性的增加，他们不再出现破涕为笑的现象，在一段时间内，或是欢乐愉快，或是安乐宁静，或是抑郁低沉。他们会因为成功或收获而使快乐的情绪体验延续成为积极良好的心境；由于挫折或失败引起的不快或苦恼的情绪也会持续较长时间，成为闷闷不乐的不良心境。这种不良心境如果延续下去，不但会影响中学生的学习和生活，还会影响他们的身心健康。

（四）情绪变化的两极性

中学生正处于身心各方面迅速发展的时期，心理矛盾错综复杂，神经过程的兴奋和抑制发展不平衡。情绪变化容易从一个极端剧烈地转向另一个极端,具体表现在以下几个方面。

1. 强与弱共存

中学生的情绪十分强烈,为一件事或暴跳如雷,或欣喜若狂,或垂头丧气,屡见不鲜。与此同时,他们的情绪还有着温和、细腻的一面,在与知心朋友、所敬重的师长交往时,他们也会表现出温文尔雅、和颜悦色的一面,即使有令人不快的事情发生,有时也能冷静、理智地对待和处理。

2. 波动与稳定共存

中学生的情绪不但强烈,而且波动剧烈,两极性明显,顺境时手舞足蹈、得意忘形,逆境时灰心丧气、向隅而泣,可能今天还对某人佩服得五体投地,明天又觉得不屑一顾。好胜心强与经验不足常是造成中学生情绪波动的原因。与波动性相对的是稳定性,中学生在形成一种看法后,有时也会表现出一定的坚持性,不易改变。

3. 外露性和内隐性共存

中学生逐渐学会控制自己的情绪表现和行为反应,不再像儿童那样天真直露、心口如一,其表现具有文饰、内隐的性质,有时会把自己真实的内心情绪世界封闭起来,对于内心的真实想法或情绪以及是否表现出来会根据时间、对象和场合的变化而发生变化。但中学生毕竟涉世未深,阅历较浅,内心深处存在希望被理解的强烈愿望,他们依然比较直率,当意志不能完全控制情绪时,也会锋芒毕露,喜怒形于色,淋漓尽致地抒发他们的内心感受。

中学生处于生长剧变的青春发育期,情绪尚不善于自我控制,具有明显的冲动性和极端性,容易在受到外界刺激时,出现各种剧烈的情绪反应,因而在此阶段进行及时有效的情绪教育尤为重要。教师应有效地发展学生的自我情绪认知能力,提高他们的情绪调节技能,并进一步培养他们的情绪自我激励能力。

二、中学生的学业情绪

你对学习的感受如何?感到兴奋、枯燥、好奇还是害怕?神经科学研究发现,情绪能改变脑内多巴胺水平从而影响长时记忆,情绪能指引注意力集中到问题的某一个方面,这些都会影响我们的学习效果。有时,情绪也会占用注意资源和工作记忆空间,从而妨碍学习。教学中,我们尤其要注意一种特定的情绪——与学校学业成就相关的情绪,即学业情绪。经历成功或失败会激发出各种"学业情绪",如羞愧感、愤怒感、厌倦感、自豪感或希望感。这说明情绪也受到学习过程的影响。

(一) 不同目标与学业情绪的关系

厌倦是学习过程中的一个大问题,与注意力集中困难、缺少内部动机、不够努力、学习不够深入以及较弱的自我调节学习有关。莱因哈德和同事们(2006)的研究证明了不同目标定向与厌倦及其他情绪的关系。目标定向主要有掌握定向、表现趋近定向和表现回避定向三种类型。持有掌握目标的学生关注学习本身,是为了学习知识,提高能力,而不在乎表现如何。他们认为学习是提升能力的有效途径,感觉对学习是有控制力的。他们不害怕失败,所以能集中精力完成当前的学习任务,遇到困难时能够坚持。研究者发现,掌握目标定向能预测学习中的愉悦感、希望感和自豪感。持有表现趋近目标的学生希望看起来聪明,他们把注意力放在能否取得好成绩上。表现趋近目标与自豪感的关系最密切。持有表现回避目标的学生害怕失败,害怕被视为笨蛋,这几乎占据了他们全部的注意力。表现回避目标与焦虑、绝望和羞愧情绪密切相关。

表 6-2 不同目标与学业情绪的关系

目标定向	学业情绪
掌握定向: 关注学习,可控性强,重视学习	提高:愉悦感、自豪感、希望感 降低:厌烦感、愤怒感
表现趋近定向: 关注结果,可控性强,重视成绩	提高:自豪感
表现回避定向: 关注结果,可控性差,不重视成绩	提高:焦虑感、绝望感、羞愧感

教学中怎样才能增加积极的学业情绪而减少厌倦情绪呢?如果学生认为自己对所学内容缺乏控制,并且认为学习没有价值,他们就会对学习感到厌倦。将学习任务与学生能力水平相匹配,并给学生提供选择的机会,可以提高学生的控制感。除此之外,帮助学生建构学习兴趣并且展现学习价值,可以帮助学生克服厌倦情绪。请记住,学业情绪是领域特异性的。学生喜欢并擅长数学,并不意味着他们也会同样喜欢英语或政治。除此之外,那些喜欢本学科的老师更有热情,也鼓励学生享受学习。因此,作为教师,你要尽可能确保自己对教学工作充满热情和兴趣。

(二) 焦虑

适当的情绪唤起是健康的,它可以帮助我们更专注眼前的任务,但当唤起干扰到了正常发挥时,我们就会感到焦虑。焦虑对学业的影响很明显。焦虑既是学业失败的原因,也是学业失败的后果——学生们会因为焦虑而考试失败,而考试失败会加剧他们的焦虑。焦虑既是一种特质,也是一种状态。有些学生在各种场合都会感到焦虑(特质焦虑),而有些场合尤其容易令人焦虑(状态焦虑)。任何时候,考试压力、失败的严重后果、学生间竞争性比较等,都会导致焦虑的产生。

1. 焦虑对成绩的影响

一般而言,焦虑会通过干扰注意聚焦、学习过程和考试发挥而影响学习和考试成绩。当学生学习新内容时,他们必须全神贯注,而高焦虑的学生会因为事先感到担忧、紧张而分散注意力。他们无法集中注意力,总是因为胸口的紧张感而分心,总是想"我太紧张了,我无法学会这些内容"。从一开始,焦虑的学生就可能遗漏很多有用的信息,因为他们的注意力主要集中在自身的焦虑上了。即使他们集中注意力,焦虑的学生在学习条理不够清晰或难度偏大的内容时,也会困难,因为这些内容的学习需要依靠记忆力。不幸的是,学校里大多数学习内容都是这样的。仅仅教会他们如何放松地学习,并不能提高他们的学习成绩,因为他们的学习策略和技巧也需要提高。另外,焦虑的学生知道的往往比考试中所表现出来的要多。他们缺乏重要的应考技巧,即使已经学会的内容在考试中也会"遗忘"。

2. 帮助学生应对学习焦虑

有些学生会有学习焦虑，尤其是那些存在学习障碍或情绪障碍的学生。教师可以采用以下几种方法来帮助高焦虑的学生。① 设定更现实明确的目标。高焦虑的学生往往无法做出明智的选择。他们选择的任务不是太难就是太简单。如果太难，他们很可能失败，这会加剧他们的绝望和学习焦虑。如果太简单，他们虽然会成功，但无法体验到满足感，不会因此感到受鼓励或减少对学业的担忧。使用目标卡、进步表或目标-计划日记，对他们可能会有帮助。② 谨慎使用竞争。注意观察学生，确保没有学生处于过度压力之下。进行竞争性比赛时，确保每个学生都有获胜的机会。另外，尝试安排合作学习性质的活动。③ 避免让容易焦虑的学生在全班同学面前回答问题。提问容易焦虑的学生时，使用那些他们能够用"是""否"或简单几个字回答的问题。④ 确保指导语清晰明确，因为不确定性会导致焦虑。把考试指导语写在黑板上或印在卷面上，而不是口头讲述。确认学生是否完全理解了。可以让几个学生说说他们打算怎么做例题，如果有误解，则及时纠正。如果你使用了新的题型或新的作业类型，要向学生提供一些例子或模型来帮助他们了解应该怎么做。⑤ 避免不必要的时间压力。确保所有学生都能在指定时间内完成随堂考试。偶尔给学生布置一些可以拿回家完成的测验。⑥ 降低重要考试带给学生的压力。不要只通过一次考试成绩就决定学生的学期成绩。另外，设置一些额外的作业，学生可以通过额外作业得到考试加分。考试中设置不同题型，因为有些学生对某些特定的题型并不擅长。⑦ 设置笔试之外的考核方式，尝试口试、开卷考或分组测验等考核方式，或者让学生们做实验、进行口头报告或制作作品。

3. 应对考试焦虑

考试焦虑是一种"高度唤起"（紧张、出汗、心动过速）和"过度担心"的心理状态。这种担心和唤起的混合作用容易让人心烦意乱、思绪纷杂，因而分散了考试时的注意力。考前心理调适的重要方向：让学生动机和焦虑水平处在适当位置。

为帮助学生应对考试焦虑，教师可以采取一些策略：① 教给学生一些考试技巧，安排一些模拟考试，提供学习指导。② 教授学生自我调节策略，如在考试前，鼓励学生把考试看作一项他们有能力做好但富有挑战性的学习任务，帮助学生把注意力集中到如何从考试中学到更多知识上来。在考试中，提醒学生考试很重要，但也不至于生死攸关。鼓励学生把注意力集中到任务上——找出题目的重点，放慢速度，保持放松。在考试后，让学生反思一下，哪些地方做得好，哪些地方做得不好。让他们把焦点放在可控的归因上，如学习策略、努力、细心审题、放松策略等。

为应对考试焦虑，学生自己可以做的事情是：① 充分准备。很多学生是因为平时学得太少，或太晚着手准备才导致考试焦虑。有研究表明，当学生对材料不熟悉时，他们会表现得更焦虑。因此，应对考试焦虑最直接的方法，就是改善学习方法。最好的方法是在考期到来之前进行适当的过度学习，把知识掌握牢固。准备充分的学生一般考分高、焦虑少，不会过度紧张。如果能从别人那里得到情感上的支持，那么，参加考试时的焦虑程度也会降低。因此，不妨在考试之前和老师谈谈有关问题，或与同学一起准备考试，这些都会对你有所帮助。② 考前演练。如果在考前认真演练一下，也可以降低考试焦虑。在演练时,先想象自己一头雾水,考试时间不够,或者感到恐慌,然后冷静下来,计划自己如何应付每一种情形,如何把注意力集中在任务上,如何一次只集中解决一个问题,等等。③学会放松。放松是降低考试焦虑的另一个方法。放松训练方法有深呼吸、冥想和暗示。④改变认知。把导致考试焦虑的想法列一个清单,然后针对清单中的每一个问题,学习运用冷静和理智的回答来战胜它(这叫作"减压认识")。例如,一个考试焦虑的学生可能会想:"如果在这次考试中我考砸了,所有人都会认为我是个笨蛋。"通过对认识的重新建构,这位学生可以这样想:"如果我准备充分,控制好我的情绪,我一定会通过这次考试。即使我不能通过这次考试,这也不是世界末日,我的亲人朋友仍然会喜欢我,而且我在下次考试中还有机会。"善于应对考试的学生即使在困难的情况下也能发挥最佳水平。自信可以使你平静,因而获得更好的考试成绩。

三、教育启示

情绪会影响学生的学习和生活,而中学生的情绪又容易受环境影响,情绪起伏较大。学生想要专注于学习,就需要培养良好的情绪。中学生学会情绪调节策略,在情绪不稳定时,自己学会控制和调节情绪。作为教师,特别是从事中学生心理健康教育的工作者,了解和分析中学生时期的情绪特点是非常必要的,这对分析中学生不健康心理情绪产生的原因和找到调试中学生不健康心理情绪的方法提供了充分的理论依据。

※知识链接

如何和压力做朋友

凯利·麦格尼格尔(Kelly McGonigal)是斯坦福的心理学教授,也是一名健康心理学家,职责就是让人们更健康快乐。之前她把压力当敌人,不断跟人说:"压力会让人生病,让人患从一般感冒到心血管疾病的风险都随之升高。"直到研究人员花了8年时间追踪死亡案例18.2万例,发现让人过早离世的并不是压力本身,而是认为压力有害的这个想法。假如一个人认为压力是有害的,会更加倾向于逃避压力背后的问题,转向于不作为、沉迷酒精或者暴力宣泄。而那些认为压力是一种助力的人则会积极面对压力背后的问题,他们会将挑战视为成长的机会而不是逃避的理由。这些人认为,压力下分泌的肾上腺素帮助人类的肌肉系统和大脑更有效地使用能量,大脑计算加快,注意力更加集中;压力下分泌的催产素会让人想去与他人联系,加强社会交往。因此他们生活中更快乐,工作中更高效,困境中更自信,更有创造力。人必须意识到压力的好处才能开始相信实际上压力并不是坏事,如果我们想要有个充满意义的人生,我们必须要学会在压力中生存,而不是逃避问题。而且,仅仅相信压力是有好处的这个事实就可以使一个人在以后的工作当中更加乐意去面对挑战,并在困难中不断学习。

(资料来源:Ted视频:如何和压力做朋友?)

正确应对被拒绝

蒋甲6岁时,在班里同学相互表扬的活动中,因被同学们拒绝表扬而深受打击,从此被拒绝就像一个魔咒,让他在雄心勃勃想要做某事时,总害怕被拒绝而退缩妥协,事业停滞不前。于是,他想要改变自己害怕被人拒绝的毛病,开始了一个100天的挑战。这个挑战就是每一天都要做一件事情来让陌生人拒绝他,蒋甲选择正面面对自己最惧怕的事物,通过体验这种不断被他人拒绝的感觉,使自己变得强大从而战胜它。但是这种"没事找抽"的计划得有个度,所以他规定了3个准则:不触犯道德、不触及法律、不违反物理学。他坚持完成了100天的挑战,并把这一过程传到了自己的网站上。蒋甲讲述了这100个挑战带给他的感受和认识,寻找到了能够改变自己的方法。记录"被拒100天"的网站被网友踏破了门槛,包括《福布斯》《时代周刊》在内的几十家主流媒体报道了蒋甲,他被邀请周游美国做演讲,登上了TED的讲台,来帮助数千万人克服被拒绝的恐惧。他发现世界不再拒绝他,反而向他敞开了怀抱。蒋甲说:"拒绝曾是我的诅咒,它困扰了我一生,因为我曾不敢面对它,然后我开始拥抱它,把它转变为我人生中最大的礼物。"

(资料来源:蒋甲.没有永远的拒绝,你只是暂时不被接受[M].北京:天地出版社,2016.以及Ted视频:我从被拒100天中学到的)

※ 本章小结

情绪是一种非常复杂的心理现象。人们在工作、学习和生活中,无时无刻不受到情绪的影响。情绪是指伴随着认知和意识过程产生的对外界事物态度的体验,是人脑对客观外界事物与主体需求之间关系的反应,以生理唤起、主观体验、外部表现的变化为特征。这些变化都是针对个体认为具有个人意义的情境做出的。情绪对人的认知和行为有很大影响,从而关系着人的发展和成功,具体表现在以下几个方面:情绪影响人适应环境;影响人的认知过程;影响人的行为。詹姆斯-兰格理论正确地指出了唤起和行为反馈对情绪体验的作用,坎农-巴德理论的合理部分在于提出丘脑和大脑皮层等在生理唤起中的先后顺序,沙赫特-辛格情绪认知理论指出了认知的重要性,拉扎勒斯强调了情绪性认知的作用。事实上,当今的心理学家越来越认识到,对一个事件的归因以及对某个情景的评价方式极大地影响了你的情绪。人们通过对自身情绪和他人情绪的认识,能够有意识地调适、缓解或激发情绪,以保持合适的情绪体验和行为反应。根据美国心理学家Gross等人的情绪调节策略理论,情绪调节策略包括情境选择、情境修正、注意分配、认知改变和反应调整,其中情境选择是对可能产生情绪影响的情境的一种决策,情境修正则是在具体情境中进行的能够改变其情绪影响的一系列行为,注意分配对应情绪产生过程中的关注环节,认知改变则代表在特定外在情境中内在认知的改变,而反应调整涉及对已经产生的情绪体验与表达的调整。在情绪发生、发展的整个过程中,个体最常用且最有效的调节策略为五种策略中的后两种:认知重评和表达抑制。中学生的情绪特点主要表现为丰富性增加、容易冲动、情绪活动的心境化、两极性明显,将某些情绪外露时逐渐学会掩饰和控制情绪。教师布置的学习任务与学生能力水平相匹配,为学生提供选择的机会,帮助学生建构学习兴趣并且展现学习价值,可以帮助学生克服厌倦情绪。设定明确目标、谨慎使用竞争、避免不必要的时间压力、设置多种考核方式等有助于降低学生的学业焦虑。

※习题

1. 什么是情绪？
2. 情绪的类别有哪些？
3. 情绪影响人的哪些方面？
4. 情绪认知理论的主要观点是什么？
5. 什么是情绪调节？
6. 情绪调节的策略有哪些？
7. 情绪调节的过程是怎样的？
8. 中学生的情绪有什么特点？
9. 如何应对考试焦虑？

※参考文献

[1] [美]安妮塔·伍尔福克.教育心理学[M].伍新春,等译.北京:机械工业出版社,2015.

[2] [美]丹尼斯·库恩,约翰·米特尔.心理学导论[M].郑刚,等译.北京:中国轻工业出版社,2013.

[3] 赵国祥.心理学[M].1版.北京:高等教育出版社,2011.

[4] [美]卡伦·霍夫曼.行动中的心理学[M].苏彦捷,等译.北京:中国人民大学出版社,2011.

[5] 熊紫玉,支愧云,张雪,姚呈谋.情绪调节策略与过程[J].心理学进展,2018,8(10):1585-1594.

[6] Nummenmaa L, Glerean E, Hari R, Hietanen J K. Bodily maps of emotions [J]. *Proc Natl Acad Sci U S A*. 2014, 111(2):646-51.

[7] Gross J J. Emotion Regulation: Current Status and Future Prospects [J], *Psychological Inquiry*, 2015, 26: 1-26.

[8] Niedenthal P M. Embodying Emotion[J]. *Science*, 2007, 316: 1002.

[9] Niedenthal P M, Maringer M. Embodied emotion considered[J]. *Emotion Review*, 2008, 1(2):122-128.

第七章 中学生的动机与意志

※名人名言

对所学知识内容的兴趣可能成为学习动机。

——赞可夫

※本章提要

1. 学习动机的基本含义、产生的条件、类型、与学习效率的关系
2. 学习动机的有关理论
3. 学习意志的定义及意志与认识、情感和个性的关系
4. 中学生意志品质的特点,如何培养学生坚强的意志品质

※学习目标

1. 理解学习动机的定义和产生的基本条件、学习动机与学习效率的关系
2. 理解各种学习动机理论
3. 了解激发和维持学业动机的方法、消除学业习得性无助感和增强自我价值感的方法
4. 理解意志的定义及其与认识和情感的关系、意志行动的定义和阶段
5. 了解动机冲突的类型、中学生良好意志品质特征的培养方法

※案例导入

19个月的海伦·凯勒,因患猩红热成了一个又聋又哑又瞎的人。海伦7岁时,家里给她请来了莎莉文老师辅导她学习。一天,老师在海伦的手心写了"water(水)"这个字,但海伦总是把"杯"和"水"混为一谈。到后来,她不耐烦了,把老师给她的新洋娃娃摔坏了。但莎莉文老师没有放弃海伦,她带着海伦走到水井房,把海伦的小手放在水管口下,让清凉的水滴滴在她的手上。接着,莎莉文老师又在海伦的手心写下"water"这个词。从此,海伦就牢牢记住了"水"这个词。之后,她不分昼夜地学习,拼命地摸读盲文,不停地书写单词和句子,以至于小小的手指头都磨出了血。就这样,海伦学会了阅读、书写和算术,学会了用手指"说话"。

海伦10岁的时候,越来越强烈地想开口说话。家里请来萨勒老师教她发音。萨勒发音时,要海伦用手放在他的脸上,用触觉来判断萨勒舌头和嘴唇颤动的情况,以此体会怎

样发音。这种完全靠触觉学习说话的方法,其艰难程度可想而知。但海伦说:"为使我的伙伴能听懂我的话,我夜以继日地练习,反复高声朗读某些词语或句子,有时甚至要读几个小时,直到自己觉得读对了为止。我每天坚持练习,练习,练习……"当海伦在盲哑学校的课程告一段落时,她的说话能力已和正常人没什么区别了。

1900年,海伦申请进入哈佛大学拉德克利夫学院就读,这对于一个失明和失聪的人而言,简直是不可思议的。4年后,她以优异成绩取得文学学士学位,成为首位毕业于高等院校的聋盲人。海伦凭借自己不屈不挠的意志,经过长时间的刻苦学习,学会了识字、说话、写作,先后学会了英、法、德、拉丁和希腊5种语言,出版了《假如给我三天光明》《我的生活》《我的老师》等14部著作。

第一节 中学生的学习动机

一、学习动机的定义

动机是指行为的动力,即我们的行动开始、维持、导向和终止的动力。我们做任何事情都需要有动机,没有动机的推动就没有行为的发生。学生的学习也需要有动机。学生想要学好包括两个基本条件——愿意学习和会学习,学习动机就涉及愿意学习的问题。学习动机(motivation to learn)是指激发个体进行和维持学习活动,并使学习行为朝向特定目标的内在过程或内部心理状态。从定义上可以看出,学习动机具有激活、指向、维持和调节学习的功能。

(一) 动机的产生

心理学研究表明,动机的产生与需要和诱因有着密切的联系。需要是动机的基础。当某种需要产生时,它就会推动人们去寻找可以满足的对象或目标,从而产生活动的动机。引起动机的内在条件是需要,引起动机的外在条件是诱因。

1. 需要

需要是有机体感到某种缺乏而力求获得满足的心理倾向。内驱力是指在有机体需要的基础上产生的一种内部驱动力,许多活动的引发都是从需要或是内部的缺乏开始的。需要导致内驱力(一种内部需求和目标的心理表现,如饥渴驱力、成就驱力)增强;内驱力激发了反应(即一个或一组行动),推动我们实现特定的目标(即动机行为导向目标)。当特定的需要得到满足后,这个动机过程随即终结。因此,一个简单的动机模型如图7-1所示:

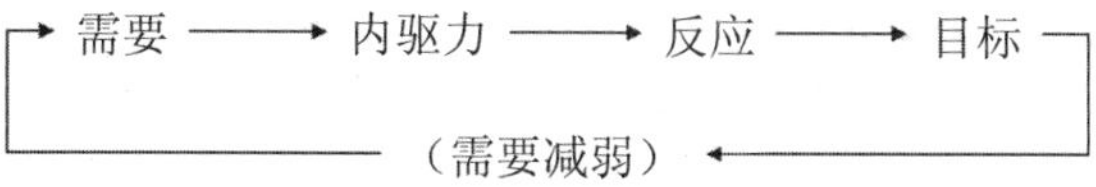

```
┌─→ 需要 ──→ 内驱力 ──→ 反应 ──→ 目标 ┐
└──────────── (需要减弱) ←──────────┘
```

图7-1 简单的动机模型

例如,想象一下,小明独自在家里学习,他的肚子饿得咕咕叫,致使他无法专心学习。他变得无精打采,决定去找点零食,可是家里什么零食也没有,他不想做饭,于是他去了附近的餐馆,餐馆休业了,没办法,小明只好继续往远一点的餐馆寻找,终于吃上了东西。他吃饱之后回到家继续学习。请注意小明到处找吃的是因为他的需要没有得到满足,他的行动方向由可能的食物来源所引导,最终因为得到满足而终止行动。

2. 诱因

诱因是驱使有机体产生一定行为的外部因素。诱因按其性质可分为两类:个体因趋向或取得它而得到满足时,这种诱因(如食物)称为正诱因;个体因逃离或躲避它而得到满足时,这种诱因(如电击)称为负诱因。

(二) 学习动机的功能

学习动机的功能主要表现在以下三个方面:① 激发学生开始学习活动。学习动机使学生进入学习活动状态,提高唤醒水平,集中注意力。② 定向功能。动机也会使学习行为朝向一定的目标,最终要实现学习的一个目标。③ 维持和调节功能。像中学生这么一个漫长的学习过程,它被激发了,但如果动机不强大,就可能不能维持他这么多年的一个学习。动机还可以调节学习行为的强度和方向。

(三) 学习动机的表现

学习动机受到许多因素的影响。为了对这个问题的复杂性有所认识,让我们走进一所中学的数学习题讲解课堂,看看学生们的表现:

小明像往常一样,不打算开始学习。他总是说"我不知道""题目太难"。即使答对问题,他也说"我猜的""其实我不知道"。他把时间都花在发呆上,于是成绩越来越差。

晓阳假装在做题,但大部分时间都在开小差,然后趁老师不注意时抄袭同桌的答案。他不愿意尝试,因为害怕如果自己努力仍不能取得好成绩,就会被其他人说"笨蛋"。

露西在多数科目上成绩不错,但她对数学课的考试却非常焦虑。在课堂上,她能够回答对问题,但到了考试时却全都"忘记"了。

李雷对学习内容很有兴趣,事实上,他花了不少时间自学数学,知道的比老师讲授的更多。但他的成绩只能在 B- 和 C+ 之间徘徊,因为他从不做家庭作业。对于自己不需要努力就能及格的现状,他很满意。

以上同学在动机启动、强度、坚持性、思想与情感等方面至少存在一个问题。你能识别这些问题吗? 你可以从后面的内容里找出答案。

二、学习动机的类型

人类的动机十分复杂,可以依据不同的标准,从各个不同的角度进行分类。在教育实践中比较有意义的分类,是将学习动机分为内部动机和外部动机。

(一) 内部动机(intrinsic motivation)

内部动机指因学习活动本身的意义和价值而引发的驱动学生学习的动力,学习者在学习过程中获得满足。当一个学生喜欢学习或有强烈的内部动机,在学习的过程中觉得自己已经满足了求知欲,而感到开心,并不需要外在的奖励或惩罚或是其他的一种目标等。动机的满足就在学习本身。我们的很多行为也是基于内部动机去做的,就好像大家去看一场电影,听一场音乐会,在看电影或听音乐的过程中获得满足。学习的内部动机常常与在学校获得的学业成绩、创造力、阅读理解、享受学业以及深度学习策略的使用等积极结果相关。内部动机来源很多,但其中最基本的来源有:① 好奇心与求知欲。所有的孩子天性都是爱学习的,因为他对外部世界有好奇之心。例如,一个两三岁的孩子有非常多的问题想问父母:"鸟为什么会飞?""鱼为什么会在水里游?"并不是因为他提一个问题就可以获得一颗糖,而是这些问题是他发自内心想要知道的,是受好奇心和求知欲驱使的。② 挑战。挑战涉及目标,本来目标是一种外部动机,但挑战性的目标可以转化为内部动机。怎么给学生设置挑战性的目标,就是老师们需要特别考虑的。挑战性目标不是无法达到的目标,而是只要努力就能达到的目标。③ 自主选择与自我控制。一般而言,人对自己选择的东西会有比较强的内部动机,因为自我控制感比较强,这两者是紧密联系的。如果一个学生在整个学习过程中都没有什么自主选择的机会,学习会越来越被动,内部动机会越来越弱。学习过程中不能由自我控制就不会有内在动机的出现。

(二) 外部动机(extrinsic motivation)

外部动机是因学习结果或学习活动以外的因素作为学习目标而引发的驱动学生学习的动力,学习活动只是达到目标的手段。我们很多的行为是被外部动机所驱动的。当一个学生对学习内容本身并没有兴趣,在学习过程中并不觉得特别开心或满足,但学习之外的某个结果是让他开心的,是能够让他获得满足的,比如说有些学生学习是为了取得一个好的分数,或得到老师、家长的表扬,或者为了逃避某种惩罚,如不学习就要受到老师和父母的责罚。学习的外部动机与消极情绪、不良的学习成绩以及不当的学习方法有关。

学习的内部动机和外部动机在学习活动中的动力作用不同。引发外部动机的诱因如表扬、批评、惩罚、分数和升学等对学习活动的推动作用可能是巨大的,同时也可能是容易变化和短暂的,其动力作用会随外部目标的满足而降低。因学习需要、兴趣、求知欲引发的内部动机对学习的驱动作用是稳定而持久的,学习者以获取知识和学习活动本身为目标,在学习过程中获得的满足非但不会使学习兴趣、求知欲降低,反而会产生更强烈的学习兴趣和求知欲,成为一种自我强化的内部驱动力量。

学生学习既需要有内部动机也需要有外部动机。如果一个学生只有内部动机而没有外部动机,内部动机带来的热情是短暂的,特别是在碰到困难的时候,中学生的学习是如此的漫长又充满了困难,如果只有内部动机而没有外在的约束以及外在力量的引导,很多学生在碰到困难的时候就可能很容易放弃,他的内部动机就很容易减弱了。如果一个学生只有外部动机而没有内部动机,对学习本身不觉得满足,不觉得快乐,只是为了考一个好的分数、上一个好的大学或者为了满足父母的期待等这些外在要求而去学习的话,"学海无涯苦作舟"就苦在对学习这个过程没有兴趣,但又必须要得到某一个结果,那他也不会走得太远,学习的后劲也不会太足。所以这两种动机在学习当中都是必要的。这两种动机并不是一个连续体的极端,内部动机强并不意味着外部动机弱,或者内部动机弱,外部动机就会强。内部动机和外部动机是两个独立的连续体,可以两种动机都强,也可以两种动机都弱。所以我们可以分别去激发,既激发学生的内部动机,又可以通过一些外部手段去激发外部动机,让学生的两种动机都强。

三、学习动机与学习效率的关系

动机的强度与活动效率之间的关系极为复杂。一般情况下,动机强度太弱,人的兴奋性低,活动的动力不足,容易产生畏难、退缩的行为;随着动机强度的提高,个体活动的动力加强,积极性得到提高,活动的效率会逐步提高;动机超过适宜的强度,易情绪紧张、思维紊乱,导致个体急于求成,结果欲速则不达,反而妨碍活动的顺利进行。可见,过低或过高都不利于活动的进行,在适宜强度下,活动的效率最高。耶基斯和多德森等人对动机强度、活动效率、工作任务或学习任务难度之间的关系做了进一步的研究,揭示了动机、效率之间的关系:① 各种活动都存在一个最佳的动机水平;② 动机的最佳水平随任务性质的不同而不同;③ 在较容易的任务中,效率随动机的提高而上升;随着任务难度的增加,动机的最佳水平有逐渐下降的趋势。总体来讲,动机强度与学习效率之间的关系不是一种线性关系,而是一种倒 U 形曲线,即中等强度的动机最有利于学习效率或者工作效率。动机强度很低,当然效率很低,随着动机强度的升高,效率在不断地提高,但不是说动机强度越高效率就越高,它有一个最佳点,到了这个最佳点之后,动机再提高,效率反而降低了。如图 7-2 所示。

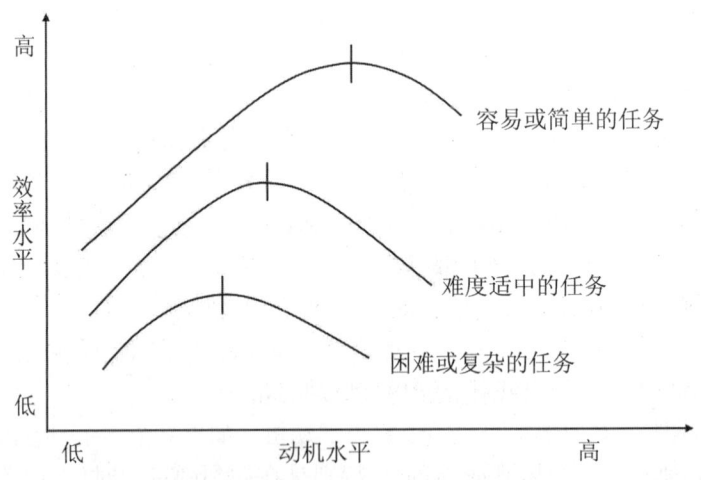

图 7-2 耶基斯-多德森定律(Yerkes & Dodson, 1908)

作为老师,需要把学生的动机调控在一个最佳的状态。那这个最佳状态也跟学习任务的难度有关,困难任务的最佳动机和容易任务的最佳动机的绝对值不同,困难任务所需最佳动机相对低,容易任务所需最佳动机相对高。如果是一个很难的任务,那老师在课堂当中可能要注意给学生创造相对低一点的动机,学生反而能够把这个任务完成。

第二节 学习动机的理论

一、行为主义的学习动机理论

行为主义的学习动机理论其实是强化论,认为学习是刺激-反应的联结,而引起学习的最重要的因素就是外部强化。由外部强化所引起的动机属于外部动机。根据行为主义的观点,要对学生的学习动机有所了解,就必须深入分析学习活动中存在的各种诱因。

(一)强化与强化的类型

强化是指行为发生频率或持续时间的增加。如果学生在学习行为之后获得表扬、奖励或好的分数,就会产生对学习行为的强化。强化可分为两种类型:正强化和负强化。

1. 正强化

正强化是指当某一刺激出现时所产生的行为增强的效果。这时呈现的刺激就是正性强化物,它们通常是一些人们所喜欢的或有价值的刺激,当这些刺激伴随某一行为之后出现,就会使行为发生的频率或持续时间增加。例如,小明在上一节数学课堂上认真听讲,并答对了老师提出的问题,受到了老师的表扬,所以这一节数学课小明继续认真听讲。

2. 负强化

负强化是指当某一刺激消除或避免时所产生的行为增强的效果。这一被消除或被避免的刺激就是负性强化物,它们通常是一些人们所厌恶的刺激,当这些刺激伴随某一行为之后立即移除,就会使行为发生的频率或持续时间增加。例如,暑假期间,妈妈告诉小明,如果他早上能朗读一小时的英语,那么他下午就可以不用去菜市场帮忙搬米了,所以小明每天早上朗读一小时的英语。

许多人听到"负强化"这个概念的时候都会想到惩罚。但请注意,这是两个不同的概念,并且两者是完全相反的过程。强化(无论正强化还是负强化)都是使某一行为出现的频率增加。负强化常常适于在所期待的学生行为没有表现出来之前使用。

3. 强化的依随性和普雷马克原理

斯金纳认为,强化是操作性行为形成的重要手段并进一步提出操作学习的基本规律:如果一个操作发生后,接着呈现一个强化刺激,则这个操作的强度(反应发生的概率)就增加。在白鼠的学习实验里,食物是一种强化物,它总是伴随着白鼠按压杠杆的行为反应之后出现,并使白鼠按压杠杆的行为不断被增强。可见,强化总是紧随着行为反应之后而出现,强化与反应之间的这种依随关系被称为强化的依随性。

我学习一阵子以后才去看电影是正强化还是负强化?这其实是正强化。因为只有在你学习之后,你才有了"电影"刺激,而这一刺激是你喜欢的,这会增加你的学习行为。在这个例子中,用到了心理学家大卫·普雷马克(David Premack)提出的普雷马克原理(Premack principle),即一个经常出现的或较喜爱的活动可以作为强化物,去强化一个较少出现的或较不喜欢的活动。当你意识到自己很喜欢看电影时,就可以将不那么喜欢的学习活动跟很喜欢的看电影活动联系到一起。普雷马克原理也叫"祖母的规则",即"你先吃了蔬菜,然后你就可以吃甜点"。

根据强化的依随性和普雷马克原理,当我们运用强化手段去激发学生学习时,要注意三点:第一,必须是先有行为,后有强化,这种前后关系不容颠倒。比如,小明从小就喜欢看电视,上学后依然如此。但家长有一项规定,必须做完功课,才可以看电视,若功课没有做完或做得不够认真,则禁止开电视。有几次小明没有做完功课就想打开电视看六点钟的动画片,都被妈妈严格禁止了。结果,直到小学毕业,小明均能遵守这项规定,总是保质保量地按时完成作业,然后再去看他喜欢的电视节目。有的家长常常误用,总是允许孩子先看电视,然后做作业,完全是本末倒置,这样就不会起到教育孩子的作用。第二,必须使孩子在主观上认识到强化与他的学习行为之间的依随关系。如果在学生心目中没有把强化与良好的学习行为联系起来,强化对他的学习并不起作用。比如,有的学生为了看电视,草草地做完作业,如果家长允许看,则是对他做作业草率、不认真这一不良行为的强化。因此,家长必须使儿童意识到,允许他看电视是对他认真按时完成作业的一种奖励,而不是他想看就可以看的。第三,必须用学生喜欢的活动去强化相对不喜欢的活动(强弱关系)。比如,家长可能觉得弹钢琴要比练毛笔字有趣得多,因此告诉孩子说:"你放学后先写一百个毛笔字,然后我允许你弹一小时钢琴。"家长心想这回孩子该好好练字了,可孩子根本不买账,因为他宁愿多写毛笔字,也不愿弹钢琴。可见,教师和家长在选择强化物时,必须了解与所要强化的学习行为相比,儿童更喜欢什么,并把后者作为强化物,方能有效。另外需要注意的是,这个原理对于孩子养成良好的学习习惯是有一定帮助作用的,但从孩子长远来看不一定非常有利。因为经常这样做,容易让孩子形成一种"完成学习任务是为了……"的惯性思维,从而缺乏真正持久的学习动力。

(二)强化的程序

对于学生的学习,并不是给予一次强化就万事大吉。事实上,在学生学习的过程中,常常需要多次强化来激发并维持他们的学习行为,这就涉及强化程序的设计和实施。

强化程序是指行为反应被强化的比率或时间间隔。虽然有很多种不同的强化程序,最重要的区分还是持续强化和部分强化。持续强化是强化每个反应。比如,教师对学生每次回答都给予表扬。部分(或间歇)强化是指只对某些特定的反应而不是全部反应进行强化。比如,教师只对真正圆满的回答给予表扬。持续强化能迅速地建立起某种学习行为,但强化一旦停止,原有的学习行为就很容易消退,缺乏坚持性。而部分强化虽然建立起的学习行为比较慢,但强化停止后,学习行为消退得也慢。因此,当用持续强化建立起某种学习行为之后,就需要采用部分强化策略了。

1. 部分强化的四种方式

部分强化可以进一步区分为四种方式:固定比率(fixed ratio, FR),可变比率(variable ratio, VR),固定间隔(fixed interval, FI),可变间隔(variable interval, VI)。表7-1给出了这些概念的定义和实例。选择何种部分强化的方式要根据想要建立的行为和想要达到的学习速度来决定。

表 7-1　强化的四种方式

		定义	反应发生率	实例
比率方式（基于反应）	固定比率（FR）	学习者达到一个可以预知的、固定的反应次数后，就可得到强化	高反应发生率，强化后，反应发生率有一个暂时的下降	每做完10道题可得到10分钟的自由活动时间
	可变比率（VR）	学习者达到一个不可预知的、不固定的反应次数后，可以得到一次强化	高反应发生率，强化后，没有停顿，对消退的抵抗性很好	赌博机的设计；课堂被老师叫到回答问题，有时接连被老师叫到
间隔方式（基于时间）	固定间隔（FI）	学习者在一个可以预知的固定时间间隔内受到强化	反应发生率在强化来临之前升高，但强化发生后即在间隔期间反应率就会下降	期末考试；领取月薪
	可变间隔（VI）	学习者在一个不可预知的、任意变化的时间间隔内受到强化	反应发生率相对较低，但由于不能预期何时出现强化，因此其反应还是稳定的	随堂小考；预先不通知的抽查考试

2. 外部强化的副作用

增强外部诱因是否能达到增强动机的效果？是的，但并不一定总是这样。很多研究发现，外部强化虽然能够提高外部动机，但也存在明显的副作用，会损害某些活动的内部动机。

对于人们本来就有兴趣的活动，或者说本来能够由内在动机激发的行为，外部强化会使人们行为的结果似乎是为了得到外部奖赏，从而损害了内部动机和对活动本身的兴趣。在一项儿童研究中，起初孩子们只是喜欢随意用彩笔绘画，后来却又比赛又发奖，孩子们就失去了对绘画的兴趣。很明显，如果你"要求"一个人做他本来自愿做的事，原来的"玩"就变成了一件"苦差事"。总的来说，在"威逼利诱"之下，人们会感到自己不是心甘情愿，厌学的青少年就是这些反应的例子。外部强化对内部动机的损害是以学习者的认知为中介的，其破坏效果主要出现在所奖励的只不过是完成任务本身，而不是出色地完成任务的情况。另外，外部强化容易使学生忽略所学内容本身的价值，而只关心分数和奖赏这些一过性刺激。

二、人本主义的学习动机理论

人本主义观点认为，每个人都有"自我实现"的需要、天生的"实现倾向"或"自我决定"的需要，而这些是个体行为动机的内在源泉。因此，在人本主义看来，所谓的激发动机，就是发掘人们自身的内在动力——他们对胜任感、自尊、自主和自我实现的需要。人本主义心理学家认为，教育的作用是帮助学生心理成长，其关键是学生能否认识到自我成长与所学知识之间的关系。因此，教师在教学生任何知识之前，要使学生认识到学习的意义和价值,所学内容符合他们成长的需要,而且学生也觉得自己有能力学到教师对他所期望的程度时,学生自然会努力学习,而且不经外力控制,就会自动维持强烈的学习动机。人本主义心理学家哈姆柴克(Hamachek)认为,维持学生学习动机的两个基本条件是良好的师生关系与和谐的教室氛围,让学生在心里感受到教师的关爱和支持,不会恐惧失败,这样学生才会自愿读书求知,且不会因失败而退缩或不敢尝试学习。

(一) 马斯洛的需要层次理论

美国人本主义心理学家马斯洛提出了著名的需要层次论,把人的需要按其性质从低到高分为七个层次(如图 7-3 所示):① 生理需要,指维持生存及延续种族的需要;② 安全需要,指希求受到保护与免于威胁从而获得安全感的需要;③ 归属和爱需要,指被人接纳、爱护、关注、鼓励及支持等的需要;④ 尊重需要,指获取并维护个人自尊心的一切需要;⑤ 求知需要,指对己对人对事物变化有所理解的需要;⑥ 审美需要,指对美好事物欣赏的需要;⑦ 自我实现需要,指精神上臻于真善美合一的至高人生境界的需要,亦即个人所有理想全部实现的需要。马斯洛认为,需要的层次越低,他的力量越强,潜力越大。随着需要层次的上升,需要的力量会减弱。就其个体发展来看,需要的产生与发展是从低到高发展的,但在基本需要都发展起来后,人们的需要往往是复合型的,在复合型的需要中有主导性需要和辅助性需要。不同的个体、个体在不同时期,其主导性需要是不相同的。学习动机属于求知的需要。当学生的基本需要获得满足后,从理论上讲,学生会相继出现求知需要。然而,现实并非如此,一些学生在基本需要得到满足后,却未必有学习动机。显然,我们并不总是像理论中预测的那样行动。对此,马斯洛认为,学生本身有两股潜力,一股使其进取向上,另一股使其退缩逃避,究竟何者能够发挥作用,教师无法强求,只能靠学生自己选择。不过,良好的师生关系可能会影响学生的选择。

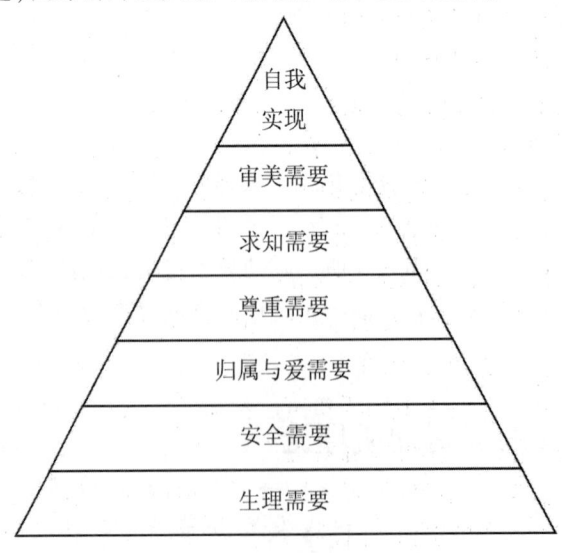

图 7-3 马斯洛的需要层次图

(二) 自我决定理论

自我决定理论认为,我们每个人都有各种需要:与外界事物互动时感觉有能力、足以胜任(胜任需要),对自己的生活拥有控制和选择权(自主需要),与他人交流并从属于某个社会群体等(关联需要)。其中,自主需要最为核心,它是指我们依据自身意愿(而非依据外部奖惩或压力)行事的需求。关联需要是指与他人建立亲密的情感连接和依恋关系的心理欲求。如果教师和家长对孩子的行为保持敏感,并且关心孩子的喜好、健康状况、快乐程度,那么孩子就会表现出较高的内部动机。那些感觉自己与教师、家长和同伴关系亲密的学生,往往更全心全意地投入学习。

1. 课堂中的自我决定

如果课堂环境能支持学生的自我决定和自主需要,那么学生对学习会更有兴趣和充满好奇,更有胜任感,更有创造性,他们的概念学习、学业成绩、学校出勤率和满意度、课堂参与度、自我调节学习策略的使用、心理幸福感都会提高,同时他们也更愿意去迎接挑战。当学生对某些事件拥有选择的权利时,他们往往会认为这件事很重要,即使它做起来很枯燥。由此,学生能够对教育目标进行内化,并将它视为自己的目标。与此相反,控制型课堂只能促进学生的机械记忆学习。当教师强迫学生学习,学生就会试图寻求最简单、快捷的途径。然而令人不安的是,有研究发现,虽然控制型教师的教学效果最差,但是无论是学生还是家长似乎都更喜欢控制型教师。

每个学生在学校都会有不同经历:受到表扬或批评,被迫在规定期限内完成作业,得到不同分数,拥有选择权,接受规则教育,等等。认知评价理论认为,这些事件能改变学生的内部动机,因为它们会影响学生的自我决定感和胜任感。教师在与学生互动时,应该更多地关注提供信息,而非控制行为。如果教师强行要求学生按照特定方式学习和体验,那么学生就会感觉缺少控制力,从而导致内部动机减弱。相反,如果教师行为主要是提供信息,就会增加学生的胜任感,从而提高学生的内部动机。当然,如果教师提供的信息令学生感到太难,无法胜任,也很可能减弱内部动机。

2. 支持学生自我决定的策略

支持学生自我决定和自主性的策略有:① 允许并鼓励学生做选择。例如,针对学习目标,可以设计多种不同的教学活动(如做资料汇编、做测验、出板报等),然后让学生选择其中一种,鼓励他们说出自己选择的理由。留出时间让学生进行独立、扩展的学习活动。在有利于学生专心学习的前提下,允许他们自由选择合作学习的同伴。② 帮助学生制订计划,从而实现自己选定的目标。尝试使用目标卡片,让学生列出自己的一系列长期和短期目标,并写下三四种有助于实现这些目标的具体行动计划。鼓励中学生针对不同学科分别设定不同目标,把它们记录在专门的笔记本上,定期检查自己目标完成的进展情况。③ 引导学生对自己的选择及其后果负责。如果学生选择跟好朋友一起学习,但他总是开小差聊天,没能完成任务,你可以客观地评分,并帮助学生认识到分数低是因为他们浪费了太多时间。如果学生选择的学习主题激发了他们的想象力,你可以引导他们去发现这一事实——学习过程中的努力,能提高学习结果的质量。④ 向学生解释制定规则、限制和约束的原因。解释为什么制定这些规则,以身作则,遵守规定和约束。⑤ 承认消极情绪是正当反应。通过跟学生沟通,让他们明白在学习中难免会感觉受挫、困惑和疲惫,偶尔感觉枯燥乏味是很正常的。⑥ 使用非控制的积极反馈。避免使用控制性词汇,如"你应该……""你必须……"。

三、认知主义的学习动机理论

认知主义的理论认为,每个人都是积极主动、充满好奇并努力解决身边问题的个体,人们的行为是思考的结果,而不是简单地由过去的奖惩经验所决定。学习行为之所以产生并改变,是出于计划、目标、图式、期望和归因等因素的考虑。

(一) 目标理论

1. 目标设定

目标是个体通过努力要完成和达到的结果。目标激励人们采取行动,可以缩短"现在在哪儿"和"希望在哪儿"之间的差距。根据 Locke 和 Latham(2002)的理论,目标设定之所以能提高成绩,主要有 4 个理由:① 目标能使我们把注意力集中在手头的任务上,避免分心。② 目标能提供努力的动力。目标越具有挑战性,我们就会越努力。③ 目标能增加坚持性。当我们有明确的目标时,我们更不容易放弃目标,直到完成。因为有难度的目标要求我们付出努力,而时间紧迫的目标会让我们加快速度。④ 当旧的策略失效时,目标能促进新的知识和策略的形成。例如,如果你的目标是得优,而第一次测验时你没有做到,那么下一次测验你就可能会尝试一种新的学习方法。

不同目标类型的设定,会影响我们产生动机的大小。那些具体、难度适中且在不久的将来可能实现的目标,会增强我们的动机和坚持性。具体的目标会为我们自己行为表现的判断提供清晰的标准。如果成绩没有达到目标,我们就会继续努力。

2. 目标定向类型

目标定向是指与学业成就相关的不同类型的目标信念。目标定向包含了我们追求目标的理由和我们用以评估目标实现的进展情况的标准。学校里的目标定向的类型主要有掌握目标(学习)、表现目标和社会目标。

掌握目标(mastery goal)(也称任务目标或学习目标)的核心是为了提高能力,学习知识,而不在乎表现如何。如果学生选择掌握目标,他们的参与积极性会更高,更愿意投入。持有掌握目标的学生倾向于寻求挑战,遇到困难能够坚持。他们也更喜欢学习。他们将注意力集中在手头的学习任务上,而不会担心自己的成绩表现与班上其他人相比是否"合格"。他们常常被形容是"沉迷学习的人"。除此之外,他们也很愿意寻求适当的帮助,更多使用深层认知加工策略,更愿意使用各种有效的学习策略,同时面对学习任务也更有自信。

另一种目标是表现目标(也称能力目标或自我目标)。持有表现目标(performance goal)的学生关注于把自己的能力展现给别人看。他们重视考试能否得高分,他们很关心自己能否获胜并击败其他同学。那些追求在他人眼中的表现的同学,会选择做一些使自己看起来聪明的事情。例如为了"读最多的书",他们会选择读一些非常简单的书。对他们而言,重要的是别人如何评价他们的表现,而不是他们学习了什么。持有表现目标的学生所采取的一些行为,实际上可能会妨碍学习。例如,为了完成作业,他们可能会作弊或偷工减料,他们只对需要考试的内容下功夫,如果成绩不好就很沮丧并把试卷藏起来,选择最简单的任务,面对没有明确评分标准的作业会感到很不安。

还有一种目标类型是社会目标(social goal)。随着学生年龄的增长,这种目标的作业日趋重要。当学生进入青春期以后,他们的社交网络会包含更多的同伴,一些非学业的活动,如体育运动、约会、闲逛等,都会跟学习抢时间。社会目标涵盖了各种不同的需要和动力,有些有助于学习,而另一些则会妨碍学习。例如,如果追求的社会目标类似于"跟朋友们玩得开心""不要成为令人讨厌的对象"等,就会对学习造成妨碍。但是,另一些类似于"为家族带来荣耀""共同奋斗的团结精神"等社会目标,则会促进学习进程。

3. 影响课堂上目标设定的因素

(1) 设定具体的目标。

首先课堂目标设定不宜过多。目标设定太多,一方面不利于突出重难点,就单个目标而言,就很难做到具体可行,每一个目标的完成,往往只是浮光掠影地一带而过。另一方面不利于检测当堂所学知识,同时也会给学生带来很大压力。明确而具体的目标,能反映出学生的学习过程和结果,能表明学生的学习行为、结果和衡量的标准。因此所有目标都必须是具体、明确和可测评的。

(2) 创设支持性的互动关系。

课堂教学活动实际上是一种多极主体间的互动活动,在这种互动关系中,教师与学生之间、学生与学生之间、学生与教师之间发生频繁而密切的联系。这种师生间、学生间的广泛互动与联系是学生学习主动性、积极性得以发挥的前提。让学生体验在课堂环境中与教师及同学的成功互动,尽可能多地让学生参与决策并承担相应责任,以及教师应使自己同学生的课堂互动尽可能多地具有支持性,都有利于目标的设定和达成。

(3) 强调进步的反馈。

为了让"现在在哪儿"和"希望在哪儿"之间的差异激发出动机,我们必须明确自己目前的状态以及需要努力的距离。有研究表明,强调进步的反馈是最有效的。在一项研究中,研究者向两组实验对象分别提供不同的反馈,一组强调成功,"你成功了75%";一组强调失败,"你离成功还差25%"。结果发现,受到较多成功反馈的被试更自信,更愿意积极思考,且成绩显著提高。

(4) 目标解释。

我们可以将不同的学习活动和任务解释为有助于学生提高能力、促进自我决定、促进积极的师生关系和同伴关系、促进身心健康等内部目标,也可以将它们解释为有助于学生实现考试得高分、迎合他人要求、为下学期分班做准备等外部目标。如果将学习与学生的内部目标(能力提高、自我决定和维持人际关系等)相联系,则学生会对学习内容进行更深入的加工,且更愿意花时间进行概念性理解,而非浅尝辄止。如果将学习与学生的外部目标(迎合他人标准等)相联系,那么学生更倾向于机械学习,而不愿深入理解且缺乏坚持性。

(5) 目标认同。

只有学生认同这些学习目标,目标才会对个人表现起到最大的促进作用。如果学生拒绝他人为自己设定目标,或拒绝设定目标,他们的学习动机就会很低。一般而言,学生更愿意接受那些实事求是、难度适中且有意义的目标。找出合理的理由,将学习活动与学生的内部兴趣相联系,能帮助他们认识到学习目标的价值,从而认同这些目标。

4. 目标理论对教师的启示

学生喜欢追求的目标是清晰、具体、合理的,它们往往具有中等挑战性,且在较短时间内能完成。如果老师比较重视学生的成绩、分数或在竞争中取胜,那么他们就是在鼓励学生设置表现目标。但是,这会破坏学生的学习能力,阻碍他们成为"任务卷入型学习者",导致他们逃避学校学习,并最终形成习得性无助。如果学生还不擅长自己设置目标,也不能完全专注于目标,那么鼓励和恰当的反馈就非常必要。如果需要使用一些奖励和诱因策略,要确保设定的目标是知识掌握和能力进步,而非好成绩或表现得聪明。此外,要注意目标不能太难。学生和成人一样,当面对一些总令他们感到不安或沮丧的教师时,他们不可能坚持学习或认真回答问题。

(二) 信念与自我图式

学生如何看待知识、学习、他们自己和自身能力等,都会深刻地影响学生的学习动机。

1. 认识论信念

学生持有的知识观和学习观即认识论信念,会影响他们的学习动机,甚至会影响他们对不同学习策略的选择。认识论信念有多个维度:① 知识的结构性:每个领域的知识是不同事实的简单组合,还是由不同概念和关系形成的复杂结构? ② 知识的稳定性:知识是固定不变的,还是始终在不断演进的? ③ 学习的能力:学习的能力是固定不变的,还是可改变的? ④ 学习的速率:知识是在短时间内可以快速习得的,还是需要长时间的付出而缓慢发展的? ⑤ 学习的本质:学习是否意味着背诵权威者传授的事实,并一个一个孤立地记住,还是学习意味着形成自己整合后的理解?

2. 能力观

在学校里,最强有力地影响动机的信念是关于能力的信念。人们对能力有两种基本认识,那就是能力实体观(entity view of ability)和能力增长观(incremental view of ability)。能力实体观认为能力是一种稳定的、不可控的特质,是个体无法改变的特征。根据这一观点,某些人可能比另一些人更有能力,但每个人能力的总量是固定的。相反,能力增长观认为能力是不稳定的,是可控的,是"无尽扩展的技能和知识的总和",通过努力工作、学习或练习,知识会增加,能力也会随之提高。

持有能力实体观的学生倾向于设置表现目标,避免在别人眼里显得很差。他们寻求能让自己看起来聪明、能维护他们自尊的情境。他们总是选择自己擅长的事情,而不愿付出更多努力,不敢承担失败的风险,因为无论是努力还是失败,对他们而言都是"低能"的标志。如果努力学习仍然失败,这对他们将是毁灭性打击。那些在学习上有障碍的学生,更可能持有能力实体观。相反,持有能力增长观与更强的学习动机相联系,倾向于设置难度适中的目标。相信能力可以提高的信念,会帮助你专注于问题解决的过程,并采用良好的学习策略,而不会太关注测验分数和成绩等级等结果。

持有能力实体观的教师倾向于更快速地对学生形成判断,而当这一判断与证据相冲突时,他们的看法发生转变却很慢。相反,持有能力增长观的教师倾向于设置掌握目标,创设让学生提高技能的情境,因为学生进步就意味着变得更聪明;而失败也不可怕,只是说明学生努力的程度还不够,而不会对能力造成威胁。

(三) 成就动机理论

成就动机(achievement motivation)是指个体追求自认为重要或有价值的工作,并要求自己力求取得活动成功的一种内在驱力。在成就动机作用下,学生能刻苦努力,并在遇到

第七章 中学生的动机与意志

困难时毫不气馁,克服学习中的种种困难和障碍,最终达到自己期望的目标。

阿特金森提出了成就动机的期望-价值理论,认为动机水平依赖于三大因素:一是成功诱因值(Is),即对实现目标的价值判断;二是在某任务中成功的可能性大小(Ps);三是成就需要,即主体追求成功的动机强度(Ms)。这三个因素发生综合影响,其结果使个人接近与成就有关的目标倾向(Ts)。期望-价值理论将成就表现、坚持性和选择与个体有关期望和任务价值的信念建立起联系。从期望-价值理论的观点来看,动机是两种变量共同作用的结果,即个体对达到目标的期望,以及对该目标价值的评估。换句话说,就是回答两个主要问题:"如果我努力,我能成功吗?""如果成功了,有什么意义或好处?"如果其中任何一种变量为零,指向该目标的动机就不会产生。例如,我相信努力学习就有机会考个好大学(高期望),而上好大学对我而言很重要,因为有助于我谋得一份高薪水的工作(高价值),那么我的学习动机就会很强烈。但如果其中一个因素不成立(我不相信自己能考个好大学,或者未来贫穷也无所谓),那么我就不会产生学习动机。

(四) 动机的归因理论

动机的归因理论阐述了人们对自己和他人行为的解释、判断和辩解如何影响他们的动机这一问题。归因就是找原因,如果原因没找对,将直接影响学生接下来的学习动机。维纳(Bernard Weineri)提出了成败归因理论(自我归因理论),探讨人们如何确定自身成功或失败的原因。根据他的观点,大部分成败的原因可以归属于以下三个维度:① 原因源:即内因和外因,有一些失败是源于内部因素,有些失败是源于外部因素。② 稳定性:引起失败的因素有些是稳定的,有些是不稳定的。③ 控制性:引起失败的因素有些是可控的,有些是不可控的。例如,运气是一种外部的(原因源)、不稳定的(稳定性)、不可控(控制性)的原因。在归因理论中,能力通常被看作是一种稳定而不可控的原因,这与能力增长观认为能力是不稳定且可控不同。维纳认为,这三个维度对动机有重要意义,因为它们会影响个体的期望和价值评估。例如,稳定性维度可能会与对未来的期望有密切关系。如果学生把失败归因于稳定的因素(如学习内容太难),他们就会预期以后遇到同样的内容还会失败;但如果他们把失败归因于不稳定的因素(如心境、运气),他们就会期望在下次取得更好的结果。原因源维度可能与自尊体验有关。如果将成功或失败归因于内部因素,成功就会带来自豪感并增强动机,而失败则会降低自尊。控制性维度与各种情绪有关,如气愤、同情、感激、羞愧等。如果我们认为失败的责任在于自己能力差,我们会感到羞愧;如果我们认为成功是自己的努力,我们会感到自豪。对自己的学习有控制感会促使学生选择更难的学习任务,付出更多的努力,使用更好的学习策略,坚持更长的学习时间。

表7-2 动机归因理论

三维度	内部的		外部的	
	稳定的	不稳的	稳定的	不稳的
	不可控的	可控的	不可控的	不可控的
四因素	能力	努力	任务难度	运气好坏

(五) 习得性无助理论

如果一个学生努力学习后,每次考试成绩仍然很差,久而久之他就觉得算了,不学了,他会认为反正怎么努力都没有用,长期缺乏成功体验会导致习得性无助状态。习得性无助(learned helplessness)是塞利格曼在研究中发现的一种现象,是指因为重复的失败或惩罚而导致个体对行为结果感到无法控制、无能为力、放弃努力的心理状态。这种习得性无助状态的产生会经历几个阶段:① 获得体验:努力却没有结果导致失败与挫折感。② 在体验的基础上进行错误的认知:自己无法控制行为结果或外部事件。比如,我学得不好是因为我能力很差等。③ 形成期待:将来结果也不可控。"习得性无助"现象产生的主要根源在于一个人的归因方式。当他认为造成他学业、心理问题的因素,是内在的、稳定的、不可控制的时候,就容易感到内疚、沮丧和自卑,认为无论尽多大努力,都将难以提高自己的学习成绩,从而降低学习动机,不愿意做尝试性努力,放弃了通过练习提高自身技能的机会。可见,习得性无助会对个体的动机、认知和情感三方面造成损害。

(六) 自我价值理论

自我价值理论认为人有一种建立和维持积极的自我形象或者自我价值感的倾向,即自我价值的动力。学生维持自我价值感的主要方式是保护自己的学业胜任能力感。能力在一个人的自我价值体系中具有重要地位。对于学生来说,最能证明自我价值的就是能够很好地完成学业,有很好完成学业的能力。当一个学生数次都考不好时,为了不让大家质疑他的能力而放弃努力,以让大家认为他是因为不努力而非能力才考不好。因为能力对学生的自我价值更重要,因为它稳定,努力相对能力而言没有那么重要。这样,学生会主动地不努力,以维护他的学业胜任能力感。有的学生为了维持学业胜任能力感,会拖延学习、逃学或找借口不学习等。

第三节 学习动机的激发与维持

各种学习动机理论已为我们揭示出影响学生的学习动机的有关因素,下面我们将进一步探讨如何在教学活动中运用这些影响因素去激发和维持学生的学习动机。

一、中学生内部学习动机的激发与维持

(一) 创设问题情境

问题本身对学生内部动机起激励、激发作用。可以设计一个好问题引起学生的好奇心和求知欲,从而牵引学生去学。一个好的问题会让学生觉得我不把这个问题想清楚难以入睡,会让学生有一种内在动力去解决。所以教师要善于创设好的问题情境给学生。常用的问题情境创设方法:① 指出与学生已有知识相矛盾的现象。先教给学生一个基本法则,在学生理解之后,再给他们举出不符合这一法则的事例。② 提出有多种可供选择答案或多个答案的问题。③ 结合生活中的现象提出问题,让学生觉得学到的知识是和他的生活密切相关的,是可以解决生活中的问题的。④ 运用谜语、游戏、故事导入等多种方法创设问题情境。⑤ 要注意问题类型的多样性。美国教育心理学家布鲁姆(Benjamin

Bloom)提出将认知领域的目标分为记忆、理解、应用、分析、综合和评价六个层次。根据这个分类,可以对应六种类型的问题:你可以复述所学的知识吗?你能向别人解释所学的内容吗?你可以在不同的场景中应用所学的知识吗?你可以把你所学的内容用图表形式表达出来吗?你能证明所学的知识吗?你自己的观点是什么?这六种类型的问题在我们认知的发展上也是有层次性的,六种类型的问题环环相扣、层层递进。

(二) 设置挑战性学习目标

学习目标具有指引学习的动机作用。缺乏挑战性的学习目标是厌学的重要原因,有挑战性的活动能够调动学习者的内部动机。在学习的各个环节,教师都要向学生提出挑战性学习目标的要求。挑战性学习目标的设置要求为具体、清晰,难度略高于能力,学生参与目标设置。将近期目标与长远目标相结合,也将进一步提高实现目标的动机。

(三) 提高自主选择性

自主选择和自我控制是内部动机的重要来源。给学生提供自主选择的机会,让学生在学习中有自我控制感。具体的方法有:让学生自己选择学习活动,让学生自己选择学习方式,让学生自己建立与学习有关的规则和程序。自主选择的机会要与学生已有的选择能力相匹配。自主选择不是任意选择,按照身心发展的特点,按照本身的选择能力去做匹配。注意平衡自主选择的度。

(四) 促进动机迁移

观察学生对哪些活动是有动机的,然后把这个动机迁移到你想让它去的地方,包含不同学科间的动机迁移,学习跟其他活动间的动机迁移。教师要注意观察和把握学生的已有动机和兴趣点;了解学生的爱好,利用机会因势利导。教师需要走入学生的世界(了解学生喜欢听的歌,看的剧,看的书,讨论的话题),才能完成动机迁移。

二、中学生外部学习动机的激发

(一) 及时反馈学习结果

反馈本身就能激发动机。及时反馈就是一种"用来表明我们的行为正在导向目标和成功的信号",这种信号既可以来自内在的自我,也可以来自外部评价。学生及时了解学习的结果,既可及时看到自己的进步,又可通过反馈看到自己的缺点和不足,从而激发进一步努力学习的动机。学生可以给自己创造及时反馈。一种很有效的方法叫"费曼技巧",也就是将你刚刚学的知识点或者文章,用大白话的形式讲给自己听,边讲边给自己提问,如果能讲清楚,那么就说明真的理解了,相反,则很可能只是你感觉自己理解了。费曼的过程就是不断地给自己创造及时反馈的过程。另一种创造及时反馈的方法,就是"番茄工作法",每完成一个25分钟的学习阶段(即一个番茄钟),你都可以对这25分钟的成果进行一次审视,预设的目标是否达成,是否进入了专注状态,效率怎样,是否应该再刻意控制一下注意力,等等,可以非常清晰地给自己一个明确的信号。教师反馈学生学习结果时,应注意及时,用多种形式反馈。反馈的形式有:① 社会性反馈:用言语或者非言语形式评价,如表扬与批评、微笑、注视等。② 象征性反馈:用符号形式评价,如分数、等级、小红花、笑脸、五角星、大拇指等。③ 客观性反馈:对正确性做的反馈,如对错。④ 标准性反馈;通过与其他同学的比较来反馈,如名次、排名。

(二) 科学奖惩

奖惩应明确、具体、公开、适度。以奖励为主,惩罚为辅;以精神奖惩为主,以物质奖惩为辅;合理运用物质奖励,德西效应指外在的物质奖励,有可能削弱和损害学习的内部动机。当孩子有内部的学习兴趣时,要慎用物质奖励。奖励不要预期,也不要只针对是否参与学习,而要针对学习的效果和成功的表现;奖惩方式灵活多样;奖励宜当众进行,惩罚最好私下进行;不要将学习任务作为惩罚手段;奖惩也要因人而异。

表扬和批评作为学习的外部诱因,能够给学生的学习活动以肯定或否定的强化,从而巩固和发展学生的学习动机。善用表扬与批评的要求:多表扬但不要过度,少批评但不能没有;对于学习较差的学生,可以通过表扬其他方面的特长(如体育、音乐)来带动其学习积极性;要考虑学生受表扬与受批评的历史;要注意学生的年龄特征和个别差异。表扬和鼓励应具体、有针对性,常用鼓励性的语句,如表示接纳的语句"我很高兴看到你认真学习的样子";表示信心的语句"这可能很难,但我了解你的能力,我相信你能做得很好";注重努力和进步的语句"虽然你比赛输了,但我知道你尽力了";强调长处、贡献和感激的语句"你出的黑板报内容很丰富,创意十足,谢谢你"。批评时,可以欲抑先扬,即"三明治策略":首先指出他的优点,然后指出做得不对的地方或需要改进的地方,最后是鼓励、认可,对动机的激发。

(三) 适度竞争

竞争可以转化为外部动机,激发学生学习的积极性。不过,竞争必须适度。竞争过于激烈或频繁会让学生压力过度,使其容易放弃或逃避,并且有损学生身心健康。另外,竞争的内容要多样化(多指标竞争,如设立多种奖项),尽可能让更多的学生有赢的机会。鼓励团体竞争、自我竞争,对那些学习好或学习比较差的学生更需要鼓励他们做一些自我竞争,树立合适的榜样,即"具有替代性成功经验的榜样"。

三、习得性无助的消除

(一) 让学生不断积累成功体验

学生学习成功,他的好奇心、求知欲会不断得到发展。相反,学生学习失败,他对知识会失去好奇心和求知欲。作为老师,不要迷信"失败是成功之母",很多失败并不是成功之母,可能带来更多的失败,"成功导致成功"让学生获得成功的体验,能够激发出他更多的成功的可能性。让成绩不好的学生有成就感的方法:发现学生学习之外的闪光点,让学生觉得自己仍然是一个很有价值的人,让他确立自己的价值感;发现学生学习之中的闪光点,他学得相对好的部分;降低学习难度,分解学习目标。

(二) 积极的归因模式

把努力作为主要归因,夸赞学生时多夸努力,少夸能力,能力不可控,不会直接转化为愿意继续学习的动力。当一个学生足够努力仍然不能取得好成绩时,教师应引导学生归因于学习方法、学习策略。老师可以告诉学生,老师相信你有学习的能力,也看到了你的努力,但效果还是不太好,可能是你的方法和策略等需要做一些调整。当学生将失败归因为学习方法或学习策略不好时,他仍然会保持愿意学习的动力。

第四节 意志和意志行动

一、什么是学习意志

意志是自觉地确定目的,并根据目的来支配和调节自己的行动,克服困难,从而实现预定目的的心理过程。学习意志就是指学习者自觉地确定学习目的,并根据目的来支配和调节自己的学习行为,努力克服学习困难,从而实现预定学习目的的心理过程。

学习是一种存在一定困难的事情,学生不但要学习一些感兴趣的内容,也要学习一些虽然没有兴趣但必须学习的内容。另外,在学习过程中,总会遇到种种困难和疑问,这就要求学生必须具有良好的学习意志,自觉克服学习困难,深入持久地进行学习活动,从而有效获取知识,既促进智力和能力的发展又达到预定的学习目标。从现实状况来看,不少学生虽然具有良好的智力和优越的学习条件,却难以取得优异的学业成绩,有的甚至成为后进生,究其原因,往往是由于这些学生缺乏学习意志,在学习中遇到困难时不肯动脑思考,就遇难而退,或转向教师、同学寻求答案。学习缺乏持久性、稳定性,遇到小问题便退缩,对自己行为缺乏应有的控制能力,容易被外界一些事情所诱惑等。反之,有的学生虽然智力一般,缺乏良好的学习环境,却凭着坚持不懈的学习意志取得了良好乃至优秀的学业成绩。由此可见,良好的智力和环境条件固然有助于学生取得好成绩,但良好的学习意志更是学业成功的重要因素。另外,中外心理学家普遍认为,顽强的意志,坚持不懈、百折不挠的精神是创造型儿童人格的一般特征之一。因此,良好的学习意志对培养学生的创新人格和创造能力大有裨益。

二、意志与认识、情感和个性的关系

意志不是孤立的心理过程,它与认识、情感、个性都有密切联系,它们相互渗透。

(一)意志与认识的关系

首先,意志的产生以认识过程为前提,离开了认识过程,意志便不可能产生。因为人只有认识了客观世界的本质和规律,认识了自身的需要与客观规律之间的关系,才能提出切合实际的目的,才能确定合理的方式和方法来实现目的。在意志行动的过程中,人为了确定目的,为了选择方法和步骤,通常要审时度势,分析现实的条件,回顾过去的经验,设想未来的结果,拟定种种方案,制订行动计划,并对这一切进行反复的权衡和斟酌,这都必须通过感知、记忆、思维、想象等认识过程才能实现。

其次,意志也对认识过程产生巨大的影响(意志对认识过程具有反作用)。人在进行各种认识活动时,如果没有意志努力,就不可能使认识过程深入和持久。因为在认识活动

中,人总会遇到这样或那样的困难,要克服行动中遇到的困难,就需要做出意志努力。如学生进行系统的学习,科研人员进行独立研究等,都需要意志的支配。可见,意志是保证认识深化和持久的重要条件。

(二) 意志与情感的关系

一方面,情绪和情感既可以成为意志行动的动力,也可以成为意志行动的阻力。积极的、愉快的情绪和情感能提高人的意志活动,增强人的体力、精力,激励人去克服困难,实现预定目的;相反,消极的、不愉快的情绪和情感只能降低人活动的积极性,使人意志消沉,行动迟缓,会阻碍目的的实现。消极情绪对意志行动的干扰作用,取决于一个人的意志力水平,意志坚强者可以克服消极情绪,使意志行动自始至终贯彻到底;意志薄弱者则可能被消极情绪所压垮,使意志行动半途而废。

另一方面,意志可以调节和控制人的情绪和情感,使情绪服从理智。人们在学习或工作中面对困难而产生的消极情绪,可以通过意志力加以调节和控制,从而使自己的意志行动服从于理智的要求。例如,人既能够调节和控制由于失败或挫折带来的痛苦和愤怒情绪,也能够控制和调节由于胜利带来的狂喜和激动,当然,这种自我调控程度的大小也与一个人的意志水平有密切关系。

(三) 意志与个性的关系

首先,个性倾向性制约着人的意志表现。一个人的理想、世界观、价值观、兴趣爱好等个性倾向性与意志有着密切的联系。一个人对学习或某种活动充满着浓厚兴趣和爱好,就会集中精力,全力以赴克服前进道路上的困难和障碍,最终达到预定的目的。相反,一个人对学习或某种活动缺乏兴趣和行动的愿望,就会视其为沉重的负担,当遇到困难或挫折时,就会退缩和动摇。

其次,意志在个性的形成和发挥中起着重要的作用。如果一个人意志坚强,即使对某项活动没有兴趣和爱好,也会以坚强的毅力去克服各种困难和障碍,并达到预定目的。同时,在完成目的任务的过程中,也可能会逐渐培养起对该活动的兴趣和爱好。可见,意志与个性倾向性的关系是十分密切的。

三、意志行动的定义和特征

意志行动是自觉地确定目的,以随意动作为基础,与克服困难相联系的行动。意志行动有以下三方面的特征。

(一) 意志行动是有目的的行动

意志行动的首要特征是具有明确的目的性,这是意志活动的前提。并非所有的人类行为都有预定目的。譬如人的一些无条件反射控制的本能活动,以及一些下意识的动作,都不受意识控制,没有明确的目的性,就不属于意志行动。人为了满足某种需要而预先确定目的,并有计划地组织行动来实现这一目的,这才是意志行动。人的这种自觉的目的性不仅表现在能发动符合目的的行动,同时还能制止不符合目的的另一些行动。像运动员为了获得奥运金牌而刻苦训练,文学爱好者为了成为作家而笔耕不辍都属于意志行动的范畴。

(二) 意志行动以随意运动为基础

意志行动是有目的的行动,这就决定了意志行动是受人的主观意识调节和控制的。所谓随意运动是指由人的主观意识控制,具有一定目的性和方向性的运动,通常是一些已经熟练掌握的动作。譬如在生活中,运动员自如地运球上篮,学生熟练地屈膝做操,画家持笔作画,音乐家操琴谱曲,都是意志行动的展现。意志行动离不开个体的行为,但个体行为表现并不见得都是意志行动。如一个不会作画的人信手涂鸦,一个不会打拳的人胡踢乱打,没有明确的目的性和方向性,更谈不上熟练掌握,都不能算作意志行动。一般来讲,随意运动越熟练,掌握程度越高,意志行动也就越容易实现。所以,坐在钢琴前练习两个小时,一个钢琴家要比一个初学弹琴的小孩子更容易做到;一个经验丰富的司机可以担负起长途驾驶的任务,一个刚学开车的生手就感到困难。

(三) 意志行动总是与克服困难相联系

这是意志行动的核心。在实际生活中,并不是人的所有目的的行动都是意志的表现,有的行动虽然也有明确的目的,如果不与克服困难相联系,就不属于意志行动。所以,个体的行动需要克服的困难越大,意志的特征就显得越充分、越鲜明。运动员伤痛在身,仍坚持在训练中扭腰摆臂,建筑工人冒着酷暑施工,清洁工人顶着严寒工作,都是为了达到一定的目的而去克服困难的意志行动。意志行动的水平往往随着困难的性质和克服困难的难易程度不同而变化。就意志过程中的困难来说,一般可分为内部困难和外部困难。

内部困难主要是指主体内部的障碍,包括知识经验欠缺、能力有限,以及身体疾患等。一些运动员可能因为能力所限,成绩停滞不前而中途放弃,一个舞蹈演员可能因为意外受伤而告别舞台生涯。此外,不良的生活习惯、不好的性格特征等都有可能成为实现活动目的的内部障碍。可以设想,一个性格懦弱、自私、懒惰的人很难承担长期而艰巨的任务。

外部困难是指意志行动中遇到外部环境的阻碍,既可能是生活环境的局限和人际关系的复杂,也可能是恶劣的气候条件或工作条件等。直至20世纪90年代以前,人们乘热气球的环球航行总是失败,既和变幻无常的气候条件有关,也和经验准备不足以及设备不够精良有关。但总的来说,外部困难必须通过内部困难起作用。克服了内部困难,就更容易战胜外部困难。中国古代的《为学》中讲到"学之,则难者亦易矣;不学,则易者亦难矣",是同一个道理。

人们往往由于在心理上无法克服内部障碍而总是过分夸大和惧怕外部困难,以致半途而废,一蹶不振。因此培养坚强的品格,加强意志锻炼,勇于挑战自我,才能克服各种困难,达到预定的目标。

四、意志行动的阶段

意志行动过程是意志对行为的调节和控制过程。研究意志行动过程主要是分析它的心理成分,以及这些心理成分在意志活动中的作用。意志行动有其发生、发展和完善的过程,可以分为两个阶段:采取决定的阶段和执行决定的阶段。

(一) 采取决定的阶段(准备阶段)

人在行动之前,先要在头脑里考虑为什么要行动,怎样去行动,采取决定是意志的准备阶段,它决定意志行动的方向和轨迹,是意志行动的动因。采取决定阶段的心理结构主要包括动机冲突(斗争),确定行动的目的,选择行动的方法和制订行动计划等几个环节。

1. 动机冲突(斗争)

人的意志行动是由需求、愿望、兴趣、动机或外部要求等驱使,当不同的需求、愿望、动机或外部要求使人难以定夺时,就会出现动机冲突。比如,是去上学还是去工作?是继续努力还是决定放弃?动机冲突可分为四种基本类型,正如我们随后将看到的,每一种冲突都有其特点和效果。

(1) 双趋冲突(接近-接近型冲突)。

双趋冲突源于需要在两个都很好,两个都想要,但又不能同时达到,必须从中做出抉择时,这样就会产生难以取舍的心理冲突。例如,当人面临"鱼与熊掌不可兼得"的情境时,中学毕业生选择高考志愿时。

(2) 双避冲突(回避-回避型冲突)。

双避冲突源于需要在两个都不好,都不想要,都想躲避而又必须在两者之间做出选择时,产生左右为难的心理状态。双避冲突具有"前有狼,后有虎"的性质,换句话说,两种选择都是不利的,但不做出选择几乎不可能或也同样不利。例如,不想做作业又怕挨罚,冬天怕冷不想起床又不想迟到,进退维谷等。

(3) 趋避冲突(接近-回避型冲突)。

在趋避冲突情景中,一个人同时受到一个目标的吸引和排斥,其吸引力使人企图接近目标,但排斥力同时又使人受到困扰和折磨。例如,学生想参加各种娱乐活动,又怕耽误时间影响学习,或者一个学生既想参加演讲比赛锻炼自己,又害怕表现不好受人讥笑。

(4) 多重趋避冲突。

在多重趋避冲突中,每个选择都既有好的一面,也有不好的一面。例如,飞机贵但速度快,火车便宜但速度慢;或有两份工作可供你选择,其中一个工资很高,但内容单调,上班时间严格固定,另一个工作很有趣,时间灵活,但工资很低。你会选择哪一个?

在你面临冲突时,或必须做出一个艰难的决定时,要切记以下几点:① 不要仓促做出重要决定。匆忙的决定常常使人后悔。即使三思后做出的决定仍然带来了损失,只要你知道自己已经尽了一切可能来避免错误,你所承受的压力就会小一些。② 在可能的情况下,执行某种决定之前要先做一下尝试。比如,如果你想选择某一专业,不妨先旁听几节课再做决定;如果你想学习潜水,不妨先租用设备练习一段时间,之后再决定自己是否要购买设备。③ 寻求可行的折中方案。但在此之前,最重要的是要尽可能获得所有的信息。如果你只有一两个选择,并且都不是你所愿意接受的,应向你的老师、心理咨询专家或有关社会服务机构寻求帮助。可能有一些更好的选择,你自己没有看到,但别人却知道。④ 如果你还是找不到理想的解决方案,那么一旦做出决定,就不要后悔。在心理冲突中总是犹豫不决,只会让你付出更高的代价。有时,你只能不得已而求其次,但做出选择后就应坚持下去,在没有发现明显的错误以前不要再改变。

2. 确定行动的目的

冲突的解决有助于目的的确立。确定目的可以激励人们为目的的实现而努力,使行动更具有指向性,而且,一旦目的实现,可以给人们带来心理上的满足和喜悦,更好地为实现下一个目标做好精神准备。目的越明确,人的行动就会越自觉,就愈容易订出达到目的的计划;目标越远大,它对行动的动力作用越大;目标越深刻,被这一目标所唤起的意志力也越大。

3. 选择行动的方法和制订行动计划

目的确定后,应该考虑如何实现这个目的。为了实现目的,必须选择正确的行动方法和制订适当的行动计划。一般情况下,达到目的的方式或方法可能不止一种。在选择之前,要认真分析比较各种方式、方法的优劣及可能导致的后果。如果对情况了解不够,知识经验不足,就会犹豫不决。例如,教师对如何教育犯错误的学生这一问题,可以启发诱导,说服教育,也可严厉批评,究竟哪种方法好,就需要认真分析比较,考虑不同方法可能导致的后果,以做出合理的选择。有时,在许多可供选择的方法中,某一种方式和方法是符合个人愿望的,易做到,然而却是违背社会道德行为准则的;而另一种方式和方法是正确的,与社会道德准则相符合,但不易做到,这样在选择时也会发生困难。例如,学生都希望考试成绩优良,但如何才能获得优良的成绩呢?是通过自己的努力复习取得优良成绩呢,还是不认真复习,考试时作弊呢?如此等等。对于具有坚强意志品质的人来说,他善于抑制自己的不正确的愿望,选择切合实际的、符合社会道德标准的方法;而意志薄弱的人则相反。

(二) 执行决定的阶段

在一系列内部决策完成之后,意志行动的下一步就在于执行所做出的决定。因为即使有高尚的动机,明确的行动目的,完善的方法和手段,但如果不去采取实际行动,这一切也是毫无意义。因此,执行决定阶段是意志行动的关键阶段,是意志行动的完成阶段。

1. 执行决定阶段是一个不断克服困难的过程

如果说,采取决定阶段主要是克服主观上的内部困难,在执行决定阶段,就既要克服内部困难,也要克服外部困难。引起执行决定过程中的内部困难的因素很多,有的可能是前一阶段的动机冲突未解决好,原先被压抑的动机又开始抬头,同当前的动机相冲突;有的可能是由于境况的变化,产生了新的动机,同原有的行动目的相矛盾;另外,淡漠的态度,消极的心境,自私、懒惰、保守等不良性格都可能成为意志行动中的障碍,使人的行为处于犹豫、动摇状态,阻碍活动目的的实现。引起执行决定过程中外部困难的原因也很复杂,既可能是资金设备的短缺,也可能是时间、空间上的不利因素,还可能是人为的干扰和破坏。对此,首先是应该解决内部困难,只要认定行动目的是有意义的,计划是合理的,就应该发挥主观能动性去排除干扰,克服自身的弱点,坚持意志行动。当内部困难得到解决,外部困难一般总能够加以克服。长征路上的红军战士面对敌人的围追堵截和凶险恶劣的地理形势,抑制住内心的恐惧、动摇和畏缩,以革命的英雄主义和乐观主义精神,爬雪山,过草地,胜利到达陕北,完成了一项在当时条件下几乎是不可能完成的壮举。当然,如果在执行决定的行动中,发现之前所确立的目的和计划是不切实际的,或有人力不可抗拒的客观原因使得决定无法执行,就应该果断放弃或修正这种不切实际的目的和计划,这仍然是意志行动的良好表现。

2. 执行决定阶段还要接受成败的考验

有很多时候,执行决定是一个漫长的过程。科学家为发现一种新物质,长年累月地待在实验室里搞研究;运动员要夺得奥运冠军,需要多年的训练和无数比赛的磨砺。在这个过程中,有短暂的成功,也有暂时的挫折和失败。要使意志行动的目的最终实现,就要有对待成败的正确态度。既不要迷失在成功的喜悦里,造成后面意志行动的轻率和盲目,也不要因一时的挫折和失败就丧失信心,半途而废。遇到挫折和失败时,我们应该:① 冷静地分析原因,总结经验,避免犯同样的错误。② 控制挫折反应。如果挫折引发了愤怒情绪的话,愤怒的情绪可能会进一步导致攻击行为。多拉德(J. Dollard)等人认为攻击是挫折的一种后果,攻击行为的发生总是以挫折的存在为先决条件。个体遭受挫折之后,首先要对挫折情境进行评估。如果个体把挫折归咎于他人的人格因素而非情境因素引起的话,那么他的愤怒程度和行为表达要强烈得多。因此,关于情境的思考能强化或减弱人们对挫折的愤怒反应。③ 增强挫折承受力。只有经历过成败的考验,做到"胜不骄,败不馁",才能取得最后的成功。

保罗·史托兹(Paul G. Stoltz)提出了逆商(Adversity Quotient, AQ)的概念,用以反映个体忍受挫折和逆境并最终战胜之的水平。具有高 AQ 的人,能对困难和挫折做出积极的应对,即使遇到一时的失败,依然能奋发努力,直至取得成功。一个人 AQ 愈高,愈能以弹性面对逆境,积极乐观,接受困难的挑战,发挥创意找出解决方案,因此能不屈不挠,愈挫愈勇,而终究表现卓越。相反地,AQ 低的人,则会感到沮丧、迷失、处处抱怨、逃避挑战、缺乏创意,而往往半途而废、自暴自弃,终究一事无成。

第五节 中学生的意志品质与培养

一、中学生意志品质的特点

构成人的意志的某些比较稳定的行为特点,就是人的意志品质。目的性(或自觉性)、果断性、坚韧性(或坚定性)和自制力为意志的四大品质。中学生正处于身心发展的半幼稚、半成熟时期,其意志品质有如下特点。

(一) 自觉性

自觉性是人在行动中具有明显的目的性,充分认识所采取行动的意义,使自己的行动符合该目的的意志品质。它反映了一个人的世界观、人生观和信念,并贯穿于意志行动的始终。它使人自觉、独立地调节自己的行为,使自身服从于一定目的的任务,而不是靠外力来监督。中学生由于认识的局限性,自觉性较差,他们的行动常常要依靠外界的力量来督促。但是他们已能把个人目的和社会价值联系起来,使个人目的自觉地服从于社会利益。高年级的中学生自觉性逐渐发展起来,他们能按照教师的要求完成多种活动任务,并逐渐学会自觉地计划和检查自己的活动。但总的来看,中学生按照一定的原则自觉完成任务的能力还是比较低的。

(二) 果断性

果断性是指明辨是非，善于抓住时机，快速而合理地做出决定并立即采取相应行动的品质。果断性的品质以自觉性为基础，以正确的认识和深思熟虑为前提，以大胆勇敢为条件。它是在社会实践中锻炼出来的，往往又在复杂的现实中表现出来。果断性在考试、比赛或竞赛中体现较多。初中生的果断性水平还比较低，轻率往往是他们的主要特点，由于他们反应快，行动快，容易把不假思索的冒失看成是果断行为。高中生的认识能力迅速发展并趋于成熟，较之初中生有以下进步：知识更加丰富，社会和生活经验不断积累，因而在处事的果断性方面有了很大的发展；对新事物、新情况反应快，行动也快；懂得珍惜时间，反对因犹豫不决而浪费时间；发现学习过程中的问题能及时解决，对待现实生活中的各种矛盾并不回避，而是以积极态度果断处理。

(三) 坚持性

坚持性是指为实现目的而不屈不挠、坚持不懈地战胜各种困难的意志品质。坚持性以精力和毅力为条件。精力是指在实现目的的征途中具有饱满的精神与困难做斗争；毅力是指一个人完成学习、工作、事业的持久力。意志的坚持性，意味着既能适应紧张的工作生活，又能锲而不舍，有始有终，直至实现目的。中学生坚持性的发展有一个过程，最初是在读、写、算等学习活动中逐渐形成的，同时，也是靠教师和家长等外力的影响发展成为靠他们内部力量驱使形成的。坚持性与学生的兴趣、动机及对任务意义的认识有关。初中生只对自己感兴趣的课程才能够保持较长久的注意力，当学习顺利时劲头十足，一碰到困难就会败下阵来。高中生的责任感比较强，即使智力水平一般的学生，在学习遇到困难时也不立刻退缩，而是努力解决问题。

(四) 自制性

自制性（或自制力）是一种善于控制自己的情绪，以限制产生不利于完成任务的行为的意志品质。自制性也是以自觉性为基础。人的自制力表现在以下几个方面：一是能控制自己的欲望，约束自己的言行，左右自己的心境，克制恐惧、害羞、愤怒、失望等消极情绪，在困境中能够保持冷静，在险情下也不失去沉着；二是具有很大的忍耐性，能忍受精神上的巨大压力和肉体上的剧烈痛苦；三是勇于战胜困难，坚决执行自己的决定。初中生的自制力比较差，因为正处于青春发育期，身体的急剧变化，引起身心发展上的各种不平衡，故情绪波动大，对自己的行为举止难于控制，表现为好动，上课时手足不得安宁。所以，品德不良的学生往往多出现在初中阶段。高中生情绪比较稳定，道德认识也比较成熟，比较能控制和调节个人的行为举止。但就整个中学时期而言，中学生的自制力还是初步的、低水平的。

总的来说，中学生的意志品质还没有完全成熟，在挫折和失败面前容易激动，产生动摇、畏难和悲观情绪。

二、意志品质与成就水平

良好的意志品质是获取成功的重要保证。心理学家研究发现，智力商数（IQ）与高水平的成就之间几乎没有相关性。这并不是说取得成就不需要智力，或者说智力低下的人也能取得高水平的成就;而是说,对智力正常的人来讲,要想在事业上有所创造,具备正常值以上的IQ是绝对必要的,但是,IQ一旦超过了这个必需的界限,它与成就水平之间就没有多少关系了。也就是说,能否取得成就、成就的大小,还要取决于其他的因素。俗语说"笨鸟先飞",就是强调意志对能力的补偿作用。因此,培养中学生良好的意志品质,是提高中学生学习效率的一条重要途径。

[案例]

人生不设限

人在遭遇困境时会感到自我怀疑和绝望,觉得自己没有力量站起来。尼克·胡哲(Nick Vujicic)天生没有四肢,被人称为"怪物"或"外星人",曾经三次尝试自杀。10岁那年,他第一次意识到"人要为自己的快乐负责"。他摔倒之后想靠自己的力量爬起来,经历了数百次失败后才成功。在尼克13岁时,他偶然在一篇报纸上看见了一名残疾人自强不息,给自己设定一系列伟大目标并完成的故事。他受到启发,决定把帮助他人作为人生目标。写作和演讲都是可以帮助他人的工作,也是尼克一生热爱的,他将自己喜欢的事情发展成事业,也从中得到快乐和成就感。当尼克拥有所热爱的事业后,促进了他积极乐观地面对生活,他用自己弱小的身躯,学习了许多常人都难以学会的极限运动,经过长期训练,他学会了踢球、打字,还会滑雪、游泳、打高尔夫球、冲浪。他的人生就像他的书名一样从未"设限",而拯救他的人生的,便是目标。尼克·胡哲说:"决定我们将来的,不是环境,是态度。"不论顺境逆境,只要认清目标,勇往直前,终将拥有自己想要的人生。

(资料来源:尼克·胡哲.人生不设限[M].天津社会科学院出版社,2011.)

三、学生意志品质的培养

爱因斯坦有言,"优秀性格和钢铁般的意志比智慧和博学更为重要"。中学生意志薄弱,经不起挫折,遇难而止等现象比较普遍。在实际教学中培养学生的意志力,对学生克服学习困难和挫折,顺利完成学业以实现学生的理想和目标至关重要。学习意志力也有助于学习效率的提高。美国心理学家罗伊·鲍迈斯特的研究发现,意志力像肌肉一样,过度使用会疲劳,长期锻炼会增强。增强意志力是让学习和生活变得更好的最保险的方式。为了培养学生坚强的意志力,在教学过程中,中学教师可以使用以下策略。

(一) 设置有一定难度的学习目标

人的意志是在克服困难的过程中不断发展起来的。学生学习意志的培养也应在具体的学习过程中,通过克服困难而逐步实现。教学中,教师应针对学生的不同情况和个性差异,因材施教,设置有一定难度的学习目标,磨炼学生的意志。当然目标难度的设置要符合学生的实际水平,要适度,让学生能"跳一跳,摘果子"。如果目标过难,学生经常受到挫折,则容易使意志衰退;如果目标过易,则激不起学生的兴趣,不利于意志力的培养。在此过程中,还要注意给予学生必要的指导和鼓励,让学生在亲身的意志行为,如难题的解答过程中体会克服困难的成功感,从中增强克服困难的自信心,锻炼自身的意志力。同时,也让学生意识到个人的学习与社会进步的关系,增强学生的学习责任心,把学习目的、动机转化为意志力量,是学习意志培养的基础。

(二) 利用榜样的力量

榜样的力量是无穷的。因此,应在青少年学生的心目中树立起崇高的英雄形象,作为他们学习的榜样。首先,教师可以用英雄人物的事迹、革命先烈的斗争史、科学家、发明家的传记等,或请英雄模范、科学工作者给学生做报告,引导学生学习他们高尚的品质,形成自觉、果断、自制、坚忍不拔等意志品质。其次,教师还可以从学生的周围生活中或从学生熟悉的人中选取战胜各种困难、努力搞好学习和工作的典型人物,作为学生学习的榜样。最后,教师自身的榜样作用也很重要。

(三) 充分发挥班集体的作用

学生在集体当中,特别是在具有良好班风的集体里,同学之间团结互助,每个人都珍惜自己所属的集体荣誉,尊重集体的意见,执行集体委派的任务,努力为集体增光添彩,从而逐渐约束自己的行为。学生对集体的这种义务感和荣誉感有助于其自制、刚毅、勇敢、坚决、果断等意志品质的发展。所以,教师要注意充分发挥班集体对学生意志发展的作用。

(四) 让学生坚持各种体育锻炼

一个百病缠身的人很难忍受痛苦并与困难做斗争,他要获得成功,需要比健康的人付出几倍、几十倍的努力。而身体健康的人则较容易达到目标。所以,学生通过体育锻炼,既可以增强体质,又能锻炼意志。如游泳、赛跑、打球等体育活动,对培养学生勇敢、果断、忍耐、顽强、自制等良好的意志品质都很有帮助。此外,开展军训、野外活动、登山、拉练等活动,对磨炼学生坚强的意志也有很大的帮助。如果学生成功地克服了学习和锻炼中的困难,教师应及时给予表扬和鼓励,这会进一步增强学生克服困难的勇气和信心。

(五) 加强意志的自我锻炼

在培养学生良好意志品质的过程中,周围人们的影响、榜样的教育都必须通过学生的自我锻炼才能真正起作用。而青少年时期又是自我意识迅猛发展的时期,对自身的特点、品质等能进行分析和评价,为学生意志的自我锻炼提供了前提条件。青少年学生在进行意志的自我锻炼过程中,可以采取以下一些方法:首先,要制订学习计划,如每天的时间安排,对自己的计划一定要坚决执行,并不断检查自己一天的活动,看执行计划的情况如何,并不断改进。其次,要经常向比自己强的人学习,检查自己的不足,取人之长,补己之短,并督促自己努力奋进。坚强的意志就是在不断约束自己中得到锤炼塑造的。再次,用座右铭来警示和磨砺自己。座右铭对人具有强烈的自警、自策、自励的作用,如"越努力越幸运""你只有足够努力,才能看起来毫不费力""业精于勤,荒于嬉"等,都是一些名人用来激励自己的座右铭。著名教育家徐特立40多岁后学习法文,曾书"日学一字,五年为成"。后来,他一天学二三字,三年就掌握了法文。最后,可以通过记日记,养成进行自我检查、自我监督、自我鼓励等良好的习惯,这对培养学生意志的自我锻炼能力是十分必要的。

美国科学家富兰克林(Benjamin Franklin)年轻时就激发起自我锻炼的强烈愿望,他为自己制定过13条要求,也是他的修养和意志锻炼的要求:① 节制欲望:在吃饭与喝酒上要有节制;② 自我控制:对待别人要能克制忍让,不可怀有仇恨;③ 沉默寡言:少说废话;④ 有条不紊:所有的物品都要井然有序,所有的事情,都要按时去做;⑤ 信心坚定:信守诺言,出色地完成自己所承诺的任务;⑥ 节约开支:把钱用在对自己对别人都有益的事情上,不要乱花一分钱;⑦ 勤奋努力:永远要抓紧时间做有益的事情,不要浪费时间;⑧ 忠诚老实:不要说有害于别人的谎话,要表里如一;⑨ 待人公正:不以不端的行为或者办事不诚实去损害别人;⑩ 保持清洁:保持身体、衣服及房间清洁卫生;⑪ 心胸开阔:不要为令人不快的区区琐事而心烦意乱、悲观失望;⑫ 谨言慎行:要使自己的言行符合每一条道德准则;⑬ 谦让有礼。这13条要求中,有些直接涉及意志锻炼,有些虽然不直接涉及,但要真正全面做到,也是一种意志锻炼。

虽然培养意志的方法很多,但是每种方法并非万能,对每个学生都有作用。在实践中,往往某些方法对某些学生有用,对另一些学生则效果不大。所以,在具体的实践过程中,要结合学生的个性特征和影响其发展的环境因素选用合适的策略,或者同时使用多种策略去培养学生的意志。当然,学习意志力的培养不是一朝一夕的事,需要中学教师在学科教学或班级管理过程中不断地渗透与培养,这样将会在提高教学质量和培养学生意志力方面发挥事半功倍之效果。

※**知识链接**

毅力是成功的钥匙

安吉拉·李·杜克沃斯(Angela Lee Duckworth)之前是一名教师,在教了几年书后他发现,最好和最差的学生之间的差异并不仅仅是智商。有些非常优秀的学生智商并不特别高,有些非常聪明的学生,学业也并非很好。后来她辞职去了研究所,成为一名心理学家,开始研究儿童和成人处于各种艰巨挑战中的表现。在每次研究中,她关注的是:谁会成功?为什么会成功?她和她的研究团队去了西点军校。她们试着预测哪些学员能通过军事训练,哪些会放弃。她们去看全国拼字比赛,试着预测哪些孩子能在比赛中笑到最后。她们研究在非常艰苦的环境下工作的新教师,预测哪些教师在学年末还能坚持在岗位上,以及哪些教师教出的学生成绩的提高最为显著。她们与私人企业合作,预测哪些销售人员能保住工作,谁能赚最多的钱。在这些非常不同的背景下,研究团队发现,有一个特质能够很好地预测成功。它不是社交能力,不是美丽的外貌,不是健康的身体,也不是智商,而是意志力。有才华并不意味着就有意志力。她们的研究资料显示,有很多才华横溢的人并不能坚持到底,实现承诺。事实上,意志力通常与才华无关。关于锻炼孩子们的意志,她认为最好的方法是"成长型思维模式"理论。这是斯坦福大学的 Carol Dweck 的研究成果。这个理论相信学习的能力不是一成不变的,它会由于你的努力发生变化。Dweck 博士已经证明,当孩子们阅读和学习有关大脑的相关知识,以及大脑在面对挑战会发生怎样的变化和成长时,他们更有可能在失败时继续坚持,因为他们不相信他们会永远失败。所以,成长型思维模式是一种锻炼意志力的方法。我们必须愿意失败,愿意犯错,愿意吸取教训并从头开始。

(资料来源:TED 演讲视频. Angela Lee Duckworth: The key to success? Grit.)

※**本章小结**

学习动机是指激发个体进行和维持学习活动,并使学习行为朝向特定目标的内在过程或内部心理状态。学习动机具有激活、指向、维持和调节学习的功能。学习动机分为内部动机和外部动机。学习的内部动机是因学习活动本身的意义和价值而引发的驱动学生学习的动力,学习者在学习过程中获得满足。学习的外部动机是因学习结果或学习活动以外的因素作为学习目标而引发的驱动学生学习的动力,学习活动只是达到目标的手段。动机强度与学习效率之间的关系不是一种线性关系,而是一种倒 U 形曲线,即中等强度的动机最有利于学习效率或者工作效率。动机强度很低,当然效率很低,随着动机强度的升高,效率在不断地提高,但不是说动机强度越高效率就越高,它有一个最佳点,到了这个最佳点之后,动机再提高,效率反而降低了。行为主义的学习动机理论认为,学习是刺激-反应的联结,而引起学习的最重要的因素就是外部强化。强化是指行为发生频率或持续时间的增加。人本主义的观点认为,教师在教学生任何知识之前,要使学生认识到学习的意义和价值,所学内容符合他们成长的需要,而且学生也觉得自己有能力学到教师对他所期望的程度,这时学生自然会努力学习,而且不经外力控制,就会自动维持强烈的学习动机。认知主义的理论认为,每个人都是积极主动、充满好奇并努力解决身边问题的个体,人们的行为是思考的结果,而不是简单地由过去的奖惩经验所决定。学习行为之所以产生并改变,是出于计划、目标、图式、期望和归因等因素的考虑。通过创设问题情境、设置挑战性的学习目标、提高自主选择性、促进动机迁移等方法有助于激发学生的内部学习动机,而教师在教学过程中,及时反馈学习结果、科学奖惩、适度运用竞争机制将有助于激发学生的外部学习动机。

学习意志就是指学习者自觉地确定学习目的,并根据目的来支配和调节自己的学习行为,努力克服学习困难,从而实现预定学习目的的心理过程。意志行动过程是意志对行为的调节和控制过程,可以分为两个阶段:采取决定的阶段和执行决定的阶段。目的性(或自觉性)、果断性、坚韧性(或坚定性)和自制力为意志的四大品质。培养学生坚强的意志力,可以使用的策略有:因人而异,设置有一定难度的学习目标;利用榜样和班集体的作用;让学生加强体育锻炼和意志的自我锻炼。

※ 习题

1. 什么是学习动机?
2. 学习动机和学习效率的关系是怎样的?
3. 举例说明部分强化的四种方式。
4. 阐述自我决定理论。
5. 阐述动机的归因理论。
6. 如何激发学生学习的内部和外部动机?
7. 意志的概念及特征是什么?
8. 意志与认识和情感过程的关系是怎样的?
9. 意志行动的定义和特征是什么?
10. 动机冲突的类型有哪些?
11. 良好的意志品质的特征是什么?
12. 如何培养良好的意志品质?

※ 参考文献

[1] [美]安妮塔·伍尔福克.教育心理学[M].伍新春,等译.北京:机械工业出版社,2015.

[2] 路海东.中学生认知与学习[M].1版.北京:高等教育出版社,2016.

[3] 赵国祥.心理学[M].1版.北京:高等教育出版社,2011.

[4] [美]卡伦·霍夫曼.行动中的心理学[M].苏彦捷,等译.北京:中国人民大学出版社,2011.

[5] 张希希.论有效课堂交往的策略[J].课程 教材 教法,2001(5).

[6] [美]罗伊·鲍迈斯特,约翰·蒂尔尼.意志力:关于自控、专注和效率的心理学[M].丁丹,译.北京:中信出版社,2017.

※ 趣味心理测验

学习动机是直接推动人学习的内部动因。它具有引发学习行为的激活作用,驱使学生采取一系列的学习行为进行学习。学习动机能将学生行为引向一定的学习目标,并避免那些不利于动机、目标实现的行为。学习动机还具有维持或加强学习活动的作用,对学习效果具有重要的影响。

你的学习动机状况如何?下面的一个小测试可以帮助你认识自己的学习动机的状况。

下列情况是否符合您的情况,请在题后的括号中做出"是"或"否"的判断。

1. 如果没人监督我,我极少主动学习。( )
2. 当我读书的时候,需要很长时间才能提起精神。( )
3. 我一读书就觉得疲劳与厌倦,只想睡觉。( )
4. 除了老师指定的作业外,我不想多看书。( )
5. 如果有不懂的地方,我根本不想弄懂它。( )
6. 我常想自己不用花太多的时间成绩就会比别人好。( )
7. 我迫切希望自己在短时间内就大幅度提高自己的学习成绩。( )
8. 我常为短时间内成绩没有提高而烦恼不已。( )
9. 为了及时完成某项作业,我宁愿废寝忘食、通宵达旦。( )
10. 为了学好功课,我放弃了许多感兴趣的活动,如体育锻炼、看电影与郊游等。( )
11. 我觉得读书没有意思,想去找个工作做。( )
12. 我常认为书本上的基础知识没什么好学的,只有高深的理论,读大部头作品才带劲。( )
13. 只在我喜欢的科目上下功夫,对不喜欢的科目放任自流。( )
14. 我花在课外读物上的时间比花在教科书上的时间要多得多。( )
15. 我把自己的时间平均分配在各科上。( )
16. 我给自己定下的学习目标,多数做不到而不得不放弃。( )
17. 我几乎毫不费力就能实现自己的学习目标。( )
18. 我总是同时为实现几个学习目标忙得焦头烂额。( )

19. 为了对付每天的学习任务,我已感到力不从心了。　　　　　　　　(　)
20. 为了实现一个大目标,我不再给自己制定循序渐进的小目标。　　(　)

评分标准:

上述题目中,回答"是"记 1 分,回答"否"记 0 分。将各题得分相加,算出总分。

14~20 分:说明学习动机存在严重问题和困扰,急需调整。

6~13 分:说明学习动机存在一定的问题和困扰,应该进行适当的调整。

0~5 分:说明学习动机上有少许问题,必要时可调整。

第八章　中学生的人格

※**名人名言**

人的鲜明特征是他独有的。过去不曾有,将来也不会有一个人和他一模一样。

——戈登·维拉德·奥尔波特(Godon Willard Allport)

※**本章提要**

1. 人格的基本特征及相关的人格理论
2. 人格形成和发展的影响因素,人格评估的几种范式
3. 气质与性格的基本特征及其对中学教育教学的启示
4. 中学生常见的不良性格表现

※**学习目标**

1. 了解人格的概念和基本特征,掌握影响人格形成和发展的因素,理解各种人格理论,了解人格评估的常见方法
2. 了解人格的主要成分——气质与性格的特征,掌握气质与性格在中学教育教学中的应用
3. 了解中学生不良性格的表现,掌握培养中学生良好的性格特征的方法和途径

※**案例导入**

小敏,男,高二学生,性格孤僻、内向,表现自卑,他从不主动,也不愿与周围的同学交流,他觉得班上的同学都瞧不起他这个农村来的学生,也怕同学们笑话他有一对足以做他们爷爷奶奶的父母,遇到不会的题目也不敢去问,怕老师也会嘲笑他。但同时,他也渴望融入班集体,也想用好的成绩来证明自己,在学习上也下了很大的功夫,成绩却始终没有进步,这无疑使他更为自卑。平时的他说话声音小小的,连走路的姿势也表现得十分拘泥。

在与家人、老师、同学的沟通中还发现:小敏上初中时,有一次下大雨,母亲去学校接他,周围的同学看见了,都以为那是他奶奶,在他说明不是他的奶奶而是他的母亲后,周围同学的一句"不会吧?你妈妈都这么大年纪啦?都可以做我奶奶了!"使他产生了强烈的羞辱感,从那以后,他就刻意拉大了与其他同学之间交往的距离,他不时怀疑周围的同学嘲笑他、议论他,感到自卑,他恨自己,也恨他的父母,但他又无法改变这种现状,心中十分

苦恼,甚至还产生过绝望自杀的念头。现在小敏在城里读高中,我们这个学校城里的孩子居多,于是,他又觉得城里的同学瞧不起他这个从乡下来的学生,觉得他们刻意避着他,不愿意与他交往。

问题:谈谈影响小敏学习成绩的原因有哪些。你认为可以从哪些方面帮助小敏?

(案例转引自:https://www.xuexila.com/fwn/jiaoyuxushi/3578587.html)

第一节 人格的含义与特征

人们日常生活中常会使用到"人格"这一词汇,如"高尚的人格""健全的人格""丧失/侮辱了某人的人格"等,这些人格词汇包含了法律上的、道德上的、文学上的等多重含义,很多人通过"人格"的这种日常描述对其有一个直觉的理解。与其他学科不同,心理学用人格来刻画人的差异,用于表明个体所具有的、与他人区别开来的行为和心理特质。

一、人格的含义

心理学中的"人格"一词是由Personality翻译过来的,Personality由拉丁文persona一词引申而来。Persona是古希腊演员所戴的面具,不同的面具反映了不同的角色要求,观众可以从演员的面具上得知他所扮演的角色,并预测他的行为。也就是说,面具代表了一个人所特有的行为模式,如天使是仁慈、善良和助人的,这是其特有的行为模式,人们可以通过面具预期他的行为,同时也可以通过他的行为表现看到他的仁慈、善良与助人特征。这类似于中国京剧中的脸谱。尽管心理学中人格(Personality)一词沿用了面具(persona)的含义,但心理学中探讨的人格并不是一个人戴了面具后的角色,而是卸下面具后的真实自我。

到目前为止,不同研究者从不同角度对人格进行了界定,美国心理学家奥尔波特综合前人关于人格概念的理解,将人格定义为:"人格是一个人的内在心理生理系统的动态组织,它决定了此人对其环境的独特适应。"该定义强调了人格的几个方面:① 人格的适应性,人的行为不仅仅适应环境,而且影响环境,使之适应人们的需要;② 人格的独特性,世界上绝不会存在两个完全相同的人,了解某个特殊个体的唯一途径就是研究这个特殊的人;③ 人格的整合性,人格是一个心身系统,并具有推动和引领个体行为的动力作用。此外,我国学者也提出了关于人格的综合性概念,如黄希庭(1998)认为:"人格是个体在行为上的内部倾向,它表现为个体适应环境时在能力、情绪、需要、动机、兴趣、态度、价值观、气质、性格和体质等方面的整合,是具有动力一致性和连续性的自我,是个体在社会化过程中形成的给人以特色的心身组织。"相对于奥尔波特对人格的定义,该定义还强调了人格发展上的连续性。彭聃龄(2011)认为,人格是构成一个人思想、情感及行为的特有统合模式,这个独特模式包含了一个人区别于他人的稳定而统一的心理品质。相对于前二者的人格定义,该定义还强调了人格发展的稳定性。

人格定义的多样性反映了其内涵的丰富性，每个定义都看到了人格的某一方面或某种功能，每个"人格"定义都是有价值的。综上所述，人格是指在社会生活适应中，个体在思想、情感及行为上表现出的特有统合模式。

二、人格的基本特征

(一) 人格的独特性

"人心不同，各如其面"，这句俗语很好地描述了人格的独特性。人格的独特性表现在人与人之间的差异，核心人格的研究就是针对个体的独特性而言的，如林黛玉的多愁善感与心高气傲、薛宝钗的外冷内热与圆滑世故、王熙凤的尖酸刻薄与心狠手辣、贾宝玉的离经叛道与任性妄为。人格的独特性还体现在具有相同特质的个体在程度上的差异，比如外向的人存在着外向程度上的不同。人格的独特性源于人格的形成受到先天遗传、后天的环境与教育、成熟等多种因素交互作用的影响，不同的遗传、生存与教育环境形成了各自独特的心理特点。

强调人格的独特性并不排斥人格的共同性。人格的共同性是指某一文化、某一民族、某一阶层、某一群体的人们所具有的相似人格特征，如中华民族是一个勤劳的民族，这里的"勤劳"品质就是共同人格。

(二) 人格的稳定性

"江山易改，禀性难移"这句俗语很好地描述了人格的稳定性。人格的稳定性反映在3个方面：① 在人格形成方面，某种人格特征一旦形成之后就相对稳定下来，想要改变它是非常困难的事情。因此，无论是家长还是老师，从小注重培养学生积极而健康的人格品质非常重要，因为消极人格品质一旦形成就很难改变。② 在人格表现方面，人格特征在不同时间和空间上的一致性。俗语中的"三岁看老"描述的正是人格在时间上的稳定性。③ 在人格特征方面，只有个体经常表现出来的稳定的心理行为特点才称为人格，那些偶尔发生的、一时性的心理特征不能称为人格。

强调人格的稳定性不应忽视人格的可变性，随着生理的成熟和环境的改变，人格也可能产生或多或少的变化。例如，胆小腼腆的性格可能受到工作环境的历练而变得健谈外向。

(三) 人格的整体性

人格不是单一的特质，更不是多个特质或特征的简单堆砌，而是多个身心特质之间相互密切联系的一个有机整体。决定个体行为的并不是某一个单一的特质，而是多个特质之间的共同作用，我们对一个人的判断不能仅仅依赖某个单一特质，而应该从整体上把握。例如，努力工作、勤劳、有良心、谨慎这几个特质之间往往是高度关联的，它们反映了个体尽责性这一更高层次的特质，但尽责性与聪慧、随和等特质并不相关。

人格是由多种成分构成的一个有机整体，具有内在的一致性，受自我意识的调控。当一个人的人格结构各方面彼此和谐一致时，他的人格就是健康的，否则就会出现适应困难，甚至出现分裂人格。

(四) 人格的社会性

著名作家诺曼·文森特·皮尔曾说过:"性格决定命运,态度决定一切。"这句话反映了人格与个体生活适应与工作成就密切相关。例如,面对失败与挫折,坚强者奋发拼搏,而懦弱者可能一蹶不振。

人格对认知和智力的影响也是心理学中重要的课题。一些研究者发现,同样聪明的儿童,由于人格不同而在挫折后的问题解决成绩明显不同。控制定向(mastery oriented)儿童将问题看成是一种挑战,在遇到困难时他们更能采取坚持的态度;而无助定向(helpless oriented)儿童倾向于自我中伤,产生消极情绪,在困难中屈服。因此,控制定向的儿童会出现"失败后的成功",而无助定向的儿童则会出现"失败后的失败"。这一研究结果说明,不同特征会影响到人的思维方向,进而影响到人的行为结果。

三、人格理论简介

人格理论是心理学家对人格及其差异进行描述和解释所使用的概念体系,这里介绍几个最有代表性的人格理论。

(一) 精神分析人格理论

弗洛伊德所创立的精神分析理论是第一个综合性的人格理论,他认为人格是一个整体,由意识(conscious)、前意识(pre-conscious)和潜意识(unconscious)三个部分组成。到了晚期,他又将其人格结构理论修正为本我(Id)、自我(Ego)和超我(Superego),三者相互联系、相互作用,以动态的形式相互结合着。如果人格的三个系统保持平衡,人格就得到正常的发展。但三者的行动原则是各不相同的,所以冲突是无法避免的,三个系统的平衡关系遭到破坏时,个体往往产生焦虑,导致神经症和人格异常(黄希庭,2002)。

弗洛伊德认为,人格形成与发展的根本动力是本能,它是人的生命和生活中的基本要求、原始冲动和内在驱力。人类的本能包括生的本能和死的本能,生的本能是与性本能有关的建设性的驱力,是生存的基本能量,包括生存本能和性本能;死的本能是一些破坏性的驱力,其最重要的衍生物是攻击,另外还包括破坏甚至死亡。当它指向机体内部时,导致个体的自责,甚至自伤自杀,当它转向外部世界时,导致对他人的攻击、仇恨、谋杀等。

弗洛伊德在性心理发展理论的基础上提出了人格发展理论。他认为,儿童从出生到成年要经历几个先后有序的发展阶段,每一个阶段都有一个特殊的区域成为力比多兴奋和满足的中心,这个区域称为性感区域(erogenous zones),并据此把心理性欲划分为以下5个阶段,即口唇期、肛门期、生殖器期、潜伏期、生殖期,阶段不同,性欲满足的对象会随之发生变化。后来埃里克森在其基础上,将人格发展扩展到老年期。

(二) 人格的特质论

特质论认为,人格是由多种特质构成的。所谓特质,是指人拥有的、影响行为的品质或特性,它们作为一般化的、稳定而持久的行为倾向而起作用。人格特质论的主要代表是奥尔波特(Gordon Willard Allport)和卡特尔。

奥尔波特是人格特质论的创始人。他认为,特质是人格的构造单位,是真实存在于人内心的"一般倾向",是对个别行为习惯整合的结果,特质之间是相对独立而又彼此重叠的,一系列的特质相互交织整合在一起,就构成了人格。每个人都具有三种类型的特质:一是首要特质,这种特质主导着整个人格,渗透于人的一切活动之中,使所有的行为都反映出它的影响;二是中心特质,又可以称为核心特质,这是人格的重要组成部分,也是描述人格的基本要素;三是次要特质,是代表个人在某些情境下表现的人格特征,这些特征对一个人来说并不很重要,不是经常地、一贯地表现出的人格特质。

另一位重要的人格特质理论家卡特尔是用因素来进行特质的筛选和分类。表面特质和根源特质的区分在卡特尔的理论中占据着重要的位置。表面特质是通过外部行为表现出来、能够观察得到的特质,由于直接与环境接触,所以常常会随着环境的变化而变化;根源特质是那些对人的行为具有决定意义的特质,如智力,不能直接观察到,而只能通过解题速度、阅读速度、逻辑推理能力等推测,它们隐藏在表面特质深处并制约着外部行为。卡特尔推断所有的个体都具有相同的根源特质,但每个人的强度不同。之后,研究者运用词汇学的方法对卡特尔的特质变量进行了再分析,发现了五个相对稳定的因素:外倾性、宜人性、责任心、神经质、开放性。

(三) 行为主义人格理论

行为主义心理学家认为,环境是人格形成的决定因素。环境塑造人,个体会成为什么样的人,取决于他生活在什么样的环境中,而不是取决于他有什么遗传特征。

斯金纳的人格理论在秉承华生人格论思想的基础上,因接受了巴甫洛夫的"条件作用"及桑代克的"效果律"而有所创新,其理论的核心就是操作性条件反射和强化。人格由学习而形成,自发的操作性行为的关键就在于行为的后果是否受到强化。如果一个行为受到强化,它就可以得以维持和加强,将来在类似环境中出现该行为或与该行为类似行为的可能性就会增加。斯金纳认为,无论是正常的还是异常的人格获得,在本质上都是相同的,都是外部强化、学习的结果,而在异常行为的获得过程中,环境因素的作用更剧烈一些。

如果社会学习完全是建立在奖励和惩罚之结果的基础上的话,那么大多数人都无法在社会化过程中生存下去。班杜拉提出了行为习得的两种过程:直接经验的学习和间接经验的学习,社会学习理论所强调的观察学习就是后者。在观察学习的过程中,人们获得示范活动的象征性表象,并引导适当的操作。因此,个体的任何人格特质,都是在生活的社会环境中经过模仿学习而形成的。

(四) 人本主义人格理论

人本心理学家认为,一个人仅仅免于心理疾病还远远不够,还应该向更高的水平成长,去充分实现人所具有的潜能,成为真正健康的、富于创造性、具有自由意志并能发现生命意义的自我实现的人。因此,他们关注的问题是:什么是健全的人格和如何实现健全的人格。

罗杰斯(Rogers)的人格理论以个体的自我为核心展开,也称为自我论。所谓自我或自我概念是指个人经验中关于自己的所有知觉、认识和感受。这些经验是围绕这些问题形成的,如"我是谁""我是什么样的人""我能干什么"等。在此基础上,罗杰斯提出了两个自我:现实自我和理想自我。理想自我象征着个体最喜欢拥有的自我,是期望中的自我,是个人意义和价值的源泉;现实自我是经验的主体意识的分化发展,是实际经验中的自我。理想自我作为个体发展的更高标准,使个体倾向于促使自我观念朝着理想自我发展。现实自我和理想自我二者共同协调一致,人格才是和谐健康的。

马斯洛对心理学的最大贡献就在于详细阐述了人格发展的动力机制——需要层次理论,他提出了五个需要层次,从低到高依次为生理需要、安全需要、爱与归属的需要、尊重需要、自我实现需要。他把这些需要分为两大类。一类是基本需要,这类需要和人的本能相联系,这类需要主要包括生理需要、安全需要、爱与归属的需要、尊重的需要。另一类是成长性需要,这类需要是不受本能所支配的,这类需要包括求知需要、审美需要和自我实现的需要。

(五) 人格的认知理论

人格的认知理论认为,人格的差异是由人们信息加工方式的不同造成的。也就是说,人的思维方式决定自己的人格。

人格心理学中的认知理论以凯利(Gorge Kelly)的个人建构理论为代表,该理论认为人格的核心是建构,建构是用来解释、分析世人的观点,是人们用来对事件整理分类的一种概念,也是人们看待并控制事件的思维模式,人格的差异都是由建构世界的方式不同造成的,体现在个体所拥有的建构性质、数量、质量和组合方式上的不同。从本质上来看,人格异常就是个体建构系统的异常。如果要使个体恢复到正常的人格状态,最好的办法就是打破已有的建构系统,重塑一个新的建构系统。

四、人格成因

人格的形成受多种因素的影响,它受到生物遗传、家庭、学校、社会环境等综合因素的影响,这些影响因素之间相互作用,对人格因素的影响随着人格特征的不同而不同。

(一) 生物遗传因素

人格和生物遗传都具有稳定性,这也使得研究者更加关注生物遗传因素对人格的影响。双生子研究(twin studies)是研究人格遗传因素的最好方法,它通过比较同卵双生子和异卵双生子的差异来推论遗传和环境因素对人格的作用。同卵双生子基因相同,尤其是被分开抚养的同卵双生子,他们之间的差异可归结为环境因素;而异卵双生子的基因不同但生长环境相似,他们之间的差异可能是由遗传因素决定的。20世纪80年代,明尼苏达大学对成年双生子的人格进行了比较研究(1984,1988),有些双生子是一起长大的,有些双生子则是分开抚养的,平均分开的时间是30年。结果是同卵双生子的相似性比异卵双生子高很多,分开抚养的与未分开的同卵双生子具有同样高的相关。

根据已有研究结论,遗传对人格的作用归纳为三个方面:第一,遗传是人格不可缺少的影响因素。第二,遗传因素对人格的作用程度随人格特质的不同而异。通常在智力、气质这些与生物因素相关较大的特质上,遗传因素的作用较重要;而在价值观、信念、性格等与社会因素关系紧密的特质上,后天环境的作用可能更重要。第三,人格发展过程是遗传与环境两种因素交互作用的结果,二者不存在"全或无"的情况。遗传因素影响人格的发展方向及形成的难易。

(二) 社会文化因素

社会文化对人格具有塑造功能。每个人都处于特定的社会文化中,社会文化塑造了社会成员的人格特征,使其成员的人格结构朝着相似性的方向发展,这种相似性具有维系社会稳定的功能,也使得不同文化的民族有其固有的民族性格,如生活在中原地区的民族,长期的农耕生活使得他们平和、协作、亲和;而游牧民族则勇敢、开朗、彪悍。这种共同的人格特征又使得个体稳固地"嵌入"在整个文化形态里。

社会文化对人格的影响力因文化而不同,社会对顺应的要求越严格,社会文化对人格的影响力越大。社会文化对人格影响力的强弱也因其行为的社会意义不同而不同,对于不太具有社会意义的行为,社会包容性较强;但对于社会功能十分重要的行为,社会文化的制约作用就越大。如果一个人极端偏离其社会文化所要求的人格特质,不能融入社会文化环境之中,就可能被视为行为偏差或患有心理疾病,正如难以想象在中国朋友见面中出现贴面礼会是什么样的情形。

(三) 家庭环境因素

家庭是社会的细胞,家庭不仅具有其自然的遗传因素,也有着社会"遗传"因素。这种社会遗传因素主要表现为父母按照自己的意愿和方式教育孩子,使他们逐渐形成某些人格特质。孩子的人格是在与父母持续相互作用的过程中逐渐形成的,攻击行为通常得到的是攻击反应,友好行为得到的是友好的回报。

父母不同的教养方式对孩子的人格特征具有不同的影响。研究发现,权威型教养方式的父母在子女教育中,表现得过于支配,孩子的一切由父母控制,这种环境下长大的孩子容易形成消极、被动、依赖、服从、懦弱、做事缺乏主动性,甚至会形成不诚实的人格特征。放纵型教养方式的父母在子女教育中,对孩子过于溺爱,让孩子随心所欲,父母对孩子的教育有时达到失控的状态,在这种家庭环境中长大的孩子多表现为任性、幼稚、自私、野蛮、无礼、独立性差、唯我独尊、蛮横无理、胡闹等。民主型教养方式的父母与孩子在家庭中处于一种平等和谐的氛围中,父母尊重孩子,给孩子一定的自主权和积极正确的指导,这种教养方式中的孩子容易形成活泼、快乐、直爽、自立、彬彬有礼、善于交往、富于合作、思想活跃等积极的人格品质。

(四) 童年早期经验

从整个人生的心理发展来说,儿童期是人格发展的关键期。中国有句俗话:"三岁看大,七岁看老。"人生早期所发生的事情对人格的影响,历来为研究者所重视。斯毕兹(Spitz,1945)对孤儿院里的儿童进行了研究,发现这些早期被剥夺母亲照顾的孩子,长大以后在各方面的发展均受到影响。许多孩子患了"失忆"性忧郁症,其症状表现为哭泣、僵直、退缩、表情木然。彼得森等人(Peterson 和 Yates)的研究也指出,在儿童早期,父母的忽视和虐待对子女的心理有明显不良的影响。鲍尔毕(Bowlby,1951)受世界卫生组织的委托,对在非正常家庭成长的儿童和流浪儿做了大量的调查,结果发现,婴儿和年幼儿童与母亲建立一种和谐而稳定的亲子关系是儿童心理健康的关键。

早期经验对人格的影响可以从以下三个方面理解:① 人格发展的确受到童年经验的影响,幸福的童年有利于儿童发展健康的人格,不幸的童年会使儿童形成不良的人格。但二者不存在一一对应的关系,溺爱也可能使孩子形成不良的人格特点,逆境也可能磨炼出孩子坚强的性格。② 早期经验不能单独对人格起决定作用,它与其他因素共同决定着人格的形成与发展。③ 早期经验是否对人格造成永久性影响因人而异,对于正常人来说,随着年龄的增长及心理的成熟,童年的影响会逐渐减弱,其效果不会永久持续。

(五) 学校教育因素

学校是一种有目的、有计划地向个体施加影响的场所。教师、学生班集体、同学同伴都是学校教育的元素,学校是人格社会化的主要场所。

教师对学生人格的发展具有指导定向的作用。教师既是学校宗旨的执行者,又是学生评量言行的标准,教师的言传身教对学生有着巨大的影响。教师自己的风格可以为学生设定一个"气氛区"。在不同的气氛区中,学生会有不同的行为表现。有研究发现,在性格冷酷、刻板、专横的老师所管辖的班集体中,学生的欺骗行为增多;在友好、民主的教师气氛中,学生欺骗减少。教师的公正性对学生也有非常重要的影响。研究表明,学生非常看重教师对他们的态度是否公正和公平,教师的不公正态度会使学生的学业成绩和道德品质下降。学生需要老师的关爱,在教师的关爱下,他们会朝着教师期望的方向发展,即教育中的"皮格马利翁效应"。

学校同时是同龄人会聚的场所,同伴群体对学生人格具有巨大的影响。少年同伴群体之间的关系、气氛对个体的人格形成非常重要。在这样的群体中既有上下级关系的"统领者"和"服从者",也有平行关系的"合作者"和"互助者"。青少年在这样的群体中尝试学习待人接物的礼节与团体规范,了解什么是团体易于接纳的人格品质。他们也从榜样和同伴中互相学习模仿。因此,学校、家长及社会要用强有力的、积极健康的教育手段帮助学生形成良好的人格品质。

(六) 自然物理因素

生态环境、气候条件、空间拥挤程度等这些物理因素都会影响到人格的形成和发展。拜瑞(Berry)关于阿拉斯加州的因纽特人和非洲的特姆尼人的比较研究验证了生态环境对人格形成的影响。因纽特人以渔猎为生,夏天在船上打鱼,冬天在冰上打猎,以帐篷遮风避雨,过着流浪生活。这个民族是以家庭为单元,男女平等,社会结构比较松散,除了家庭约束外,很少有持久、集中的政治与宗教权威。在这种生存环境下,父母对孩子的教养原则是培养其能够适应成人生活的独立生存能力。男孩由父亲在外面教打猎,女孩由母亲在家里教家务。儿女教育比较宽松、自由,不打骂孩子,鼓励孩子自立,使孩子逐渐形成了坚定、独立、冒险的人格特征。而特姆尼人生活在灌木丛生的地带,以农业为主,种田为生。居住环境固定,形成300~500人的村落。社会结构紧固,有比较分化的社会阶层,建立了比较完整的部落规则。在哺乳期内,父母对孩子很疼爱,断奶后孩子就要接受严格的管教。这种生活环境使孩子形成了依赖、服从、保守的人格特点。

另外,气温也会提高人的某些人格特征的出现频率。如热天会使人烦躁不安,对他人采取负面的反应,发生反社会行为。世界上炎热的地方,也是攻击行为较多的地方。早在20世纪初,德国一位精神病学者就发现了一种与寒冬有关的精神障碍,命名为"冬季抑郁症"。每当寒气降临,冰封大地时,许多人就会抑郁沉闷,无精打采,注意力分散,工作效率明显下降。

但自然环境对人格所起的作用并非决定性的。在生活中,人们还会发现,即使处在相同的物理环境中,人们也会表现出不同的行为特点,暗示了其他影响因素的存在。

(七) 自我调控

人格的自我调控系统是人格发展的内部因素,上述讲到的因素都是人格形成的外因,而外因要通过内因起作用。具有良好自我调控能力的个体,能客观分析自己,不会把遗传或生理方面的局限视为阻碍个人发展的因素,而会有效利用个人资源,发挥个人长处,努力改变自己和完善自我。例如,澳大利亚演讲家尼克·胡哲,他一生下来就没有双臂和双腿,只在左侧臀部以下的位置有一个带着两个脚趾头的小"脚",他妹妹戏称为"小鸡腿",因为尼克家的宠物狗曾经误以为那个是鸡腿,想要吃掉它。但尼克并没有受到这些生理方面的局限,他不仅完成了大学学业,而且将更多的正能量传递给世界。依靠自我调控系统去完成的自我塑造将伴随人的一生,需要一个人不懈地努力完成。

综上所述,人格是先天与后天的合金,是遗传与环境相互作用的结果。在人格的形成过程中,各个因素对人格的形成与发展起到了不同的作用。遗传决定了人格发展的可能性,环境决定了人格发展的现实性,其中教育起到了关键性作用,自我调控系统是发展的内部决定因素。

五、人格的评估

目前国内外常用的人格评估方法主要包括三种:自陈量表法、投射测验、情境测验。

(一) 自陈量表法

人格自陈量表法是让被试按自己的意见,对自己的人格特点进行评价的一种方法。人格量表多采用客观测验的形式设计出一系列的陈述句或问题,要求被试做出符合自己情况的报告。自陈量表的假设是被试能良好地对自己的心理进行内省,并以选出最恰当的描述的方式报告出来。

最常见的人格量表有两种类型,一种是以经验建构的量表,如最有名的明尼苏达多相人格量表(MMPI),它可以测量个体的 10 种人格病例倾向,包括疑病症、忧郁症、癔症、病态人格、男女性倾向、偏执狂、精神衰弱、精神分裂、轻躁狂、社会内向;另一种是由因素分析建构的量表,如卡特尔 16 人格因素量表。自陈量表施测简单、易于操作,记分及解释容易,主试不需要经过太多培训便可掌握实施方法;但被试在回答问题时容易受社会期望的影响或隐瞒自己的缺点,同时被试对自己的认识也不一定是正确的,因而会影响测量的效度。

(二) 投射测验

投射测验是一种要求被试对一些模棱两可或模糊不清、结构不明确的刺激做出描述或反应,通过对这些反应的分析来推断被试的内在心理特点的测量技术。投射测验以弗洛伊德的精神分析理论为依据,他认为人的行为由无意识的内驱力所推动,被试对一些模棱两可的刺激的解释可以反映自身的动机、态度、感情以及性格等。人格的投射测验主要有主题统觉测验(Rorschach Inkblot Test, RIT)、墨迹测验(Thematic Apperception Test, TAT)和绘画测验(Drawing Test)。

主题统觉测验是美国心理学家默里和摩根(Murray H A & Morgan C D,1935)创作的,由30张图像和一张空白图片构成。被试通过想象编造出一则故事,包括图像的情景、情景发生的原因、将来的演变、可能的结果以及个人的体会。另一种是罗夏墨迹测验,由瑞士精神病学家罗夏(H. Rorschach,1921)所编制,它由10张类似于墨迹的图片组成,被试需要回答三个问题:"这可能是什么?""你看见了什么?"或"这使你想起什么?"被试根据回答的内容、部位、决定和独创性推论其性格。绘画测验要求被试在一定的时间内在给定的纸张上画出确定主题的一幅画,根据绘画的内容、大小等特点推测个体的心理特征。

投射测验弹性大,不受阅读能力和文化的影响,但受到施测者经验和能力的限制,且这种测验对特定行为不能提供较好的预测,仅适于个别实测,耗费时间。

(三)情境测验

情境测验是指主试在某种情境下观察被试的行为反应,进而了解其人格特点的测量技术。在学校教育中,性格教育测验(character education inquiry)能够更客观地测量学生的诚实、合作、友爱、负责等品质。如一次考试结束后,将试卷复印后,再发给学生并附上标准答案,要求自己评分,最后回收试卷,通过核对两份试卷的分数即可得到学生的"诚实度"。此外,在工作选拔中,情境压力测试也能很好地反映个体的人格特质,常见的测验是无领导小组情境测验和压力面谈。

第二节 气质及其对中学教育的启示

人格(personality)是个体在特定遗传素质的基础上,在社会化过程中形成稳定的心理特质和习惯化了的行为方式的总和。从内容上讲,人格被认为是性格和气质的综合。本节主要介绍气质的概念、特性、类型及其在中学教育教学中的启示。

一、气质的概念与特性

气质(temperament)是一个人心理活动的稳定的动力特征,它表现在心理活动的强度、速度、灵活性与指向性等方面,是遗传因素在人格中的表现。气质也就是日常所说的脾气禀性,如李逵情绪爆发快,率真可爱;林黛玉多愁善感,极富审美情趣;燕青思维灵活,动作敏捷;林冲稳重、坚毅……这些心理差异就是气质差异。

气质具有动力性、天赋性、稳定性与可塑性四个方面的特性。气质的动力性体现在个体心理活动的速度、强度、稳定性、灵活性以及心理活动的指向性等。气质的天赋性是指气质较多地受到神经系统先天特性的影响,因而具有先天性。婴儿一出生,气质就表现出差异来,有的活泼好动、大哭大叫,有的酣睡不止,有的比较安静、东张西望等。年龄越小,气质的表现越明显;遗传关系越接近,气质的表现也越相似。气质具有稳定性和可塑性。由于气质是个体神经系统最基本的特性,因此它表现出较多的稳定性,它不依赖于人的活动的具体目的、动机和内容。气质并非一成不变,在生活环境和教育条件的影响下,气质可以被掩蔽,也可以得到相当程度的改造。如一个个性孤僻内向的学生,若长期当班长从事管理工作,也会变得谈吐自如、交往娴熟。

气质只决定人的心理活动的方式,无好坏之分,不决定人的精神生活内容,它与人的动机、兴趣、理想、信念、价值观没有多大联系。气质只给人们的言行涂上了某种色彩,但不能决定人的社会价值,也不直接具有社会道德评价意义。一个人的活泼与稳重不能决定他为人处世的方向,任何一种气质类型的人既可以成为品德高尚、有益社会的人,也可以成为道德败坏、有害于社会的人。气质不能决定一个人的成就,任何气质的人只要经过自己的努力都能在不同实践领域中取得成就,也可能成为平庸无为的人。

二、气质类型

基于不同的理论假说,气质可以划分为不同的类型,这里介绍几种常见的气质学说及类型划分。

最著名的气质学说源于古希腊医生希波克拉底(Hippocrates)的体液说,他认为人体内有四种液体——黏液、黄胆汁、黑胆汁、血液,这四种体液的配合比率不同,形成了四种不同类型的人。约500年后,罗马医生盖伦进一步确定了气质类型,提出人的四种气质类型是胆汁质、多血质、黏液质、抑郁质。

巴普洛夫(1927)用高级神经活动类型来解释气质的生理基础,他依据神经过程的基本特性,即兴奋过程和抑制过程的强度、平衡性和灵活性划分了四种类型。兴奋过程和抑制过程的强度是大脑皮层神经细胞工作能力和耐力的标志,强的神经系统能够承受强烈而持久的刺激。平衡性是兴奋过程和抑制过程的相对力量,二者力量大体相同时平衡,否则不平衡。不平衡又可分为两种情况,一种是兴奋过程相对占优势,一种是抑制过程相对占优势。灵活性是兴奋过程和抑制过程相互转换的速度,能够迅速转化是灵活的,不能迅速转化则是不灵活的。四种气质类型与高级神经类型特点如表8-1所示。

表8-1 气质类型与高级神经活动类型

气质类型及特点	高级神经活动过程的特点
胆汁质:情绪体验强烈、爆发迅猛、平息快速,思维灵活但粗枝大叶,精力旺盛、争强好斗、勇敢果断,为人热情直率、朴实真诚、表里如一、行动敏捷、生气勃勃、刚毅顽强;但这种人遇事常欠思量,鲁莽冒失,易感情用事,刚愎自用	**强而不平衡(不可遏制型)**:兴奋过程强于抑制过程,阳性条件反射比阴性条件反射容易形成。它是一种易兴奋、易怒而难以控制的类型
多血质:情感丰富、外露但不稳定,思维敏捷但不求甚解,活泼好动、热情大方、善于交往但交情浅薄,行动敏捷、适应力强;弱点是缺乏耐心和毅力,稳定性差,见异思迁	**强、平衡而灵活(活泼型)**:反应灵敏,外表活泼,能很快适应迅速变化的环境
黏液质:情绪平稳、表情平淡,思维灵活性略差,但考虑问题细致周到、安静稳重、踏踏实实、沉默寡言、喜欢沉思、自制力强、耐受力高、内刚外柔、交往适度、交情深厚;但这种人的行为主动性较差,缺乏生气,行动迟缓	**强、平衡而不灵活(安静型)**:较易形成条件反射,但不易改造。这是一种坚韧而行动迟缓的类型

气质类型及特点	高级神经活动过程的特点
抑郁质：情绪体验深刻、细腻持久、情绪抑郁、多愁善感、思维敏锐、想象丰富、不善交际、孤僻离群、踏实稳重、自制力强，但他们的行为举止缓慢、软弱胆小、优柔寡断	**弱型（抑制型）**：兴奋过程和抑制过程都很弱，灵活性也低，阳性条件反射和阴性条件反射的形成都很慢，接受不了强刺激，但有较高的感受性，是一种胆小而神经质的类型

瑞士著名心理学家荣格依据"心理倾向"最先提出内-外人格，他认为当一个人的兴趣和关注点指向外部客体时就是外向人格（extroversion），而当一个人的兴趣和关注点指向主体时就是内向人格（introversion）。前者注重外部世界，情感表露于外，热情奔放，当机立断，独立自主，善于交往，行动快捷，有时轻率；后者注重自我剖析，做事谨慎，深思熟虑，疑虑困惑，交往面窄，有时适应困难。内外心理倾向结合人的思维、情感、感觉和直觉四种基本心理功能就构成了八种人格类型：外倾思维型、内倾思维型，外倾情感型、内倾情感型，外倾感觉型、内倾感觉型，外倾直觉型、内倾直觉型。

艾森克将人格结构划分为内外倾向和神经质倾向（情绪的稳定性）两个维度描述人格，根据这两个维度将人分为四种，即稳定内倾型、稳定外倾型、不稳定内倾型和不稳定外倾型，这四种类型相当于黏液质、多血质、抑郁质和黏液质的气质。艾森克的人格结构类型以传统的四种气质理论为基础，其反应的人格特点也是以个体的心理活动和行为的外部动力特点为主要内容。因此，他的理论也是一种气质类型理论。

此外，德国心理学家克瑞奇米尔（Kretschmer）认为气质取决于体型，将人的体型分为肥满型、细长型、筋骨型三类，体型决定相应的气质特点，如肥满型产生躁狂气质，细长型产生分裂气质，筋骨型则产生粘着气质。

三、气质对中学教育工作的启示

气质在教育实践活动中不起决定作用，但有一定的影响。教育工作者了解学生的气质特点，并采用适合其气质特点的教育和教学方法，对于培养学生优良的个性品质，提高其学业成绩具有重要的意义。

（一）正确认识学生气质差异，培养学生良好的个人品质

教育工作者必须正确认识学生的气质差异，有针对性、预见性地培养不同气质类型学生的良好个性品质。在评判气质类型时，不能笼统地把某种气质类型评价为好的，把另一种评价为坏的。气质不能决定个人活动的社会价值和成就的高低，历史上在任何一个领域内出现的杰出人物，都有不同气质类型的代表。例如，李白和普希金属胆汁质，郭沫若和赫尔属多血质，茅盾和克雷洛夫属黏液质，杜甫和果戈理属抑郁质。他们属于不同气质类型，但在文艺领域中都取得了杰出的成就。

（二）依据学生气质类型有针对性地教育

1. 依据学生的气质特点采取相应的教育方法

在教育工作中，必须根据学生的气质特征区别对待。例如，对胆汁质学生进行教育

时,既要触动他们的思想,促使他们学会坚韧、自制,又不要轻易激怒他们,特别是在他们情绪爆发时,宜取"以柔克刚"的方法,以防过激反应。对多血质学生不要放松要求,或使他们无事可做,应该让他们参加更多的活动,交给他们更多的任务,在活动中锻炼他们意志的坚忍性和克服困难的精神。对黏液质学生应该有耐心,在指出他们的缺点时,应该给予足够的考虑问题和做出反应的时间,不要操之过急,要激发他们对工作和他人的热情,多给予在集体中锻炼的机会,引导他们生动活泼、机敏地完成任务。对抑郁质学生应该更多地关怀和体贴他们,避免公开的批评和指责,引导他们参加集体活动,培养他们乐观、自信、机敏的品质。严厉的批评,对于偏胆汁质、多血质的学生,可能起到使他们遵守纪律的作用,而对偏抑郁质的学生,则可能使他们失去自信心。在教育工作中,只有采用适合学生气质特点的教育方法,才能收到良好的效果。

同样,对不同气质类型的学生还可以进行不同的学法指导,充分发挥各自气质类型的积极特征,控制其消极特征。例如,对胆汁质学生应充分发挥其思维敏捷、学习热情、刚强等特点,克服其粗枝大叶和急躁的缺点;对多血质学生要发挥其机智、灵敏、兴趣广泛、善于适应环境的特点,控制其急躁、不踏实的学习方式;对黏液质学生要发挥其刻苦、踏实、认真的学习作风,补偿其迟缓、不够灵活的缺点;而对抑郁质学生则应发挥其谨慎、细心、思维的深刻性的特点,以弥补其犹豫、迟缓、精力不足。这样,无论何种气质类型的学生,完全可以从不同途径,用不同的学习风格取得好成绩。

2. 依据学生的气质特点指导未来职业定向

教育工作者还可以依据不同气质类型指导中学生的未来职业定向。近年来越来越多的研究者认识到职业生涯指导对中学生自我发展、学习兴趣、能力增长等方面具有重要作用。气质与职业选择的匹配会帮助个体更好地适应未来工作,提高工作绩效。因此,在指导中学生进行未来职业定向时,要考虑其自身气质类型与职业选择的匹配。比如,胆汁质的学生倾向于选择且适合于竞争激烈、冒险性和风险意识强的职业或者是社会服务型的职业;多血质的学生相对来说有较宽广的选择范围和机会,他们一般适合于抛头露面、出风头的,经常与人打交道的职业,如记者、律师、公关人员、艺术工作者、秘书和其他一些社会性工作等。教师可以帮助学生了解自己的气质特征以及相关职业能力需求,从而进行更好的未来职业定向。

(三) 帮助学生认识自身气质特点,扬长避短

教育工作者还应该帮助学生正确认识气质差异,自觉发挥自身气质的积极因素,抑制其消极因素。尽管气质具有稳定性,但并不是一成不变的,外界环境以及自身意志努力在一定程度上可以调控、掩盖或改造气质,使气质的消极因素得以抑制,积极因素得以发展。例如,具有坚强意志性格的人,胆汁质者可以克制急躁,多血质者能尽力使自己踏实一些,黏液质者能鼓起勇气,抑郁质者能减少自己的消极情绪。

因此,中学教师和家长应注意中学生的气质类型,营造积极向上的环境,培养孩子坚强的意志品质,使不同气质的学生对社会都能做出积极的贡献。

第三节 中学生的性格特征及其教育启示

与气质不同,描述个体行为方式的性格特征具有社会评价意义,有积极的性格品质如自信、坚强、勇敢、善良等,也有不良的性格品质如自卑、懦弱、冷酷、虚伪等。本节主要概述了性格的概念和中学生的性格特征,并从动态发展的角度介绍了中学生性格发展趋势及其教育启示。

一、性格的概述

(一) 性格的概念

性格(character)是一个人在对现实和周围世界的稳定态度和习惯化的行为方式中表现出来的人格特征。它表现在个体对自己、对他人、对事物的态度和所采取的言行上,是人格结构中的社会成分。所谓态度是个体对社会、对自己和对他人的一种心理倾向,它包括对事物的评价、好恶和趋避等方面。例如,一个人是爱祖国、爱集体还是对集体漠不关心,助人为乐还是损人利己,尊敬师长、团结友爱还是粗暴无礼、欺侮弱小,对人热情、诚恳还是冷酷、虚伪,外向乐群还是内向孤僻。态度表现在人的行为方式中,如诚实这一性格特征是个体在不同情境中表现出来的。

性格是在长期生活实践中塑造出来的,一经形成便比较稳固。这种比较稳固的对现实的态度和行为方式,贯穿在人的全部行为活动中,在类似的甚至在不同的情境中都会表现出来。如一个诚实的学生,他对待班级集体和同学会表现出实事求是、公正无私的品质,对学习和工作也会严肃认真,对待自己也会敢于严格解剖自己。这种现实的稳定态度和习惯化了的行为方式中所表现出来的个性特征才是性格。那种一时性和偶然性的态度和行为,不能称为性格上的特征。

性格是人格中具有社会评价意义的部分,有好坏之分,能最直接地反映一个人的道德风貌。性格表现了一个人的品德,受人的价值观、人生观、世界观的影响,如有的人大公无私,有的人自私自利。

性格是在后天社会环境中逐渐形成的,是人最核心的人格差异。性格是个别性和典型性的统一。在一定的经济、政治、文化条件中,形成了性格的典型性,即共同性。但因每个社会成员所处的具体条件不同,又形成了性格的个别性,即独特性。性格的个别性与典型性是有机地结合在一起的。典型性存在于个别性之中,个别性表现典型性。同时,性格也受个体的生物学因素的影响。研究发现,脑损伤或脑病变对人的性格有影响。一个额叶受损伤的人,性格会发生明显的变化,病人变得动静无常,有时爱说粗俗的下流话,对伙伴缺少尊敬。

(二) 性格与气质的关系

气质和性格都是描述个人典型心理和行为活动的概念。这两个概念既有区别,又有密切的联系。

性格与气质的区别主要表现在四个方面。第一,气质表现的是人的心理活动和行为方式的动力特征的综合;而性格是人对现实的稳定态度体系和与之相适应的习惯化了的行为方式的统一。第二,气质是神经系统活动特征和类型的心理表现,更多地受到先天生物遗传因素的制约;而性格是在生活实践中形成的心理特征,主要受社会生活条件的制约。第三,气质是行为的外显特质,与行为内容无关,因此气质在社会意义的评价上没有好坏之分。性格主要是指行为的内容,它表现个体与社会环境的关系,因而性格有好坏善恶之分。第四,具有不同气质类型的人可以形成同样的性格特征,而相同气质类型的人又可具有带着同样动力色彩但却互不相同的性格。

气质和性格又密切联系,相互渗透,彼此制约。一方面,气质影响性格的形成。气质是性格形成的自然基础,它不仅影响性格的动态表现形式,而且在某些性格特征的形成和发展中起着促进或延缓的作用。另一方面,性格对气质有一定的制约作用,这主要表现在性格的意志特征在一定程度上调控、掩盖或改造气质,使气质的消极因素得以抑制,积极因素得以发展。

气质和性格是在生活实践中统一形成和发展的。在社会因素影响下,气质特征会发生改变;同样,生物因素也影响性格特征,即通过气质的生理机制影响性格发展。人具有生物社会性,气质和性格都是生物因素和社会因素交互作用的结果。气质和性格是密切联系着的,没有离开性格的纯自然气质,也没有不带气质色彩的性格。在日常生活中,甚至在心理学文献中,都很难把性格和气质这两类心理特征严格区分开来。气质与性格的交互作用和相互依赖性原理,对教育和管理工作有重要的指导意义。

二、中学生的性格特征

性格是由各种各样的心理特性构成的,要了解个体的性格特征,可以从态度特征、情绪特征、意志特征和理智特征四个方面进行分析,下面结合这四个方面介绍一下中学生的性格特征。

(一) 中学生的性格态度特征

性格首先表现在对现实的态度上,即表现在处理各种社会关系方面的性格特征上。人对现实态度的性格特征主要表现在对社会、集体、他人的态度,对学习、劳动、工作的态度,对自己的态度等方面。我们可以通过观察或测量中学生在热情、同情心、诚实、喜欢交际和对他人尊重的行为表现来考察他们对社会、集体和他人的态度;通过认真、细心、努力等方面的行为表现来考察他们对学习、劳动、工作方面的态度;通过自信心、自尊心、独立性、自私等行为表现来考察他们对自己的态度。

中学阶段,个体对现实逐步形成自己稳定的态度。在初中阶段动摇性还比较大,在高中阶段,便逐步变成稳固的心理特征。

(二) 中学生的性格情感特征

性格的情感特征是指情绪强度、稳定性、持久性及主导心境等方面的特征。人的情感状态影响其全部活动。性格的情感特征可以以是否爱激动、情感是否稳定、是否任性、爱好有何特点等为指标来进行调查研究。

由于初中生处于青春初级,即少年期,其情绪情感变化很大,高兴时欢快跳跃,不高兴时怒气冲天,激情往往占有一定的地位,这就给初中生性格的情感特征的研究带来一定的困难。研究表明,人的性格情感特征随着年龄的增长而日趋稳定。一个人是否爱激动、是否热情、在紧急状态时有何变化(即所谓"应急状态"的特征)、心境持续多久、情感是否外露等特征主要反映在高中阶段。高中阶段性格的情感特征基本上代表着个体成熟后的特征,往往在一生中保持下去,即使有变化,也只是量的增减,而很少有质的变化。

(三) 中学生的性格意志特征

性格结构中的意志是形成性格的枢纽,它主要表现在个体对自己行为的自觉调节方式和水平方面的个性心理特征。性格意志力方面的个体差异表现在意志力的四个品质上,即自觉性(独立性、目的性和纪律性等)、果断性(如镇定、勇敢、顽强等)、自制力和坚持性(毅力、坚韧、恒心等)。中学生性格的意志特征,主要可以以是否遵守纪律、有无自制力、有无坚持性与胆量大小等四个特征为指标来进行调查研究。

初中生性格的意志特征还不稳定,他们在克服困难时毅力还不足,往往把坚定与执拗,勇敢与蛮干、冒险混同起来。高中阶段,随着认识能力的提高、意志行动动机的增强和情感的稳定,性格的意志力日趋提高。但是,作为个性心理特征的性格,其意志特征是因人而异的,且具有很大的个体性。而性格的这种意志表现,在高中阶段大致稳定。为了培养刚毅、勇敢的性格的意志特征,教师和家长应结合意志发展的特点着重在意志品质,即对意志的四个特征进行培养。

(四) 中学生的性格理智特征

人的智力差异表现在性格上,往往成为其性格的理智特征。这主要表现在两个方面:一个是思维和想象的类型不同,有艺术型(偏形象)、理论型(偏抽象)、中间型(混合状态);另一个表现在智力品质的差异上,如思维的深刻性、灵活性、独创性、批判性和敏捷性等方面所表现出的差异。

一般来说,性格的理智特征的成熟期,即思维的成熟期在高一下学期到高二上学期,这时中学生性格的理智特征日趋稳定。教师和家长一方面要抓紧中学生性格的理智特征成熟前的培养工作,另一方面要针对他们的理智特征类型,发展相应的兴趣和爱好,帮助他们选择符合自己特点的志愿,尽可能地发挥他们的专长和才能。

三、中学生的性格发展趋势及教育启示

在整个中学阶段,中学生的自我意识和性格结构动力特征都在发展,性格特征稳定性趋向成熟。

(一) 中学生自我意识的发展及教育启示

自我意识是作为主体的自我意识,如自我感觉、自我评价、自我监督、自尊心、自信心等。进入青春期后,随着身体的迅速发育与认知能力的提高,中学生越发关注自己的内心世界,从而导致了独立意识和自我意识的高涨。他们常思考关于"我"的问题,如:"我到底是个怎样的人?""我有什么特点?""别人喜欢我,还是讨厌我?"按照埃里克森的人格八

阶段理论,这一阶段最主要的矛盾就是完成自我同一性,避免同一性的混乱。这一阶段,如果中学生能够将自身生活经验整合起来,产生客观的自我认识和积极的自我体验,并自觉地进行自我调节和自我监督,那么将对中学生良好性格的形成、发展和变化具有重要作用。

教育启示:自我意识和自我调节在性格变化中起着重要的作用。教师和家长应该了解中学生自我意识发展的特点,有目的地培养其相应的自我评价能力和自我控制能力,促进其良好人格发展,具体涉及以下几个方面:① 教会中学生自我评价或评价他人的方法。② 尊重中学生的"成人感"和自尊感。③ 对中学生严格要求,使其进行主动、积极的自我教育。

(二)中学生性格动力特征的发展与教育启示

性格是整体结构,它是稳固的态度和与之相适应的行为方式的独特结合。随着环境的变化,人的性格特征会以不同的结合方式表现出来,因此性格的结构具有动力性质。动力的性质表现为各种性格特征之间有着一定的内在关系,在不同的行动条件下有不同的结合。

中学阶段,性格结构的动力特征明显,特征之间基本上能相互制约。例如,中学生的学习态度和学习上的意志特征之间关系的密切程度,随着年级升高而加深。初一、初二学生的学习积极性和意志力往往不是来自自身性格的态度特征,而在一定程度上是由于家长、教师和学校的要求。随着年级的升高,中学生学习勤奋、努力、认真主要是出于他们的学习态度和学习责任心。学习态度端正、学习责任感强的学生,往往自觉遵守纪律,主观努力突出。这种学习态度、责任感和意志特征体现了各种性格特征在不同年级、不同个体身上的独特结合,构成了中学生的性格特点和差异。

教育启示:教师和家长应从整体出发,全面地培养学生性格的各种品质特征。其中,一个重要的方面是培养学生的行为习惯,即稳固的行为方式。如果教师和家长能按照心理规律与教育规律,通过活动和练习来培养中学生良好的行为习惯,及时地对他们正在形成和日趋稳固的良好行为加以肯定,及时强化和鼓励,那么良好的行为习惯就会在整体结构中不断获得巩固。

(三)中学生性格特征的日趋稳定与成熟及其教育启示

性格具有可塑性,稳固的性格特征主要取决于社会环境与教育条件。中学生的性格处于形成与定型阶段。初中阶段是稳定的内外行为形成的阶段,性格正在日趋完成其塑造,但需要强有力的教育才能改变已形成的不良习惯。在高中生所特有的、内心制约行为的阶段——高中阶段,稳固的态度和行为方式已经定型,因而性格的改造比较困难。成熟前,性格的可塑性较大;成熟后,性格尽管也能改变,但可塑性较小。

教育启示:教师和家长要抓住性格成熟前的"塑造"时机,根据中学生性格的外部表现,培养中学生良好的人格。这一阶段,教育工作者应注重中学生正确人生价值观的培养,人际交往能力的提高,培养中学生延迟满足的能力以及整合各种人生经验的能力,减少不良性格的形成。

四、中学生的不良性格与应对

有研究者提出中学生应具备独立、自信、坚韧、自制、合群五个方面的性格特征(高慧、周颖萍,2006),具有这些性格特征的中学生能够正确地认识自己,克服学习和生活中的困难,不断进取,实现人生目标。但是,因为自身成熟、家庭、社会环境等多方面因素的影响,中学生往往会出现一些不良人格,这里列举部分不良性格特征及其应对方法。

(一) 自卑

自卑是一种自己轻视自己、认为自己不如别人的惭愧、畏缩甚至灰心的复杂情感。自卑心强的学生看不到自己的长处和优势,处处觉得低人一等。在任何活动之前,自卑者常有一种"我很难成功"的消极的自我暗示,对自己的期望不高。这种自我损害的倾向使人不相信自己的力量,限制了能力的正常发挥,结果造成活动的失败;而失败的结果反过来又进一步强化了自卑感。

自卑应对:① 正确的自我省察。自卑者可备一份"成功日记"。所谓成功日记,就是逐日记录自己的日常表现。日记分两栏记载自己当日成功的事情和未能成功的地方,并分析来自各方面的原因。只有及时省察,才能做到对自我的正确认识。② 指导自卑的青少年正确地运用心理防御机制,遭遇挫折的时候,从多角度辩证地看问题,"合理化"评价自我,进行恰当的归因。

[案例]

我不如别人

小明,高一男生,从农村一所中学考入了市重点高中,考上重点高中的兴奋感没持续几天,小明就陷入了深深的痛苦中,有一天他实在忍受不了了,就来到心理辅导老师的办公室,诉说自己内心的烦恼。

"老师,我身边的同学不仅家庭环境好,还多才多艺,小明会唱歌,小李会弹琴,小王的口才特别好,小张画画特别棒,小赵热情开朗、人缘特别好……而我啥也不会,原本引以为傲的学习成绩,现在班级排名也一般。我相对于其他同学,差太多了。我不愿参加班级活动,也不愿与他人多交流,因为那些情境会让我更难受! 我现在没什么朋友,过得很不开心,我当初就不应该考这里,也许原来的环境才更适合我。"

(二) 依赖

依赖主要表现为缺乏信心,总认为自己难以独立,时常祈求他人的帮助,处事优柔寡断,遇事希望父母或师长为自己做决定。依赖性强的学生喜欢和独立性强的同学交朋友,希望在他们那里找到依靠,找到寄托。学习上,喜欢让老师给予细心指导,时时提出要求;在家里,一切都听父母摆布,甚至连穿什么衣服都没有自己的主张和看法。

依赖应对:① 采取行动。尽管每一个依赖者都懂得应该依靠自己的力量去生存的道理,但他们大多怯于行动,因此,尽可能地为他们提供独立活动的机会是非常必要的。② 在家庭,父母对子女的关心要适度,要有意识地锻炼子女的独立性和自理能力,培养子女独立思考问题、解决问题的能力,以利于他们将来大胆地立足于社会。

(三) 怯懦

怯懦是指胆怯、怕事、懦弱、拘谨的人格特征。怯懦的人在行为层面表现为胆小怕事，遇事退缩。在与人交往时总是委曲求全、逆来顺受，不会也不敢拒绝别人的过分要求。在心理上，怯懦的人意志薄弱、情感脆弱、性格软弱，缺乏勇气和信心。在日常生活中，怯懦的人总是寡言少语，行动拘束，多一事不如少一事。怯懦的性格通常在人际交往或处理具体事务的时候才会显现出来。

怯懦应对：① 学会说"不"。当不同意他人意见时，合理的拒绝不仅可以维护自身利益，还可以让对方考虑你的意见，给予你应有的尊重。② 建立自信。这是从根本上改变怯懦性格的方法。③ 采取行动。从行动中看到自己的力量和能力。④ 不怕失败。采取行动可能会失败，要学会正确看待失败，为以后行为积累经验。

(四) 孤僻

孤僻主要表现是不愿与他人接触，对周围的人常有厌烦、鄙视或戒备的心理。孤僻的人内向、沉默寡言、喜欢独处，他们总认为别人瞧不起自己，凡事表现出漠不关心、盛气凌人的样子。其实孤僻的人内心很脆弱，很害怕别人的伤害，为了保护自己那点可怜的自尊心，于是就把自己禁锢起来不与他人交往。孤僻的人往往外表孤傲，但内心孤独、寂寞，容易出现抑郁和各种身心疾病。孤僻性格的形成往往与早期的家庭生活有关。如果父母缺少与孩子的沟通，那么孩子缺乏与他人交往的技巧，容易在交往中遭到拒绝或打击，使得他们本来就不高的自尊心受到伤害，从而封闭自我。

应对孤僻：① 正确认识自己。孤僻者对自己的认识和评价存在较大的偏差。他们要么过去自卑，交往中怕被别人讥讽、嘲笑、拒绝，只好把自己紧紧地包裹起来，保护着脆弱的自尊心；要么总想着自己的优点、长处，总盯着别人的缺点、短处，自命不凡，不屑与其他人交往。② 培养交往能力。孤僻的人并非不愿与别人交往，而是因为缺乏交往的能力和技巧。可以先学习交往沟通的技巧，并试着和自己比较亲近的人交往，在这个过程中逐步培养自己的人际交往能力。③ 学会表达和分享。孤僻的人生活在自己的世界里，缺乏对自己内心世界的有效表达。在人际交往中观点的碰撞、情感的共鸣往往能够瞬间拉近两个人之间的距离。

(五) 猜疑

猜疑是指个体总是毫无根据地怀疑他人，认为他人做事都是针对自己。猜疑心比较重的人往往在主观上假定某一看法，然后把许多无关联的现象通过"合理想象"拉扯在一起，来证明自己看法的正确性。

化解猜疑：① 增强对他人的信任感。猜疑形成的主要原因是对环境、他人缺乏信任。猜疑者总是将自己置于道德的高地，用消极的方式看待周围的人。② 加强沟通和交流。猜疑者总是在内心猜测他人的目的和意图。其实，如果将自己的猜测和疑虑公之于众，或者面对面地与被猜疑者推心置腹地交流，这样会增加信任，消除隔阂，排除误会。③ 学会分析自己的"合理想法"。

※知识链接

人格海洋——"大五"人格

塔佩斯等(Tupes&Christal,1961)运用词汇学方法对特质变量进行了再分析,发现了五个相对稳定的因素,后又经多位学者验证形成了著名的"大五"因素模型。这五个因素的首字母构成了"OCEAN"一词,代表了"人格的海洋"。

开放性(openness):具有想象、审美、情感丰富、求异、创造、智能等特质。具有开放性特质的人更善于对已有经验进行重新解读,更喜欢接受或者探索新的情境,建构新经验。封闭性的人则容易一成不变地看待自己的经验,不喜欢新东西,常用已有的经验解读新生事物,忽视其新异性。

尽责性(conscientiousness):显示了胜任、公正、条理、尽职、成就、自律、谨慎、克制等特质。高尽责性个体能够有效地控制自己的冲动,是努力认真的、值得信赖的;低尽责性个体较为冲动,是马马虎虎的、不负责任、不值得信赖的。

外倾性(extraversion):表现出热情、社交、果断、活跃、冒险、乐观等特质。外倾者喜欢与人交流,经常感受到积极的情绪;而内倾者比较安静,不喜欢与外界有过多的交流和接触。

宜人性(agreeableness):具有信任、直率、利他、依从、谦虚、移情等特质。高宜人性个体善解人意、友好大度,乐于帮助别人;低宜人性个体则是把自己的利益放在第一位,行为处事总是从自己的角度出发,很少考虑别人的感受。

神经质或情绪稳定性(neuroticism):具有焦虑、敌对、压抑、自我意识、冲动、脆弱等特质。高神经特质个体对外界刺激反应较为强烈,情绪的调节能力比较差,他们更容易体验到消极的情绪;相反,低神经质的人情绪调节能力较强,情绪生活较为稳定,较少情绪化。

(资料来源:彭聃龄.普通心理学[M].北京:北京师范大学出版社,2012.)

※本章小结

人格是指在社会生活适应中,个体在思想、情感及行为上表现出的特有统合模式。人格可以刻画个体间的差异,它具有独特性、稳定性、整体性、社会性四个主要特征。人格理论是心理学家对人格及其差异进行描述和解释所使用的概念体系,本章介绍了精神分析理论、特质理论、行为主义理论、人本主义理论、认知理论关于人格结构、形成与发展以及异常人格的看法。

人格的形成受多种因素的影响,它受到生物遗传、家庭、学校、社会环境、自我控制等综合因素的影响,这些影响因素之间相互作用,对人格因素的影响随着人格特征的不同而不同。目前国内外常用的人格评估方法主要有自陈量表法、投射测验、情境测验三种。

从内容上讲,人格被认为是气质和性格的综合。气质是一个人心理活动的稳定的动力特征,它表现在心理活动的强度、速度、灵活性与指向性等方面,是遗传因素在人格中的表现。气质具有动力性、天赋性、稳定性与可塑性四个方面的特性。气质在教育实践活动中不起决定作用,但教育工作者了解学生气质特点,并采用适合其气质特点的教育和教学方法,对于培养学生优良的个性品质,提高其学业成绩具有重要的意义。

性格(character)是一个人在对现实和周围世界的稳定态度和习惯化的行为方式中表

现出来的人格特征。它表现在个体对自己、对他人、对事物的态度和所采取的言行上,是人格结构中的社会成分。性格是由各种各样的心理特性构成的,我们可以从态度特征、情绪特征、意志特征和理智特征四个方面分析中学生的性格特征。在整个中学阶段,中学生的自我意识和性格结构动力特征都在发展,性格特征稳定性趋向成熟,教师和家长应该了解中学生自我意识发展的特点,从整体出发,有目的地培养中学生的自我评价能力和自我控制能力,要抓住性格成熟前的"塑造"时机,根据中学生性格的外部表现,培养并促进中学生良好人格的发展。

※习题
一、选择题
1. 现实生活中,有人泼辣开朗,有人性情温柔,有人冲动莽撞,这体现了人格(　　)的特征。
  A. 整体性　　　　B. 稳定性　　　　C. 独特性　　　　D. 社会性
2. (　　)第一次提出了人格发展理论。
  A. 弗洛伊德　　　B. 奥尔波特　　　C. 埃里克森　　　D. 罗杰斯
3. 人格评估方法主要包括(　　)。
  A. 自陈量表法　　B. 投射测验　　　C. 情境测验　　　D. 实验法
4. 罗马医生盖伦提出人的气质类型包括(　　)。
  A. 胆汁质　　　　B. 多血质　　　　C. 黏液质　　　　D. 抑郁质
5. 关于气质描述的说法,正确的是(　　)
  A. 气质有好坏之分,要培养学生的积极气质
  B. 气质受先天遗传因素的制约,因此是不可改变的
  C. 气质表现的是人的心理活动和行为方式的动力特征的综合
  D. 具有不同气质类型的人可以形成同样的性格特征

[参考答案] 1. C　2. C　3. ABC　4. ABCD　5. CD

二、思考题
1. 什么是人格?人格的基本特征有哪些?
2. 常用的人格问卷和量表有哪些?
3. 影响人格形成和发展的因素有哪些?
4. 什么是人格理论?人格的精神分析理论包括哪些基本内容?
5. 特质理论和行为主义是如何看待人格的?
6. 气质对中学教育活动的启示有哪些?
7. 中学生的性格特征是什么?
8. 中学生性格发展的趋势是什么?对中学生良好性格的培养有哪些启示?
9. 常见的中学生不良性格有哪些?应该如何应对?

※参考文献
[1] 林崇德.中学生心理学[M].北京:中国轻工业出版社,2019.

［2］彭聃龄.普通心理学[M].北京:北京师范大学出版社,2012.
［3］王瑶.中学生心理健康与指导[M].北京:北京师范大学出版集团,2015.
［4］许燕.人格心理学[M].北京:北京师范大学出版集团,2009.
［5］赵国祥.心理学概论[M].北京:光明日报出版社,2007.

第九章 中学生的智力与个体差异

※**名人名言**

人所具备的智力仅够使自己清楚地认识到,在大自然面前自己的智力是何等的欠缺。如果这种谦卑精神能为世人所共有,那么人类活动的世界就会更加具有吸引力。

——爱因斯坦

※**本章提要**

1. 智力的概念及相关理论
2. 智力的测量与个体差异
3. 中学生智力发展的特点和影响因素

※**学习目标**

1. 了解智力的概念及相关理论
2. 知道智力测量的条件和种类,明确智力的个体差异
3. 掌握中学生智力发展的特点及影响因素
4. 能够根据智力的个体差异与影响因素论述如何促进中学生智力的提高,并帮助有特殊需要的学生

※**案例导入**

"狼孩"的故事

1920年,印度传教士辛格在一个巨大的白蚁穴附近,发现狼群中有两个"狼孩"。辛格把她们送进了米梅纳普尔市孤儿院。据辛格讲,这两个孩子刚回到人类社会之初,具备狼的特点,有明显的动物习性:吞食生肉,四肢爬行,喜暗怕光,白天总是蜷缩在阴暗的角落里,夜间则在院内外四处游荡,凌晨1~3时像狼似的嚎叫,给她们穿衣服,她们会粗野地把衣服撕掉。她们目光炯炯,嗅觉敏锐,但不会说话,没有人的理性。辛格牧师夫妇俩为使两个狼孩能转变为人,做了各种各样的尝试。其中一个狼孩阿拉玛到第2个月,可以发出"波、波"的音,诉说饥饿和口渴了。遗憾的是,回到人类社会的第11个月,阿拉玛就死去了。另一个狼孩卡玛拉4年后掌握了6个单词;将近5年的时候学会了两脚步行,但快跑时又会用四肢。经过5年,她能照料孤儿院的幼小儿童了。她为自己想做的事情(如解纽扣儿)做不好而哭泣。大女孩卡玛拉一直活到17岁,但直到死时也没有真正学会说

话,智力只相当于三四岁的孩子。

案例中"狼孩"阿拉玛和卡玛拉都具有人的遗传素质,但为什么在孤儿院里她们却很难学会人类的语言,连基本的动作都做不好呢?为什么卡玛拉回到人类社会,17 岁的智力只相当于三四岁的孩子?人类的智力发展到底受到哪些因素的影响?中学阶段是智力发展的关键,我们又应该如何为中学生的智力发展助力呢?

(资料来源:百度文库 https://wenku.baidu.com/view/bd43e7d949649b6648d747ca.html)

第一节 智力的含义与理论观点

智力问题是学校和家长最为关心的问题之一,因为它影响着个体的学业成绩和未来发展。什么是智力?目前国内外关于智力的理论观点都有哪些?智力与能力、知识、技能的区别和联系是什么?本节将从这几个方面介绍智力。

一、智力的含义

关于智力(intelligence)的界定,目前国内外并没有统一的说法。比纳(A. Binet, 1857~1911)把智力理解为正确的判断、透彻的理解、适当的推理能力。推孟(L. M. Terman,1877~1956)认为智力是抽象思维的能力。皮亚杰(J. Piaget)指出智力的本质是适应,使个体与环境取得平衡。Storddard 将智力定义为从事艰难、复杂抽象、敏捷和创造性活动以及集中能力和保持情绪稳定的能力。特曼认为智力测验所得的分数就是智力。加德纳将智力定义为:"在一种文化环境中个体处理信息的生理和心理潜能,这种潜能可以被文化环境激活以解决实际问题和创造该文化所珍视的产品。"布朗(F. G. Brown)认为智力是学习能力、保持知识、推理和应付新情境的能力。

我国心理学研究者对智力概念也有自己的见解。林崇德将智力定义为,成功地解决某种问题且具有良好适应性的个性心理特征。陈胜杰认为智力是在个性倾向性影响下的动力系统,具体表现为多种一般能力和知识技能在活动中交互作用,并与脑神经特性相结合。林传鼎认为智力又称智能或智慧,是一种个体所具有的心理条件或特征,它是人们获得知识和运用知识解决问题的必要条件。

总之,智力主要是指认知方面的各种能力,即观察力、记忆力、思维能力、想象能力的综合,其核心是抽象思维能力,它表现为个体对环境的适应能力,是一种稳定的个性心理特征。

二、智力的主要观点

心理学者对智力概念的不同定义源于他们对智力的不同理解,这里简要介绍几种国内外常见的智力观点,以便更好地理解智力的内涵。

(一) 因素说

1. 二因素说

因素说是研究智力构成要素的学说。最早对智力结构进行探讨的是英国心理学家斯皮曼(Charles Spearman,1863~1945)。他根据人们完成智力作业时的成绩的相关程度,提出智力由两种因素组成,即贯穿所有智力活动中的一般因素(general factor)和体现在某一特殊能力之中的特殊因素(special factor)。

之后,美国心理学家卡特尔(R. B. Cattell)等人在对一般因素的分析中发现了斯皮尔曼等人没有注意的两个智力成分,即流体智力(Fluid Intelligence)和晶体智力(Crystallized Intelligence)。流体智力指在信息加工和问题解决过程中所表现的能力,如对关系的认识,类比、演绎推理能力,形成抽象概念的能力等。它较少依赖于文化和知识的内容,而决定于个人的禀赋。流体智力的发展与年龄有密切关系。一般人在20岁以后,流体智力的发展达到顶峰,30岁以后将随年龄的增长而降低。此外,心理学家也发现,流体智力属于人类的基本能力,其个别差异受教育文化的影响较少。因此,在编制适用于不同文化的所谓文化公平测验时,多以流体智力作为不同文化背景者能力比较的基础。晶体智力指获得语言、数学知识的能力,它决定于后天的学习,与社会文化有密切的关系。晶体智力在人的一生中一直在发展,只是到25岁以后,发展的速度渐趋平缓。

2. 多元智力理论

多元智力理论是由美国心理学家加德纳(H. Gardner)提出的。加德纳通过对脑损伤病人的研究及对特殊群体的智力分析,提出人类的神经系统经过一百多万年的演变,已经形成了互不相干的多种智力。他认为智力的内涵是多元的,它由七种相对独立的智力成分构成,每种智力都有其独特的问题解决方法,都有其自身的符号系统。这七种智力在每个人身上的组合方式是多种多样的,有人可能在某一两个方面是天才,而其余方面却是蠢材,有人可能各种智能都很一般,但如果他所拥有的各种智能被巧妙地组合在一起,则可能在解决某些问题时显得很出色。

加德纳所提出的七种智力是:① 语言智力:指处理词和语言的能力,包括口头语言和书面语言。② 逻辑-数学智力:指数学和逻辑推理的能力以及科学分析的能力。③ 空间智力:指在脑中形成一个外部空间的模式并能够运用和操作该模式的能力。④ 音乐智力:指感知并创造音调和旋律的能力。加德纳认为这种能力多系天赋。⑤ 身体-动觉智力:指运用整个身体或身体的一部分解决问题或制造产品的能力。⑥ 人际智力:就是理解他人的能力。人际能力高者善于处理人际关系,善于与人交往。⑦ 自知智力:指深入自己内心世界的能力。善于了解自己的内心感受,进行自我内省。

(二) 结构说

结构说实际上也是因素说的一种,但它强调智力是一种结构。

1. 三维结构模型

美国心理学家吉尔福特(J. P. Guilford)于1959年提出了智力的三维结构模式,认为智力由操作(即思维方法,可分为认知、记忆、发散性思维、集中思维、评价五种成分)×内容(即思维的对象,可分图形、符号、语义、行动四种成分)×结果(即把某种操作应用于某种内容的产物,可分为单元、种类、关系、系统、转换、含义六种成分)所构成的三维空间结构。

2. 层次结构理论

美国心理学家阜南于1960年提出了智力的层次结构理论,认为智力是一个多层次的心理结构。其中最高层次是智力的一般因素;第二层次包括两大因素群,即言语与教育方面的因素、操作和机械方面的因素;每个大因素群又分为第三层次的几个小因素群,包括言语、数量、机械、信息、空间信息、用手操作等;第四层级是各种特殊因素,即各种各样的特殊能力。

美国心理学家施莱辛格(L. M. Schlesinger)和格特曼(L. Guttman)于1969年提出二维结构模型理论。他们认为,智力的第一维是语言、数和形(空间)的能力,第二维是规则应用能力、规则推理能力和学校各科学业测试成绩(用曲线表示其范围)。

3. 林崇德的三棱智力观

林崇德认为,智力是成功地解决某种问题(或完成任务)所表现出的、具有良好适应性的个性心理特征。智力是由言语、感知、记忆、想象、思维和操作技能等因素构成的一个完整结构,思维是智力的核心。

一个人的智力是正常、超长或低常主要是由智力品质确定的。智力品质是智力活动中,特别是思维活动中智力特点在个体身上的表现,因此又叫作思维的智力品质或思维品质。思维品质主要包括深刻性、灵活性、独创性、批判性和敏捷性五个方面,它体现了个体思维的水平和智力、能力的差异。

思维的深刻性是指思维活动的抽象程度和逻辑水平,以及思维活动的广度、深度和难度。它表现为个体在智力活动中深入思考问题,善于概括归类,逻辑性强,抽象程度高,善于抓住事物的本质和规律,开展系统的理解活动,善于进行各种逻辑推理,善于预见事物的发展进程。

思维的灵活性是指思维活动的灵活性程度。它反映了智力与能力的"迁移"水平,也就是人们常说的"举一反三""运用自如"。

思维的独创性是指思维活动的创新精神或创造力,独创性是一种比较高级的智力品质。思维的批判性是指思维活动中独立分析和批判的程度。有了批判性,人类不仅能认识客体,还能认识主体,并在改造客观世界的过程中改造主观世界。所以,批判性是人类反思能力或"元认知"。

思维的敏捷性是指思维活动的速度,它反映了智力正确而迅速的程度。智力超长的人,思考问题敏捷,反应速度快。

林崇德认为智力是三棱结构(如图9-1),个体智力差异的根本原因在于智力结构的差异。六种因素在思维乃至智力中的地位和功能不同。① 智力活动的目的表现为智力活动的目的性,就是思维活动的方向和预期的结果,即实现适应这样的思维功能,它的发展变化或完善表现在定向、适应、决策、图式、预见五个指标上。② 智力活动的过程是指为了一定的目的在一定的心理结构上进行信息加工的过程,表现为串行、平行和混合加工的过程。智力活动的框架和指标为:确定目标→接受信息→加工编码→抽象概括→操作运用→获得成功。③ 智力活动的材料是信息,即外部事物或外部事物属性的内部表征。④ 智力活动的品质是思维的个性特征,也是思维结果的评价依据。⑤ 智力活动的自我监控也就是反思和反省,是自我意识在思维里的表现,叫作思维的自我监控、反思。⑥ 智力活动中的非智力因素是指不直接参与智力过程,但对智力过程起直接作用的心理因素,包括理想、动机、兴趣、情感、意志、气质和性格等。

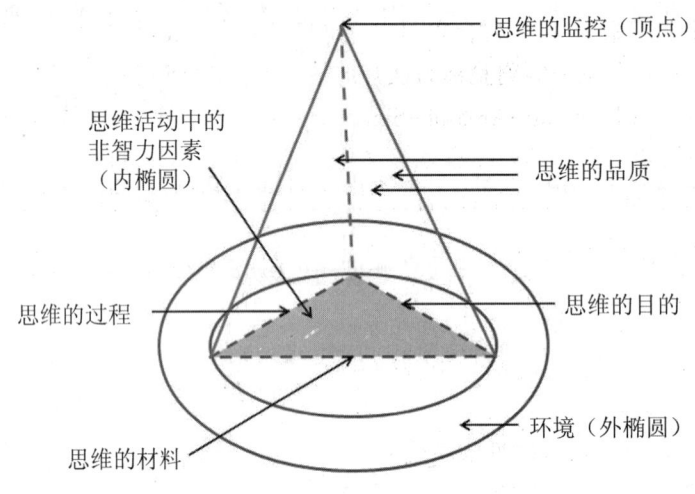

图 9-1　智力的三棱结构

(三) 信息加工取向的智力理论

20 世纪下半叶,随着认知心理学的兴起,对智力的研究发生了重要变化,出现了另一条重要的研究取向,即信息加工取向。认知心理学家关心的不是智力活动的结果,而是其信息加工过程。智力是为了达到一定的目的,在一定的心理结构中进行的信息加工,包括感觉输入受到转换、简约、加工、存储、提取和使用的全部过程。信息加工取向的智力理论主要包括以下两种。

1. 三元智力理论

美国耶鲁大学的心理学家斯腾伯格(Stemberg,1985)提出了三元智力理论,他认为大多数的智力理论是不完备的,它们只从某个特定角度解释能力。一个适当的智力理论应该考虑智力与内在世界、外在世界以及人的经验的关系。由此,斯腾伯格提出人的智力是由三部分控制的理论,即成分亚理论、情境亚理论和经验亚理论。

成分亚理论是指人们在计划和执行一项任务时的心理机制,它包含三种机能的成分:元成分、执行成分和知识习得成分。元成分是指人们决定问题性质、选择解决问题策略以及分配资源的过程。执行成分是指人实际执行任务的过程。知识习得成分是指人筛选相关信息并对已有知识加以整合从而获得新知识的过程。

情境亚理论主要是指获得与情境拟合的心理活动。智力表现为有目的地适应环境、塑造环境和选择新环境的能力。个体总是努力适应所处环境,力图在个体及环境之间达到一种和谐,当和谐程度较低时,就会产生不适应,个体可能选择能够达到的另一种和谐环境。

经验亚理论是个体运用已有的知识和经验的能力。一个有经验能力的人,能够很快适应环境,因为他善于运用以往的知识经验来解决新面临的问题。

三元智力理论对智力提出了新的解释,并系统地探讨了内部心理过程如何与文化因素及外部环境的相互作用以产生有效的能力。但三元理论没有对三者相互作用的过程和结构进行详细的阐述,这是它的不足之处。

2. PASS 模型

加拿大心理学家戴斯等人结合鲁利亚的神经生理学成果提出了研究认知活动的 PASS 模型,在此基础上编制的测验称为认知评估系统。PASS 是指"计划—注意—同时性加工—继时性加工"(Planning-Arousal-Simultaneous-Successive,PASS)。它包含了三层认知系统和 4 种认知过程。其中注意系统又称注意-唤醒(arousal)系统,它是整个系统的基础;同时性加工和继时性加工统称为信息加工系统,处于中间层次;计划系统处于最高层次。三个系统协调合作,保证了一切能力活动的运行。

PASS 模型认为三个机能系统之间有一种动态的联系,注意、信息编码和计划之间是相互作用和相互影响的。第一机能单元和第三机能单元关系非常密切,计划过程需要一个充分的唤醒状态,以使注意能够集中,进而促使计划的产生。编码和计划过程也密不可分,因为在现实生活中的任务往往能以不同的方式进行编码,个体如何加工这种信息也是计划的功能,所以同时性或继时性加工受到计划功能的影响。

(四) 皮亚杰的智力适应理论

皮亚杰认为智力是对环境的适应,它使个体与环境取得平衡。这种适应是主动的、积极的,也就是说智力是一种主动、积极的结构。

皮亚杰认为,智力是一种思维结构的连续形成和改组的过程,每一阶段有一种相对稳定的认知结构来决定学生的行为,并说明该阶段的主要行为模式;教育则要适合于这种认知结构或智力结构,即要按照学生的认知结构或智力结构来组织教材,调整内容,进行教学。如果学生的认知结构或智力结构不合理,那么他们就会记忆缓慢、思维迟钝,不能灵活地解决问题。

皮亚杰最初强调图式(Schema,即动作的结构或组织)是智力的结构。图式经过同化、顺应和平衡,构成新的图式。到了晚年,他强调这个结构的整体性、转换性和自调性。他提出的所谓"建构主义"强调了主客体的相互作用、共时性与历史性的统一、活动中心范畴三个方面。

三、智力与能力、知识、技能的关系

能力是直接影响人的活动效率,促使活动顺利完成的个性心理特征。在现实生活中,有的人擅长绘画,有的人擅长音乐,还有的人显露出一定的组织管理才能,有的人具有较强的记忆力,有的人具有较高的创造力,这里所说的就是在每个人身上表现出的不同能力。能力与活动密切相关,个人的能力总是在活动中形成和发展,并在活动中得到表现;同时从事某种活动又必须以一定的能力作为条件和保证。

智力是一种抽象和概括的综合能力,并非是一种单一的能力。关于能力与智力的关系,目前主要有三种观点:① 能力包含智力。智力是能力的一种,即认知能力。在苏联和我国的心理学教科书中,大多持这一观点。② 智力包含能力。西方心理学家大多持这一观点。③ 智能相对独立论。能力和智力是相互联系又相互区别的概念。智力侧重于认知,能力侧重于活动。智力主要涉及"知与不知"的问题,能力主要解决"能与不能"的问题。能力和智力虽然有一定的区别,但在许多情况下还是可以通用的。

知识是人类社会历史经验的总结,它以思想内容的形式为人所掌握。知识来源于社会实践,社会实践是人类一切知识的基础和检验标准。知识的形成要以人类的语言为工具,知识借助于一定的语言,物化为社会实践活动产品的经验形式,用以交流或代代相传,成为人类共同的精神财富和精神文明。技能是指一种通过练习而巩固了的自动化的活动方式。它是以行动方式的形式被人们所掌握,而能力是针对进行活动的可能性而言的。

知识、技能是发展智力的基础,发展智力是提高知识、技能的目的。因此,中学教学要在不断提高学生"双基"水平的基础上,发展学生的智力;同时要在发展学生智力的条件下,进一步促使其"双基"水平的提高。

中学教学十分强调培养学生的基本知识和基本技能(简称"双基"),并把双基作为学校教学的重要任务。我国著名心理学家朱智贤教授谈到青少年儿童心理发展规律时指出:"从教育措施到青少年儿童心理发展,这里面是以青少年儿童对教育内容的领会或掌握为中间环节的,要经过一定的量变质变过程的。"可见,通过教学向学生传授知识是重要的,但这只是使学生思维能力、智力发展的量变过程,它是一个中间环节,不是最终目的。最重要的是思维能力、智力本身的发展,这是质变过程,这才是真正的终结。从知识、技能的发展"量变",到成为智力与能力的"质变",中间环节是概括过程,正是这种概括过程实现了知识、技能向智力、能力的转化。

综上所述,知识、技能与智力、能力发展的关系是:人们获得知识、技能后,经过不断的概括过程,相关的智力与能力得到了发展;同时,智力与能力的发展又使人们更好、更快地获得知识和技能。

第二节 智力的测量与个体差异

测验是心理学对人类的一个重要贡献,智力测验可以区分出不同智力水平的群体,是学校和社会选拔人才的重要依据。同时,智力的测量是我们研究智力的个体差异的前提,是因材施教的基础。

一、智力的测量

世界上第一个正式智力测量是由法国心理学家比奈(A. Binet)和医生西蒙(T. Simon)于1905年编制的,也称为比奈-西蒙量表,这是科学的能力测量的开端。它的产生是为了分辨出不适应在一般学校学习的能力落后儿童,从而给予特殊教育。此后,智力测验在世界各国陆续运用,内容和形式不断改进。

(一)智力测验应具备的条件

智力测验是通过测验的方法来衡量人的智力水平高低的一种科学方法,是心理测验的一种,也是最早发展的测验之一。任何良好的智力测验必须具备以下条件。

1. 标准化与常模

一个良好的智力测验,在编制时必须经过标准化的过程。所谓标准化(standardization),是指测验编制时所经过的下列四个标准式的步骤。

第一,选择具有代表性的测验题目。测验题目的选择,必须符合两个原则:其一,必须与打算编制的测验在性质上相符合;如果要测量语言智力,就要选择具有代表性的语言类题目。其二,必须与打算使用的对象在年龄(或其他标准)上相符合;用于小学生的能力测验,在题目的难度上就不能包括中学生所学习的知识。

第二,选择具有代表性的被试,确定标准化样本(standardization sample)。应用抽样(sampling)的方法,从某一全体中选出少数被试为样本。样本要保持男女的恰当比例,城乡居民、不同地区人口的比例,注意人的社会阶层、经济地位等。人数的多少(样本的大小)也和测验的标准化有关。一般来说,取样的数量越多,标准化的程序也会精确些。比奈-西蒙(1980)量表,只用了 300 个儿童;斯坦福-比奈(1937)量表用了 3000 个儿童,但取样对象都是美国出生的白种人,这都会影响到量表的标准化。

第三,施测程序标准化。要使测验准确有效,就要使测验的施测和评分都有统一的标准。施测时的标准化是对施测环境的控制,如使测验场所的桌椅设备、采光环境保持一致;统一规定测验施行的时间;事前做好一切必要的准备,使测验不因偶然发生的事情受到影响或中断;在施测任何被试时,必须在同一时限与同样情境下,按照同样规则去从事测验作业。测验的记分也力求客观、正确,测验的评分标准必须有明确规定,要尽量减少阅卷者对测验成绩的影响。

第四,统计结果,建立常模。样本施测后,对结果加以统计处理,得出一个具有代表性的分数分布,即常模(norm)。常模包括最高分与最低分,样本的平均数,各种分数上的人数。常模是使用测验者解释测验结果的依据。个体的测验分数必须与常模比较,以判别某一个体所得分数的高低,这时分数才能显示出它所代表的意义。

2. 信度和效度

智力测验编制的好坏,关键是看该测验的信度和效度。

信度(reliability)是指测验的结果是否具有一致性、一贯性、稳定性,它决定测验的结果是否可信。如果我们在一段时间内,连续几次用同一量表测量一个人的能力,得到的结果却不一样,那么这个测验就没有一贯性,就不可信。检测信度的方法很多。一种方法是在不同时间里重复施测,如在月初施测一次,到月末再施测一次,这样把两次施测的结果相比较,求相关,如果这两次测验的得分相关很高,则信度高。这种信度叫重测信度(test-retest reliability)。另一种方法是把测验分为相等的两半,求这两部分测验得分之间的相关,如果相关很高,则信度高。这种信度叫分半信度(split-half reliability)。信度高低用信度系数表示,信度系数的大小用统计学上求相关的方法计算。一般说来,信度系数在 0.8 以上,则该智力测验才是可信赖的。

效度(validity)是指一个测验的正确度。一个测验的效度越高,即表示该测验结果越能代表想要测量的心理特质。评定测验效度的方法,一般是以群体测验的分数与效度标准(validity criterion,简称效标)求相关,所得相关系数即是效度系数。所谓效标是指用来建立效度的标准,通常是以该量表在另一个公认的能力测验上所表现的分数为标准。

信度与效度并不是一回事,不可替换。有效度的测量常常具有信度,但是有信度并不一定有效度。

3. 实施程序与记分方法

标准化与常模、信度和效度对于任何心理测验而言都是不可或缺的,且这些必备条件均须在测验编制时即予以建立。此外,任何智力测验均必须在编好的测验实施手册内,详细载明测验实施的程序与记分方法。

就实施程序而言,测验编制者必须在手册内详细而明确地举出指导语;规定施测者必须对受试者说些什么话(如时间限制、作答方式等),在测验时他必须做些什么事(如怎样发卷、如何收卷、如何回答受试者问题以及如何控制时间等)。实施程序的明确规定,也可视为标准化的条件之一。

测验的记分属于施测之后的结果整理工作。测验的计分方式也必须在手册内详细说明,如何计算测验的原始分数(raw score)(指按答对题目为准的分数),如何转换为其他种分数(如将原始分数转换为智力商数等),均须在手册内说明。

无论采用哪种计分方法,在使用时都必须遵守以下四项原则:① 客观。测验的评分标准必须有明确的规定;受试者所得分数的高低,绝不能因阅卷者的主观因素而有任何影响。② 正确。无论对单一题目的记分,或是对全部分数的统计,必须按一定的方法与步骤,务必使可能产生的错误减少到最低限度。③ 经济。阅卷与计分过程须做到符合省时、省力、省钱的经济原则,使施测之后在最短期间内即得到最正确的结果。④ 实用。测验的目的在于用来作为解决问题的工具。因此,对测验分数的解释与应用,必须照顾到使用者的条件;不需要太多专深的知识,即可获得测验结果并借以解决问题。

(二) 智力测验的种类

心理测验本身依据题目形式、编制目的、施测要求、解释方式等可以划分为各种不同的类型,这里介绍几种与智力测验有关的分类。

1. 个别测验和团体测验

任何测验都可以由主试者向一个人单独施测,也可以同时施测于一组人。根据施测对象的数目,测验可以分为个别测验和团体测验。

个别测验指在同一时间内主试者只能对一个受测者进行施测的测验,如比奈量表、韦氏儿童智力量表等大多数儿童智力测验都属于个别测验。个别施测对于某些特殊对象,如幼儿、智力障碍儿童等尤为必要。它耗费的时间和精力较多,测验程序比较复杂,并且主试者必须进行严格的训练后方能胜任。因此显得不够经济,短时间内不可能获得大量资料。

团体测验能够在同一时间内由一位主试者对多名受测者进行施测,如一般的教育测验。团体施测较之个别施测显然可以节省大量人力与时间,并且可以在短时间内收集大量信息,同时主试者也无须接受严格的专业训练。不过它的缺点也正与个别测验的优势相反:主试者无法充分观察和控制每一位受测者的反应,测量误差不易控制。

2. 文字测验和非文字测验

测验题目可以由各种不同的方式呈现,比如数字、文字、图形或各种实物都可以用来组成题目进行测验,测验呈现的方式不同,受测者的作答方式也不一样。根据这一点,心理测验可以分为文字测验和非文字测验。

文字测验的题目以文字材料组成并呈现,要求受测者用文字或语言的方式作答。文字测验的实施比较简便,而且较易于测量人类高层次的心理功能。但是,这类测验容易受社会文化背景的影响,在跨文化比较研究中应用比较困难。同时,不同的文化程度会影响测验结果,对于那些在语言文字方面有困难的人和幼小儿童则完全不适用。

题目不以文字表述,受试者不以语言或文字方式作答的测验称为非文字测验。非文字测验的说明由主试者口头叙述,测验题目多属于图画、工具、模型等,对仪器、实物等辨认或操作的操作性测验,也属于非文字测验。这类测验一般只适用于个别施测,费时费力,且对测验结果的评分易受主观因素的影响,很难达到严格的标准化水平。但是由于其材料的特殊性,这类测验不易受文化因素的影响,可用于广大文化水平较低者,如学前儿童、文盲等,并且适合于进行跨文化研究。

由于一个人在认知领域的知识往往并不能代替其在操作领域的技能,因此一般的智力测验同时包含两类题目,并且将两部分测验先分别计分,然后再结合起来进行解释,效果较好,如韦氏儿童智力量表。

3. 速度测验和难度测验

速度测验关注的是回答题目的速度,要求受测者尽快作答,完成题目越多越好。其目的在于考察受测者在测验任务上的反应速度。速度测验一般由比较容易的题目组成,不需要深入思考,只是题量大而时间限制非常严格,一般情况下几乎没有受测者能够在允许的时间内完成全部题目。这类测验以受测者在规定时间里答对的题目数量来区分优劣,常用于考查需要牢固掌握的基础知识部分。

难度测验关注的是被试答题的正确性,要求受测者认真思考,准确地回答问题。测验的构成比较复杂,题目从易到难排列,最难的题目几乎没有一个受测者能够解决。这类测验可以没有时间限制或限制得非常宽松,通常以95%的受测者都有可能做完全部题目为前提来规定时间。它旨在测量受测者的解题技巧和解决问题的最高水平,以完成的数量和准确性为计分标准。各类学科竞赛所用的测验可谓难度测验的典型示例。

4. 特殊能力测验与创造力测验

根据智力理论,除了一般的智力外,人们的智力还表现在某些特殊能力上,如音乐、机械操作、艺术等方面的特殊才能。使用不同的方法和手段度量这些能力,就叫特殊能力测验。例如,通过测定一个人对音调、音响、和谐、节律的感受和分辨,可以了解他的音乐能力;通过测定视觉阅读速度和手指灵活性,可以了解一个人的打字能力;通过测定人对仪表的认读、空间定向、对仪器的理解、对物体运动速度的判断和手指的灵活性等,可以判断一个人的飞行驾驶能力;通过测定一个人在调度、安排、意外处理、判断决策方面的表现,可以了解他的管理能力;等等。可见,测定特殊能力同样要对某种能力结构成分做出正确的分析,然后采取适当的手段来进行度量。特殊能力测验具有较强的针对性,因而对职业定向指导、安置和选拔从业人员、发现和培养具有特殊能力的儿童有重要意义。

思维是智力的核心,创造性思维的测量反映了个体的创造力。创造力测验不同于一般智力的测验,一般智力测验的内容是常识性的,并且有固定答案的问题,因而测量的结果主要反映一个人的记忆、理解和一般的推理能力。而创造力测验的内容,不强调对现成知识的记忆与理解,而强调思维的流畅性、交通性与超乎寻常的独特性。例如用来测量儿童思维的流畅性的题目(Wallach &Kogan,1965):① 尽量说出几种常见东西的用途,如鞋子、软木塞等;② 尽量说出一堆物体相似的地方,如火车与拖拉机、马铃薯与胡萝卜等;③ 尽量列举一个抽象范畴所具有的各种实例,如圆形的东西,有水珠、皮球、盖碗等;④ 在看到某个抽象的图形或线条画时,尽量说出你所想到的意义。研究者可以记录儿童做出的反应数量和具有创造性的反应数量。通过这两方面的度量,就可以了解儿童思维的流畅性与独创性。

(三) 经典智力测验

目前,大多数的智力测验都是根据比奈测验的思想和方法编制的,使用简短明确的多种题目,测验的计分也比较容易。内容方面不包括道德判断等社会性较强的问题,也不涉及学习新的知识以及太费时间的问题。

1. 斯坦福-比奈测验

比奈的智力测验发表后,美、英、德、日、意等国分别将其翻译成本国文字并结合各自的国情予以修订。其中以 1916 年推孟在美国斯坦福大学修订的版本最负盛名,称为斯坦福-比奈测验(Stanford-Binet Test,S-B 量表),并广泛地流行到世界各国。

斯坦福-比奈测验是一种个别施测的标准化智力测验,同时它也是一种年龄量表,它以年龄作为测量智力的标尺,规定某个年龄应该达到的某一智力水平。斯坦福-比奈测验的项目是按照年龄分组编制的;每个年龄组的测验都由 6 个项目组成,内容包括绘画、折叠、给单词下定义、判断词义、回忆故事、进行推理活动等许多方面;随着年龄的上升,项目的难度也逐渐增加。

智力测验的结果最初是用智力年龄(Mental Age,MA)或心理年龄来表示的,即儿童最高能通过几岁组的项目就表示他的智力年龄是几岁。为了便于不同年龄儿童智力的比较,有学者提出心理商数的概念,这一概念被推孟使用并改称智商(Intelligence Quotien,IQ)。斯坦福-比奈智力测验中的智商是智力年龄与实足年龄(Chronological Age,CA)之比,也称比率智商(ratio IQ),计算公式为:

IQ(智商)= MA(智力年龄)/CA(实足年龄)×100

用比率智商是假定智龄随着实际年龄一起增长,其实智力并不是随着年龄呈比例上升。推孟认为,到达 16 岁后,智力就停止发展了。如果继续用不再增长的智力年龄与继续增长的实际年龄相比,求得的 IQ 就会下降。这是和智力发展的实际情况不相符的。

2. 韦克斯勒智力量表

韦克斯勒智力量表(Wechsler Intelligence Scales)是美国临床心理学家韦克斯勒(D. Wechsler)于 20 世纪中期编制的三种智力量表的总称,是目前世界上使用最多的智力测量工具。它包括测量 16 岁以上成人的韦氏成人智力量表(简称 WAIS),测量 6 至 16 岁学龄儿童的韦氏儿童智力量表(简称 WISC),测量 4 至 6 岁半学龄前儿童的韦氏幼儿智力量表(简称 WPPSI)。这三种量表项目类别相似,只是内容及难度方面存在差异。

韦克斯勒认为:"智力是个人有目的的行动、理智地思考以及有效地应付环境的整体的或综合的能力。"基于这种认识,他在成人智力量表和儿童智力量表中都设计了 11 个分测验,以对智力进行全面考察。这些分测验分别度量个体的言语能力和操作能力。言语能力的测量包括常识、词汇、类比、理解、算术和记忆广度,操作能力包括图片排列、填图、积木、译码、拼图等。

韦氏量表的一个重要特点是摒弃了心理年龄的概念,但保留了智商概念。它运用统计方法,以儿童在同一个年龄团体中成绩所处的位置确定智商高低,用这种方法确定的智商又称离差智商。离差智商以智力的正态分布曲线为基础,将人们的智商看作是平均数为100、标准差为15的正态分布,它表明被试的分数相对地处于同年龄标准化样组的均数之上或之下有多远,即以离差大小表明智力高低,离差大且为正数者智商高,离差为负数者则智商低。其计算公式为:

离差智商 = 100+15Z

其中,$Z=(X-x)/S$

公式中的 Z 代表标准分,X 代表被试测验得分,x 代表团体的平均分数,S 代表团体分数的标准差。

大量施测的结果测验分数呈正态分布形式(如图9-2)。大多数人的智商分数落在中央部分,高低两个极端的人数很少。该分布的平均数为100,标准差为16(比内量表)或15(韦氏量表)。图9-2中S-B量表指的是斯坦福-比奈量表,而WISC量表指的是韦氏量表。

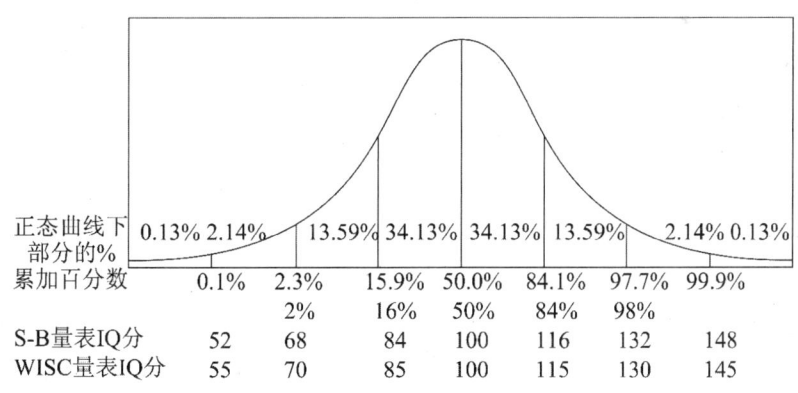

图9-2 正态分布与智力测验分数

韦氏量表的另一个显著特点是,不仅给出了一个人的智商总分,而且给出了言语和操作两方面的各个分量表分,这使我们可以更加清晰地了解一个人的智力结构,以及他在智力发展上的优势与弱点,从而为培养和补救提供了科学依据。韦氏智力量表也需要进行个别施测。个别施测不仅使测量更加准确,减少干扰,而且可以获得许多其他信息,如对待测验结果的态度、情绪表现等,从而有助于做出更准确的判断。同时,离差智商克服了比率智商的不足,即不会由于一个人的智力年龄和实足年龄的不同步增长,而出现年龄越大智商越低的现象。

3. 瑞文推理智力测验

团体智力测验最早出现在第一次世界大战时期。面对150万应征入伍者,为了适应战争的需要,美国陆军先后研制了甲、乙两种纸笔型团体智力测验。团体智力测验被广泛用于学校、企业、军队等人员选拔和招聘工作中。目前，广泛应用的团体智力测验是英国的瑞文标准推理测验（Raven's Standard Progressive Matrices，SPM），由60道题目组成，图9-3是两个瑞文标准推理测验的题目示例。

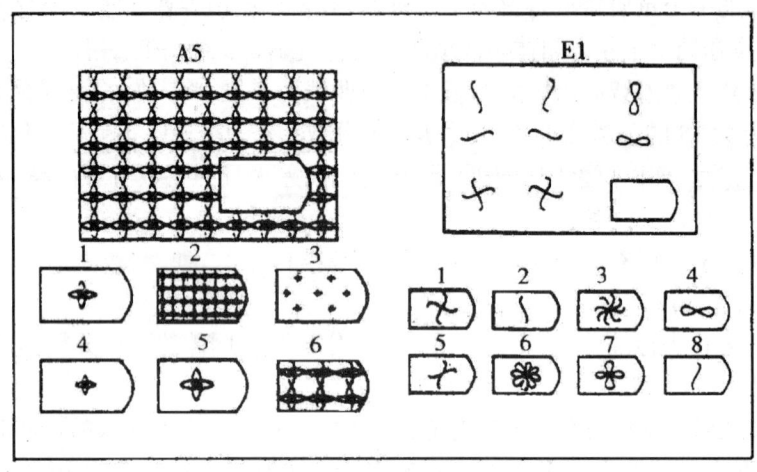

图9-3 瑞文标准推理测验的题目示例

二、智力的个体差异

人与人之间的智力是存在差异的，其差异主要体现在智力类型的差异、智力发展水平和发展早晚的差异和智力表现早晚的差异。了解与鉴别个体差异是"因材施教"的前提，在教育中具有重要作用。

（一）发展水平的差异

智力的个别差异在一般人口中都呈正态分布，即两边小，中间大。标准的正态分布曲线是两侧完全对称，但近年的研究表明，智力分布曲线的两侧并不是完全对称的。智力低的一端范围较大，即智力低下的人数比智力高的人数略多。这是因为人类智力除按正常的变异规律分布外，还有许多疾病可以损害大脑，导致智力低下。不同智商水平在人口中所占百分比是不同的（表9-1）。

表9-1 智商在人口中的分布

IQ	名称	百分比
140以上	极优等（very superior）	1.33
120~139	优异（superior）	11.30
110~119	中上（high average）	18.10
90~109	中等（average）	46.50
80~89	中下（low average）	14.50
70~79	临界（border line）	5.60
70以下	智力落后（mentally retarded）	2.90

心理学在研究儿童智力发展水平时,通常采用超常、正常、低常的概念来概括儿童智力水平的三个等级。智力的高度发展叫超常,超常大约占全人口的1%。智力超常儿童是指智力发展显著地超过同年龄常态儿童的水平,或指具有某种特殊才能创造性地完成某种或多种活动的儿童。他们往往具有共同的心理特点:感知敏锐,观察准确,注意力集中,记忆力强,思维灵活具有创造性,好奇心强烈,求知欲旺盛,而且意志坚强。

智力在70分以下者为智能不足,低常儿童是指智力发展明显低于同年龄儿童的平均水平,并有适应行为障碍的儿童。低常儿童往往感知速度缓慢,记忆力差,言语贫乏而且缺少连贯性,思维迟缓,缺乏概括力等。

(二)发展趋势的差异

人的一生大致可以分为八个不同的时期,即乳儿期、婴儿期、幼儿期、童年期、少年期、青年期、成年期和老年期。在人的一生中,智力的发展趋势并不相同(如图9-4),并且不同智力的不同成分发展趋势也存在差异。

童年期和少年期是某些能力发展最重要的时期。从三四岁到十二三岁,智力的发展与年龄的增长几乎等速。以后随着年龄的增长,智力的发展呈负加速变化;年龄增加,智力发展趋于缓和。一般来说,智力在18~25岁间达到顶峰。智力的不同成分达到顶峰的时间是不同的,同时不同智力类型的发展趋势也是不同的。例如,流体智力和晶体智力在人的一生中的发展趋势就存在差异(如图9-5)。

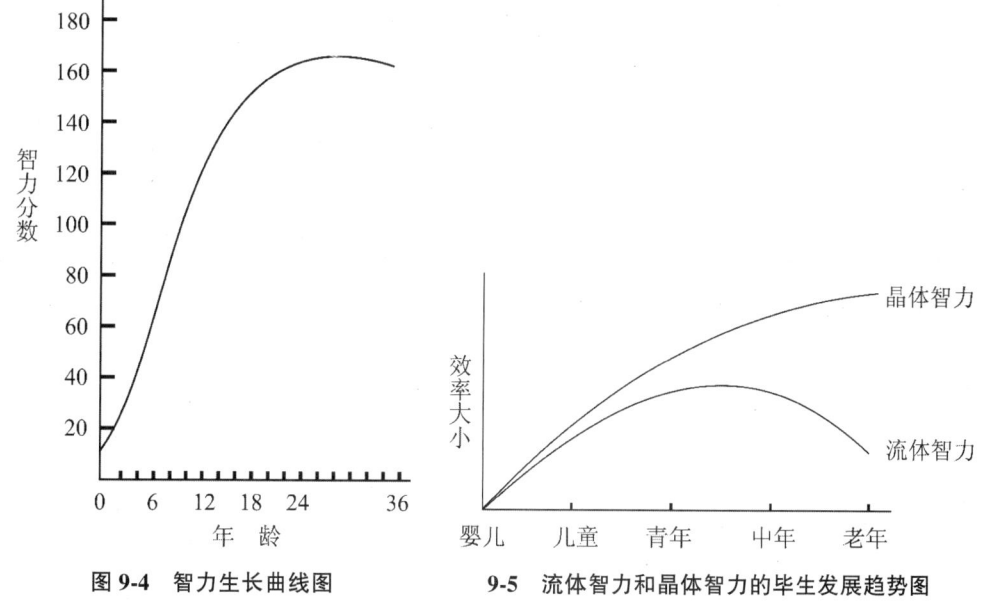

图9-4 智力生长曲线图　　9-5 流体智力和晶体智力的毕生发展趋势图

(三)表现早晚的差异

人的智力显露也有早晚之别,有些人在儿童期就表现出非凡的智力水平,常被称为"神童""早慧"。但也有人智力表现比较晚,即所谓"大器晚成"。一般来说,智力突出表现的年龄阶段在中年。

古今中外"早慧"的事例不胜枚举。我国唐代诗人白居易1岁开始识字,5~6岁就可以即席赋诗,9岁已精通声韵。唐初王勃6岁就善于文辞,13岁时写下了"落霞与孤鹜齐飞,秋水共长天一色"的千古佳句。奥地利古典音乐家莫扎特3岁发现三度音程,5岁谱写了小步舞曲,6岁举办了独奏音乐会。俄罗斯著名诗人普希金8岁时就用法文写诗。

中年期是个人成就最多、对社会贡献最多的时期,是科学创造发明与出成果的黄金年龄。中年人年富力强、体格健壮、精力充沛、敏锐,有开拓创新精神,既具有较强的抽象思维能力和记忆能力,又有较丰富的基础知识和实际经验。研究表明,30~45岁是人智力表现的最佳年龄阶段,其峰值在37岁左右。

智力表现还有"大器晚成"的现象,即早期没有突出表现,后期却做出了突出的成就。如画家齐白石直到40岁才显露出杰出的绘画才能;生物学家达尔文50多岁才开始有研究成果,并完成巨著《物种起源》;摩尔根发表遗传理论时已经60多岁了。无论是智力的早期表现或晚期表现,还是中年成才,都与他们的先天素质、良好的环境和个人的勤奋努力分不开。即使是"神童",如果缺乏科学的教育和个人努力,最终仍会一事无成。

(四)结构差异

智力的各种成分按不同的方式结合起来,就构成了智力结构上的差异。例如,有人善于想象,有人善于记忆,有人善于思维等。不同智力成分的结合也使人们相互区别开来,例如音乐方面,有人有高度发展的曲调感和听觉表象能力,而节奏感较差;而有人有较好的听觉表象能力和强烈的节奏感,而曲调感差。查子秀(1990)比较了超常儿童与常态儿童的认知能力,包括词语类比推理、图形类比推理、创造性思维和观察力。结果发现,二者在认知的不同方面并非都差异明显,而是在解决难度大的问题上思维能力差异大,如超常儿童在创造性思维和数概括类比推理上发展特别突出。

(五)性别差异

性别差异并未表现在一般智力因素上,而是反映在特殊智力中存在性别差异。一般来说,女性言语表达发展较早,男性空间知觉力发展较早;女性在知觉速度与语言理解上占有优势,男性则在需要空间知觉力的数学、物理等领域占有优势;女性机械记忆力强,男性意义记忆力好;女性善于形象思维,男性善于抽象思维等。男女性别在智力类型上的差异有待于进一步深入研究,以便为性别教育提供科学的理论依据。

三、智力与个人成就之间的关系

智力因素之所以备受关注,是因为它与个体的未来成就有密切关系,但未来成就还受到人格、家庭背景等多种因素的影响,智力只是其中一个影响因素,而非决定因素。特尔曼从1921年开始,对1528名超常儿童进行了40年的追踪研究,结果发现在800名男性受试者中,78人得到了博士学位,48人得到了医学学位,85人获得了法律学位,74人正在或曾在大学任教,51人在自然科学或工程学方面进行基础理论研究,104人担任工程师。科学家中77人编入1949年版《美国科学家年鉴》,33人进入《美国名人录》。将这些数字与随机抽取的800名相应年龄的人相比,前者是后者的10~30倍。同时,他还比较了800名男性被试中成就最大的20%的人与成就最小的20%的人,发现这两组人的显著差异是人格特点。成就最大者在谨慎、自信、不屈不挠、进取心、坚持性、不自卑等人格品质上,明显优于成就最小者。其次是家庭背景的不同,前者有50%的家长大学毕业,家中有许多书籍,重视早期教育;而后者只有15%的家长大学毕业。研究结果说明:① 智力与成就有一定的关系,但绝不是完全相关的;② 个性意志品质与成就关系密切;③ 家庭环境等社会生活条件也影响个人的成就。因此,在教育方面,既要重视培养儿童的智力发展,更要重视积极人格品质的培养和良好社会生活条件的建设。

[案例]

学习中的"吃不饱"与"吃不了"

英语老师小王发现,学生在刚学英语时,兴趣高,学得也顺利。但随着时间的推移,知识难度的增加,部分学生开始走下坡路,特别在出现了英语考试之后,他们从原来乐于接受到被迫接受,甚至拒绝接受,成了英语学习中的最大障碍。而另外一部分学生由于程度好,再加上教师的鼓励和表扬,因此,兴趣就保持了下去,从而使英语成绩更加优秀。英语课堂经常出现学生"吃不饱"和"吃不了"现象,课外辅导也加大了这一现象,程度好的学生产生了更多的超前学习,这给课堂教学带来了新的挑战。

该案例中,我们看到学生一开始英语学习的差异可能因为语言学习能力方面的差异,但对学习的态度、情绪、投入也会影响学生的学习成绩。

(资料来源:王龙燕.小学生英语教学"吃不饱"和"吃不了"现象初探[J].学周刊,2014(10):79.)

第三节 中学生智力的发展与培养

智力发展受到多种因素的影响,中学生阶段是智力发展的关键时期,其智力发展影响其当前及未来的学业成绩,也会影响其未来的社会成就,因此中学生智力的发展与培养受到家庭和社会的广泛关注。

一、影响智力发展的因素

智力发展受到多种因素的影响。在长期的探索中,越来越多的研究者认为智力受到遗传与环境相互作用的影响。

(一) 遗传因素

遗传是父母的结构和机能特点通过基因传递给后代的现象。良好的遗传素质是智力发展的生物前提和自然前提,离开了这一前提智力发展就无从谈起。人类比其他动物的智能更高,主要是因为人的神经系统及大脑已经发展到了最高阶段,其结构更为复杂,功能更为齐全,这是其他动物无法比拟的。海斯夫妇为了验证后天的教育环境对人类和黑猩猩起的作用,将黑猩猩维基和自己刚出生的孩子一起养育,提供给他们一样的教育环境,但黑猩猩自始至终都学不会人类的语言。同时,1969年詹森(A. R. Jenson)曾经对8个国家的100多项血缘与智力的关系进行了分析,结果发现遗传关系愈近,智商相关也愈高,遗传对智力有极为重要的影响。这些研究都很好地证明了不同种系的遗传基因不同,即使生长在同一环境中,仍会按其遗传基因所决定的方向和水平发展。

遗传对智力的影响主要表现在身体素质上,如感官的特征、四肢及运动器官的特征、脑的形态和结构的特征等。比如,指头的长短是一种身体素质,是由前代人遗传给后代人的。一个人的指头具备了某种适当的素质,对发展音乐和书法才能是有影响的。也就是说,感官的特性、神经系统的特性对某些智力发展具有重要作用,但相同身体素质的个体可能发展出不同的能力,没有良好的培养和训练,智力是不可能得到发展的。因此,遗传因素在个人智力与能力发展上的意义是不能否认的,但也不能夸大。它不能决定一个人智力与能力发展的速度与程度,只是智力与能力发展的自然前提。人只有通过后天的教育和实践活动,才能使先天的潜在的可能性变成现实。

(二) 环境与教育

环境是指个体生活的整个社会环境,大到国际国内的政治、经济环境,小到个体居住的城市环境、家庭环境和学校环境。一般来说,丰富而良好的生活环境,有利于智力的发展,贫乏而不良的生活环境,则会阻碍智力的发展。

1. 产前环境的影响

胎儿出生前的胎内环境及母亲的分娩情况也会影响个体的智力发展。胎儿的胎内环境很重要,母亲怀孕时营养是否充足,是否喝酒、吸烟,是否服用药物,尤其是吸毒等,都会直接影响婴儿智力的发展。细胞学研究发现,营养贫乏的母亲的胎盘上的 DNA 含量远远低于一般人的平均值,而发育期间的 DNA 增加速度往往直接关系到细胞数目的增加。

另外,母亲分娩异常如早产、难产、窒息等情况,也都可能导致儿童脑组织损伤,从而影响其心理功能的正常发展。例如,分娩过程中婴儿头颅由于产钳使用不当受到损伤或产程过长而窒息等,也会严重损伤大脑,导致低能。

2. 早期经验的作用

从出生到青少年时期,是个人生长发育的时期,也是智力发展的重要时期。儿童身体发育的资料表明,人的神经系统在出生后的头四年内获得迅速发展,这为智力的发展提供了物质基础。

智力发展要重视早期环境的作用。研究表明,人的智力是随着大脑的活动而发展起来的,而大脑的互动是在外界各种信息刺激下进行的。外界刺激越丰富多彩、生动活泼,大脑的活动也越积极,注意力越容易集中指向那些刺激物,做出应答性的反应活动。随着外界刺激信息的不断作用,大脑不仅认识了更多的信息,而且各种相应能力也得到发展,智力水平不断提高。

人类研究发现,由动物抚育大的孩子,智力发展明显落后,且孩子落入动物环境的时间越早,智力发展所受到的损害就越严重,这种孩子即使活到人类社会,也难以发展到正常人的智力水平。小白鼠的实验研究也发现同样的现象,刚出生的小白鼠,其中一半生活在丰富多彩刺激物的环境里,另一半生活在单调的环境里,结果前一组比后一组要明显地"聪明"一些。

缺乏抚爱的婴儿可能出现智力发展上的问题。对于儿童来说,尤其是学前儿童,家庭环境的影响远远大于其他各种环境的影响。研究表明,在父母关心儿童、耐心教育并给予必要指导的家庭里,儿童智力发展迅速,孩子在智力的许多方面都有良好的发展;相反,不太关心儿童,对孩子的发展放任自流的家庭,儿童智力水平偏低,许多能力发展水平低于正常同龄人。另外,德尼斯(D.Dennis)等人在孤儿院做过研究,发现被领养的儿童比留在孤儿院的儿童的智力发展要快,年龄越小,效果越明显。

3. 教育的影响

学校教育环境与学生的智力、性格发展有关,它主要是对年轻一代施加有目的、有计划、有组织的影响,更直接地决定一个人智力发展的速度与水平。教育环境是环境因素中的主导力量,人们从学前、小学、中学到大学,不同的阶段接受着不同的教育。学校对学生进行的系统知识学习,是根据个体身心发展特点采用了科学而系统的教育方法,因此可以有效促进个体智力发展。同时,智力是具有社会性的,一个人的智力只有与他所处的社会相一致,才能得到发展,教育不仅能促进个体的智力发展,更主要的是指导着人类智力的发展方向。

当然,在强调环境因素的决定作用时,又要防止陷入环境决定论的误区。我们所说的环境决定作用是在遗传和生物因素的基础之上实现的,忽视遗传因素,把后天环境视为制约个体智力发展的唯一决定因素的绝对化观点是错误的。

(三) 社会实践活动

人的各种能力是在社会实践活动中最终形成和发展起来的,智力也一样。离开了实践活动,即使有良好的先天素质、环境和教育,能力和智力也难以形成和发展起来。因此,参加社会生活实践活动是培养智力和能力的一条基本途径。实践活动的范围越广泛、越多样化、越专门化,能力的发展也就越广泛、越多样化、越专门化。同时,活动越具有创造性,越能提高智力发展的水平。

另外,由于实践的性质不同,实践的广度和深度等因素的影响,形成了各种不同的能力。长期从事管理工作的人,组织能力得到了发展,他们善于处理人群中的各种人际关系,善于在复杂的情况下做出正确的决策;长期工作在高炉前的炼钢工人,发展了根据火焰颜色盘算炉温的能力;整天和油漆打交道的油漆工人,辨别颜色的能力得到高度发展,他们能分辨的颜色达到400~500种,这些都说明长年累月、坚持不懈地参加某种社会实践活动,相应的能力就能得到高度发展。

总之,生物因素是智力发展的自然前提,智力是在生物因素的基础上,在环境与教育的影响下,通过个体的社会实践活动而发展起来的。人的生物因素不同,社会生活条件不同,所受的教育不同,学习内容和活动领域不同,也就造成了人的智力与能力的个体差异。

二、中学生智力的发展特点

(一) 智力水平得到飞跃性提高,智力发展进入关键期

随着年龄增长,体内机能增强,社会实践活动增加,记忆力和想象力同步发展,使得整个智力水平都得到飞跃式发展。中学阶段正处于个体身心加速发展的第二高峰期,生理素质尤其是神经系统的发展成熟为其注意、记忆和思维等认知的发展提供了重要的物质前提,因此,整个青少年时期都处于认知发展的迅速上升时期。

（二）智力的发展接近或基本达到成人水平

目前基本认同人到 18 岁左右，智力已达到成熟时期的水平。从中学生注意、记忆和思维的发展水平可以衡量其智力发展的水平。在注意方面，中学生的无意注意到初中二年级已发展到峰值水平，有意注意也开始占主导地位；注意的发展逐步深化，无意注意的发生原因由外部为主转为以内部为主，个体可以通过意志努力维持更长的注意。在记忆方面，中学时期有意记忆从开始占优势，发展为占主导地位；理解记忆和抽象记忆也逐渐成为主要的识记方法。

思维是智力的核心，中学生思维发展的基本模式由形象思维、抽象思维过渡到辩证思维，主要特点是思维逐步符号化，具体表现为：思维的概括能力增强；能使用假设检验和更加一般的逻辑规则进行思考，不再借助于具体事物和事件；思维活动中的自我意识成分增多，思维的反省性和监控性明显提高；辩证思维能力增强，看问题不再那么绝对化；思维的创造性也迅速发展。

（三）各方面智力发展不等速，并存在个体差异

个体的智力因素中，言语能力、逻辑思维能力等到达顶峰的时间不同（如图 9-6）。个体智力因素中，言语发展较晚，到 20 岁以后达到高峰，逻辑思维能力是智力的核心，18 岁之后达到高峰；而知觉发展较早，12 岁左右达到高峰。不同个体智力发展的速度和达到顶峰的时间也存在巨大差异，有早慧型，有晚熟型，这一点在智力的个体差异中已经提及。

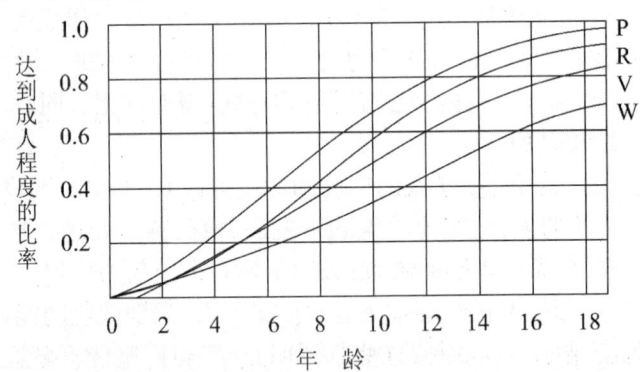

P 代表知觉能力；R 代表推理能力；V 代表语言理解力；W 代表单词流畅力。

图 9-6　智力不同成分的发展曲线（来源：Thurstone, 1955）

三、中学生智力的培养

（一）重视早期教育，抓住智力发展的关键期

关键期指某种心理发展的最佳年龄。瑞士心理学家皮亚杰（J. Piaget, 1896~1980）指出，人的智力发展的关键期是从出生到 4 岁。布鲁姆（B. S. Bloom）在总结前人及自己研究成果的基础上，在 1964 年出版的《人类特性的稳定与变化》一书中，提出了一个重要的假设，如果以 17 岁所达到的普通智力水平作为 100%，则儿童最初的 4 年，智力已获得了 50%；4~8 岁获得 30%；最后的 20% 是在 8~17 岁获得的，他把 5 岁前视为智力发展的最佳时期。正因为如此，儿童早期获得的经验对其智力发展的促进作用最大。一般来说，生

动的和社会性的刺激有利于儿童感知能力的发展,与成人的频繁交往有利于儿童言语能力的发展。如果早期失去丰富的社会生活,则会造成严重的智力障碍,"狼孩""猪孩"就是典型的事例。

儿童心理学研究表明,婴幼儿对周围世界是积极的探索者,有相当惊人的反应和学习能力。出生之后第九天的婴儿,就能对哺乳姿势形成自然的条件反射,6个月出现"认生"现象。与此同时,他们的大脑和神经系统结构机能也在快速发展着。这些都为开发幼儿的智力提供了可能性。

(二) 培养非智力因素,促进智力开发

智力是一种潜在的智慧能量,而一个人能否充分开发自己的智慧能力,则取决于他的主观努力程度和意识能动状态。这里说的主观努力程度和意识能动状态就是非智力因素,它主要包括动机、兴趣、情感、意志、性格等,更具体地说就是成就动机、求知欲望、学习热情、责任感、自信心、自制力、坚持性等,也就是人们常说的情商。非智力因素在智力活动中起着十分重要的作用,一般来说,它不直接参与智力活动的操作,但在智力活动中具有动力和调节效能,对认识活动中的心理倾向性起着意向的作用。在实践活动中,智力因素决定一个人能干与不能干,非智力因素决定一个人肯不肯干,是积极主动还是消极被动,是勤奋还是懒惰等。著名文学家郭沫若说过:"天才的决定因素是勤奋。"歌德也说过:"天才就是勤奋。"非智力因素是智力活动的调节者和动力系统,它既可以使人在积极参与智慧活动的过程中,锻炼能力和提高能力,又可以使人的潜能得到充分的发挥与实现。由此可见,在实践活动中,智力与非智力因素是相互制约、彼此促进的。

但是,两者的一致性并不是绝对的、自发的,而是后天教育与培养的结果。所以,无论对智力较好的或智力较差的学生,都必须注意既发展他们的智力因素,又培养他们的非智力因素,并有意识地让智力因素促进非智力因素的发展,让非智力因素促进智力水平的提高。在开发智力、发展能力的过程中,我们绝不能忽视非智力因素的培养,要充分认识到发展学生智能是素质教育的重要内容,而非智力因素的培养是素质教育的关键。

(三) 智力培养要以差异性作为前提

根据学生的智力结构和水平的差异,进行因材施教。无论是加德纳的智力多元理论,还是林崇德提出的三棱结构智力观,核心都是"因材施教",强调发现每个儿童的天赋,有的放矢地进行教育。因材施教还要根据学生的心理水平和知识能力水平,提出适当的要求。依据日常的观察、智力测验、特殊能力测验等方式发现智力发展水平的差异(超常、正常、低常)、认知风格的差异(场独立与场依存)、学科能力构成的差异(艺术型、思想型、中间型)、表现领域(学习/非学习领域,表演/非表演领域,学术/非学术领域),然后有针对性地进行教育。例如,目前国内外对智力超常儿童的培养采取了多种办法,主要有能力分组、加速学习、加深学习、专门开设试验班等。

(四) 创设教学条件,促进中学生智力发展

教育教学对智力的发展起着主导作用,但要注意几个方面的问题。

第一,正确处理好智力培养与知识传授的关系。培养能力、发展智力是教学要达到的目标,而知识教学是实现这一目标的手段。知识是智能发展的基础,但教师在传授知识时,要重视引导学生能力的发展。

第二，采取灵活多样的教学方法，让学生积极参与学习活动。教学方法如同过河的桥，恰当的教学方法有利于学生智力和能力的发展。例如，讨论、探究、发现等启发式教学能创造出激发学生思维的学习情境，有助于改变以教师为中心的传统教学形式，尽可能多地让学生参与学习活动。在教师指导下，学生大胆想象，积极思考，主动发现问题，分析问题，寻找答案，并体验探索的艰辛和成功的喜悦，不断发掘自己内在的潜力，从而培养与发展多种能力，尤其是创新能力。

第三，通过思维型课堂，聚焦智力结构的教育。智力发展的核心是思维能力的培养和提高，尤其是抽象思维能力。近年来林崇德等人的研究发现，基于智力的三棱结构而构建的"学思维"课程，聚焦学生的思维活动，可以显著促进学生智力的发展并提高其学习成绩。思维型课堂需要把握认知冲突、自主建构、自我监控和应用迁移四个基本原理，从而在教学的导入、教学过程、教学反思和应用迁移四个环节上培养学生的思维能力。思维型课堂教学的基本要求是：① 明确课堂教学目标，制定课堂教学规划；② 突出知识形成过程，注重各种方法教育；③ 重视联系已有经验，体现认知建构思想；④ 激发非智力因素，推动学生主动学习；⑤ 培养智力品质，提高思维能力；⑥ 监控课堂教学，注重师生反思；⑦ 创设教学情境，促进学生思维；⑧ 建构学科能力，发展多元智力；⑨ 重视师生作用，平衡师生关系。

第四，加强教学实践环节。实践活动是发展能力的基本途径，教学中要多给学生提供实习、实验、科学观察和多种创造性活动的机会，让学生在运用知识、解决具体问题的过程中锻炼能力。总之，教学要走在学生能力发展的前面，要重视苏联心理学家维果茨基"最近发展区"的理论，充分发挥教学在促进学生发展和智力开发方面的能动作用。

※知识链接

成功的智力

现实生活中，我们常常发现，学业成就的高低并不百分之百决定一个人是否成功，这就涉及成功智力(successful intelligence)的问题。成功智力是一种用以达到人生中主要目标的智力，是在现实生活中真正能产生举足轻重影响的智力。因此，成功智力与传统IQ测验中所测量和体现的学业智力有本质的区别。斯滕伯格将学业智力称为"惰性化智力"，它只能对学生在学业上的成绩和分数做出部分预测，而与现实生活中的成败较少发生联系。斯滕伯格认为智力是可以发展的，特别是成功智力。在现实生活中真正起作用的不是凝固不变的智力，而是可以不断修正和发展的成功智力。

成功智力包括分析性智力、创造性智力和实践性智力三个方面。分析性智力(analytical intelligence)涉及解决问题和判定思维成果的质量，强调比较、判断、评估等分析思维能力；创造性智力(creative intelligence)涉及发现、创造、想象和假设等创造思维的能力；实践性智力(practical intelligence)涉及解决实际生活问题的能力，包括使用、运用及应用知识的能力。

成功智力是一个有机整体，用分析性智力发现好的解决办法，用创造性智力找对问题，用实践性智力来解决实际问题，只有这三个方面协调、平衡时才最为有效。一个人知道什么时候以何种方式来运用成功智力的三个方面，要比仅仅具有这三个方面的素质更为重要。具有成功智力的人不仅具有这些能力,而且还会思考在什么时候,以何种方式来有效使用这些能力。在各个领域中,这三种智力都发挥着作用。在自然科学领域中,分析性智力可以将自己假设的理论与其他理论进行比较,创造性智力可以形成一种理论观点或设计出一个实验,实践性智力可以将科学原理应用于日常生活或实践领域;在文学领域中,分析性智力用于分析剧情、主题或任务,创造性智力用来写作诗歌或小说,实践性智力将从文学中汲取的知识与教训应用于每天的生活;在艺术领域中,分析性智力用来分析一位艺术家的风格和想传递的信息,创造性智力可以创作艺术作用,实践性智力则可以确定什么样的作品受欢迎;在体育领域中,分析性智力可以分析出对手的策略战术,创造性智力可以用来形成自己的战术,实践性智力可以运用心理战术来赢得对手。

(资料来源:彭聃龄.普通心理学[M].北京:北京师范大学大学出版社,2012.)

※本章小结

智力主要是指认知方面的各种能力,即观察力、记忆力、思维能力、想象能力的综合,其核心是抽象思维能力,它表现为个体对环境的适应能力,是一种稳定的个性心理特征。智力理论是心理学家对智力概念的不同理解。智力的因素理论认为智力有不同的因素构成,各因素间相互独立,如二因素理论、多元智力理论。智力的结构说认为智力的结构是多维的和多层次的,三维结构模型将智力区分为内容、操作和结果三个维度,层次结构理论认为智力由高到低分为一般因素、大因素群和小因素群三个层次,林崇德使用三棱结构智力观来描述个体的智力差异。智力的心理加工观点将智力视为一个信息加工过程,智力三元论由智力成分亚理论、智力经验亚理论和智力情境亚理论构成;智力的 PASS 模型提出,智力由计划-注意-同时性加工-继时性加工等四个过程组成。皮亚杰的智力适应理论认为智力是对环境的适应,它使个体与环境取得平衡。智力与能力、知识和技能具有密切关系。智力是一种抽象和概括的综合能力,并非是一种单一的能力。能力侧重于活动,知识是客观事物的主观表征,技能是人们通过练习而获得的动作方式和动作系统。知识、技能是发展智力的基础,发展智力是提高知识、技能的目的。

良好的智力测验必须经过标准化的过程,确定常模、信度、效度、实施程序和计分方法。智力测验依据题目形式、编制目的、施测要求、解释方式等可以划分为不同的类型,常见的智力测验有斯坦福-比奈测验、韦克斯勒智力量表、瑞文推理智力测验。智力是存在个体差异的,其差异主要体现在智力类型、智力发展的趋势、表现的早晚、智力的结构和性别几个方面。

智力的形成和发展受遗传、环境、教育、实践活动等多种因素的影响,中学生阶段是智力发展的关键时期,智力水平得到飞跃性提高,智力的发展接近或基本达到成人水平,但智力各方面发展不等速,并存在个体差异。中学生智力的发展和培养,要重视早期教育,抓住中学生智力发展的关键期,以差异性作为前提,创设教学条件,培养非智力因素,促进中学生智力发展。

※习题

1. 什么是智力？智力与知识、技能有什么关系？
2. 智力的主要理论有哪些？其主要观点是什么？
3. 如何理解智商？怎样根据智商来了解一个人在团体中的相对位置？
4. 一个良好的智力测验应该具备哪些条件？
5. 智力测验有哪些类型？常用的智力测验有哪些？
6. 智力的个体差异体现在哪些方面？
7. 智力发展的影响因素有哪些？
8. 中学生智力发展的特点是什么？
9. 根据智力发展特点，谈谈如何培养和发展中学生的智力。

※参考文献

[1] 林崇德.中学生心理学[M].北京:中国轻工业出版社,2019.
[2] 彭聃龄.普通心理学[M].北京:北京师范大学出版社,2012.
[3] 王瑶.中学生心理健康与指导[M].北京:北京师范大学出版集团,2015.
[4] 赵国祥.心理学概论[M].北京:光明日报出版社,2007.

第十章　学习心理与中学生发展

※**名人名言**

学而时习之,不亦说乎？有朋自远方来,不亦乐乎？人不知而不愠,不亦君子乎？

——《论语》

※**本章提要**

1. 学习的概念与种类
2. 学习的生理基础
3. 大脑的可塑性与学习

※**学习目标**

1. 掌握学习的基本概念、类型
2. 了解学习的生理基础
3. 能阐述学习心理学研究的基本历程
4. 了解大脑的可塑性与学习的关系

※**案例导入**

狗通常在傍晚主人下班回家的时候就知道晚饭要开始了,开始流口水,急切地蹲到自己的餐具前等待着主人投喂食物。

麦田的主人农民伯伯在麦子快要成熟的时候,会扎一些稻草人立在麦田里,防止小鸟偷食麦子,一开始小鸟看到稻草人是害怕的,不敢啄食麦子,但它一步步地试探,站在稻草人旁边,飞到稻草人身上,慢慢发现稻草人并不会伤害它们,就开始愉快地在麦田里寻找食物,等农民伯伯过来的时候,迅速地飞起来逃走。

小明8岁了,每天放学回来会帮妈妈做一些力所能及的家务,比如擦桌子、洗碗等,通过完成这些家务,妈妈会给他一些零花钱,他把这些零花钱攒起来,用来买自己喜欢的玩具。在这个过程中他认识了不同金额的钱,以及不同玩具的价值。

狗看到食物流口水的行为,小鸟从一开始害怕稻草人到不再惧怕的行为,这些算不算是一种学习？

小朋友通过做家务攒零花钱形成对金钱的认识,这是不是一种学习？

第一节 学习的含义与类别

一、什么是学习

学习是心理学家关注的重要课题,对学习现象的大量研究不断丰富和发展着学习心理学的成果。

（一）学习的含义

学习是人们熟知的一种现象,但要想正确地认识学习的本质却并不容易。日常生活中很常见,比如,婴儿学说话、学生听课、看书、写作业,成人学习驾驶汽车,宠物狗学习在指定地点排便。

学习是人与动物在生活过程中获得个体经验,并由经验引起相对持久的心理或行为变化的过程。这是广义的学习概念,包括了人与动物的各种学习形式。为了更好地理解这一概念,要把握以下几点。

第一,学习不仅指学习后所表现的结果,如用筷子吃饭、会骑自行车等,还包括从不会用筷子到会用筷子、从不会骑自行车到会骑自行车的变化过程。第二,"心理或行为"既包括可观察的外显行为,如读书、写字,也包括像思想、观点的获得等这样不能直接观察的心理活动。第三,学习的变化是由经验引起的,经验是个体在后天活动中获得的,由遗传、成熟或机体损伤等导致的行为变化,比如吞咽、身体发育和残疾行为等,这不能称为学习。第四,学习的变化是比较持久的,适应、疲劳和药物等亦能引起行为变化,如运动员服用兴奋剂后成绩暂时提高,但这样的行为变化是短暂的,不能称之为学习。第五,"行为变化"既包括由坏向好的变化,也包括由好向坏的变化,养成好习惯与养成坏习惯,同样都是学习。

狭义的学习一般指学生的学习,是指学生通过阅读、听讲、研究、观察、理解、探索、实验、实践等手段获得知识或技能的过程,是一种使个体可以得到持续变化（知识和技能,方法与过程,情感与价值的改善和升华）的行为方式。

（二）人类学习的特点

人类的学习与动物的学习有本质的区别。人类学习的实质表现在以下几个方面。

1. 人类的学习是在社会生活实践中通过思维活动产生和实现的

人类从一出生就生活在一个特定的社会中,并逐渐从一个自然人转变成一个社会人,这个过程即所谓的个体社会化。在这个过程中,人类逐步掌握和运用语言进行思维,从而认识自然界和社会现象及其规律,并根据这些规律对自然和社会进行改造。个体的社会化既是人类的社会实践活动过程,也是人类的学习过程。

2. 人类的学习是掌握社会历史经验和个体经验的过程

在人类社会化的过程中,一方面要学习几千年来累积的社会历史经验,同时也要在自身的实践中积累个体的经验。其中,人类对社会历史经验的学习,在人类的学习中占据着重要地位,这是因为个体的知识经验与社会经验相比,只占很小的一部分。

3. 人类的学习是以语言为中介的

人对语言的掌握,扩大了个体学习和掌握社会历史经验的可能性。借助于语言这一工具,人通过学习可以把别人的经验转化为自己的经验,把人类的社会历史经验转化为个体的精神财富。

4. 人类的学习是自觉的、有目的的、有计划的

人的意识在学习中起着支配和调节作用。能动性是意识的基本特征,表现在学习活动中,就是自觉地、有目的地、有计划地去学习各种知识经验,并使之成为认识世界和改造世界的一种内在力量。

总之,人的学习是人在社会实践活动中,以语言为中介,通过思维自觉地、有目的地、有计划地掌握社会历史经验和个体经验的过程。

(三) 学生学习的特点

学生的学习通常指学生在学校里进行的学习,是学习的一种特殊形式,是狭义的学习。它既不同于人类历史经验的积累过程,也不同于人们在日常生活环境中所进行的学习。学生学习的主要特点包括以下几点。

1. 学生的学习以掌握间接知识经验为主

学生主要学习和掌握前人所积累起来的各门科学知识,即间接的知识经验,在较短的时间内接受人类的认识成果。学生的学习不需要也不可能事事从头实践。当然,学生为了更好地理解、巩固和运用所学知识,有时也会通过实践去获取一定的直接经验,但学生的实践是基于一定的学习目的的,与科学家探索尚未发现的客观真理的实践活动是不同的。

2. 学生的学习是在教师有目的、有计划、有组织的指导下进行的

教师在学生的学习中起着极其重要的作用。教师通过系统地指导和传授,使学生的学习避免走弯路并能够在较短的时间内取得更有效的学习成果。

3. 学生学习的主要任务是掌握系统的科学知识、技能,形成科学的世界观和良好的道德品质

学生科学的世界观和良好的道德品质的形成过程,也是一个学习的过程,是在掌握系统的科学知识和技能的基础上,通过有计划、有组织的各种教育活动实现的。

4. 学生的学习是在学校班集体中进行的

班级是个小型的社会组织,在这个团体中的师生关系、同伴关系,同学之间在学习上的合作与竞争等对学生的学习动机、学习方式和学习效果均有重要的影响。

二、学习的分类

学习是一种相当复杂的行为,因而学习的类型也是多种多样的。

动物与人的学习有其种系上的连续性,人在日常生活中的学习与学生在学校里的学习也有共通性,但在对学习分类时则应考虑其间的区别。教育心理学家对学习分类问题

进行科学研究并提出了学习分类学说。根据不同的标准,心理学家对学习的分类是不一致的。

(一) 根据学习主体的不同进行分类

根据学习主体即学习者的不同,可以将学习分为动物的学习和人类的学习。动物的学习主要是动物为了生存的需要,在适应环境的过程中产生直接经验的过程,是以感知觉为主的较低水平的学习。人类的学习是人类在积极主动地适应并改造环境的过程中发生的,是有目的、有计划的个体直接经验与人类历史经验的积累过程,是通过语言和思维实现的较高水平的学习。

(二) 根据学习结果的不同进行分类

美国心理学家加涅(R. M. Gagne)认为,学生学习之后要获得五种能力即五种学习结果,它们分别是言语信息、智力技能、认知策略、动作技能和态度。

1. 言语信息

言语信息是指凭借口头或书面语言所表达的知识。按学习方式的由简到繁,学生在学校必须学习以下三类言语信息:字与词的基础知识、简单的陈述性知识、有组织的复杂知识。

2. 智力技能

智力技能是指学生掌握概念、规则并将其运用于新情境中的能力。加涅认为,学生智力技能的学习包括辨别、概念、规则和问题解决四个层次。

(1) 辨别。

辨别是指学生能够对不同的刺激给予不同的反应,或者从众多刺激中辨识出相同的刺激。辨别能力的培养,是小学低年级教学的主要任务,包括培养对物体形状、颜色、大小、轻重、文字与符号等的辨别。

(2) 概念。

概念是指对具有共同属性的事物的概括性认识。加涅将概念分为两类,一类为具体概念,一类为定义性概念。具体概念是指事物的共同属性可以具体显现的概念,如形状(三角形)、颜色(红色)等;定义性概念是指不能用指认的方式来学习的抽象概念,如民主、秩序、快乐和痛苦等,其共同属性不能具体显现,只能用下定义的方式以语言含义来表示。

(3) 规则。

规则是指数个概念合在一起所表达的完整的意义。

(4) 问题解决。

问题解决是指运用各种习得的规则去解决问题的心理过程。问题解决常常需要多个规则的相互配合,而不仅是单一规则的运用,因此,经过问题解决所学到的被称为"高级规则"。

3. 认知策略

认知策略是指学习者自主调节和控制其内部的心理活动从而获得知识的一切方法。学习者运用认知策略指引自己的注意、记忆和思维等活动,因此,它是一种内部定向技能。古人说:"授人以鱼,不如授人以渔。"同样,教学生学习认知策略,使学生学会学习比教学生获取知识本身更加重要。因为学生学会了适当的认知策略,就可以自行获取新知识。

加涅认为,在认知教学中,应该教学生学习以下三种认知策略:记忆的策略、组织的策略、元认知策略。

4. 动作技能

动作技能是指通过人的一般活动而习得的一套熟练的动作系统,这种能力的掌握会使操作变得精细、流畅、及时。动作技能可分为体育运动型(如体操、滑冰等)和职业型(如木匠手艺、汽车修理等)。

5. 态度

加涅所说的态度是指影响个人行动选择的内在心理状态。例如,一个对学习有积极态度的学生,放学后能够拒绝与同学一起玩电子游戏,而回家做功课。加涅将态度作为学生习得的能力,主要强调它的行为方面,因为在他看来,态度影响了人的行为。加涅把态度大致区分为三类:儿童所获得的促进他与社会交往的态度、对某类活动的积极偏爱和有关一般公民身份的态度。

(三) 根据学习方式的不同进行分类

美国心理学家奥苏贝尔(D. P. Ausubel)根据学习方式、学习内容与学习者原有知识的关系不同对学习进行了分类。

根据学习方式的不同,奥苏贝尔将学习分为接受学习和发现学习。接受学习是指学生要学习的概念、原理等内容以结论的方式呈现在学生面前,教师传授,学生接受;发现学习是指学生要学习的概念、原理等内容不直接呈现,需要学生通过独立思考、探索、发现而获得。

根据学习内容与学习者原有知识的关系的不同,奥苏贝尔将学习分为机械学习和有意义学习。机械学习是指当前的学习没有与已有知识建立某种有意义的联系;有意义学习是指当前的学习与已有知识建立起实质性的、有意义的联系。

根据学习方式的不同,还可以将学习分为自主学习与合作学习、课堂学习与在线学习、亲历学习与观察学习等。自主学习是由学习者自己选择学习的内容、时间、地点、方式和方法并独立完成的学习;合作学习是两个或两个以上的学习者在学习过程中讨论、交流,互帮互助完成的学习。课堂学习是指学习者在真实的课堂上,与老师、同学面对面地交流、互动完成的学习;在线学习是指通过网络及智能终端设备观看教学录像完成的学习。亲历学习是指学习者通过自己的亲身经历、实践参与而获得知识经验的学习;观察学习是指通过观察榜样人物的行为而获得间接知识经验的学习。

(四) 根据教育目标的分类

美国教育心理学家布鲁姆(Bloom,1956)用分类学理论分析课堂教学活动中学生的各种学习,从教育目标的角度分出三个领域的学习,即三种类型学习:认知领域学习、情感领域学习和技能领域学习,并把每一类学习从低到高分成若干等级。

1. 认知领域学习

认知领域的学习目标是指教学后学生在认知方面可能产生的改变,可分为由低到高的六个级别。

知识,指学生通过记忆能够记住一些事实性知识。由具体到抽象可分为三个层次:第一层次是有关特定事物的知识,比如有关特定事物的知识、术语等;第二层次是有关处理事物的方法、程序的知识,如将事物按标准分类、按程序操作的条例;第三层次是有关概念的抽象知识,如原理、规则、理论等。

领会,即对交流内容含义的认知。交流内容指的是口头、书面、言语、符号或具体形式表示。

应用,就是把习得的材料应用于新的具体的情境,包括将抽象概念、原则、程序、方法等用于其他具体情境中去解决问题。

分析,将整体材料分解成它的组成部分,并理解其组成的结构。由易到难分为三个层次,第一层是对材料中包含要素的分析,第二层是对单个要素间关系的分析,第三层是对材料的组织原则和材料结构的分析。

综合,将各要素和部分联系起来形成一个新的、更清晰的整体。最简单的第一层是用语言表达出自己的意见,第二层是对某种事物的处理提出自己的计划;第三层是通过抽象思维推演出事物之间的关系。

评价,指为了某种目的对材料做出价值判断。材料可以是观念、作品、答案、方法和资料等,评价包括评估这些材料的准确性、有效性、满意度等。

2. 情感领域学习

情感领域的学习目标是指教学后学生在情感方面可能产生的改变。克拉斯沃尔(Krathwohl,1964)按照情感领域的目标内化程度分成由低到高的五个等级。

接受,指参加的学习活动愿意接受并予以注意的心态。最低层是觉知有关刺激的存在,其次是有主动接受的意愿,第三层是有意识地予以注意。

反应,即主动参与学习活动,并从中获得满足。第一层次是默默听从,第二层次是自愿反应,第三层次是从反应中得到满足。

形成价值观念,对其所学予以价值观念或态度上的肯定。第一层次是价值的接受,对其所学表示认可;第二层次是价值的肯定,对其所学表示热爱和追求;第三层次是价值内化,对其所学形成稳定的喜爱态度与有信念的追求。

组织价值观念系统,即将其所学的不同的价值标准组合起来,解决它们之间的冲突,建立内在一致的价值体系。第一个层次是价值概念化,即将所学价值予以抽象化,不再视为单独事件,而是形成对同类事件的一致看法;第二层次是组成价值系统,即将所学的同类价值观整合为统一的价值观系统。

价值体系性格化,即形成长时期控制自己的行为,并融入性格结构的价值体系。第一层次是概念化心向,即对同类情境表现出一般性的心向;第二层次是性格化,即出现较持久的价值观念。

3. 技能领域学习

技能领域学习目标的分类包括辛普森(Simpson,1972)提出的七个等级目标。

知觉,个体通过感觉器官获得所需动作技能的线索。第一个层次是刺激辨别,第二层次是线索选择,第三层次是动作转换。

心向,即个体在某种动作技能学习之前获得的心理上的准备。第一层次是心理倾向,第二层次是动作倾向,第三层次是情绪倾向。

引导反应,个体在教师的引导下跟着做出反应。第一个层次是跟随模仿,第二层次是尝试错误。

机械反应,即个体技能学习达到相当程度,以致不需要特别注意也能自动反应。

复杂反应,个体的包括多种不同反应的动作技能,第一层次是动作定位,第二层次是自动作业。

调适,即个体技能学习达到的精炼境界,能配合情境需要,随时改变技能的组合去解决问题。

创作表现,即能从事超出个人经验的创新设计,这是技能教学目标的最高境界。

三、学习心理学的研究历程

学习心理学的研究范式包括学习实验与学习理论。学习实验是采用实验研究的方法,以人或动物为研究对象,对学习问题进行的实证研究。学习理论是指有关学习的实质、过程、规律以及制约学习的各种条件的理论探讨和解释。科学心理学自诞生起,就是一门实验科学,学习心理学的研究也从此开始引入实验法。

(一) 早期的学习研究

1. 艾宾浩斯的记忆保持与遗忘的实验

1885年,艾宾浩斯率先采用实验法研究了与学习关系密切的记忆现象。艾宾浩斯采用德文的无意义音节为记忆材料,以自己为被试,反复多次地进行记忆保持与遗忘的研究,最终提出了著名的遗忘曲线,发现了遗忘的规律,即遗忘的过程是不均衡的,学习之后开始遗忘得较快,以后会逐渐减慢,先快后慢是遗忘的基本规律。

2. 桑代克的联结主义学习观

桑代克(E. L. Thordike)是采用动物研究学习心理学的先驱,从1896年开始,他在哈佛大学用小鸡、猫、狗、鱼等动物为实验研究的对象,系统地研究动物的学习行为,从而提出了学习心理学中最早也最为完整的学习理论。

桑代克根据实验研究的结果,提出了学习的联结说和试误说。他认为学习的实质是情境与反应之间建立起来的联结,学习的过程是盲目的、渐进的、尝试错误的过程。

3. 巴甫洛夫的经典条件反射学说的学习观

俄国生理学家巴甫洛夫(I. P. Pavlov)是经典条件反射学说的创立者。巴甫洛夫在研究狗的消化生理现象时,把食物放在狗面前,并测量其唾液分泌(通常狗吃食物时才会分泌唾液)。然而,巴甫洛夫偶然发现狗尚未吃到食物,只是听到饲养员的脚步声,便开始分泌唾液。他没有忽视这一现象,并开始做一个实验。先给狗听一段铃声,狗没有反应;然后,在让狗听铃声之后紧接着呈现食物。经过反复多次结合后,即使只有铃声而没有食物,狗也"学会"了分泌唾液。铃声与无条件刺激(食物)的多次结合使得铃声从一个中性刺激变成了一个条件性刺激,引起了分泌唾液的条件性反应,巴甫洛夫将这种现象称作条件反射,即经典条件反射。从1901年起,巴甫洛夫专心从事条件反射实验和高级神经活动规律的研究,他认为条件反射的生理机制是暂时神经联系的形成,并认为学习就是暂时神经联系的形成。1903年,巴甫洛夫在马德里的国际医学年会上宣读了他的实验和研究报告,认为条件反射是高等动物和人类对环境做出反应的生理机制。1904年,诺贝尔奖基金会将该年度的生理学和医学奖授予了巴甫洛夫,奖励他在消化腺生理机制的研究方面做出的贡献。1923年,他发表了《动物高级神经活动(行为)客观研究20年经验:条件反射》。

巴甫洛夫的经典条件反射学说影响巨大,在美国,行为派的心理学家华生、斯金纳等均受到巴甫洛夫的经典条件反射学说的影响。

(二) 行为派的学习研究

行为派把学习看成可观察的外部行为,是在一定条件下,学习者对外部刺激做出的行为反应。行为派忽视学习的内部心理过程,强调外部刺激是引发行为并保持行为的重要条件。行为派的学习观与早期桑代克及巴甫洛夫的研究是一脉相承的。

1. 华生的行为主义学习观

华生于1913年首次打出行为主义心理学的旗帜,他也因此成为美国行为主义的创始人。华生是第一位将巴甫洛夫的经典条件反射学说作为学习理论基础的美国心理学家。他主张一切行为都以经典条件反射学说为基础,认为学习就是以一种刺激代替另一种刺激建立条件反射的过程,除了出生时具有的集中条件反射(如打喷嚏、膝跳反射)外,人类所有的行为都是通过条件反射建立新的刺激-反应联结(即S-R联结)而形成的。

华生运用条件反射的原理,做了一个婴儿恐惧形成的实验以证明他的观点。实验对象是原本对兔子无任何恐惧的婴儿。在实验中,当兔子在婴儿面前出现时,同时呈现一种可怕的声音,经多次重复后,婴儿见到兔子就会感到害怕,后来甚至会泛化到对任何有毛的东西感到恐惧。

2. 斯金纳的操作性条件反射学习观

斯金纳(B. F. Skinner)是行为主义的代表人物之一,是操作性条件反射的创始人,是美国当代著名的心理学家。

斯金纳认为条件反射有两种,即巴甫洛夫的经典性条件反射和操作性条件反射。斯金纳认为,一切行为都是由条件反射构成的,反射有两种,行为也必然有两种,即应答性行为和操作性行为。因此,学习也分为两种,即反射学习和操作学习。操作学习的基本规律是:如果一个操作发生后,接着呈现一个强化刺激,则这个操作的强度(反应发生的概率)就增加。他认为操作行为更能代表人在实际中的学习情况,人的学习几乎都是操作学习,强化是操作性行为形成的重要手段,学习和行为的变化是强化的结果,控制强化就能控制行为。

3. 班杜拉的社会学习理论

班杜拉(A. Bandur)的社会学习理论是美国新行为主义的一个派别,该理论创立于1977年。班杜拉认为,儿童的社会性行为是通过对生活中他人行为的观察而获得的,观察学习,是社会学习的一种最重要的形式。所谓观察学习,是指通过观察他人的行为及其后果而发生的替代性学习。

班杜拉及其同事进行了一系列实验研究。1961年,他们进行了攻击反应实验,被试为72名3~5岁的儿童。每次实验中,实验者将一名儿童带入实验室。实验室内的一角放有玩具娃娃和一些修理工具,一个成人站在那里。在一种条件下,儿童看到成人拿起玩具娃娃,拳打脚踢,同时还喊着"打你的鼻子""打倒你";在另一种条件下,儿童看到成人只是安静地收拾修理工具,而没有攻击玩具娃娃。然后,实验者把儿童带到另外一个装有玩具的房间,让儿童单独玩玩具 20 分钟。实验者通过单向玻璃观察儿童的反应。结果发现,儿童倾向于模仿成人的动作,那些观看成人攻击行为的儿童对玩具又打又踢,还说了些侵犯性的话。

该实验说明,儿童通过对榜样的行为的观察学会了攻击反应。

此外,1963 年,沃尔斯特等人做了抗拒诱惑的实验;1966 年,米斯切尔等人做了言行一致的实验。

班杜拉通过实验和理论总结后认为,人的社会行为是人借助内部因素与环境相互作用的结果,也是儿童对榜样行为进行观察学习的结果。观察学习是社会学习理论的一个核心概念,它由注意过程、保持过程、运动再现过程和动机作用过程构成。

(三) 认知派的学习研究

认知派在学习和学习理论的研究上强调整体观,注重人在学习时的内部心理过程,注重学习过程中内部心理结构、认知结构或图式的建构。真正的认知派产生于 20 世纪 50 年代末,布鲁纳(J. S. Brume)的认知发现说、奥苏贝尔的有意义学习理论、加涅的信息加工学习理论以及建构主义的学习理论均可作为认知派有关学习的代表性学说。格式塔学派的学习理论、托尔曼(E. C. Tolmn)的认知-目的说亦强调学习的内部心理过程,可以看作认知派产生之前的早期观点。

1. 格式塔学派的学习理论

格式塔学派又名完形学派,1912 年产生于德国,代表人物是韦特海默、考夫卡和苛勒。他们强调经验和行为的整体性,反对行为主义的刺激-反应联结。于是,他们重新设计了动物的学习实验。

苛勒从 1913~1917 年在一个岛上进行黑猩猩的学习实验。在一个典型的实验中,黑猩猩被关在笼中,笼外放有香蕉和一长一短两个木杆,它在笼内不能直接够到香蕉。当黑猩猩用"手"够香蕉失败后,它停止活动,四处张望,若有所思。之后,它突然起身,用短杆取得长杆,再用长杆够到了香蕉。这一系列动作一气呵成。由此,苛勒认为,黑猩猩对问题的解决是由于突然领悟,即顿悟而实现的,学习不是逐渐的试误过程,而是对知觉经验的重新组织,是对情境关系的顿悟。

格式塔学派根据实验认为,学习是组织"一种格式塔或完形,即对事物的式样和关系的认知。学习的过程是通过顿悟实现的"。

2. 托尔曼的认知-目的说

托尔曼认为自己是一名行为主义者,他坚持主张用完全客观的方法检验理论。但许多人认为他是研究动物学习行为最有影响的认知主义者。受格式塔学派的影响,他强调行为的整体性。他认为整体行为是指向一定目的的,而有机体对环境的认知是达到目的的手段。他不同意把情境(刺激)与反应之间看成是直接的联系,即 S-R。他提出"中介变量"的概念,认为中介变量是介于实验变量和行为变量之间并把二者联系起来的因素。具体来说,中介变量就是心理过程,由心理过程把刺激与反应联结起来。因此 S-R 的公式应为 S-O-R,O 即代表中介变量。他的学习理论就是从上述观点出发,通过对动物学习行为全过程的考察而提出的。

托尔曼的认知目的说认为,动物学习是有目的的,其目的就是获得食物,而对环境条件的认知是达到目的的手段或途径。

3. 布鲁纳的认知-发现说

布鲁纳是美国当代著名的认知心理学家,也是美国认知学说的主要代表人物。1960年,他同米勒(G. Miller)一起创建了哈佛大学认知研究中心。1957年,苏联发射了世界上第一颗人造卫星,这让美国震惊,认为国家的政治、经济和安全受到威胁。美国将空间竞争和科技落后归因于教育。1959年,美国国家科学院召开中小学数理课程改革会议,布鲁纳担任会议主席。他的会议总结在1960年公开发表,题目为《教育过程》,其中提出了他的课程论(包括学习理论)思想,成为当时美国中小学教改的基本思想并影响世界。

布鲁纳认知-发现学习理论的基本观点可以概括为以下四个方面:① 学习的实质在于主动地形成认知结构;② 学生学习任何一门学科都有一连串的新知识,每种知识的学习都要经过获得、转化和评价三个过程;③ 学习应注意各门学科的基本结构;④ 提倡发现学习。

4. 奥苏贝尔的有意义学习理论

奥苏贝尔是美国纽约州大学研究院的教育心理学教授,是认知派的代表人物之一。他从20世纪50年代中期开始致力于有意义言语材料的学习与保持的研究。他的理论在20世纪60年代一经提出就受到中小学教师的欢迎。1976年,他获得美国心理学会的"桑代克奖"。

奥苏贝尔的有意义学习理论的基本观点包括以下几个方面:① 强调学生的学习主要是有意义的接受学习;② 认为有意义学习的实质就是以符号代表的新观念与学习者认知结构中原有的适当观念建立起非人为的和实质性联系的过程;③ 认为有意义学习必须具备三个前提条件:学习材料本身必须具备逻辑意义,学习者必须具备有意义学习的心向,学习者认知结构中必须具有同化新知识的适当观念;④ 有意义学习的过程即为原有观念通过类属学习、总括学习和并列结合学习三种方式对新观念进行同化的过程。奥苏贝尔将他的学习理论应用在教学中,提出了渐进分化和综合贯通两条教学原则;提出了促进有意义学习的教学策略——先行组织者;在教学过程方面,奥苏贝尔提出讲解式教学,即教师运用言语讲授的方法,使学生进行有意义的接受学习。

5. 加涅的信息加工学习理论

加涅的学习理论是在行为主义和认知观点相结合的基础上,运用现代信息论的观点和方法,通过大量实验研究工作建立起来的。他认为,学习过程是信息的接收和使用过程,可以划分为动机产生、了解、获得、保持、回忆、概括、作业和反馈这8个不同的阶段。学习是主体和环境相互作用的结果,学习者内部状况与外部条件是相互依存、不可分割的统一体。

6. 建构主义的学习理论

建构主义是学习理论中行为主义发展到认知主义以后的进一步发展,即向着与客观主义更为对立的另一方面发展。

建构主义的核心观点认为:第一,认识并非主体对于客观实在的、简单的、被动的反应

(镜面式反应),而是一个主动的建构过程,即所有的知识都是建构出来的;第二,在建构的过程中,主体已有的认知结构发挥了特别重要的作用,而主体的认知结构亦处在不断的发展之中。

皮亚杰(J. Piaget)和维果斯基(L. Vygotsky)是建构主义的先驱者。尽管皮亚杰高度强调个体在与周围环境相互作用的过程中,通过同化和顺应逐步建构起关于外部世界的知识,从而使自身认知结构得到发展;而维果斯基更关心知识的工具即文化和语言的传递,但在其本质方向上,皮亚杰和维果斯基都是建构主义者(Fowler,1994)。

现代的建构主义又可以区分为极端建构主义(radical constructivism)和社会建构主义(social constructivism)。极端建构主义有两个基本特征:首先是突出强调认识活动的建构性质,认为一切知识都是主体的建构,我们不可能具有对外部世界的直接认识,认识活动就是一个"意义赋予"(sense making)的过程,即主体依据自身已有的知识和经验建构出对外部世界的意义;其次是对认识活动的"个体性质"的绝对肯定,认为各个主体必然具有不同的知识背景和经验基础(或不同的认知结构),因此,即使就同一个对象的认识而言,相应的认识活动也不可能完全一致,而必然具有个体的特殊性。在极端建构主义者看来,个人的建构有其充分的自主性,即是一种高度自主的活动,也就是说,"一百个人就是一百个主体,并会有一百个不同的建构"。也正是在这样的意义上,极端建构主义也常常被称作"个人建构主义"(personal constructivism)。社会建构主义的核心在于对认识活动的社会性质的明确肯定,认为社会环境、社会共同体对于主体的认识活动有重要作用,个体的认识活动是在一定的社会环境中得以实现的,所谓的"意义赋予"包含"文化继承"的含义,即经由个体的建构活动所产生的"个体意义"事实上包含了对相应的"社会文化意义"的理解和继承。

第二节 学习的生理基础

从生理角度来看,学习是如何发生的? 许多心理学家认为,学习的基础在于大脑内部神经元之间相互联系的改变。人类认识世界和认识自我的关键物质基础是我们的大脑。理解大脑的基本工作机制,对于我们探究人类智力的本源问题及解决脑疾病的发病机制问题具有理论和实践应用的双重必要性。人类大脑是目前已知的宇宙中最复杂的系统之一,理解人类情感、思维和意识的物质基础是人类认识世界和认识自我的终极挑战。

一、学习的神经机制

学习和记忆是脑的基本功能。学习是对新信息和新知识获取的神经过程,而记忆(memory)则是对所获取信息的保存和读出的神经过程。学习和记忆是相互联系、不可分割的两个过程。个体通过学习或依据经验,改变自身的行为,以适应环境,从而得以生存。学习和记忆是大脑神经回路对环境变化的适应,使我们能对以往经历的事情做出恰当的反应。我们生命中最初10多年的主要目的之一就是学习在这个世界上赖以生存的技巧，我们学习大量的事物，这些事物有些是直观的，有些则是抽象的。在过去的20多年中，由于新的研究技术和方法的应用，对学习和记忆的神经机制的了解取得了重大的进展。在讲解学习记忆的神经机制之前，先介绍一下关于脑、神经元和突触的一些基本知识。

（一）神经元通过突出连接构成神经回路

脑的基本组成单元是神经细胞（神经元，neuron）。脑大约由1000亿个神经元组成，每个神经元都有树突、胞体和轴突。树突的形态很像灌木丛，它是神经元的"天线"，接收来自其他神经元的信息。信息由神经元胞体加工整合，然后经细长的轴突传递至下一个神经元。轴突末梢与另一个神经元的树突相接触，形成特有的接点——突触（synapse）。突触由突触前膜、突触间隙和突触后膜组成。神经信息在突触前神经元的轴突上以电脉冲形式传播，电脉冲传到突触前膜处，触发轴突末梢释放某种化学物质（神经递质）。神经递质经过突触间隙扩散至突触后膜，与突触后膜上的特异"受体"相结合，引发突触后神经元发生一系列生理和生化反应。这种以化学物质为媒介的突触传递，是脑内神经元信号传递的主要方式。不同神经元按一定规则有条不紊地连接，形成信息传递和加工的网络（神经回路）。单个神经元只有在极少数的情况下才单独地执行某种功能，神经回路才是脑内处理信息的基本单元。突触是实施脑功能的关键部位。脑内神经元之间经过突触的化学性传递，为脑功能的发育和实现提供了充分的多样性和灵活性。信息主要通过以下两种方式在人类神经系统中进行传递：① 在单个神经元内通过电信号传递；② 在神经元之间的突触中通过化学信号传递。尽管脊髓中的突触负责一些基本反射，但总的来说，大脑是身体的协调与决策中心。

（二）星形胶质细胞在学习中起着重要作用

最近几年，一些研究者推测，星形胶质细胞在学习与记忆中起着和神经元同样重要的作用。对人类来说，星形胶质细胞的数量远远超过了神经元，它们彼此之间以及神经元之间有无数通过化学方法调节的相互联系，星形胶质细胞似乎很大程度上能控制神经元去做什么、不做什么以及神经元之间联系的多少。一个正常的大脑在整个生命周期内会产生许多新的星形胶质细胞。

（三）神经细胞的可塑性与再生性

加利福尼亚伯克利大学做过这样一个研究，研究者把一窝生下来的小鼠分养在两种环境中，一种是丰富的环境，丰富环境中的老鼠住在大笼子里，10~12个一组，有梯子、轮子、盒子和平台等组成的玩具。笼子被放在大的、明亮的房间里，玩具每天都有变化，老鼠每天都参加一个在大场地的探索活动，它们5~6个一组，有栏杆拦着，且这些栏杆的图案每天都有变化。另一种是贫瘠环境，在贫瘠环境中每只老鼠都有单独的笼子，笼子都有坚固的墙，这样老鼠之间互相看不到也摸不到。笼子被放在隔离的、安静的、光线微弱的房间里。一个月后将小鼠处死后检查，结果发现，丰富环境老鼠与贫瘠环境的对比，前者比后者脑平均重4%，视觉皮层重6%，大脑皮层锥体细胞基部树突上的小棘多10%，顶树突上的小棘多3%，而且脑中胶质细胞和胆碱酯酶的含量较多。胶质细胞对脑功能的发挥是很关键的，因为它可以为神经元和脑细胞提供营养，而脑细胞则传递所有脑功能所必需的信号。此外，有人也观察到海马结构中的锥体细胞的树突上有小棘的生长。由此可认为，树突上小棘的生长可能是使神经元之间形成新的突触联系,最终可以形成特殊的机能通路的前奏。还有一点与此相一致,即小鼠在生下后即阻止其视觉发挥作用(摘除眼球或饲养于暗室之中),则小鼠视皮质从组织学机能上表现出突轴变性的症状,也即由于不充分使用出现突轴机能降低。美国罗格斯大学和普林斯顿大学的研究人员的研究结果表明,成熟哺乳动物的海马神经元具有生成新的神经元的能力,而新生的神经元不仅会被"海马依赖型记忆"的形成所影响,而且,它们反过来也会强烈地影响"海马依赖型记忆"的形成。

(四) 学习神经机制:新突触的形成与稳固

有研究者提出,学习的基础在于神经元之间相互联系的改变,尤其是现有突触的加强或减弱,或者是新突触的形成。一些研究者发现,神经再生——形成新的神经元——将会在海马体的特定部分中持续整个生命周期,可能在额叶和顶叶中的某些区域也同样如此。新的学习经验好像能增强年轻神经元的存活率并促进它们成熟;如果没有这些经验,那么神经元将会慢慢凋零。

从生理学上看,大多数新获得的信息和技能似乎需要经过一段时间才能在皮层中"稳固"下来,这一过程被称为巩固(consolidation)。比如,一个因为交通事故头部受伤的人,通常不能回忆起损伤发生前几秒、几分钟、几天或几个月内发生的事情,但对于过去事件的记忆却仍然完好无损。当人们在受伤后短暂地失去意识时,这种健忘症尤为常见,这可能是因为个体不能再去思考最近发生的事情所造成的。

二、学习的脑功能定位

至于学习在哪里发生这个问题,答案是很多地方。在学习记忆过程中,几乎整个大脑都在活动,但某些特殊的区域和环路与学习记忆的关系更为密切。当我们必须注意和思考新信息或事件时,额叶处于激活状态,并且在根据先前获得的知识解释新输入的知识时,或多或少地激活了皮层的所有脑叶。体积小而形似海马的海马体似乎也是学习过程中的核心结构,它负责对来自大脑不同部位的信息进行整合,产生新的记忆,然后对这些新记忆进行巩固。在边缘系统中,与海马相邻的杏仁核可能在非常年幼的儿童形成语前记忆、情感记忆中具有作用。

(一) 参与学习主要的脑功能区

1. 大脑皮层

大脑皮层(cerebral cortex)是最大的,也是最后发育完全的脑区,是儿童认知功能最重要的促进因素。大脑皮层由两个半球组成,这两个半球由脑的内部组织胼胝体连接。这保证了脑的内部组织和外部组织,即大脑皮层的联系。

大脑皮层不同区域或脑叶对应着特定的身体功能和能力。例如,运动皮层连接身体活动,视觉皮层连接视觉。大脑一个最重要的专门化是偏侧化(lateralization),也就是两个脑半球专注于不同的功能,如大脑右侧控制左侧身体,而大脑左侧控制右侧身体。

右半球还处理视觉空间信息、非言语相关声音如音乐,以及面孔和表情识别;左半球关联口头语言和逻辑思维过程的处理。但是,不同脑区之间的连接强力支持着大脑的单侧化。并非所有的过程都由一侧大脑单独执行,如情绪就涉及整个大脑的处理。脑的内部组织将情绪信号中转到外部脑区,在这里,总体来说,右侧处理消极情绪,左侧负责积极情绪,语言需要两个半球共同处理。学界曾认为语言能力完全位于左侧大脑,但现在人们认为,两侧大脑都出现对口头词语和声音的识别,被左侧大脑强烈控制的只是言语的产出。左半球两个关键脑区(布洛卡区和威尔尼克区)的任一损伤都会导致语言输出障碍(Society of Neuroscience,2008)。

大脑专门化的程度因人而异。例如,人们认为脑的单侧化程度受遗传和家庭相似度的影响,女性可能低于男性,左利手的人可能低于右利手的人。有学者研究数学家的大脑发现,解题和完成简单的算术运用了双侧大脑的中央部分(Dehaene, Molko, Cohen &Wilson, 2004)。实际上,大多数活动都涉及对来自双侧大脑的信息的整合。这些过程怎样反映在儿童的发展上?发展的模式之一是技能的复杂性和协调性的提高,这部分源于神经路径网络的增长。

2. 海马

有关海马与学习记忆关系的实验证据较多。比较一致的看法是,刺激信息在海马处被记录下来,表现为学习早期海马 Q 节律的出现,而后经过海马的活动,进入长期记忆。另外,在大鼠实验中观察到海马与空间位置的学习有关,它参与了近期记忆中的情节记忆过程。海马损伤或切除海马,将造成顺行性健忘症。在临床上,由于癫痫病人需要切除两侧大脑颞叶,损伤了海马及有关结构,引起病人丧失新近记忆能力,对眼前事情很清楚,但转瞬就忘。实验表明,海马受电刺激的干扰后,可阻碍短时记忆巩固发展为长时性记忆,由此推测,海马在记忆巩固过程中起重要作用。

3. 与记忆有关的神经回路

与近期记忆有关的神经结构在脑内形成环路。除海马外,边缘系统的其他许多结构也参与了近期的陈述记忆,它们形成了两个回路:① 内侧边缘环路(Papez 环路):扣带回→感觉皮质周边区及额叶、顶叶、颞叶的联合皮质→海马回→海马→穹隆→下丘脑乳头体→乳头丘脑束→丘脑前核→扣带回。该回路与空间记忆有关。② 以杏仁核为主体的基底外侧边缘环路:颞叶眶部皮质→前额皮质→杏仁核→丘脑背内侧核→额叶眶部皮质。该通路主要参与感情记忆的储存。与记忆有关的神经回路不是一成不变的,在金丝雀的习鸣过程中发现有新的神经元不断替换陈旧的神经元,说明学习在某种程度上可以引起神经通路的改变。有人设想,当同一信息反复出现时,脑内有关细胞活动可发生总和而活动增强,同时由于神经环路的活动可使神经元的活动延长,如果多次如此反复,就可能引起突触部位发生结构上的变化,使得细胞间联系变得更为容易,最终形成特殊机能通道,并不断得以巩固而形成长时记忆。

另外,在研究左右大脑半球的关系中发现,胼胝体可以从学习脑中提取记忆痕迹,传给非学习脑,并记录下来。

(二) 左右脑功能独立,相互联系

美国加利福尼亚大学佩利斯在 20 世纪中叶突发奇想,他把一只猫的左右大脑之间的联系切断,想看看这只猫在生活中会有什么不一样的变化。结果,这只猫还是如以前一样游刃有余地捉老鼠、睡懒觉,没有半点不正常。他用纱布蒙住这只猫的右眼,然后费尽心机地教它走迷宫,直到它能够非常熟练地通过这个迷宫。这时,佩利斯放开了猫的右眼,紧接着又蒙上了它的左眼,然后把它重新放入那个早已经非常熟悉的迷宫中,奇怪的事情发生了,这只可怜的小猫咪根本不知道自己该往哪个地方去,对迷宫中的各个地方居然没有任何印象,很快就在迷宫中迷路了。先前学到的知识完全没有了。

癫痫病患者由于大脑病变导致经常性痉挛,脑科医生切断了他们的胼胝体,使得他们的左右大脑分离开来,脑部的病变也就被控制住了,而且,令人惊异的是,这些患者手术之后竟然没有什么异常,反而十分开心。于是,Sperry 发现良机,他邀请这些脑子被人一分为二的"裂脑人"加入了自己的实验。实验中要求一位裂脑人患者紧盯着一个注视点,在屏幕上短暂地呈现一幅荒诞的面孔,其位置恰好使得女性面孔进入右半球,男性面孔进入左半球。被试没有报告这幅合成图有什么异常。当要求被试对面孔进行描述,被试用语言描述的是一张男性的面孔,选出的却是女性面孔。这说明语言信息中心在左脑,图像信息中心在右脑。

裂脑人实验中观察到的奇特现象:出现在左右眼睛的视野光束,右撇子裂脑人只能看到右边的光线。如果只呈现左边视野的光束,裂脑人会说自己啥都没看见。但是,如果要求患者指出光线出现的位置,他竟然指出了左边的光束,而且,依然说自己看不见左边的光线。他的右脑其实确实看到了光线,但是左脑无法得到右脑的信息,所以表达说没有看到任何东西。

如果将生活中非常熟悉的物品放在右利手裂脑人的右手中,蒙上他的眼睛让他猜猜是什么东西,他会很准确地说出这个物品的名字。但是,奇怪的是,如果将这个东西放在他的左手中,裂脑人却说不出这个东西的名字。更加奇怪的是,如果此时让他从面前摆好的一堆东西中挑出刚才放在他左手中的东西,他竟然挑得出来,但是他还是不知道这是什么东西,在这个过程当中裂脑人一直被蒙着眼睛。

给右利手裂脑人的右脑呈现一个图像,裂脑人像第一个实验那样,不能描述这个图像,甚至,他认为自己根本没有看到什么图像。但是让他用手尝试去挑出刚才呈现的东西,他却又能莫名其妙地挑出图像中的物品。这是视觉和触觉的协调实验。右利手裂脑人两只手分别绘制立体图形,左手成绩远远好于右手,右手画的图形毫无立体感可言,简直如同幼儿园的孩子们所画。由此可见空间处理能力主要在右脑。

如果突然给一个女裂脑人左脑呈现一个裸体女人的照片,女裂脑人大笑,并说这个是裸体女人。但如果突然呈现在右脑,这个裂脑人会说自己啥都没看见,但是非常明显的是,她开始莫名其妙地咯咯笑,问她笑的原因,她吞吞吐吐,然后说机器真有趣。这个实验说明,虽然右脑无法说出物体的名字,但是存在着情绪反应。

在暗室内,如果指示裂脑人用左手去拿个东西,裂脑人能够准确拿到,但是同样的物品放到他的右手中,他却不能说出是什么。

佩利斯和加扎尼加经过三十多年的裂脑研究,得出"大脑的每个半球都有自己的思想"这个结论。关于这个结论,这两个老搭档做了另一个实验:问裂脑人"你想选择什么作为你的职业",裂脑人口头回答说自己想当一个绘图人员。但是让他用左手把字母拼成自己想要从事的职业,他却拼出汽车比赛的字样。两个脑半球甚至存在着不同的理想,但是右半球的思想和理想往往被压抑起来,不能表达。

加扎尼加后来向前推进了这些想法,他认为就算是正常人的大脑,两半球之间的联系也并不完全。他用情绪来说明这个问题,比如人们经常没有来由地感觉悲伤。他认为右半脑的一些特定的信息并没有以语言的方式储存,这样,左半球就无法用语言来描述这种情感,于是,就出现了上面所说的"没来由的悲伤"这种现象。甚至,有时候左脑会强迫自己做出一个语言上的解释,这样,就会出现错误。

三、大脑研究的教育启示

大脑研究领域取得最新进展的同时,一些研究者提出了一些毫无根据的推论。例如,"构建更好的大脑",设计一门"基于大脑的课程"或者"右脑教学",诸如此类。这些观点反映了他们对大脑如何工作的误解。

(一) 突触的修剪

一些人建议让婴幼儿沉浸在刺激丰富的环境中,这样可以尽可能多地保护那些早期突触,从而使他们在学业、体育和艺术上有一个良好的开端。然而突触修剪是不可避免的,因为突触必须竞争有限的营养元素,从而确保自己的存活。此外,突触修剪常常是有益的而非有害的,因为它可以消除无用的突触从而增加大脑的效率。突触发生在先、突触修剪在后这种顺序是大自然母亲确保人类机能的可塑性与适应性的主要手段。事实上,许多学习和认知能力的发展都是在大多数突触修剪发生之后才产生的。

(二) 环境的多样性促进大脑发育

在发展依赖于在特定年龄接受特定刺激的领域中(即存在关键期的领域),研究者发现,几乎在所有文化中儿童都需要接受必要的刺激。例如,为了获得正常的双眼视觉,儿童需要双眼经常地、平衡地接受视觉输入;为了获得正常的语言,儿童需要持续暴露在一种语言环境中,可以是口头的也可以是手写的。这种经验不仅存在于"富裕的"儿童保育和幼儿园环境中,而且也存在于低收入、市内贫民区,甚至发展中国家的偏远部落群体中。

胎儿期是一个非常关键的时期,尤其是怀孕后的最初几个月,大脑如果想要获得良好的发展,必须保证充足的营养并且免受环境的危害(铅粉尘、汞、酒精等)。在这一阶段中,营养不良和环境刺激造成的不利影响很可能是不可逆的。大脑最初出现在胎儿发育的第一个月晚期到孕中期,一个人终生将会拥有的绝大多数神经元已经形成;并且正向它们的最终位置迁移。神经元间的突触在出生前就开始形成;出生后不久,突触形成的速度急剧增加,以至于儿童的突触数量比成人要多。在童年期和青少年期,作为适应环境和增加效率的一种手段,大脑会削减(即修剪)很少使用的突触。尽管大部分大脑发育发生在胎儿期和童年早期,大脑结构和神经递质的一些变化将会持续到青少年期和成年期。基因指令在很大程度上推动了大脑成长过程中的变化,但营养、环境中的毒素、体育活动和学习经验同样会影响大脑发育。

最初几年对学习很重要,但以后几年的时间也同样重要。尽管复杂的环境似乎不是神经系统发育所必需的,但参与了丰富学前教育计划的儿童比没有参与这项计划的儿童通常能获得更大的认知收益。例如,他们能拥有更多的知识,在智力测验中能获得更高的分数。然而,除非儿童在上学期间继续接受刺激,否则早期取得的收益往往会随时间的推移而减弱,有的可能完全消失。教育者和决策制定者不能将所有希望都寄托在年龄特异性上,学习的培养和认知的发展注定是一项长期的事业。

(三)"左脑"教学或者"右脑"教学并不科学

有些研究者认为许多成人和儿童专门使用大脑的某个半球,成为基本上用"左半球"或"右半球"进行思考和学习的人,因此他们敦促教育工作者适应每个学生的脑半球偏好。但在几乎所有的思考和学习任务中,大脑的两个半球都是密切合作的,尝试专门对某个半球进行训练将会是徒劳的。通过采用越来越多的研究方法,研究人员对大脑怎样工作已经有了很多了解。对人类来说,大脑中最大、最新进化出的部分前脑在意识、思考、学习以及许多显然只有人类从事的精神活动中占据着重要的地位。即使是很小、看起来很简单的任务(如识别和理解一个特定单词),通常也会涉及大脑两个半球许多部位的合作。有时教育工作者会从大脑研究中引申出毫无根据的启示。人类发展的最初几年的确很重要,但是为婴儿和学前儿童提供密集、结构化的课程是不可能阻止突触修剪的发生的,并且人们也没有证实这类课程对神经系统发育存在任何其他潜在的好处。此外,努力训练"左半球"思维或"右半球"思维最终都将是徒劳的,因为几乎在每一项活动中两个半球都是共同合作的。脑研究中的发现的确对心理学家完善其有关学习和认知的理论解释产生了有用的帮助,但并没有对教学实践提供多少有效的指导。

(四)在具有关键期特征的发展领域,发展机遇开放着一个缝隙

关键期这一概念不仅告诉我们培养某一特定能力具有最佳时期,它还告诉我们学习并不一定只有一次机会。有时由于各种原因,在最佳的年龄阶段内,儿童很少或没有机会暴露在适当的刺激中。例如,直到家庭负担得起有关费用之前,儿童可能无法接受白内障手术;患有先天性耳聋的孩子在达到上学年龄前,可能不会遇到他们可以感知的语言(如手语)。研究者和教育工作者与其纠结于那些本应获得却并未能获得的发展,倒不如更好地为错过获得关键经验的儿童服务,通过制定和实施干预使得这些个体尽量能弥补损失。研究人员已经发现一些证据,在一些基本的、存在已久的能力(如视知觉和语言)的发展中存在关键期。但是人们可以在任何年龄获得许多新近的人类成就(如读写能力、数学),毫无疑问这种获得新知识和新技能的能力贯穿在人的一生中。有些理论家假设,对人类的基本生存至关重要的那些知识(如语言的特定要素、关于物质世界的基本知识)或至少是快速、轻松地获得这些知识的禀赋可能是建立在生物学基础上的。

(五)大脑研究改进学习和认知的理论,并不能指导教什么以及怎么教

随着研究人员对大脑结构和功能的了解的增进,他们有时会找到证据,支持或反对关于人们怎样学习和思考的各种心理解释。相应地,随着心理学家改进他们有关学习和认知的理论,他们可以逐渐对最可能促进有效学习和行为的各种教学方法和治疗性干预有更好的把握。

虽然如此,我们可能永远无法将特定的心理现象、思想、知识、解释等完全归结到生理实体上。大脑研究不太可能告诉人们必须要掌握哪些重要的信息和技能;这类事情通常是因文化而异的,它们的价值决定着人们掌握它们的优先级别。关于大脑研究只是在我们怎样能最好地帮助学习者获得重要信息和技能上提供了一些模糊的线索。

第三节　大脑可塑性与发展

一、大脑可塑性概念的提出

大脑可塑是指大脑可以为环境和经验所修饰，具有在外界环境和经验的作用下塑造大脑结构和功能的能力，分为结构可塑和功能可塑。脑的结构可塑是指大脑内部的突触、神经元之间的连接可以由于学习和经验的影响建立新的连接，从而影响个体的行为。它包括突触可塑和神经元可塑。功能的可塑性可以理解为通过学习和训练，大脑某一代表区的功能可以由邻近的脑区代替，也表现为脑损伤患者在经过学习、训练后脑功能在一定程度上的恢复。

大脑可塑性有很多种。有些会随着年龄增长而衰退，有些不会。已经有很多科学和医学证据表明，健康的生活方式，比如低卡饮食、有氧锻炼、持续的某种刺激或者训练（比如练习乐器）等会增强一些层面的可塑性，降低年龄的影响。大脑的可塑性是一个比较通俗、广义的概念。总体而言，神经网络中任何长期的功能或者结构上的改变都可以称作神经的可塑性。"神经可塑性"（neuroplasticity）这个说法早就有，但是直到 20 世纪 90 年代才开始引起广泛关注，因为直到那时候才开始有实验工具来系统地记录和分析神经网络在从分子到结构的各个层面上的变化，进行研究。

神经可塑性指的是神经连接生成和修改的能力，我们的大脑终身都保有神经可塑性。神经可塑性体现在大脑被外界刺激影响而随时修改上，当你长期练习某一种大脑功能，就可以让负责这个功能的脑区的神经连接生成和巩固，但是只要你偶尔偷懒，不持续地练习，大脑中刚刚建立起来的神经网络的巩固过程就会罢工，变得日渐虚弱，一些微弱的神经连接甚至会被修剪掉。这个神经连接生成、巩固和修剪的过程就是我们学习的过程，而大脑神经可塑性决定了我们的学习能力。

神经可塑性的内涵很广泛，既有宏观的行为表现，又有微观分子水平与细胞水平的变化，前者如学习记忆等脑功能的变化及精神活动状态的改变，后者有神经电活动（如电位大小）、神经化学物质（如神经递质、神经调质、受体、离子流等）以及神经细胞微细结构（如树突分支形式、树突棘密度、突触数量及突触结构参数等）的变化。在发育早期，神经细胞和突触连接是过量形成的，在进一步发育及成熟过程中，以活动依赖性方式对过量的神经元和突触连接进行删减，经过调整和修饰之后形成稳定的神经通路及神经网络。人及动物出生以后，通过感觉器官接受外界各种信息的刺激，外界的生理性刺激（非伤害性刺激）对神经通路的修饰有重要作用。已经知道，一般性刺激（如生活环境的一般性变化）引起脑内神经元及突触的变化具有脑区的普遍性，而特异性刺激（如某种特定形式的训练）引起的可塑性变化具有脑区的特异性，而且不同种的动物及不同脑区有不同的敏感性。引起神经可塑性变化的环境信息有两类：一类是同种动物不同个体共同获得的预期信息,这类信息具有环境的共同特性,是同一物种获得的共同信息,是在生物的长期进化过程中形成的,这类信息刺激所引起的可塑性变化称为"经验预期性的可塑性";另一类是不同个体在各自生活经历或特殊环境中获得的特异信息,各个体之间有很大差异,这类信息的刺激作用可以诱发新突触形成或新神经通路的产生,这种可塑性变化称为"经验依赖性的可塑性"。

组织形态观察、生物化学分析及动物行为检测等各方面研究结果表明,环境因素的连续刺激或经常重复刺激可以引起脑组织的变化,生活环境越丰富多彩或复杂多样,引起的可塑性变化越显著。复杂多变的环境与贫乏单调的环境相比,前者能使动物大脑皮层厚度增加,神经元细胞体和树突分支范围增大,树突棘的数量增多,突触密度和突触连接面增大以及蛋白质合成率升高等。总之,丰富多彩的生活环境有利于脑结构与功能的发展(尤其在发育的关键期)。

除正常生理性刺激引起脑神经可塑性变化以外,衰老性脑功能减退的生理代偿以及脑损伤后一定程度的再生能力与功能恢复,也是可塑性的表现,有人将这些问题也列入可塑性的范畴。例如,脑内某些受损神经元的自然修复、神经纤维侧支出芽、新生突触以及功能重建等都是可塑性变化。新近研究发现神经胶质细胞参与脑损伤反应,但情况复杂,许多问题有待进一步研究。

二、大脑可塑性研究的证据

(一)来自脑损伤的证据

最初发现大脑具有可塑性是来源于脑损伤的研究。一些研究者发现,在经过学习和训练之后,大脑发生病变的脑区所代表的功能可以部分得到恢复,其原因或者是由于发生病变的脑区部分得到恢复,或者是由于邻近的脑区具有了病变脑区的功能。

一般认为,左半球是负责语言加工的优势脑,然而在 Vargha-Khadem 等研究中却发现,在儿童时期切除左半球的病人,仍然具有获得语言的能力。虽然发现与正常儿童的语言发展相比,他们的语言发展能力要稍晚些,但是他们的语言能力仍然可以发展到与正常人相似的水平。实验说明切除了左半球并不代表儿童就丧失了获得语言的能力。这项研究也许可以说明这样一个事实,虽然左半球在语言加工中有着极为重要的作用,但这并不表示它是语言加工的唯一脑区。

事实上,关于大脑功能的研究也表明,大脑是一个极为复杂的系统,有几个主要的脑区负责语言成分的加工,但不限于这几个脑区,而是有着更为广泛脑区的参与。Müller 等在一项实验中也发现,左半球受损伤较早的患者会出现右半球优势。实验采用 PET 技术,要求 8 名正常被试和 23 例脑损伤患者完成一项听句子任务的实验,结果发现正常成人左半球的额叶和颞叶的血流量较右半球显著增加,而在脑损伤较晚的患者中,这种效应明显降低,脑损伤发生较早的患者会表现出右半球优势。研究者认为这是由于右半球补偿了大脑左半球的语言加工功能,脑损伤后语言功能的恢复是由于在正常情况下不进行语言加工的某些脑区出现了激活。

脑损伤患者脑功能在某种程度上的恢复为研究神经系统的动态变化提供了一些实验

依据,这些实验研究可以直接或间接地表明神经系统在一定程度上会受到经验的影响。

(二) 来自学习和训练的证据

当前的认知神经成像研究在探讨认知过程的神经机制方面取得了一些研究成果,这些实验大部分是从个体已经获得的认知成分出发,静态地研究这些认知成分的神经基础。大脑是一个动态发展的过程,其皮层功能的获得也是一个持续的过程。已经有相当多的研究者开始将兴趣转移到学习和发展影响下的神经系统的变化。这些实验研究共同的特点是,要求被试在一定的时间内学习某项实验任务,观察学习前与学习后脑区活动状态的变化。实验是基于这样的一个前提,学习前和学习后影响脑区活动状态变化的变量是学习的实验任务,研究者所设计的实验任务通常包含了一项或几项认知成分,通过实验试图找出所考察的认知成分与大脑活动的关系。当前在这方面已经取得了一些研究成果。

有些实验研究发现,经过学习和训练之后,由于作业的自动化程度提高,负责该功能的某个脑区的激活程度将比学习前减弱。在一个实验中,McCandliss 等采用 ERP 技术研究了学习人工语言时大脑活动的特点。实验中测试了训练前、训练中和训练后脑电波的变化。结果发现,在经过训练后,左侧前额叶和颞叶加工新单词 Keki 的语义波幅下降,程度与加工英语单词的波幅相当。这可能是由于学习后加工新单词语义的自动化程度提高,脑皮层活动程度的减弱引起了脑电波幅的下降。

(三) 来自双语者语言研究的证据

脑损伤的一些研究已经为右脑参与语言加工提供了一些实验证据。一些关于语言学习的研究也表明右脑具有一定的语言功能。这些研究发现,第二语言学习越早,右脑参与得越少,第二语言学习越晚,右脑参与得越多,而且与早期双语者相比,晚期双语者的右脑更多地参与了第二语言的加工。

关于双语学习的研究发现,晚期双语者与早期双语者表征第一语言和第二语言的脑区不同。Kim 等让 12 位双语者用母语和第二语言做默想作业,其中 6 位双语者自幼开始学习外语,另外 6 位被试在成年之后才开始学习外语,利用 fMRI 研究表明,幼年时期掌握了第二语言的被试,第一语言和第二语言的表征有相同的脑区;成年时期开始学习外语的被试,第一语言和第二语言的脑区是分别表征的。这个结果也许可以提示我们,在语言学习的敏感期,语言学习是由几个主要脑区实现的。成年之后,其他的脑区也具有语言的功能。

大脑的大部分结构在出生前已经成型,神经可塑性应该是指 5~25 岁间前额叶兴奋性突触与抑制性突触的修剪,相互消长最后形成平衡。这个过程中出现的"故障"对以后的人格和疾病都可能造成影响。

三、大脑可塑性的神经机制

有关学习和记忆的神经机制,神经科学家进行了深入的研究。核心的观点认为,学习是通过突触效力的变化,也就是突触强度的变化而产生的。Hebb's 提出,如果两个神经元在同一时间被刺激,则两个神经元所有的突触效力均增强。这种具有可塑性特征的突触能够承担合作探测器的功能,使突触前和突触后的冲动发放能够协同,介导联合型学习。突触的可塑性实际上是突触在形态和功能上的改变,突触形态的改变或者是新的突触联系的形成和传递功能的建立称为突触结合的可塑性,突触结合的可塑性持续时间较长,一般认为在长期记忆中发挥作用。而突触的反复活动引起突触传递效率的增加(易化)或者降低(抑制)则称为突触传递可塑性。突触传递的长时程增强和长时程抑制被普遍认为是学习与记忆的神经细胞学基础之一。

目前,对海马长时程增强产生的机制研究较为深入,CA1区细胞上有两种谷氨酸受体,即AM-PA受体和NMDA受体。NMDA受体的发现对人们了解LTP产生的机制以及它的联合性质起了很大的推动作用。NMDA受体是一种既受递质门控又受电压门控的双重门控通道,只有当一定强度和一定频率的刺激作用后,才能使突触后膜的去极化达到一定的程度。

近些年对大脑可塑性的研究关注比较多,目前对可塑性这个现象在各个层面上都有较深入的了解。一个比较清晰又简单的脉络就是按照可塑性发生的细胞生理学尺度来理解,大致可分成三个层面:① 亚细胞水平的可塑性,我们理解最多的就是突触可塑性(synaptic plasticity)。② 细胞水平的可塑性,比如轴突的路径改变,即轴突导向(axon guidance)。③ 多细胞水平的可塑性,比如神经生成(neurogenesis)以及皮层重组(cortical remapping)。在这三个尺度上,笼统来说,尺度越大,涉及的分子、细胞学变化越多越复杂,也是首先随着年龄而衰退的,比如皮层重组(但也不是绝对不可能发生)。而在亚细胞水平上的突触可塑性则是伴随终生的,也是最容易增强和改善的。所以说活到老学到老是有科学依据的,因为突触可塑性伴随终生。

放眼毕生发展之神经可塑性,成人的大脑曾经一直被认为是一成不变的。然而近十几二十年关于经验可塑性的研究基本推翻了之前成人大脑可塑性极低的假说。其实我们的大脑从未停止改变和调整以达到最优神经回路,只是在幼年时期这个过程发生的比较迅猛。虽然从神经科学角度来说,根据经验与学习而重组神经路径是件非常有意思的发现,然而成年人的大脑可塑性有着很大的个体差异,不能一概而论。

从另一方面说,我们一直认为婴儿时期突触修剪(synaptic pruning)到儿童时期是大脑可塑性最强的阶段。然而此阶段伴随着极高可塑性的是较低的大脑信噪比,以及未达到最优化的大脑各区联接,所以对应了大脑运作的不够高效。比如面孔识别这个我们从生下来就在不停努力的任务,确实有着从结构以及对应的面孔识别网络的功能联接优化。

产前经历对神经可塑性的影响,妊娠期间的负面刺激,如服用药物,会对宝宝的大脑结构有一定影响。这些刺激对基因的影响已在动物模型上得到验证。关于喝酒对神经可塑性的影响,其实社交性的少量饮酒有许多积极作用(Sayette et al., 2012),比如增强社会纽带以及积极情绪。而酗酒,特别是怀孕期间尤其不能酗酒。胎儿酒精综合征(Fetal alcohol syndrome,简称FAS)是母亲在妊娠期间酗酒对胎儿所造成的永久出生缺陷,程度会按母亲喝酒的分量、频率及时间所影响。酒精会进入胎盘,并阻碍胎儿的成长及体重,造成独特的脸部小斑,破坏神经元及脑部结构,并引起体质、心智或行为等问题。另外,关于酗酒,目前没有研究证实多少酒量会导致胎儿酒精综合征。虽然胎儿酒精综合征的发病率与妈妈孕期的饮酒量相关,但也与每个人代谢酒精的能力、胎儿所处的发展阶段等原因有关。也就是只要有饮酒,不论多少,其实都有可能导致胎儿酒精综合征。所以从科学的角度来说,关于孕期饮酒量从来都没有安全量的说法(Sowell,Charness,Riley,2014)。

四、大脑的发育

(一) 婴儿期的大脑发育

婴儿期,大脑的生长和神经元的繁殖非常迅速,在此期间,所有的体验,尤其是感官的体验都很重要。如前所述,一岁前,婴儿大脑产生的突触远多于它需要的,为各种体验做好了准备。没有被用到的突触,也就是没有接收到刺激的就被删除,而那些通过环境刺激被用到的则被加强。

关于婴儿大脑的发育,最广为人知的是"最佳发育期"或"关键期"的概念。从怀孕后期到孩子两岁,是大脑快速发育的阶段,高质量的营养和充足的"能量供应"至关重要。然而,婴儿生活体验的质量才是未来健康大脑的基石。因此,关键期的发展要对影响大脑成长发育的各种因素进行积极关注。

在这一阶段,与主要看护者之间的温暖和安全关系,即依恋(attachment)关系,是大脑的社会与情感处理中心发展的核心。脑成像研究支持这一观点:婴儿期大脑的发展很大程度上依赖于积极体验以及与他人,尤其是与主要看护者的互动。研究者利用脑成像技术分析母亲和婴儿注视彼此笑脸时的反应,发现当婴儿看到母亲的笑脸时,大脑的社交信息处理区域被激活;而当母亲看到孩子的笑脸时,相同脑区也被激活。孩子大脑的关键神经网络就是以这种方式建立起来的,亲子间的依恋关系也得到巩固。

婴儿大脑随时接收感觉信息,但也积极地分类和理解这些信息。这在理解语言方面表现得特别明显。新生儿大脑不仅表现出对本族语的识别,还对熟悉和不熟悉的语言产生不同的大脑激活(May,Byers-Heinlein,Gervain & Werker,2011)。婴儿大脑能区分节奏、重音等语言特征,4个月的婴儿就出现了对特定语言词形的神经表征(Friederiei,Friedrich & Christophe,2007)。

早期生活体验的质量对婴儿期和儿童早期大脑的健康发展至关重要。成长于正常、关爱环境的儿童与早期受过虐待或忽视的儿童大脑发育存在显著差异。

(二) 儿童早期的大脑发育

儿童早期是一个让儿童能更好地自我控制的脑区迅速成长发育的阶段。大脑的额区突然急速发展,这一脑区负责执行功能的发展,包括遵守规则、执行指令和控制冲动等。例如,大多数3岁儿童能够完成需要同时遵守两个规则的任务,5岁儿童能够在规则间转换注意以适应不同的情境。为了完成更复杂的任务和执行看护者的指令,儿童能够抑制和控制某些冲动,但他们还需要许多练习、积极体验以及成年人的支持,以巩固大脑获得的这些新技能(Center on the Development Child at Harvard University,CDC,2011)。

大脑的前额皮层也和其他脑区建立联系,包括那些控制应激反应的结构(战或逃系统)。因此,执行功能的发展需要系列早期体验,使其在关爱和被监管的环境里受到检验。

一些研究表明,非常不正常(无监管)和紧张的早期生活环境会导致一种有害的压力,抑制执行功能。成年人可能会发现这种效应,当面对极端压力或焦虑时,你无法"正常思考"或记住关键动作。在此情境下,身体为应对压力释放出化学物质,如皮质醇(也被称为氯化可的松),这些化学物质激活一些脑区,使我们进入战斗或逃跑模式,抑制了前额皮层的清醒运作。儿童的大脑正在发育,长期重复暴露于压力下释放出的化学物质似乎有损神经元的"架构",造成执行功能系统发展不完全。一个成年人有能力冷静下来,运用执行功能想出一个反应方式,但是幼儿的大脑还在发展这样的能力(CDC,2011)。幼儿期遭受极端忽视或虐待(身体、情感或性虐待)的儿童大脑呈现发育受阻或缩小。大脑皮层和边缘区域体积明显减小(Perry & Pollard,1997),研究发现这导致各功能区的发展问题(Kreppner et al.,2007)。

对罗马尼亚孤儿的研究显示,在那些出生6个月以后依然被忽视的孩子身上,普遍的发育问题始终存在。由于大脑具有可塑性,出生6个月之内环境得到改善的儿童大脑恢复得很好,持续到6个月之后的忽视更多的是心理上的剥夺,而不是营养的剥夺。但是,这些研究也发现了超越儿童早期的人类大脑的改善和适应能力,有严重认知障碍的儿童可能在儿童中期发生认知功能的改善(Kreppmeretal,2007)。

(三) 儿童中期的大脑发育

研究和媒体过分关注大脑早期发育的重要性,使得人们忽略了大脑在整个儿童期直至成年期继续成长发育的事实(Cashmore,2001)。大脑的体积在幼儿后期已达到成人的90%,儿童中期的变化主要在于大脑皮层持续生长、突触继续删除、髓鞘生成以实现脑区间更广泛的联结。

儿童中期,随着各脑区间的网络和互连逐渐增强,执行功能继续提升。这些联结在神经影像研究中呈现为清晰可见的白色物质。我们可以看到不同脑区间开始长出更加密集的神经元联结,将多个功能区联系起来。儿童中期的学习体验就在于巩固和建立这些新的联结,课堂里的儿童在理解和思考不同主题时表现更好,口头表达观点时更自信和清晰,就反映了这一点。

儿童中期大脑能量消耗降低,表明突触繁殖减慢,但是某些脑区表现出持续的能量消耗和活动性。边缘系统的某些结构还在生长,它们协助情感和身体信号的整合,加强身体对疼痛和威胁的觉察和感知(Campbell,2011)。儿童遭到社交排斥时的痛苦体验就是它们的功能表现。研究者用虚拟游戏"网络球"结合神经程序实验验证了这个联结。在游戏中,其他游戏者故意忽略一个儿童参与者,把球传给他人,使他体验到轻微的神经影像能够测量的痛苦和被排斥的情绪。研究表明,被排斥的痛苦的神经体验与身体疼痛的感觉非常相似(Crowley,Wu. Molfese & Mayes,2010)。儿童中期受恐吓和社交排斥的增加与大脑逐渐显现的对疼痛的理解和反应能力相对应。儿童中期还是执行功能发展出现差异的时期,教师们会发现与注意力或"安静坐好"能力缺乏相关的各种学习问题,如注意力缺陷多动障碍(ADHD)等。一些研究发现ADHD与中央皮层特定区域的发育迟缓相关。虽然造成ADHD的神经发育或差异的机制尚待确定,一些研究者发现,儿童中期前额皮质成熟缓慢可以解释某些显著的执行功能差异。

脑的发育过程从儿童早期开始,在儿童中期显现与完善。神经网络发育更快,大脑皮层继续成长,在青春期达到发展的最后阶段。

(四) 青春期的大脑发育

大脑发育在青春期进入一个新的"关键期",有两个过程为成人大脑的出现打下基础。其一,随着脑灰质发育的完成,神经突触删减过程开始,形成远不如儿童期那样密集的脑灰质。研究者认为,这个删减过程使各脑区之间的沟通极为有效。其二,更多的髓鞘形成,这导致更强更长的神经联系(或白质),也加速了不同脑区的沟通。

过去十年里最有趣的发现之一与大脑皮层发育的最后阶段相关,尤其是关于前额皮层的发现,这是最后发育完成的脑区,可能到25岁,甚至到生命的第三个十年才发育完全(Hickie & Whitwell, 2009)。研究还发现,男性的大脑完成这最后的发育阶段明显晚于女性,原因可能是男性发育期开始得稍迟。

研究者将青春期大脑的逐渐成熟与前额叶缓慢而逐渐形成的对行为的控制联系起来,还用它解释这一时期冲动冒险的行为。回顾前额皮层对执行功能的重要性,你会发现,这部分大脑发育缓慢,意味着即使青春期的个体也会表现出思维和推理能力上的局限性。前额皮层发育缓慢会导致青少年冲动冒险的行为倾向吗?一些研究者采用"大脑-成熟"理论来解释青少年的冒险行为。该理论提出,青少年的"冒险"大脑可能是由两个关键脑区不同的发展速度造成的。其一,大脑的"奖赏"回路激活相对较早。这些回路可能激励青少年参与新奇的、寻求刺激的活动,这些活动提供即时奖赏或满足(如超速驾驶或性行为)。其二,青少年的前额皮层发育较晚,还不足以帮他们处理这些冒险的情境(Romer, 2010)。更成熟的、像成年人的前额皮层能够让我们退后一步,仔细评估情境,认真思考、计划,或者为可能的后果做好准备。青少年面对行为后果时经常说:"啊,我没想到那一点。""大脑-成熟"理论认为,青少年并不是在找借口,而是把刺激性行为与危险后果联系起来,他们确实存在问题。

然而,发育中的青春期大脑,或者执行功能不足,并不能解释所有的青少年行为问题(Romer, 2010)。例如,教师、家长和研究者都很清楚,并不是所有的青少年都会走上冒险之路,只有较小部分年轻人出现过度饮酒或身体攻击等极端行为问题,这些也许有其他因素的解释。早期经历在塑造未来健康大脑中起着重要作用,早期暴露于有害的压力环境可能导致青春期自杀、吸毒、成瘾等负面后果。历史研究表明,少数个体的冲动或攻击性行为在儿童早期就开始了,并持续到青春期或成年期。这似乎暗示着,一些青春期行为的根源可能更早,可能联系着冲动性人格特质或早期生活经历(Romer, 2010)。

怎样总结青春期大脑的发展及其对行为的影响?当然,青春期确实是"危险"期的观点被广泛接受,不过是否完全因为认知的成熟度不足还不能确定。罗默提出,大脑的一些自然化学过程使人寻求刺激,但并不必然导致执行功能缺乏或推理能力不足。相反,青少年可能只是需要一些经历,帮助他们处理对新奇和刺激性学习体验的新需求。经历和教养指导对大脑的健康发育起到关键性作用,这一点,在青春期和儿童早期都一样。学习在"安全"和被监控的环境里冒险也许是个解决之道。分层授权机制是一种体验式学习法,它显著降低了青少年的犯罪率(Romer, 2010)。

大脑的成长和可塑性持续到成年早期,这也使人们注意保护大脑不受有害物质的侵害,时间越长越好。在这最后的发展阶段,滥用酒精会对那些还在发育的脑区产生影响,人们对此深信不疑。对青少年饮酒者的认知功能进行的研究发现了执行功能(如记忆、注意力、计划和抽象推理等)的缺陷。他们的记忆障碍很可能与海马体缩小或发育不良有关,因为这是形成记忆的重要脑区。执行功能总体受损,可能是因为前额皮层也缩小了。

这些脑区损伤还可能导致长期的冲动或冒险行为模式的确立。如果青少年因滥用酒精或其他冲动行为而自伤,则会对大脑造成进一步损害。由于处于大脑发育的"关键期",青春期大脑尤其容易受到损伤,而这时的损伤对大脑构造的损害更严重,其完全恢复的可能性也比生命早期小得多(Hickie & Whitwell,2009)。

尽管我们密切关注青春期冒险或冲动行为,但也要记住,这一时期大脑确实在发展,并获得对未来生活与学习至关重要的进步,如注意转换和保持能力改善,记忆技能提高。青少年还表现出更强的完成任务或解决其他问题时维持记忆的能力,例如,学习驾驶时可以更灵活地把注意力从主要的驾车任务转换到观察路边的标志牌。社交推理和觉察情绪信号的能力提高,青春期友谊和其他关系得以加深加强,我们还应该记住,许多青少年在深层理智思维(如早早进入大学)、共情与共同体感受(如在社区和国外做志愿活动)等各方面取得了令人惊讶的成就,一些青少年即使在从事极端危险的活动时也表现出令人难以置信的自控力,在没有任何人帮助的情况下,就独自航行环游世界。

※知识链接

学习的脑科学研究

学习是多学科研究的对象,无论是教育学、心理学、神经科学、认知神经科学等都在研究学习科学,对学习的研究实际上一直没有停止过,学习科学的研究尽管涉及的学科非常多,但是不外乎是从传统的思辨,从实际经验的观察、思考、总结,从外在的行为(无论是教育学行为还是学生的学习行为),从大脑内部的认知,生物、生理几个方面进行探索学习,或者是把这几者更好地结合起来。

近三十年来脑科学技术手段飞速发展,随着一系列对人脑学习的主要器官、研究测量技术的进步,我们能够客观研究人在学习时大脑的变化过程,也让我们对人的外在学习行为和内在脑机制有了更深刻的描述和理解。在这种背景下,将心理学、教育学、信息科学等人脑学习的不同层面的研究整合起来,于是进行新兴交叉科学研究的认知神经科学诞生了。对学习的脑科学研究使得我们能够将学生的行为特点、全脑层面、脑区层面、细胞层面等多个层面更好地连接起来,让我们更好地认识学习者,了解一个生物体、社会体学习的规律。

此外,研究表明师生特定区域脑活动同步性与教学效果显著正相关,如果学生的师生关系处理得比较好,学习的效果也会更好。一个老师在教学过程中,如果对学生的学习状况、可能产生的困难有更好的预测,对学生的学习效果有更好的了解,在教学生之前已经研究学生、读懂学生,教学效果也会更好。关于学生脑功能、神经网络的研究,使我们能够更加客观地检测学生的学习能力,是学校语文、数学学习的重要基础。

教育就是在塑造学生的大脑,教育活动在学习过程中,是以神经活动为基础的,比如钢琴训练。认知神经科学使我们能更好地结合学习行为、教师的教学行为,有助于我们更好地读懂孩子。当下认知神经科学的研究结果,有些已运行成了比较成熟的应用,有的研究成果有一定的运用潜力,过分夸大反而可能造成适得其反的效果。

(资料来源:董奇.运用认知神经科学读懂孩子的学习[J].教育家,2018(40):62-63.)

※ 本章小结

学习是有机体与环境间维持平衡的途径,能促进生理成熟、心理发展及人类的进化。

广义的学习包含动物和人类的学习,是有机体在后天生活过程中,由于练习或经验而产生的行为或行为潜能的持久变化。

狭义的学习则是指人类的学习,是个体在教育环境中有目的、有计划、系统地掌握知识技能和行为规范,并最终引起行为或行为潜能发生持久变化的过程。

学生学习的特点:首先,主要以接受学习为主,直接掌握现有的间接经验;其次,知识系统,在学校情境中有组织、有计划地进行。综合来看,学生的学习不仅需要学生自己主动去获取和掌握知识,同时也需要教师的讲授和指导,师生之间的互动与交流至关重要,只有学生和教师共同努力,才能更好地促进学生的学习,这也是学生学习的重要特点之一。

大脑可塑是指大脑可以为环境和经验所修饰,具有在外界环境和经验的作用下塑造大脑结构和功能的能力,分为结构可塑和功能可塑。大脑的发育过程从儿童早期开始,在儿童中期显现与完善。神经网络发育更快,大脑皮层继续成长,在青春期达到发展的最后阶段。

※ 习题

1. 如何理解学习?从狭义和广义的角度分别进行论述。
2. 学习的意义和作用是什么?
3. 不同的研究者,根据什么标准对学习进行分类?
4. 如何理解学习的生理基础?
5. 参与学习的主要脑区有哪些?
6. 大脑的可塑性研究带给我们什么样的教育启示?

※ 参考文献

[1] 葛詹尼加等.认知神经科学[M].周晓林,高定国,等译.北京:中国轻工业出版社.2011.

[2] 李彩娜.中学生认知与学习[M].西安:陕西师范大学出版社出版,2016.

[3] 林崇德.发展心理学[M].北京:人民教育出版社,2009.

[4] 路海东.中学生认知与学习[M].北京:高等教育出版社出版,2016.

[5] 邱莉.中学生认知与学习[M].北京:北京师范大学出版社,2013.

[6] 休杜谢恩等.教育心理学[M].4版.何先友,等译.北京:北京师范大学出版社,2019.

[7] 张文新.青少年发展心理学[M].济南:山东人民出版社,2002.

[8] 董奇.运用认知神经科学读懂孩子的学习[J].教育家,2018(40):62-63.

[9] 李葆明.学习和记忆的神经基础[J].世界科技研究与发展,1999(06):47-51.

[10] 李澄宇,杨天明,顾勇,王立平,徐宁龙,崔翯,王佐仁.脑认知的神经基础[J].中国科学院院刊,2016,31(07):755-764.

［11］梅镇彤.若干有关学习和记忆神经机制问题的讨论[J].生理科学进展,1996(02):183-188.

［12］吴馥梅.脑神经可塑性[J].现代特殊教育,1999(06):12-13.

第十一章 中学生的学习迁移与策略

※**名人名言**
温故而知新,可以为师矣。

——《论语·为政》

※**本章提要**
1. 学习迁移的概念、类型与影响因素
2. 学习迁移的经典理论
3. 促进中学生学习迁移的具体方法
3. 学习策略的种类

※**学习目标**
1. 掌握学习迁移的基本概念与类别
2. 掌握学习迁移的相关理论,理论之间的异同及发展趋势
3. 能够结合实际分析影响学习迁移的因素,掌握促进学习迁移的方法
4. 掌握认知策略、元认知策略与资源管理策略

※**案例导入**
桑代克先让被试估计矩形、三角形、圆形及不规则图形的面积,以了解被试判断面积的一般能力,然后用 90 个 $10\sim100cm^2$ 之间的平行四边形对被试进行面积判断训练(前期训练)。最后,被试接受两种测验,第一种是判断 13 个与训练图形相似的长方形的面积,第二种是判断 27 个预测中用过的三角形、圆形和不规则图形的面积。实验结果表明,通过判断平行四边形面积的训练,被试对矩形面积的判断成绩提高了,但对三角形、圆形和不规则图形的判断成绩没有任何提高。这一结果说明,被试在知觉等方面的训练能够迁移到类似的活动中,但并没有迁移到不相似的活动中去。也就是说,特殊训练对于提高一般的观察力、记忆力等收效甚微。

桑代克又研究了选修不同学科对学生智商的影响,受试学生达 13000 多人,涉及学科包括几何、拉丁语、戏剧、化学和语法等,学习时间长达一年。结果并未发现某些学科对改善学生的智力特别有效。在此基础上,桑代克进一步指出形式训练实际上对学生智力并无太大的影响。

(资料来源:李彩娜.中学生认知与学习[M].西安:陕西师范大学出版社出版,2016.)

第一节 学习迁移

在日常生活中,你是否有这样的体会,学会骑自行车后,再去学摩托车会变得更容易;掌握英语之后,再去学习法语就变得更容易。然而,学会骑三轮车后,再去学骑自行车就变难了……为什么前后两种学习过程会产生截然相反的结果?这是否是学习迁移的结果呢?它究竟是促进还是阻碍了学生的学习?

本节将对学习迁移的基本概念、类型和相关理论进行介绍,指出"为迁移而教"的重要性。

一、学习迁移的概念

迁移(transfer)指的是一种学习对另一种学习的影响,或已经习得的经验对完成其他活动的影响。换句话说,迁移是在各种情境中技能、知识和理解的获得或态度的形成,对另一种情境中技能、知识和理解的获得或态度形成的影响,其实质是新旧经验的整合。

在日常生活和学习中,我们经常可以观察到不同的迁移现象,如会骑自行车的人比不会骑的人更容易学习驾驶摩托车,或对汉语拼音的学习会对有些英语字母语音的学习发生干扰等。在内容上,学习迁移的表现可以是多种多样的,既包括在知识、技能等方面的迁移,也包括方法、态度、情感等方面的迁移。例如,一些学生会因为喜欢老师而喜欢其任教的课程。此外,学习迁移还存在于智慧技能与认知策略的学习中,如运用已有的知识解决新问题也属于迁移。

二、迁移的类型

迁移可能发生在陈述性知识和程序性知识各自内部,也可能发生在陈述性知识和程序性知识两者之间。例如,由北美五大湖名称的首字母组成单词 HOMES,有助于人们记住这些湖泊的名字。一个陈述性知识能够帮助你回忆其他的陈述性知识。再例如,你可以用投掷棒球的技巧去扔钓鱼线,这就是通过你已有的程序性知识协助你完成对新程序的学习。陈述性知识也可以引导你去完成某一新程序,就像当你理解了满十进位之后,你可以用借位做减法计算。

迁移也可以发生在相反方向上,即从程序性知识到陈述性知识的方向上。除了认识到迁移可以发生在不同类型知识之间以外,理论家还发现了各类型迁移间的几个特质:正与负、纵向与横向、特殊与一般。

(一)正迁移与负迁移

当某种情境下的学习有助于其他情境的学习或表现时,正迁移(positive transfer)就产生了。阅读练习有助于学习拼写,反之,学会拼写也对阅读有所助益。学习操作性条件作用原理和自我调节的知识有助于教师在课堂上将学生的注意力集中在学习任务上。我们所熟知的两个长时记忆过程——有意义学习和精细化处理,都是正迁移的实例,因为这两个记忆过程都通过已获得的信息去理解和记忆新的知识。"旧"知识可以通过不同方式促进有意义学习和精细化处理,例如,"旧知识"可以充当一个概念框架使新知识可以依附其上;在新知识意义模糊或不完整时,"旧"知识也可以帮助学习者填补这些知识漏洞;"旧"知识还可以提供具体的类比,帮助人们更好地理解抽象概念。

与正迁移相反,当某一情境下的知识阻碍了另一情境下的学习或表现时,负迁移(negative transfer)就产生了。比如当一个开惯了手动挡汽车的人,在驾驶自动挡汽车时,可能用脚去踩并不存在的离合器;当人们学习第二语言时,在口语上容易受到母语语言特征的影响,这就使其说话带有母语口音,人们也可能错误运用母语的拼写方式;习惯了在课程上死记硬背一些事实的学生,通常在应用定向测验中表现不佳。处理小学数学问题时,经常会发生负迁移:学生会错误地套用整数的数学规则去进行小数运算。例如,当被问到 2.34 与 2.8 哪个小数大的时候,学生们也许会应用"位数多意味着更大"这一原则得出 2.34 比 2.8 要大。另一个错误迁移到小数运算中的整数规则是:(正)整数除以(正)其他整数的商比自身小。甚至大学生也可能发生这种负迁移。例如,当被问到 5÷0.65 这个算式时,很多人会想当然地认为这个算式的结果是一个比 5 小的数。其实这个除法算式的结果约为 7.69,它大于被除数 5。

正如你所看见的,迁移有的时候是好事情,有的时候则不然。

(二)纵向迁移与横向迁移

在某些学科领域,各种主题按由浅到深进行分类,这样学习者就必须在清楚掌握一个主题后才能学习下一个更深层次的主题。例如,一个小学生必须要掌握加法运算才能学习乘法运算,因为乘法运算是加法运算的延伸。同样,一个医学生要想学习外科手术,必须先具有专业的人体解剖学知识,如果都找不到阑尾在哪里,又如何做阑尾切除手术呢?纵向迁移(vertical transfer)是指这样的情况:学习者获得新的知识或技能是以掌握许多基本的信息与过程为基础的。

在其他情形中,对某些主题的学习可能会影响到对另一个主题的学习,即使前者不是后者的先决条件。例如,学习西班牙语不是必须先学会法语知识,但懂得法语知识会有助于西班牙语的学习,因为这两种语言的很多单词是相似的。当先前所学主题对于后面主题的学习有所帮助但又并非必需时,横向迁移(lateral transfer)随之发生。

(三)近迁移与远迁移

近迁移(near transfer)发生在表面特征以及内在关系都很相似的情境或问题之间。例如,思考下面这个问题:汽车工程师设计了一辆能在 5 秒内加速到每小时 80 千米时速的汽车。那么当汽车用 5 秒钟加速到每小时 80 千米时速的时候,汽车的加速度是多少?

假设你已经学会了如何利用公式(速度=加速度×时间)解决这类问题。

接着你又遇到了这一问题:一个汽车销售人员告诉顾客,一款特别型号的汽车可以用 8 秒钟加速到每小时 40 英里的时速。那么这款车 4 秒钟达到每小时 40 英里时速的时候,其加速度是多少?

这两个问题都有类似的表面特征(都是关于汽车的)和类似的内在结构(都涉及速度、时间、加速度三者的关系)。

但是请设想,如果在解决了第一个问题之后,你遇到的却是以下这个问题:

一个动物学家根据观察发现,一只猎豹在奔跑时可以每秒增加 6 千米/小时的时速,请问猎豹需要多长时间才可以加速到 60 千米/小时?

虽然总体结构像之前遇到的问题一样,但我们更换了主题(由汽车换成了猎豹)、计量单位(从英里每小时变成了千米每小时)、未知量(从加速度变成了耗时所需时间)。

远迁移(far transfer)是指两个情境在内在关系上存在一处或多处相似,但在表面特征上是不同的。迁移的一个更"远"的例子是,将前面提到的公式运用到课堂以外的所有地方,即运用到真实世界的问题中,诸如高速公路或田径比赛中。

(四)特殊迁移与一般迁移

近迁移与远迁移都是特殊迁移(special transfer)的实例,在这种迁移中,最初的学习任务与迁移任务在某些方面有重叠。例如,对一个兽医专业的学生来说,学习人体解剖学对学习狗的解剖有帮助,因为这两个物种具有一些相似的解剖结构特征。一个懂西班牙语的学生很容易学会葡萄牙语,因为这两种语言具有相似的词汇与语法。

在一般迁移(general transfer)中,原任务与迁移任务具有不同的内容和结构。例如,拉丁文知识可以帮助学生学习物理,或者学生在物理课上获得的学习习惯有助于对社会学的学习,这就是一般迁移在起作用。

近迁移比远迁移更常发生,特殊迁移比一般迁移更常见。事实上,关于一般迁移是否发生这一问题的争论已经持续了许多年。接下来让我们来看早期及当代的迁移理论,这些理论对于迁移是什么以及迁移在什么情况下发生的观点有很大的分歧。

三、学习迁移主要理论学说

(一)早期的学习迁移主要理论

迁移是怎样发生的?让我们先看看关于迁移的早期观点,即产生时间早于 20 世纪的学习理论,然后再听听行为学家与认知主义者讲述迁移是怎样以及何时发生的。

1. 一种历史视角:形式训练

形式训练来源于德国的官能心理学,代表人物是沃尔夫。在过去,严肃的学者经常研究一些严格、困难的学科,如拉丁文、古希腊语、形式理相学等,这些学科在当代已经不再被如此频繁地研究了,虽然这些学科知识在日常生活中没有明确适用性,但学者们认为,掌握这些知识可以提高人们在日常生活中各方面的表现。在 20 世纪中叶,学生们格外频繁地练习记忆有关内容如诗歌。显然,这被视为提高一般学习能力的方法。这种练习反映了形式训练(formal deipline)这一概念:就如同你通过锻炼肌肉来增加力量,通过锻炼思维来提高学习效率和更有效地应对新情境,形式训练强调了一般迁移的重要性和可能性。形式训练说也认为,学习的迁移就是非物质的心灵官能受到训练而自动发展的结果。即通过某种学习,使某种心灵官能得到训练,从而转移到其他学习上去,使其他学习得以易化。依照这种观点,学习的内容不甚重要,重要的是学习的难度和训练价值。

该观点认为,无论两种情境多么不同,一种情境里的学习都会改善另一种情境里的学习和表现。然而,随着学者们开始系统地研究人类的学习,他们很快就抛弃了将大脑类同于肌肉的观点。例如,1890年威廉·詹姆斯的一项研究,在连续几周的课上,他每天都背一首新诗歌。按照预期,这样的练习应该会提高他学习诗歌的能力。然而,他学习诗歌的能力并没有得到提高。如果一定要找出一些区别的话,那就是学习后面的诗歌的速度要比前面的慢。随后,学者们发现,学习计算机编程(一项需要对逻辑序列事件有精确细致思考的技能)对与计算机使用无关领域的逻辑思维并没有影响(Mayer &Wittrock,1996; Perkins & Salomon,1989)。

大多数当代理论家的共识是严格地按形式训练的角度来描述,一般迁移可能并不会发生。近期有些有趣的研究发现,一般智力训练可能确实会产生大范围的迁移效果。例如,在一个被流行媒体广泛传播的研究中,大卫·斯诺登(D. Snowdon,2001)曾经调查过一个老年修女修道院,那里的老人通过参加研讨会、辩论会,玩智力游戏和写日记等来使自身思维状态保持活跃,直到她们90多岁。许多老修女都慷慨地为科学研究捐献了遗体中的大脑,死后的尸体解剖显示,她们的大脑比其他90多岁典型老人的大脑有更多的轴突与树突。斯诺登的研究没有得出令人信服的因果关系,因为也许是进修道院的修女最初就都非常聪明。

但是其他近期的研究表明,某些类型的智力训练似乎拥有广泛的好处。例如,当孩子们练习使用计算机遥控杆在屏幕中快速移动卡通猫之后,他们得到增强的注意技巧会迁移到其他很不相同的情境中,这可能表明他们的中央执行能力得到了增强(M. I. Posner & Rotbbart,2007)。对于成年人来说,每天练习做些简单的基于计算机的记忆任务似乎可以提高其他不相似情境下的记忆能力,至少在短期内是可以实现的(Jaeggi, Buschkuehl, Jonides & Perrig, 2008)。但这些研究还需要进一步的重复验证。

2. 早期的行为主义理论:桑代克的共同因素说

让我们来看看另一位早期心理学家爱德华·桑代克的研究,他对迷笼中的猫的观察为行为主义者关于强化和惩罚的观点奠定了基础。桑代克和武德沃斯是在反对形式训练说之后提出的一种学习迁移理论。桑代克认为,只有当原任务与迁移任务之间具有共同元素时,迁移才会发生,即两项任务包含相同的某种刺激-反应联结。

早期一项支持桑代克观点的研究中,被试接受了大量的估计矩形面积的训练,这项训练提高了他们随后估计矩形和其他二维图形(如三角形和圆形)面积的能力,但对于非矩形图形的面积估计的影响很小,这可能是因为非矩形图形与矩形之间既有共同元素也有不同元素。在之后的一项研究中,桑代克(1924)考察了高中学生学业成绩与不同学科之间的相互关系。结果发现,只有当两门学科有相似之处时,一门学科成绩才会对另一门学科成绩产生积极影响。比如,学生的数学成绩和他们在簿记课上的表现存在相关,但和对拉丁文的熟练程度不存在相关。桑代克由此得出结论:学习特殊知识的价值不在于脑力训练所带来的好处,而在于通过这些知识能够获得"特殊的信息、习惯、兴趣、态度和理想"。桑代克在迁移方面的研究,揭露了形式训练说的错误,但是又表现出简单化和机械论观点。

3. 经验类化说

这是贾德提出的与相同要素说相对立的一种学习迁移理论。他认为,两种学习活动之间存在着的共同成分,只是产生迁移的必要前提,而产生迁移的关键是学习者能在两种活动中概括出它们之间的共同原理,是经验类化的结果。由于贾德十分重视教学方法在迁移中的作用,因而有忽视学习内容的倾向,有片面性。现代认知派心理学家布鲁纳认为,学习迁移可分为两类:一类叫特殊迁移,是习惯或联想的延伸,主要是指动作技能的迁移;另一类叫非习惯迁移,即原理和态度的迁移,是教育过程的核心。他认为掌握学科的基本结构、基本原理和概念,是通向适当"训练迁移"的大道。

4. 关系理论

这是格式塔学派提出的一种学习迁移理论,就其观点而言,则是概括化理论的继续和深入。该理论认为,对情境中关系的顿悟是实现迁移的根本原因。这是由于领悟事物之间的关系,就能达到概括化,从而形成迁移。

德国心理学家苛勒曾分别采用对小鸡或3岁儿童在两张不同深浅灰色纸上找食物的实验来证明这一理论。实验分两步进行:第一步,使实验对象对深浅不同灰色的两张纸形成分化性条件反射,即对深灰色纸产生食物反射,而对浅灰色纸则不然;第二步,采用黑灰色纸代替浅灰色纸,对比之下,原来的深灰则成了浅灰。这时实验对象是根据深浅灰色的关系对黑灰色纸产生食物反射还是对原来的深灰色纸产生食物反射?实验结果表明,小鸡有70%对较深的黑灰色纸产生食物反射,3岁儿童则100%对黑灰色纸形成食物反射。根据这一迁移现象,关系理论者认为,个体越能认清和了解事物之间的关系,概括化的可能性就越大,迁移的作用就越普遍和显著。这一理论虽有片面性,但为许多心理学家所接受。

5. 学习定势说

学习定势说考虑的是学习方法的迁移问题。所谓学习定势,就是习得的学习方法的态度倾向。一个学生的学习迁移,往往受他的学习意图或学习心向的影响,这就是学习定势的作用。先行学习为后继学习准备了迁移的条件,或使后继学习处于准备状态中,这就有利于迁移。在先行学习中改进学习的一般方法,学会"如何学习"也能起到定势的作用,有利于学习迁移。

当你在一种情境下学习的某种知识影响到你在另一种情境下的学习或表现时,迁移(transfer)就发生了。迁移是日常生活的一部分。人们不断遇到新的情况,并运用之前获得的知识或技能来处理它们。事实上,迁移是人类机能的重要组成部分。如果没有迁移,每当面对新环境时,人们的应对行为都将从误打误撞开始,也会花费更多的时间在试误学习上。

在大多数教学情境中,迁移都是非常重要的一部分。大多数学校教授给学生知识和技能是以相信学生会以某种方式将他们学到的知识和技能应用到外部世界为前提的。然而,人们从学校学到的东西并不总是会被迁移到新的情境中。多数成年人不会利用基本的加减法去平衡他们的收支。一些教师在课堂之上会错误地强化不当行为,完全忘记应用那些在他们本科心理学课程上所学的基本的行为主义原理。许多学习理论家认为,在一般情况下,大量学校学习的结果似乎是产生了惰性知识(inert knowledge)。所谓惰性知识,即学生无法将其运用在课堂之外的知识。

(二) 当代的学习迁移主要理论

1. 后期行为主义观点:刺激和反应的相似性

在桑代克之后的研究中,行为主义者将研究重点集中在迁移是如何受原情境与迁移情境中的刺激与反应特性的影响的。举例来说,注意这四个列表中的成对的联合:

列表 1	列表 2	列表 3	列表 4
lamp-shoe	lamp-sock	rain-shoe	lamp-goat
boat-fork	boat-spoon	bear-fork	boat-shop
wall-lawn	wall-yard	sofa-lawn	wall-tice
corn-road	corn-lane	bookroad	corn-fish

假设你先学习了列表 1 中的单词,现在要学习列表 2 中的单词,那么对列表 1 中单词的学习会不会有助于对列表 2 中单词的学习呢?根据言语学习研究的结果,答案是肯定的(J. F. Hall,1966,1971)。在这两种情境下,刺激是相同的,反应是类似的,所以正迁移将会发生。

现在假设先学习列表 1 中的单词,然后学习列表 3 中的单词,那么之前对列表 1 中单词的学习有助于学习列表 3 中的单词吗?答案仍然是肯定的(J. F. Hall, 1966, 1971)。虽然刺激单词不同,但反应单词相同,也就是说列表 3 中的反应单词在列表 1 中被学习过了,只是需要把它们联结到新的刺激。

但是现在,假设学习了列表 1 中的单词,然后去学习列表 4 中的单词。在这个例子中,呈现与列表 1 中相同的刺激,但需要学习与列表 1 中截然不同的反应。对列表 1 中单词的学习很可能使得学习列表 4 中的单词变得更困难,因为有时候你会记起列表 1 中的反应单词而不是列表 4 中的反应单词(J. F. Hall, 1966, 1971),这时负迁移就会发生。

一般来说,迁移的刺激-反应观点有三个核心原则(Osgood, 1949;Thyne, 1963):

① 当两种情境中的刺激和反应都相似的时候,会发生最大正迁移。
② 当两种情境中的刺激不同但反应相似的时候,会发生一定程度的正迁移。
③ 当两种情境中的刺激相似但反应不同时,会发生负迁移。

作为第一条和第二条原则的一个例子,你可能已经发现,在一个计算机应用程序中所做的一些反应,如文字处理程序中的"剪切"和"粘贴",这些反应在其他计算机应用程序中仍然起作用,如邮件或电子表格中。作为第三条原则的一个例子,我想起了我还是高中生时,有一年我的课程中包括第二阶段拉丁语和第三阶段法语。如英文单词"and"对应的那个单间(e)在这两种语言里的拼写是相同的,但发音完全不同(在拉丁语中读"e",在法语中读"ay"),因此满足了负迁移的条件(刺激相似,反应不同),在第三阶段的法语课上我好几次脱口说出"et",显然这是一个令我的法语老师不满的反应。

随着学习理论家在迁移理论上放弃了行为主义观点而转向了认知观点后,他们越来越少谈论特定的刺激与反应的关联,但他们仍然同意,当学过的事物与一个新情境中的学习要求之间存在相似之处时,迁移发生的可能性会大大增加。

2. 信息加工视角:信息提取的重要性

在信息加工理论看来,迁移的关键可以归结为一点:当之前学过的事物可能对当前学习有用时,学习者能否将它们重新提取出来。为了使当前情境和之前任何具有潜在相关的知识联系起来,学习者必须使以上两者同时处于工作记忆中。鉴于特定信息被提取出来的概率很低,而且工作记忆容量有限,所以大量潜在的相关信息与技巧不能迁移到它们可以发挥效用的情境中。

在迁移情境中,提取线索的存在与否会决定哪些相关信息将被提取到工作记忆中。当一个新事件的某些方面与解决此事件所需的信息在长时记忆中密切相关时,这个新事件更有可能唤起对之前学习过的信息的注意。这里有个例子可以说明:如果学习者第一次储存信息的时候就预测了信息的迁移情境,那么当此迁移情境出现时,学习者就很容易提取出该信息。

3. 语境的视角:情境学习

有研究者认为,人们所学的很多知识都是针对具体情境的,即这些知识存在于它所产生的环境中。情境学习(situated learning)不太可能在新情境中发生迁移,特别是不太可能迁移到那些与初次学习情境截然不同的新情境中。

即使同在学校,学生们从一个课堂学到的知识和技能也不一定能迁移到另一个课堂。塞尔乔和温德姆(Saljo & Wyndham, 1992)的研究为此提供了一个解释。高中生们被要求回答特定重量的邮包所需的邮资是多少,同时他们会得到包含他们所需信息的邮资表。当在社会学课堂上给学生们布置这项任务时,绝大多数学生使用邮资表来找答案。然而,当在数学课上给学生们布置这项任务时,绝大多数学生忽略了邮资表,而是试图用某种方法来计算邮资,有时候甚至计算到了小数点后好几位。因此,社会学课堂上的学生更有可能正确地解决问题。作为一名曾经的社会学老师,我猜想在社会学课堂上,学生很习惯于从图表中寻找信息。相反,很多数学课上的学生更倾向于利用他们在数学课堂中所学的策略(运用公式和进行计算),以至于忽略了更有效且精确的方法。

这里要注意的很重要的一点是,并不是所有的认知主义者都认同学校学习的情境性观点。例如,在非学校情境中,社会中的大部分个体都会使用他们可能在学校中学习过的两种技能阅读和简单的数学计算。当然,这里有一个关键因素,那就是学习者应该在某种程度上感知到一个领域的内容也适用于广泛的其他领域。例如,在烤饼干的时候,一个11岁的孩子问父母一个问题:"两个四分之一相加等于四分之二吗?我知道在数学上是相等的,但是在烹饪上也是吗?"幸运的是,可能是因为老师要求学生把数学法则应用到宽泛的情境和问题中,所以大多数学生最终都知道数学具有广泛的应用情景,然而其他科目未必会这样。比如,虽然大学生经常把他们从代数中学到的技能迁移到物理学中,但是他们却很少向相反的方向迁移,也就是把物理学中的技能迁移到数学中去。

4. 一般迁移的当代视野:学会学习

我们已经看到了两个关于迁移的极端观点。形式训练说的倡导者们认为,学习那些严格的主题在实质上会促进未来所有的学习任务,因为这类学习会锻炼,进而增强脑力。而在另一种观点中,桑代克认为,只有当两种学习情境中的元素具有某种程度的相似性时,一种情境中的学习才会迁移到另一种情境中。关于一般迁移的现代观点则介于这两个极端之间:一般迁移并不像特殊迁移那样常见,但如果在学习的过程中,学习者学会了如何去学,那么在某一时间内发生的学习就能促进另一时间里的学习。

在早期关于学会学习的研究中,哈洛发现猴子和儿童在辨别学习任务中会变得越来越快。近些年很多研究证明了元认知知识和技能的迁移价值,一些有效的学习策略和习惯,常常可以推广到各种学科中去。

5. 超越知识的迁移:情绪反应和动机也可能产生迁移

关于迁移的观点一致认为,只要两个任务中至少有一些所需信息或技能发生重叠,哪怕任务中所需要的技能是一般性的元认知技能,而不是具体的学科技能,仍然存在着从一个情境向另一个情境发生迁移的可能性。然而,迁移并不一定限制在认知和元认知的范围之内。比如华生的经典条件试验中,小阿尔伯特把他对小白鼠的恐惧泛化(迁移)到了其他毛茸茸白色的东西上。

就像情绪反应可以迁移到新的情境中一样,动机也可以迁移到新的情境中。例如,在一项学习任务中,学生们为自己设定的各种目标(可能是真正掌握学科内容,也可能是靠死记硬背而通过学习任务或小测试),会随着学生从一个课堂迁移到另一个截然不同的课堂。在某些情况下,学生们会应用他们在课堂上学到的知识,因为他们已经有了一种迁移精神。如果你愿意的话,这种迁移会在后续的教育情境中不断出现。

四、迁移的影响因素

(一) 客观因素

1. 学习材料的特点

学习材料作为学生学习的对象和知识,对学习迁移有重要影响。从桑代克的学习要素说到产生式迁移理论,都从不同的角度陈述了学习材料对迁移的影响。桑代克认为,学习对象间的相同要素越多,迁移的量就越大;产生式迁移理论则强调了两种学习之间产生式的重叠,重叠越多,迁移的量就越大。另外,如果两种学习材料之间有相同的要素,那么正迁移就容易产生;如果学习材料之间存在不同点,那么可能导致负迁移。因此,为了促进学习迁移,防止干扰,在教学中,教师应该引导学生学会辨别学习材料之间的相同点和不同点,从而提高迁移效果。

原理比具体知识更容易发生迁移。一般原理及规则比具体知识和信息的应用性更强。比如在学生理解革命、国际战争诸如此类的事件时,历史的一般性原理(例如,当双方无法达成相互满意的状态时,战争就会爆发)比第二次世界大战的具体知识更实用。当新情境和先前经验在表面上并没有相似之处,但内在结构和概念类似的时候,一般的、抽象的原理更易产生迁移,这就是所谓的远迁移。

随着学生年级的不断提升,他们习得了一种能力:将一般原理应用到与之前所学知识有很大差异的内容上去。例如,在一项研究中五年级学生和大学生都面临一项任务——制订提高当地秃鹰(当地一种濒临灭绝的物种)数量的计划,两组学生之前都没有学习过秃鹰保护的方法策略,且他们最终提交的计划都有很大的不足。但是在形成计划的过程中,大学生比五年级学生提出了更多较为复杂的问题。具体来说,五年级学生关注秃鹰本身(例如,秃鹰有多大,它们吃什么食物),而大学生关注的则是更宏观的方面(例如,怎样的生态系统支持秃鹰生存,捕捉秃鹰及小秃鹰的捕食者是怎样的状况)。因此,大学生运用了他们经过多年在自然课中学到的一个重要原理:当生物的栖息地支持而不是威胁它们时,这些生物才更可能存活下来。

2. 学习的情境因素

任何知识经验的获得和应用都与一定的情境相联系,这里的情境包括最初的学习与后来迁移中所涉及的物理和社会环境,而且前后两种学习的情境越接近,迁移就越容易产生。行为主义学家认为,刺激或反应之间的相似性是迁移发生的必要条件。认知主义者则认为,迁移的发生需要在恰当的时间提取相关的信息,因此,感知到两个情境之间的相似性(而非两者之间实际的相似性)对于迁移来讲至关重要。无论如何,相似性提高了迁移发生的可能性。例如,如果学习者看到了像狗、猫、马和鹿这些哺乳动物的例子,他们就很可能辨认出牛也是哺乳动物,因为牛和其他例子很相似;他们不太可能把这个概念迁移到蝙蝠上,因为蝙蝠与他们最初看到的例子相差太远。

在问题解决方面,如果首先问一年级的学生这样的问题:小明有两块糖果,小红又给了他三块,现在小明一共有多少块糖果? 然后再问他们:小刚有三支铅笔,他的朋友小芳又给了他两支,现在小刚一共有多少支铅笔?

那么他们就能很容易地解决这一问题。

然而,如果在第一个问题之后紧接着呈现下面的问题:小华有三块饼干,小强有四块饼干,那么,他们一共有多少块饼干? 这时,学生就表现得不那么好,因为第一个问题与第二个问题间的关系更为紧密,而与第三个问题的关系相对较弱。这个结果进一步表明,迁移通常是针对情境的,相似的情境更有利于迁移,而不相似的情境不利于迁移。另外,在关于策略迁移的研究中也发现,经过训练后,学生掌握的策略方法之所以不能有效地运用到随后所遇到的问题,除了训练本身的问题外,新情境的变化也是影响学生不能成功迁移的一个重要因素。

从学习迁移的角度讲,知识经验获得的情境与知识应用的情境,在许多方面都密切相关,如情境中事物之间的关系、问题呈现的方式与空间位置。因此,在教学实践中,教育工作者要以学习者为中心,重点研究真实学习活动中的情境化内容,关注学习情境和今后应用情境的一致性,使学生遇到的问题和进行的实践与今后校外所遇到的问题情境保持一致,从而为学生创设一种有利于知识迁移的情境。除此之外,教师还要促进学生对情境中各种关系的理解,并能够引导他们运用所学的知识原理去解决各式各样的问题等。

另外,当文化环境鼓励和期待迁移发生时,迁移出现的概率会提高。不仅行为主义学家、信息加工理论主义者和情境学习理论家认为迁移具有重大意义,社会文化理论学者也针对迁移提出了自己的观点。他们认为,如果教师和专家经常在看似不同的任务和情境之间指出它们的相似性,而且对迁移的重要性予以强调,这些行为将提高学习者将所学知识运用到新情境中的概率。在工作场所中也存在这一现象:老板希望新员工能将新学到的陈述性和程序性知识运用于广泛的工作情境中(Haskell,2001;Wenger,1998)。在一些课堂上也会出现这种情况,但并没有我们预期的那么普遍。很多时候,学生会被告知学习某种课程的各种莫名其妙的原因(例如,"在大学里你需要学习这些课程"或"在以后的生活中经常会用到这些知识"),但却鲜少说明何时、以何种方式会用到这些知识。

3. 学习的时间间隔

随着初始任务和迁移任务之间时间间隔的延长,迁移发生的可能性会降低。另一个有关知识提取的原理是:新近学习的信息比一段时间之前学习的知识更有可能被提取出来。

(二) 主观因素

1. 学习者的学习定势或心向

学习定势也称学习心向,是指学习者进行学习活动时的心理准备状态。学习者在以往学习中形成的愿望、态度、知识经验、思维方式,都能构成其学习的心理准备状态,使后继学习具有一定的倾向性,并朝特定的方向进行。

许多研究者都对学习定势进行了深入的研究,发现学习定势对学习迁移的影响可能是积极的,也可能是消极的。有研究者通过实验发现,当以由易到难的次序安排学习任务时,被试就能较容易地解决这些问题,即更容易形成有利于问题解决的学习定势,学会学习,并且学生经过训练所形成的这种学习定势能迁移到其他情境中去。

Duncan(1960)通过实验还发现,与学习快(学习较优秀)的学生相比,学习定势对学习慢的学生所起的促进作用更强。而卢钦斯(A. S. Luchins)的"量杯取水"实验,除了证明定势的存在之外,还说明已经形成的定势对随后解决问题的消极影响。后来,奈特(K. J. Knight, 1963)设计了一个类似的实验,对产生僵化行为的原因进行了分析,结果发现,被试在较难的问题中用惯了一个公式后,他们以后就有坚持运用这一公式的倾向,且这一倾向很难改变;若被试在较易的问题解决中用惯了一个公式,则在解决新问题时,能较灵活地应用,亦即在学习中对某一法则或方法付出的代价愈大,则定势导致的僵化行为就愈难改变。

2. 学习者主动的迁移意识

主动迁移意识实际上是学习者自我调控的一种表现,有效的学习者能主动认识不同学习任务之间的相关性,即在迁移机会出现时,可以主动、恰当地提取或接通有关的经验或可利用的资源,并灵活地应用这些经验或资源。由于具有这种主动的自我调控,使得学习者减少了头脑中惰性知识经验的储存,提高了已有经验的可利用性。一些研究和实际教学都发现,有时尽管学生头脑中储存了迁移所必需的经验,但这些经验似乎处于惰性状态,不能被有效地加以利用,这与缺乏主动迁移的意识有关。因此,自我调控是促进学习与迁移的关键因素之一。

3. 学习者的个性因素

迁移在很大程度上受个体的个性因素所影响,如意志的坚定性、持久性、对新情境主动探索的精神、自信心、努力表现出最佳学习成效的动机等。由于个性倾向性的差异,尽管不同学习者可能具有相同的经验水平或认知经验,但具有积极、主动个性倾向性的学习者更容易产生稳定的迁移。至于概念或原则等认知经验,只有当它们被充分地结合到认知系统中,并成为个性的一部分时,才能被真正地获得,并有可能迁移到新的情境中。

4. 学习者认知结构的特点

关于认知结构,不同的心理学家在使用这一术语时持有不同的含义。皮亚杰认为,认知结构等同于认知图式,是指主体与外部世界连续不断地进行交互作用而建构的心智结构;而布鲁纳认为,认知结构即类别及其编码系统,也称表征系统;当代认知心理学家则倾向于把认知结构的主要成分看作是"一套感知类目""知觉范畴""比较抽象的概念"或"主观臆测或意象";根据奥苏贝尔的观点,认知结构指的是学习者头脑中的知识结构,广义的认知结构是学习者头脑中全部的观念和内容,狭义的认知结构是在某一学科内的观念、内容和组织,奥苏贝尔认为,认知结构通过其可辨别性、稳固性和可利用性三个特征影响迁移。

总的来说,认知结构是人们对外界事物进行感知、概括的一般方式或经验构成的已有观念结构,其质量,如知识经验的准确性,知识经验的丰富性,知识经验间联系的组织特点等,都会影响学生对新知识的学习,影响解决问题时提取已有知识经验的速度和准确性,进而影响学习迁移。

5. 学习者的学习策略

儿童的学习策略主要是通过自发的形式获得的,而处于不同发展阶段的学生对学习策略的掌握与应用水平基本不一致,大体分为学前,小学,初、高中三个时期。学前期儿童尚不能自发地掌握学习策略,即使自发地运用某种策略,也是无意识的;小学时期的儿童已能自觉地掌握许多策略,但仅限于比较简单的策略,且不能有效地运用这些策略来提高学习效率,如果教师能在策略运用上给予学生清晰的指导,则有助于他们对策略的运用;初、高中时期的学生在自己熟悉的知识领域可以自发地形成策略,自觉地运用恰当的策略来改善自己的学习,并能根据任务需要来调整策略。

学生学习策略发展的不同水平,会影响其知识的学习、问题的解决和迁移,学习策略对迁移的影响主要表现在认知策略与元认知策略的影响上。研究者报告了元认知影响迁移的证据,他们在长达7个月的时间内,对商科学生进行了两种元认知技能训练,即目标导向(orienting)和自我判断(self-judging)的培训。其中,目标导向是指通过思考可能的目标以及认知活动使自己做好解决问题的准备,自我判断则是指用于帮助学生正确评估成功地完成任务所需努力的一种动机活动。结果发现,在后续的统计课学习中,那些接受过训练的学生比没有接受训练的学生表现得更好,在接受训练组中,目标导向行为和自我判断行为与其统计课的成绩间均呈正相关。

有意义学习比无意义学习(死记硬背)更有可能促进迁移。相比无意义学习,有意义学习(将新知识与已有知识联系起来的学习)能够使长时记忆的储存和提取更有效率。有意义学习的另一个优势为:它能提高正迁移发生的概率。例如,在一项实验中(Mayer & Greeno,1972),设置了两种关于某一概率计算公式的指导语,参加实验的大学生会拿到其中一种。第一组被试拿到的指导语会提示他们关注公式本身,而第二组被试的指导语则提示被试关注这一公式与他们已有知识间的联系。实验结果表明,第一组学生能够将公式应用到与指导语所提示内容类似的问题中,而第二组学生则能够将公式应用在指导语未明确指出的方面,也就是说,他们将公式迁移到了更广泛的情境中。

大量且多样化的事例以及练习的机会能够提高将信息和技巧应用到新情境中去的能力。情境学习理论家告诉我们,新知识通常是与其获得时的环境相联结着储存在记忆中的,因而重返当时的环境能够增加提取知识的概率。一般来讲,在学习知识和技能的过程中,例子越多,练习机会越多,未来产生迁移的可能性就越大。例如,当学生学习基本的数学运算原理时,老师可能会要求他们运用这些原理进行杂货店中的最佳购物决策,在朋友之间均分物品,或者经营卖柠檬水的摊子等。在长时记忆中,数学运算就会和这些情境联系在一起,在需要决定哪家便利店的商品物美价廉时,相关的数学运算程序就会轻而易举地被提取出来。

6. 个体对知识的学习程度

知识学习越透彻,迁移到新情境中的可能性就越大。已有研究明确显示,学生对某知识理解得越好,迁移越有可能发生。当然,精通某一门知识和技巧是需要花费时间的。实际上,有些情况下,在学习的最初阶段学习进程慢且费力,但从长远来看,这既有利于知识的保存也有利于迁移。例如,在学生的练习阶段,通过指导语增加任务的变化性:给学生提供多种不同的任务或同一任务提供多种变式。这么做虽然最初会降低他们的表现,但最终会提高他们将所学知识迁移到新情境中去的能力。那么显而易见,在简便和迁移之间存在一个权衡的问题。较之在短时间内讲授大量知识,少而精的讲解更易促进迁移的发生,此即"少即是多"原则。

除了以上因素外,智力水平等个体的能力特征也会影响迁移,而且各个影响因素之间可能存在交互作用。例如,在类比问题解决中,知识领域的相似性对儿童迁移的影响,结果发现,知识领域的相似性与所习得技能的一般性存在交互作用,对于那些初始学习具体和特定知识的儿童来说,迁移会受到知识领域相似性的影响;但对那些初始学习抽象和普遍知识的儿童来说,迁移则不会受到知识领域相似性的影响。

第二节 学习策略

一、学习策略概述

(一) 学习策略的概念

在有关学习策略(learning strategy)的研究中,学习策略的界定始终是一个基本的问题。对于什么是学习策略,人们从不同的研究角度和使用不同的研究方法,提出了各自不同的看法,至今仍然没有达成一个统一的认识。有的被用来指具体的学习技能,诸如复述、想象和列提纲等;有的被用来指较为一般的自我管理活动,诸如计划、领会、监控等;有的被用来指组合几种具体技术的复杂计划。

概括起来,关于学习策略的概念,目前主要有以下三类观点:第一类,将学习策略看作学习活动中信息加工的程序和步骤。如里格尼(Rigney,1978)认为,学习策略是学生获取、保存与提取知识和作业的各种操作程序;第二类,将学习策略看作学习者对学习内容的信息加工中采用的具体方法和技能,如梅耶(R. E. Mayer)指出学习策略是学习者有目的地影响自我信息加工的活动;第三类,认为学习策略不仅仅是单独的信息加工过程或者调控技能,而是二者的结合。

综上所述,我们认为,学习策略是指在学习过程中,学习者为了达到有效的学习目的而采用的规则方法、技巧及调控方法的总和。它是伴随着学习者的学习过程而发生的一种对学习过程进行安排的心理活动。学习策略能够根据学习情境的各种变量、变量间的关系及变化,对学习活动和学习方法的选择与使用进行调控。

(二) 学习策略的特征

(1) 主动性。一般学习者采用学习策略都是有意识的心理过程。学习时,学习者先要分析学习任务和自己的特点,然后,根据这些条件,制订适当的学习计划。对于较新的学习任务,学习者总是在有意识、有目的地思考着学习过程的计划。只有对于反复使用的策略才能达到自动化的水平。

(2) 有效性。所谓策略,实际上是相对效果和效率而言的。一个人在做某件事时,使用最原始的方法,最终也可能达到目的,但效果不好,效率也不会高。比如,记忆一列英语单词表,如果一遍又一遍地朗读,只要有足够的时间,最终也会记住。但是,保持时间不会长,记得也不是很牢固;如果采用分散复习或尝试背诵的方法,记忆的效果和效率一下子会有很大的提高。

(3) 过程性。学习策略是有关学习过程的策略。它规定学习时做什么不做什么、先做什么后做什么、用什么方式做、做到什么程度等诸多方面的问题。

(4) 程序性。学习策略是学习者制订的学习计划,由规则和技能构成。每一次学习都有相应的计划,每一次学习的学习策略也不同。但是,相对同一种类型的学习,存在着基本相同的计划,这些基本相同的计划就是我们常见的一些学习策略。

(三) 学习策略与学习方法的区别

学习方法是学习者在完成学习任务过程中相对固定的行为模式,如记笔记、不断重复口述、分类和比较等,它是外显的可操作的过程。学习方法与学习任务有关,但与学习者的人格特质等无关,更多的是学习者对环境的适应。学习策略是学习者对学习方法选择和综合运用的意识和倾向,是学习方法正确发挥作用的必要条件。可见,学习方法是学习策略的基础,没有学习方法或者学习方法缺乏就不可能形成较高水平的学习策略。

学习策略是伴随着学习者的学习过程而发生的一种心理活动,这种心理活动是一种对学习过程的安排,这种安排不是僵死的固定的程序,而是根据影响学习过程的各种因素即时生成的一种不稳定的认知图式,这种图式可以被学习者接受而成为经验,也可以因学习者的忽略而消失。因此,学习策略是指学习者在完成特定学习任务时选择、使用和调控学习程序、规则、方法、技巧、资源等的思维模式,这种模式是影响学习进程的各种因素间相对稳定的联系,其与学习者的特质、学习任务的性质以及学习发生的时空均密切相关,是一个有特定指向的认知场函数。

二、学习策略的分类

许多研究者根据自身的理解提出了学习策略的层次与成分的观点,下面介绍几种经典的学习策略分类观点,以促进教师对学习策略的教学。

(一) 丹塞洛的分类

根据学习策略所起的作用,丹塞洛(D. F. Dansereau)等人提出了学习的 MURDER 策略,即认为学习活动是一个由相互作用的复杂成分构成的活动系统。其中,M 指情绪的调整(moodsetting)和维持(maintenance),U 代表理解(understand),R 代表回忆(recall),D 代表消化(digest),E 代表扩展(expand),R 则代表复习和检查(review)。

这些策略又可被分为两个系统:一个是可以直接应用在认知活动中的主导性策略系统,是指直接操作材料的各种学习策略,主要包括信息的获得、贮存、检索和应用的策略;另一个则是辅助策略系统,主要指帮助学生在学习过程中形成适宜的认知气氛,维持合适的内部心理定向,使已有的学习活动得以顺利进行,以保证主导性策略系统有效操作的策略,如集中注意策略。

(二) 麦基奇的分类

麦基奇(Mckeachie)对学习策略的分类是目前被广为接受的观点。他通过对学习策略构成成分的总结,提出了认知策略、元认知策略、学习资源管理策略三种分类形式。其中,认知策略是有关信息加工的策略,元认知策略是涉及对信息加工过程进行调控的策略,学习资源管理策略则是帮助学生管理可用的环境和资源的策略。

1. 认知策略

认知策略(cognitive strategy)是加工信息的一些方法和技术,有助于有效地从记忆中提取信息。一般而言,认知策略因所学知识的类型而有所不同,陈述性知识,是关于事实的知识,是学校学习的一个主要的方面,复述、精细加工和组织策略主要针对陈述性知识;过程性知识告诉我们如何做某件事。要知道如何做某件事,我们不仅要知道过程的每一步,而且要知道采取每一步的条件。过程性知识因此可以被认为是由"如果……那么……"条件陈述句组成的,其形式是:如果某个条件适合,那么就要采取某个行动。针对过程性知识则有模式再认策略和动作系列学习策略。

(1) 复述策略。

复述策略是在工作记忆中为了保持信息,运用内部语言在大脑中重现学习材料或刺激,以便将注意力维持在学习材料上的方法,是信息进入长时记忆的关键。常见的复述策略包括以下四种。

第一,及时复习。根据艾宾浩斯的记忆曲线,遗忘在初次识记后开始,同时,遗忘的进程是先快后慢不均衡的。因此,复习要在识记后立即进行,对那些意义性不强的资料,更应及时复习。

第二,集中复习与分散复习。集中复习指集中一段时间重复学习许多次,分散学习则指每隔一段时间重复学习一次或几次。一般情况下,集中复习的效果不如分散复习,因为同一时间内输入的信息过多,会造成记忆的负担,前摄和倒摄抑制效应的存在等,均会导致复习的内容难以存储在长时记忆中。

第三,运用多种感官途径协同记忆。通过多感官参与和多途径输入信息,可以在大脑中留下多种回忆线索,提高记忆效果。

第四,情境相似性。有实验表明,相似情境下个体对相关事件的回忆效果更好。此外,愉快时人们倾向于回忆更多快乐的记忆,而当心情处于低潮时,人们更倾向于回忆不愉快的事。因此,可以通过创设情境和情绪状态的相似性,促进对知识复述的效果。

(2) 精细加工策略。

精细加工策略是一种将新学材料与头脑中已有知识联系起来从而增加新信息的意义的深层加工策略,建立信息间的联系越多,能回忆出信息原貌的途径就越多,相应的精加工越深入细致,回忆就越容易。一般的精细加工的策略有许多种,其中有好多被人们称为记忆术。比较流行的记忆术有位置记忆法、首字联词法、视觉联想法和关键词法。

根据学习材料自身意义性的强弱,可以将精加工策略分为三大类。

第一,人为联想策略,即将那些枯燥无味但又必须记住的信息赋予意义,使记忆过程变得生动有趣,从而提高学习记忆的效果。常用的人为联想策略主要有形象联想法和谐音联想法。形象联想法即通过心理想象将信息与鲜明奇特的形象相结合,谐音联想法即通过记忆对象的谐音线索进行记忆。

第二,内在联系策略,是对意义性较强的信息进行的精加工策略。运用这种策略需要树立有意义学习的心向,建立关系类比、提供先行组织者等。

第三,生成策略,即对有内部组织结构的知识进行的精细加工策略,包括画线、写副标题、记笔记、列提纲、做图表、记卡片等。

(3) 组织策略。

组织策略是整合所学新知识之间、新旧知识之间的内在联系,形成新的知识结构。

组织是学习和记忆新信息的重要手段,是判断学生学习成效的重要指标,是促进新信息学习记忆的重要手段。其方法是将学习材料分成一些小的单元,并把这些小的单元置于适当的类别之中,从而使每项信息和其他信息联系在一起。

有人认为,记忆能力的增进是组织的结果,因为学生可以用各类别的标题作为提取的线索,从而减少回忆时的负担。因此,在教学中,教师要教会学生对信息进行分类,以提高他们的记忆能力。在教复杂概念时,教师不仅要有序地组织材料,而且重要的是要使学生清楚这个组织性的框架。

我们一般将组织策略分为两大类:一种是归类策略,通过对概念网络规则等知识的归类整理,在头脑中形成知识结构,以促进对同类型新知识的学习和回忆。学生通常使用意义分组法、主题联想法、发音相似分组法等归类策略,来提高自己学习和记忆英语单词的效率;另一种是纲要策略,指学生用词语或句子将主题总结出来,也可以用符号图示等形象将内容结构表达出来的一种策略,主要用于对学习材料结构的把握。纲要策略不仅能减轻短时记忆的负担,有助于阅读和记忆,而且能促进创造性解决问题能力的提高。常用的纲要策略有主题纲要法、符号纲要法(层次图和流程图)、制作关系图等。

(4) 模式再认策略。

模式再认策略涉及对刺激的模式进行再认和分类的能力。模式再认策略的一个重要例子是识别某个概念的一个新事例。和概念一样,模式再认过程是通过概括和分化的过程学习来的。比如,学生已经学习了凡生命体必须完成八大生命过程——获取食物、呼吸、排泄、分泌、生长、反应、繁殖、运动,这一知识属于陈述性知识。学生要利用这一知识注意生命的这八个过程,表示这一过程的条件陈述句是:"如果一个客体执行了所有这八个生命过程,那么它就是活的。"教师可以用诸如鱼、哺乳动物、植物等生命体作不同的例子,促进概括;还可以列举反例,如水晶石虽然存在促进分化、进行生长的过程,但不实现运动、呼吸等生命过程。

(5) 动作系列学习策略。

动作系列,首先是当作构成某个过程的一系列步子来学习的。学习者必须有意识地执行每一步,一次执行一步,直到过程完成。在学习某一个过程时,存在两个主要的障碍。第一个就是工作记忆存储量的限制。尤其在学习一个长而复杂的过程时,困难更大,任何一个过程如果步子长达9步以上,超过短时记忆的容量(7±2),那么就很难被保持在工作记忆中。为了克服这一局限,可以利用一些记忆辅助手段,如把这些步子写下来给学生。当然,重要的是成功地完成这一过程,而不是记住这些步子。第二个潜在的问题就是学生缺少必备的知识,在学习某一过程时,要确保学生已经具备所必需的知识和技能,这一点是非常重要的。例如,学生还未学会一定的原理、定理,而要求他们解决几何证明题将是十分困难的。在教学某一过程时,教师不妨先进行一下任务分析(task analysis),也就是要识别为了达到某一教学目标学生必须学会的次一级的知识和技能。通过任务分析,教师能了解学生在次级技能上的能力,如果有必要,可进行一定的补习。

2. 元认知策略

元认知对于任何类型的认知加工都是重要的,它为个体的认知努力提供了方向。有研究表明,对元认知策略的掌握能够有效帮助学生提高学习成绩(Hattie,et al.,1996)。与元认知策略有关的问题,包括学生们会在学习效果不佳时更换学习策略吗?他们会将新的学习内容与以往的学习经验联系在一起吗?会不会偶尔做自我测验检查学习的效果?

元认知策略(meta-cognitive strategy)是指学习者评估自己的理解预计学习时间、选择有效的计划来学习解决问题所使用的策略。是学生对自己认知过程的策略,包括对自己认知过程的了解和控制策略,有助于学生有效地安排和调节学习过程。元认知策略主要有计划策略、监控策略和调节策略。

(1) 计划策略,包括设置学习目标、浏览学习材料、预测需要解答的问题、组织完成学习任务的途径,如教师要使学生学会预测完成作业所需要的时间,及时获取写作所需的材料,以及考前如何进行高效复习等。

(2) 监控策略,指学习者依据学习目标和学习计划,对学习进程、学习方法及其执行情况和效果进行有意识地监控。监控策略可以通过促进学生对自身学习状况的自我提问进行。问题包括,我在集中注意力认真听讲吗?我能够听懂正在学习的内容吗?是否有问题要问?我能够把我认为重要的东西记录下来吗?我该如何积极探索适合自己的学习方法?

教师应该有意识地培养学生监控自己学习进程的习惯,主要包括两点:一是领会监控,即学习者对自己学习或者阅读目标是否完成的监控;二是集中注意,即学生将他们的注意力全部花在当前的学习任务上,放弃对其他刺激的注意。

(3) 调节策略,在结束学习任务后,让学生对自己的学习活动做出评价。例如,我是否达到了原定的学习目标?我采用了哪些学习方法?使用的学习方法中,哪些是有效的?其他同学有哪些好的学习方法值得我借鉴?我如何发现学习中的不足,及时纠正,并根据实际情况调整学习方法和计划?

3. 资源管理策略

资源管理策略(resource management strategy)是学生用来管理自己周围可用资源的策略,有助于学生适应环境并调节环境以适应自己的需要,对学生的动机有重要的作用。主要包括时间管理策略、努力和心境管理策略、环境设置策略和学习环境管理策略等。

(1) 时间管理策略。

时间管理策略就是通过一定的方法,合理安排和有效利用学习资源的策略。学生每天用来自主学习的时间是有限的,如何在有限的时间内处理较多的学习任务,减少无计划、无节制、无意义的时间消耗,显得尤为重要。教师要每天确保学习任务的完成。同时,教会学生按照重要性和紧急性程度来选择活动,确保根据自身的生物周期、一周内学习效率的变化及自己在一天当中学习效率的高低安排学习任务。

(2) 努力和心境管理策略。

合理化安排时间,提高学习效率。系统性的学习大都是需要个体付出坚定的意志努力的。为使学生在学习时维持一定的意志努力,教师应不断地鼓励学生确立明确恰当的学习目标,激发学习的内在动机,树立掌握学习的信念,选择有流动性的任务,调节成败的标准,形成合理的归因及自我奖励等,提高其学习的积极性,不断地从一个目标走向新的学习目标。

(3) 环境设置策略。

学习环境也是一种会对个体学习效率产生影响的可利用资源。因此,设置学习环境便于展开有利于学习的活动。首先,要注意调节自然条件,如流通的空气、适宜的温度、明亮的光线以及和谐的色彩等。其次,要设计好学习的空间,如空间范围、室内布置、用具摆放等因素。另外,应根据不同的学习习惯安排相应的学习环境,喜欢单独学习的人可以找一个安静的环境学习;自控能力差的人可以选择在图书馆教室学习,以约束自己的行为;也有些学生觉得通过讨论交流更能提高学习的效率。因此,在学习环境的设置上充分考虑个体差异因素,可以促进学习效率的提高。

三、影响学习策略使用的因素

学生对学习策略的掌握和运用受多种因素的影响。认识和研究这些影响因素,有利于教师引导学生在学习过程中,有目的地调控这些因素。

影响学生学习策略使用的主要因素包括以下三个方面。

第一,知识基础。学习策略的掌握和运用以知识的掌握为基础。有研究显示,如果在学习之前个体就对所学内容具备了良好的基础,了解了相关的知识,在学习过程中就会更容易使用策略,即学生的知识越丰富,学习策略的掌握和应用越容易,反之亦然。

第二,对以往学习策略的监控。学生在学习时会不断地监控自身的学习过程,当发现以前的学习策略效果甚微时,就会去学习和使用新的学习策略。因此,了解学生以往学习策略的使用状况,有针对性地帮助其认识和评价自身策略的有效性,能促进其对新策略的掌握。

第三,对知识获取的态度。个体对知识及知识获得特点的看法不同,学习策略的使用和选择方式也会存在差异。教师应将已有的关于知识及知识获得的信息传达给学生,以促进其对策略的选择和使用。如告诉学生,阅读并不是消极地吸收课本上的内容,而是积极地组织和应用呈现在课本中的信息并构建出自己的意义的过程。

第四,对学习策略的训练。教学中,教师应有针对性地实施策略教学,在激发学生掌握和运用学习策略的愿望的基础上,采用多种教学方法将原本内隐的学习策略外显化、展开化、程度化,促进学生对新策略的学习和使用,并最终促进其对知识的内化。

第三节 学习迁移和学习策略的教学运用

一、在教学中促进学习迁移

如果没有教师的鼓励与引导,学生不会自然而然地将课堂上所学的知识应用到后继的学习和真实的生活情境中去。通过恰当的教学,迁移能力是可以提高的,这就是我们提倡的"为迁移而教"。

（一）确立明确具体的教学目标

明确具体的教学目标起先行组织者的作用,它可以使学生对学习目标有关的已有知识形成联想,并促进迁移的发生。在教学实践中,教师在每个新的单元教学之前可以为学生确立明确具体的教学目标,还可以让学生一起参与教学目标的制定,并要求学生了解某阶段学习的子目标,这样能够促进学生建立清晰稳定、辨别性强的先行组织,从而起到整合具体知识的作用,进而达到更好的迁移效果。

（二）安排恰当的教学材料和教学内容

奥苏贝尔认为,学生的认知结构是从教材的知识结构转化而来的,好的教材结构能够简化知识,促进知识的良好组织,从而更好地促进迁移。因此,在教材的编排和教学内容的安排上,教师必须兼顾科学知识本身的性质特点和逻辑结构,使之和学生已有的知识经验水平、智力状况、年龄特征等相匹配。同时,教师还应考虑教学时间和教法上的要求,力求将最佳的教材结构展示给学生。教学中应充分利用教学材料中的内在联系,引导学生产生正迁移,对缺乏内在联系的教材,则可利用教学进行弥补。

（三）调整教材的呈现方式

奥苏贝尔认为,"不断分化"和"融会贯通"是认知组织的基本原则,这两条原则在教材的组织和呈现方面也同样适用。不同学科的知识在人的大脑中是按层次进行组织的,最具包容性的观念处于这个层次结构的顶端,下面依次是包容范围较小的、越来越分化的观念。因此,在教材内容的呈现上,也应该遵循由整体到细节的顺序,使学生的知识在组织过程中纳入到这一层次结构当中。除了从纵向方面遵循一般到具体的不断分化原则外,教材内容的呈现还要加强概念、原则,乃至各章节之间的内在联系,促进学生对知识掌握的融会贯通。

(四) 选择合适的教学方法

在确定教学目标内容和教材呈现方式之后，以什么方法进行教学，就成为教师在教学尤其是课堂教学中要考虑的重点问题。面对不同的教学内容、不同的学生，教师的教学方法也应该是灵活多样的，采用不同的方法，把不同的内容教给学生，不仅有助于学生对知识的学习，而且有助于其学习和迁移能力的发展。在实际教学中，教师可以采用讲授法、发现法、讨论法等多样化的教学方法，以促进学生的学习。教师教学方法运用得如何，直接影响到学生的学习方式，要落实"以学生为中心"的思想，首先要改变学生被动学习的状况，让学生通过各种方式学会学习，学会了如何学习，就可以实现最普遍的迁移。

(五) 创设各种可迁移的情境

教师在教学过程中，首先，要为学生创设各种情境，使当前所学的知识与原有知识建立密切联系，利用原有知识经验的迁移来促进学生对当前所学知识的理解和掌握。其次，在学生掌握了一定的知识之后，应为学生设计一些能够运用所学知识解决具体实际问题或新理论问题的情境，让学生学会运用知识。学生学习情境的创设应注意两点：一是使新情境与学生所学知识的情境之间保持相似性，否则，会增加迁移难度，达不到教学目的；二是新情境要给学生充分发挥创造性的机会，因而必须要有新意，要让学生最大限度地调动各种知识去解决问题。

教师在教学过程中帮助学生建立抽象的知识结构和认知图式时，应在最大范围内给学生呈现与真实生活背景相联系的实例，使其了解课堂中习得的知识是如何应用的。通过呈现各种正例和反例，特别是让学生自主举例证明，有利于学生了解概念原理的适用条件，促进正迁移。

(六) 改进对学生的评价

作为教学活动的组成部分，教学条件下的评价也应该具有教育性。在传统应试教育条件下，教师对学生的评价主要是终结性评价（以学习成绩为依据），这种评价为某一阶段的学习提供了一个成果总结，但对后继学习的帮助不大。教师应该更加灵活、有效地运用各种评价手段，如形成性评价手段，即在教学发生之前或教学之中进行评价，这种评价方式不仅可以指导教师自己制订教学计划，还可以引导学生形成积极的学习态度，并促进有效的学习迁移的产生。另外，给学生提供及时反馈也可强化后继的学习。布朗（Brown）等人，在一个阅读理解的实验中，用矫正性反馈训练法教给学生元认知策略，结果不仅使学生对阅读理解问题的正确反应的百分比明显提高，而且促使其将学到的元认知策略迁移到了常规课堂的其他学习中去。

(七) 让教学对学生产生意义

研究表明，学生对材料的理解程度及教学内容、教学方法对学生有意义的程度对迁移有直接影响。学习材料对学生有意义的条件包括：所呈现的内容符合学生现有价值，要对学生离开学校走入社会有所帮助；教学过程要能够适应学生的特点和接受能力，如可以采取真实生活中的例子让教学内容的迁移发生。学生主动探索的意识、促进学生的卷入程度等，这些都能够促进正迁移的发生。

对教学来说，"为迁移而教"的内涵十分丰富，除了上面提到的，还包括许多内容，如加强策略性知识的教学、注意对学生知识应用过程的指导、加强课堂所学知识与实践的联系等。总之，教师要在充分理解迁移发生规律及影响因素的基础上，在每一项教学活动中，在每一次与学生正规或非正规的接触中都注意利用和创设有利于积极迁移的条件和教育契机，把"为迁移而教"的思想渗透到每一项教育活动中去。

二、学习迁移教学启示

学生往往不能将其在学校学到的东西应用到随后的学业任务或校外问题中。因此，正式教育的一项主要目标（正迁移）并没有实现其应有的作用。然而，学生有时可能会错误地将他们学到的东西应用到不恰当的情境下，这种就是负迁移。关于迁移和问题解决的复杂过程，学习理论家还有许多需要研究的。尽管如此，这两个领域的理论和研究已经为教育实践提供了很多建议。

（一）提高学生的概括能力和理解能力

学生一般依据已有的知识经验去识别和理解新事物，已有知识经验的概括水平越高，就越能揭示事物的实质，越有利于学生将新事物纳入已有知识系统中去，促进迁移的发生。因此，教师需要帮助学生认识到概括的重要性，引导学生养成概括的习惯。帮助学生将已有的概括应用到新问题的解决中，可以增加知识，形成大量迁移。

一般来讲，成功迁移并解决问题的必要条件是对问题的主题具有扎实的理解。通过死记硬背获得的知识，长远看不利于学习成绩的提升，还会阻碍迁移的发生。比如，当学生以一种无意义、死板的模式学习算法时，他们很可能只会机械地、不假思索地使用它，而且常常会犯错误。他们不大清楚这个算法适用于何种情境。学生不应仅是死板地学习算法，而应该将抽象的、基于符号的程序与他们所知道的主题和具体现实联系起来，这样才能取得最佳的迁移效果。教师应该培养学生勤于思考的习惯，给学生提供各种练习的机会，促进对知识的充分理解，明白了知识的意义，提高了理解能力，迁移也就容易发生。

（二）让学生在大量不同背景下练习使用不同图式

在向学生展示一个特定的策略的同时，要让他们解释这个策略为什么好。在讲授一个复杂的数学公式和程序时，最好用文字、符号和例子的方式来呈现，这有助于在这些公式、程序与学生已经熟悉的事物之间建立联系。帮助学生掌握并比较解决任何单一问题的多种不同方法。

（三）引导学生发现问题并提供指导

儿童在早期的游戏活动中会经历许多试误的过程。通过这些活动，他们可能会发现大量客观事物的特性，而这些发现提高了他们在后来使用这些事物解决问题的可能性。

一旦儿童遇到与学业主题有关的问题，那种能独立发现解决问题策略的偶然机会同样也是非常重要的。特别是重视引导发现的教学方式，有时会促进问题解决技能向新情境迁移。发现学习在以下情况下可能是最有用的：① 学生有很好的自我调节技能和扎实的知识作为基础；② 老师帮助学生解读自己的发现并监测他们对发现的理解。

然而即使有老师的引导，学生们也并不一定总能独自获得问题解决的合适策略。对于那些不太熟悉特定主题的学生而言，在那种能用特定策略解决的结构良好的问题中（特别是那些起初超出了学生工作记忆容量的问题），明确的算法指导往往更加有效。

（四）培养学生迁移所需的思维定势

正如我们已经发现的,问题解决中的思维定势、以特定方式解决问题的倾向有时会妨碍问题的成功解决。然而,迁移学校知识的一般思维定势,一种运用课堂上学到知识的倾向却是非常有用的。教师们可以通过创造一个迁移的氛围(culture of transfer)来促进这种思维定势的产生,在这种学习环境下,学生把学到的东西应用到新领域、交叉学科、现实问题中是合乎预期且平常无奇的。例如,老师们应该经常告诉学生如何将学业内容应用到学校内外的多种情况下。同时,他们也应该鼓励学生在听、读、学的过程中,不断思考"我该如何应用这些信息"。

（五）加强技能练习达到自动反应的水平

记住问题解决发生在工作记忆中,而对于在某一特定时间段保存并加工的信息,工作记忆的容量是有限的。从某种程度上来讲,如果学生能够自动加工问题中简单而又熟悉的方面,他们就能够腾出更多的"空间"给问题中困难和新颖的方面。

练习不一定能够使问题解决得完美,但确实能提高成功迁移和问题解决的概率。大量的各类例子和实践机会能促进长时记忆中的新信息和大量相关情境的联系。因此,在随后需要被用到时,信息更容易被提取出来。另外,在某种程度上,学生每次都应以略微不同的方式运用这些概念和程序,这样他们更可能对其建立起一种一般性的(也可能是抽象的)理解,这种理解不必依赖于情境的显著表面特质,而且学生不太可能发展出限制他们灵活应用概念和程序的思维定势。

试着去解决下面的问题:

小红要在离墙6寸的地方放置一个木质火炉。她没有尺子,但是,她有三根棍子,长度分别为15寸、7寸、2寸。那么利用这些棍子,她如何才能测量出恰当的距离(6寸)?

小明要把正好20杯化肥洒在他的院子里。他有一桶化肥但只有3个罐子,容量分别为9杯、8杯、3杯。那么他如何得到20杯化肥?

厨师小强需要700克面粉来烹饪。但只有一个天平和三个砝码,三个砝码的重量分别为900克、500克、300克。那么,他如何精确地得到700克的面粉?

你可能已经发现,上面这三个问题都可以用同样的一般性策略来解决。具体来说,通过对三个已知的数量进行某种加工如加减法,就能得到需要的第四个数量了。但是请注意,以上每个问题都有着截然不同的表面特征,这些特征包括不同的称量方式(长度、体积、重量)和不同的条件及目标(放置一个火炉,测量花园所需的化肥数,称出烹调所需面粉的重量)。进一步讲,每一个问题都需要不同的方案来解决(A-B-C,A+B+C,A-B+C)。通过解决这样几个不同的问题来学习问题解决策略,要比通过解决相似问题(例如,解决一系列的取水问题)来学习问题解决策略花费更多时间,但是学习者随后可以更广泛、更灵活地运用所学到的这一问题解决策略。有时候教师应该以一种混合的顺序呈现问题(而不是让学生解决系列需要相同步骤的题目),这样就能让学生在解决问题之前先练习对问题进行分类。理想条件下是,学生有机会将新学到的策略应用到现实生活问题中,而不只是解决传统的文字题目。

三、学习策略的特点

学习策略的特点会影响学习者对学习策略的使用。因此,在学习具体的学习策略之前,只有了解学习策略的特点,才能有针对性地指导学生有效地运用策略。

1. 操作性和监控性

学习策略的操作性体现为,在认知过程的各阶段,策略能够为有效认知提供方法和技能。同时,由于从先前学习经验中得到的学习策略在不同情境下的适用性并不相同,因此在整个学习过程中,学习者需要在认知操作层面对策略实施的有效性进行及时的监控与调整,这就体现为学习策略的监控性。作为学习策略的基本特性之一,学习策略的操作性和监控性,体现了学习者在策略使用中的主体地位。

2. 外显性和内隐性

学习策略的外显性表现为,在实际学习过程中,在外显行为上可以直接观察到学习者使用了哪种认知的和行为的学习操作并对此做出适当的监控。同时,学习策略是学习者在头脑中进行的借助内部语言实现的对行为进行调控的内部意向,因而又具有内隐性的特点。

3. 主动性和迁移性的统一

在学习过程中,学习者可以根据学习材料和学习情境的特点以及学习形式,对学习活动进行能动地把握,具有主动性特点。迁移性体现在,学习策略是学习者从具体学习活动和过程中抽象出来的一套规则系统,能够同时适用于不同的学习情境和环境,即从某种学习情境中获得的学习策略,能够有效地迁移到类似的或者不同的情境中去。

四、学习策略的培养

(一) 认知策略的培养

1. 复述策略

复述策略是指学习者在记忆中为了保持信息而对信息进行反复重复的过程。复述不是简单的重复,需要采用一定的方法才能达到最佳效果。

(1) 及时复习。

遗忘规律:遗忘进程不是均衡的,而是先快后慢(艾宾浩斯遗忘曲线)。复习的时间间隔:第一次,学习一小时后;第二次,晚上睡觉前;第三次,第二天醒来后;第四次,一周后;第五次,一个月后。

(2) 尝试回忆。

学习的过程中,读和背诵结合,边读边背,提高复述的针对性,克服前摄抑制和倒摄抑制的影响。

(3) 过度学习。

150%的过度学习,提高的学习效果幅度最大。

2. 精加工策略

精加工策略是指通过对学习材料进行深入细致的分析、加工,理解其内在的深层意义来促进记忆的一种策略。凡是把新知识与已有知识有效联系起来,赋予信息以新的含义的过程就属于精加工。

(1) 视觉联想法。

大脑记忆形象信息的效果大大优于记忆抽象信息,形象记忆主要在右脑。右脑潜能巨大,要充分发挥右脑的功能,设法把抽象的材料转化为具体生动的形象。视觉联想越奇特,效果越好。抽象词转化为形象词有四种方法:谐音、增减字、倒字和望文生义。

(2) 位置记忆法。

将所记项目不熟悉的某种位置顺序联系起来,对于记忆有顺序的项目特别有用。

(3) 有韵律、有节奏的材料容易记忆。

可以通过加工,让记忆材料变成有韵律的歌谣或口诀。自己编写的歌谣口诀记忆效果最好。

概括法,如汉语句子成分。主谓宾定状补,主干枝叶分清楚。基本成分主谓宾,附加成分定状补。定语定在主宾前,谓语前状后面补。

简缩法,如二十四节气歌。春雨惊春清谷天,夏满芒夏暑相连,秋处露秋寒霜降,冬雪雪冬小大寒。

罗列法。如千山鸟飞绝,万径人踪灭;孤舟蓑笠翁,独钓寒江雪。(口诀:千万孤独)如唐宋八大家:韩柳曾王,三苏欧阳。

(4) 配对联想法。

根据两个事物之间的各种关系而建立起来的联想,可以从一个事物想到另一个事物。包括相近联想、对比联想、因果联想等。

3. 组织策略

组织策略的目的在于构建新知识点之间的内在联系,是将分散的、孤立的知识集合成一个整体并表示它们之间关系的方法。

运用组织策略有助于学生对学习材料的理解,有助于形成较为清晰的知识网络。

(1) 归类法。

对记忆材料进行归纳、分类、整理,使其条理清楚,提高记忆效果。

(2) 纲要法。

对记忆材料进行分析概括,提炼要点,列出提纲。提纲反映了材料的逻辑关系和内容结构,有条文式提纲、表格式提纲、图示法提纲等形式。

(3) 图示法。

如概念图、示意图、层级图、流程图。

(二) 元认知策略的培养

1. 自我提问法

自我提问法是在元认知训练中,通过提供一系列供学习者自我观察、自我监控、自我评价的问题单,不断地促进学生自我反省而提高元认知能力。

2. 相互提问法

将学生每两人分为一组,给每个学生一份类似于上述自我提问的问题单,要求学生在学习的同时根据问题单相互提问并做出回答。

3. 出声思维

通过语言将自己的思考过程大声讲出来。出声思维可以训练学生元认知的过程:教师明确讲解元认知监控的含义、内容与价值;教师通过出声思维呈现元认知监控过程;让学生运用出声思维方式来练习元认知监控过程并获得有关体验;对基本的认知策略作规程化训练,使之达到自动化程度;给学生提供大量练习机会并给予积极反馈。

(三)资源管理策略的培养

1. 时间管理策略

在学习过程中,合理安排自己的时间,是一种非常重要的策略。一个优秀的学习者应该是一个好的时间管理者。大量研究发现,学习成绩好的学生,因为善于统筹规划和安排,所以他们的时间管理能力通常也很高;而那些学习成绩差的学生,时间管理能力就比较低。

2. 努力管理策略

(1)动机控制。

在学习的过程中,学习者需要处理好动机的关系,尤其是要优先考虑和学习有关的动机,尽量避免其他事情的干扰,防止其他无关事情的动机占据优势。

(2)自我管理。

在进行自我管理时,首先要在学习之前定好学习目标,安排好学习任务和制定相应的奖惩办法;然后在规定的时间内进行学习,并记录任务的完成情况;学习结束后,按照既定的标准进行评价,给予相应的奖励或惩罚。

(3)环境管理。

学习者通过选择或者改变周围环境来促进自己的学习。

例如,在学习时尽量避免接触电视、收音机之类的娱乐设施;选择安静的简单的空间,如教室、图书馆,这样可以帮助学习者集中注意力;还可以和成绩好的、效率高的同学一起学习,在互不干扰的前提下,互相监督和促进。

3. 学业求助策略

学业求助主要指发生于学校情境中,以口头发问为主要表现形式,以老师或同学为求助对象的行为。

工具性求助:指学习者借助他人的力量以达到自己解决问题或实现目标的目的。

执行性求助:指学习者面对本应自己解决的问题时却请求别人替他完成。

回避求助:学生虽然需要帮助却不主动求助。

要有意识地培养学生合理的求助策略,努力为学生创造一个积极、轻松、愉快、自信的学习氛围,帮助学生树立积极合理的学习目标。

五、学习策略的教学启示

尽管人们对学习策略的重要性已有深刻的认识,但目前学习策略在教学中并没有起到应有的作用。研究表明,学习策略教学技术的不完善,可能是导致教学过程中忽视学习策略教学的原因之一。

提高学习策略的教学水平,有助于促进学生掌握有效的学习方法。目前,有关学习策略的教学主要存在以下几种模式。

1. 直接教学模式

将学习策略的学习作为一门专门的课程开设,使用类似于传统讲授法的方式教给学生学习策略的有关知识。教师讲授具体学习策略的使用条件和步骤,并通过报告自己思维等示范的方式,解释在具体案例中的应用,以帮助学生形成对策略的认识理解和应用。这种模式有助于学习者对学习策略形成科学和系统的认识,但是,由于训练时与专门知识结合不足,可能会导致学生了解学习策略,但是无法在学习过程中顺利应用。

2. 与学科结合式教学模式

该模式提倡在学习具体学科知识的过程中讲授学习策略,如语文学科教师专门讲解阅读理解的方法,英语教师专门讲解记忆单词的方法等。这种模式将知识教学和学习策略教学融为一体,需要教师在准备知识教学的同时,敏锐地觉察需要传授的学习策略,在课堂中对学生进行及时指导,并布置作业促进学生策略学习的巩固。这种教学模式可以顺利提升学生的学习效果,但是由于对策略没有系统性的学习,不便于学习策略的迁移。

3. 交叉学习教学模式

这种教学模式是上述两种模式的优化,它指出在知识教学中穿插学习策略教学。但是,在讲解学习策略的具体应用前,先让学生了解此种学习策略的意义、使用范围、条件及具体操作程序等再进行具体应用的学习。此外,加强学习策略的教学技术需要注意以下三点。

(1) 注重元认知监控训练。

元认知监控是人针对认知过程的自我意识与自我控制。在加强学习策略教学的同时,注重元认知监控和调节的教学是提高学习策略教学的有效技术。有研究者(Day,1981)指出,最佳的教学方法是告知学习者如何使用学习方法(包括有关学习方法怎样使用和何时使用的知识),以及教会他们何时和如何检查学习策略的使用(包括有关学习的监视与控制的知识)。具体来说,教师要教会学生在其阅读时对注意加以跟踪,对材料进行自我提问,考试时监视自己的速度和时间等。

(2) 有效运用教学反馈。

传统的反馈研究已经证明,反馈能够改进学习,提高学习效果。因此,教师在有意传授学习策略时,不仅要注意方法上的传授,还要注意教会学生如何监控自己的行为,以及如何对学习方法是否适合进行自我评估和反馈。对学习策略的反馈研究也表明,在降低训练速度,增加反馈的条件下,如果使学生知道自身策略运用的不足之处,学会评价训练的有效性,理解学习策略的积极效应或体会到学习策略对学习效果的改善,学生就更有可能把学习策略运用到更为现实的学习情境中去。

(3) 提供足够的教学时间。

一些学者认为,只有学生真正感受到选择和使用正确学习策略对于学习的重要性时,才能自发地在学习活动中使用学习策略,而要做到这一点,就要提供足够长的教学时间。学习方法使用的熟练,学习的调节与控制的自动化都是保证学习策略顺利地使用和迁移的条件之一。因此,足够的教学时间对于学习策略的教学非常必要。

※**知识链接**

有效运用学习策略,提高学习效率

许多同学在复习过程中都曾自发地采用过阅读与尝试回忆相结合的方法,并取得了较好的复习效果。但也有一些同学在采用这种方法时用于尝试回忆的时间很短,想不起来就不再想了,绝大部分时间还是用于阅读,效果并不理想。原因是没有掌握此种方法的精髓。尝试回忆的精髓在于将积极的思维活动寓于记忆之中。正如朱熹所说:"读书之法,读一遍了,又思量一遍;思量一遍,又读一遍。"

那么,阅读与尝试回忆的时间比究竟为多少时才是最佳的呢?对此,美国心理学家盖茨曾做过专门的实验研究。他让被试学习无意义音节和传记文章,各用9分钟时间。被试被分成五组:A组将全部时间用于反复阅读,B组将1/5时间用于尝试回忆,C组将2/5时间用于尝试回忆,D组将3/5时间用于尝试回忆,E组将4/5时间用于尝试回忆。学习之后即时进行测验,4小时后又进行一次测验。结果发现,记忆成绩随着用于尝试回忆的时间增多而提高,记无意义音节的最佳成绩为将4/5时间用于尝试回忆,记传记文章的最佳成绩为将3/5时间用于尝试回忆。

因此,为了有效运用阅读与尝试回忆法,要做到以下两点:首先,改变复习时只是单纯阅读的方法,将阅读与尝试回忆结合起来进行复习。无论是看书复习,还是看笔记复习,我们可以采取读一遍书或笔记,然后把书或笔记合上,或闭上眼睛把读过的内容回忆一遍,然后再阅读,再回忆,反复交替进行。其次,要掌握好阅读与尝试回忆的时间比。根据实验结果,对于有意义的学习材料,阅读与尝试回忆的最佳时间比为2:3。2/5时间用于阅读,3/5时间用于尝试回忆。换句话说,用于尝试回忆的时间要比用于阅读的时间还要略多一些。千万不要在尝试回忆上吝惜时间,要开动脑筋,努力回忆。

(资料来源:路海东,张明.渴望远行:学习心理咨询[M].哈尔滨:黑龙江人民出版社,1999.)

※**本章小结**

学习迁移是指一种学习对另一种学习的影响。

迁移的分类方法很多,一般可分为正迁移和负迁移、认知迁移、态度迁移和技能迁移,顺向迁移和逆向迁移、一般迁移和特殊迁移。

影响学生学习迁移的因素很多,主要有学生的心理准备状态、分析概括能力、认知结构变量、学习材料的性质、学习的指导。

迁移的各种理论:形式训练说、相同要素说、概括化说、关系转化说。

促进迁移的教学应注意:确立明确具体的教学目标;安排恰当的教学材料和教学内容;调整教材的呈现方式;选择合适的教学方法;创设各种可迁移的情境等。

学习策略是指在学习过程中,学习者为了达到有效的学习目的而采用的规则、方法、技巧及其调控方法的总和。

一般情况下,将学习策略分为认知策略、元认知策略和学习资源管理策略。其中,认知策略主要包括复述策略、精加工策略和组织策略,元认知策略主要包括计划策略、监控策略和调节策略,学习资源管理策略主要包括时间管理策略、努力和心境管理策略以及环境设置策略。

※ 习题

1. 什么是学习迁移?根据不同的分类方式,学习迁移具体如何划分?
2. 经典的迁移理论有哪些?各有什么优缺点?
3. 影响迁移的因素有哪些?如何在教学中促进迁移?
4. 如何理解学习策略的概念?
5. 研究者对学习策略提出了哪些分类标准?
6. 如何在教学中指导学生有效地运用、培养学习策略?

※ 参考文献

[1] 埃根,考查克.教育心理学:课堂之窗[M].6版.郑日昌,主译.北京:北京大学出版社,2009.

[2] 陈琦,刘儒德.当代教育心理学[M].2版.北京:北京师范大学出版社,2007.

[3] 费兹科,麦克卢尔.教育心理学:课堂决策的整合之路[M].吴庆麟,等译.上海:上海人民出版社,2008.

[4] 李彩娜.中学生认知与学习[M].西安:陕西师范大学出版社出版,2016.

[5] 路海东.中学生认知与学习[M].北京:高等教育出版社出版,2016.

[6] 路海东,张明.渴望远行:学习心理咨询[M].哈尔滨:黑龙江人民出版社,1999.

[7] 卢家楣.学习心理与教学[M].上海:上海教育出版社,2016.

[8] 莫雷.教育心理学[M].广州:广东高等教育出版社,2007.

[9] 吴庆麟.教育心理学:献给教师的书[M].上海:华东师范大学出版社,2003.

第十二章 学习理论与教学启示

※**名人名言**
对于教育学和教育工作者而言,心理学当然站在一切科学的首位。

——乌申斯基

※**本章提要**
1. 行为主义学习理论及其教学启示
2. 认知主义学习理论及其教学启示
3. 人本主义学习理论及其教学启示
4. 建构主义学习理论及其教学启示

※**学习目标**
1. 了解行为学习理论、认知学习理论、人本主义学习理论、建构主义学习理论的原理、基本观点
2. 试着理解这些学习理论给课堂实践带来的启示

※**案例导入**
张慧是实验小学一年级的教师,她正尝试教给学生适宜的课堂行为。

一天,她对学生说道:"孩子们,我想跟你们谈谈咱们班上存在的一个问题。当我提问时,你们当中有许多人会直接喊出答案,而不是先举手等我点名。谁能告诉我:当我向全班同学提问时,你们该怎么做?"小花的手举到空中,说道:"我知道!我知道!举手,等着,不说话!"

张慧叹了口气,她试图忽视小花——因为其行为恰恰是教师刚才不让做的,但小花却是班上唯一举手的学生,并且你越不理睬她,她就会越发使劲地挥手,并大声回答。

"好吧,小花。你们应该怎么做?"

"我们应该举起手,不说话,等您点名。"

"既然你知道这个规则,那为什么在我点你名之前就大声回答呢?"

"我想我是忘记了。"

"好吧。谁能提醒全班同学关于不准抢着说话的规则?"

四个学生举起了手,一起大声说起来。

"一次一个人回答!"

"按次序回答!"

"当别人发言时不要说话!"

张慧要求学生遵守课堂秩序:"你们这些孩子快要把我逼疯了!"她说,"我们刚才不是正在讨论应该举手等我点名吗?"

"但是,张老师,"文利没举手就说,"小花并没有保持安静,但你也叫她发言了呀!"

第一节 行为主义学习理论及其教学启示

行为主义学习理论(Behaviorist Theory)是指运用行为主义的理论和方法研究学习的一种心理学流派。在对动物和人类进行一系列控制较严密的实验研究的基础上,发现并提出一系列有关学习的原理和规律。

华生(John Broadus Watson,1878~1958),美国心理学家,行为主义的创始人,以环境决定论著称。1913 年他在《心理学评论》杂志上发表了题为《行为主义者心目中的心理学》一文,正式宣告行为主义心理学的诞生。

行为主义(behaviorism)是 20 世纪初由美国心理学家华生创立的一个西方心理学的主要理论学派。该学派强烈抵制对人的心理和意识的内省研究,主张用客观的、实证的方法来研究人的外显的行为。行为主义者认为,只有可以直接观察到的东西才能成为科学研究的对象,只有客观的实证的方法才是科学的方法,心理学只有从可观察到的、可测量的刺激和反应方面去研究,才能成为一门真正的科学。为此,他们致力于研究环境刺激与行为反应之间的规律性关系,认为个体所有行为的产生和改变都是刺激(stimulus)与反应(response)之间的联结。所以,他们认为学习是刺激与反应之间的联结,基本假设是:行为是学习者对环境刺激所做出的反应。他们把环境看成是刺激,把伴随的有机体行为看作是反应,认为所有行为都是习得的。行为主义学习理论应用在学校教育实践上,就是要求教师掌握塑造和矫正学生行为的方法,为学生创设一种环境,尽可能在最大程度上强化学生的合适行为,消除不合适行为。

一、桑代克学习理论

爱德华·李·桑代克(Edward Lee Thorndike,1874~1949),美国心理学家,动物心理学的开创者,心理学联结主义的建立者和教育心理学体系的创始人。

桑代克是第一个通过动物实验系统研究学习问题的心理学家,最著名的就是"迷笼实验"。他的实验对象是一只可以自由活动的饿猫。他把猫放入笼子,然后在笼子外面放上猫可以看见的鱼、肉等食物,笼子中有一个特殊的装置,猫只要一踏笼中的踏板,就可以打开笼子的门闩出来吃到食物。一开始猫放进去以后,在笼子里上蹿下跳,无意中触动了机关,于是它就非常自然地出来吃到了食物。桑代克记录下猫逃出笼子所花的时间,然后又把它放进去,进行又一次尝试。桑代克认真地记下猫每一次从笼子里逃出来所花的时间,他发现随着实验次数的增多,猫从笼子里逃出来所花的时间在不断减少。到最后,猫几乎是一被放进笼子就去启动机关,即猫学会了开门闩这个动作。通过这个实验,桑代克认为,所谓的学习就是动物(包括人)通过不断地尝试形成刺激-反应联结,从而不断减少错误的过程。他把自己的观点称为试误说。桑代克根据自己的实验研究得出了三条主要的学习定律。

1. 准备律

在进入某种学习活动之前,如果学习者做好了与相应的学习活动相关的预备性反应(包括生理和心理的),学习者就能比较自如地掌握学习的内容。

2. 练习律

对于学习者已形成的某种联结,在实践中正确地重复这种反应会有效地增强这种联结。因而就小学教师而言,重视练习中必要的重复是很有必要的。另外,桑代克也非常重视练习中的反馈,他认为简单机械的重复不会造成学习的进步,告诉学习者练习正确或错误的信息有利于学习者在学习中不断纠正自己的学习内容。

3. 效果律

学习者在学习过程中所得到的各种正或负的反馈意见会加强或减弱学习者在头脑中已经形成的某种联结。效果律是最重要的学习定律。桑代克认为学习者学习某种知识以后,即在一定的结果和反应之间建立了联结,如果学习者遇到一种使他心情愉悦的刺激或事件,那么这种联结会增强,反之会减弱。他指出,教师尽量使学生获得感到满意的学习结果显得尤为重要。

二、巴甫洛夫学习理论

伊万·彼德罗维奇·巴甫洛夫(Ivan Petrovich Pavlov,1849~1936),俄国生理学家、心理学家、医师,高级神经活动学说的创始人,高级神经活动生理学的奠基人,条件反射理论的建构者,也是传统心理学领域之外对心理学发展影响最大的人物之一,是俄国第一个获得诺贝尔奖的科学家。

巴甫洛夫通过狗分泌唾液的实验,提出了广为人知的条件反射。

1. 保持与消退

巴甫洛夫发现,在动物建立条件反射后继续让铃声与无条件刺激(食物)同时呈现,狗的条件反射行为(唾液分泌)会持续地保持下去。但当多次伴随条件刺激物(铃声)的出现而没有相应的食物时,则狗的唾液分泌量会随着实验次数的增加而自行减少,这便是反应的消退。教学中,有时教师及时的表扬会促进学生暂时形成某一良好的行为,但如果过了一些时候,当学生在日常生活中表现出良好的行为习惯而没有再得到教师的表扬,这一行为很有可能会随着时间的推移而逐渐消退。

2. 分化与泛化

在一定的条件反射形成之后,有机体对与条件反射物相类似的其他刺激也做出一定的反应的现象叫作泛化。比如,刚开始学汉字的孩子不能很好地区分"未"跟"末",或

"日"跟"曰"。而分化则是有机体对条件刺激物的反应进一步精确化,那就是对目标刺激物加强保持,而对非条件刺激物进行消退。比如在体育教学中,教师帮助学生辨别动作到位和不到位时的肌肉感觉,从而使动作流畅、有力。

三、斯金纳学习理论

伯尔赫斯·弗雷德里克·斯金纳(Burrhus Frederic Skinner,1904~1990),美国心理学家,新行为主义学习理论的创始人,也是新行为主义的主要代表,操作性条件反射理论奠基者,设计和发明了程序教学和教学机器。继桑代克之后,美国又一位著名的行为主义心理学家斯金纳用白鼠作为实验对象,进一步发展了桑代克的刺激-反应学说,提出了著名的操作条件反射。

与桑代克相类似的是斯金纳也专门为实验设计了一个学习装置——斯金纳箱,箱子内部有一个操纵杆,只要饥饿的小白鼠按动操纵杆,它就可以吃到一颗食丸。开始的时候,小白鼠是在无意中按下了操纵杆,吃到了食丸,但经过几次尝试以后,小白鼠"发现"了按动操纵杆与吃到食丸之间的关系,于是小白鼠会不断地按动操纵杆,直到吃饱为止。斯金纳把小白鼠的这种行为称为操作性条件反射或工具性条件反射。斯金纳与桑代克的主要区别在于:桑代克侧重于研究学习的S-R联结,而斯金纳则在桑代克研究的基础上进一步探讨小白鼠乐此不疲地按动操纵杆的原因——因为小白鼠每次按动操纵杆都会吃到食丸,斯金纳把这种会进一步激发有机体采取某种行为的程序或过程称为强化,凡是能增强有机体反应行为的事件或刺激叫作强化物,导致行为发生的概率下降的刺激物叫作惩罚。

斯金纳通过实验观察发现不同的强化方式会引发白鼠不同的行为反应,其中连续强化引发白鼠按动操纵杆的行为最易形成,但这种强化形成的行为反应也容易消退。而间隔强化比连续强化具有更持久的反应率和更低的消退率。斯金纳在对动物研究的基础上,把有关成果推广运用到人类的学习活动中,主张在操作性条件反射和积极强化原理的基础上设计程序化教学,"把教材内容细分成很多的小单元,并按照这些单元的逻辑关系顺序排列起来,构成由易到难的许多层次或小步子,让学生循序渐进,依次进行学习"。在教学过程中,教师要积极应对学生做出的每一个反应,并对学生做出的正确反应予以正确的强化。

斯金纳按照强化实施以后学习者的行为反应,将强化分为正强化和负强化两种方式。正强化是指学习者受到强化刺激以后,加大了某种学习行为发生的概率。如由于教师表扬学生做出的正确行为,从而使学生能在以后经常保持这种行为。负强化是指教师对学习者消除某种讨厌刺激以后,学习者的某种正确行为发生的概率增加。如教师取消全程监控的方式以后,良好的学习习惯能够保持。

四、小结

行为主义学习理论的贡献体现在三点:① 第一次提出要用科学实证的方法研究学习

行为；② 提出的"S-R"模式可以解释不少人类或动物的行为；③ 理论直观明了，而且具有直接的可操作性，教育工作者(包括儿童家长)可以根据它提供的具体操作程序去塑造儿童良好的行为或矫正儿童的不良行为。因此，该理论对学习的研究方法和研究成果至今仍值得借鉴和应用。

由于行为主义者拒绝研究人类内部意识，从而为其学习理论带来了不可避免的局限性：① 只能关注学习行为的外部表现，而忽视个体学习的内部变化过程；② 只能解释简单的行为，不能解释较为复杂的行为，虽然有些不很复杂的学习行为可以用习惯来加以解释，但行为主义只能用于学习行为中属于"行"部分的学习活动的解释，尚不能说明属于"知"部分的学习活动；③ 根据行为主义学习理论提出的程序教学理论具有刻板性，缺乏灵活性，不利于学生提高独立思考和独立解决问题的能力。它的小步子原则不仅易使学生厌倦，而且易使学生的认知陷于细碎而缺乏对事物的整体认知。

※知识链接

行为主义学习原理与课堂实践

对课堂实践而言，最有用的行为主义学习原理也是最简单的：强化你希望反复看到的行为。这个原理看上去浅显易懂，但实际做起来并非易事。例如，一些教师认为强化是不必要的，理由是："我为什么要给他们强化？他们只是做了该做的事！"

课堂上使用强化来增强所期望看到的行为时，可遵循以下几条主要的原则：

1. 确定你希望学生做出的行为，当这些行为出现时予以强化。例如，表扬或奖励学生的出色工作。如果学生没有尽力，则不给予表扬或奖励。当学生开始一项新的学习任务时，他们整个过程的每一步都应该受到强化。对于那些逐步接近你定的最终目标的行为须给予积极的反馈。将新的行为(或课堂任务)分解为比较小的部分，并在整个过程中给予充分的奖励。

2. 告诉学生你所期望的行为表现，当他们表现出来时，给予强化，并告知原因。为学生列举你所使用的评价其活动的各项标准，以及每项标准的分值。这样，学生将能够从你的反馈中来认识自己的优势和不足。

3. 在恰当的行为出现之后，尽快地给予强化。延迟强化的效果比及时强化差。评改作业时，应尽快给学生反馈。让学生了解自己在课堂中的表现是非常重要的，因此，改作业不能拖延。每次布置作业时，都应该考虑使用何种评价方式，需要多长时间才能给学生提供设想的反馈。

※思考题

1. 行为主义学习理论有哪些？
2. 行为主义学习的原理有哪些？

第二节 认知主义学习理论及其教学启示

认知心理学是对行为主义心理学放弃研究个体内部心理活动的观点和做法的不满和反抗的产物,而信息论、计算机科学的发展为认知心理学的出现创造了直接的外部条件。认知主义学习理论的基本观点是,心理学必须研究个体头脑内部进行着的心理活动,尤其是认知过程,并强调已有的知识和认知结构(cognitive structure)对个体行为和当前认知活动的决定作用。从这一最基本的认知主义观点出发,认知主义学习理论认为学习是由经验引起的认知结构的相对持久的变化。也就是说,学习的实质是学习者内部心理结构的形成和改组,而不是刺激-反应联结的建立或消退。他们认为,学习就是面对当前的问题情境,在内心经过积极的组织,从而形成和发展认知结构的过程,强调刺激反应之间的联系是以意识为中介的,强调认知过程的重要性。

一、格式塔学习理论

沃尔夫冈·柯勒(Wolfgang Kohler,1887~1967),德裔美籍心理学家,格式塔心理学创始人之一,主要研究动物心理,在类人猿知觉的研究和学习的实验研究中取得了卓越的成效,并提出了学习顿悟说,认为学习主要取决于对整个情景结构的突然知觉。主要著作有《人猿的智慧》《完形心理学》《心理学的动力学》等。

格式塔学习理论可谓是现代认知主义学习理论的先驱,于 20 世纪初由德国心理学家韦特海默(Max Wertheimer,1880~1943)、苛勒和考夫卡(Kurt Koffka,1886~1941)在研究似动现象的基础上创立,该学派反对把心理学还原为基本元素,把行为还原为刺激-反应联结。他们认为思维是整体的、有意义的知觉,而不是联结起来的表象的简单集合;主张学习在于过程的一种完形,是把一个完形改变为另一完形。以组织完形法则为基础的学习论,由顿悟学习、学习迁移和创造性思维构成。

(1) 顿悟学习(insightful earning)是格式塔心理学家所描述的一种学习模式。所谓顿悟学习,就是通过重新组织知觉环境并突然领悟其中的关系而发生的学习。也就是说,学习和解决问题主要不是经验和尝试错误的作用,而在于顿悟。

(2) 学习迁移(learning transfer)是指一种学习对另一种学习的影响,也就是将学得的经验有变化地运用于另一情境。对于产生学习迁移的原因,桑代克认为是两种学习材料中的共同成分作用于共同的神经通路的结果,而格式塔心理学家则认为是由于相似的功能所致,也就是由于对整个情境中各部分的关系或目的与手段之间的关系的领悟。例如,在笼中没有竹竿时,猩猩也能用铁丝和稻草代替竹竿取香蕉,这就是相似功能的迁移。

(3) 创造性思维(productive thinking)是格式塔心理颇有贡献的一个领域。韦特海默认为,创造性思维就是打破旧的完形而形成新的完形。在他看来,对情境、目的和解决问题的途径等各方面相互关系的新的理解是创造性地解决问题的根本要素,而过去的经验也只有在一个有组织的知识整体中才能获得意义并得到有效的使用。因此,创造性思维都是遵循着旧的完形被打破,新的完形被构建的基本过程进行的。

二、布鲁纳学习理论

布鲁纳(Jerome Seymour Bruner,1915~2016),美国心理学家和教育家。他根据自己的研究结果提出的认知发现学习理论,是当代认知学习理论的主要流派之一。主要著作有《思维之研究》《教育过程》《论认识》等。

布鲁纳的主要教育心理学理论集中体现在 1960 年出版的《教育过程》一书中。对于布鲁纳在教育心理学方面做出的卓越成就,美国一本杂志曾这样评价,他也许是自杜威以来第一个能够对学者和教育家谈论智育的人,这足以看出布鲁纳在学术界的崇高威望。

布鲁纳主要研究有机体在知觉与思维方面的认知学习,他把认知结构称为有机体感知和概括外部世界的一般方式。布鲁纳始终认为,学校教育与实验室研究猫、狗、小白鼠受刺激后做出的行为反应是截然不同的两回事,他强调学校教学的主要任务就是要主动地把学习者旧的认知结构置换成新的,促成个体能够用新的认知方式来感知周围世界。

(1) 布鲁纳的学习理论旨在培养学生的发现能力和创造能力,表现在以下三个方面。

① 布鲁纳学习理论的核心概念是"编码系统"。布鲁纳认为,编码系统不仅能够接受信息和组织信息,而且"能够超越一定的信息,即产生创造性行为,或者是有所创造"。这种提法和思想观点在其他学习理论中是不多见的,这体现了布鲁纳把学生创造性能力的培养看得十分重要,而且人的创新性思想观点的产生确实与已有的知识、观念和知识的结构形式有关。布鲁纳的这种论述是可取的。

② 布鲁纳提倡"发现学习"。认为这种形式的学习可以激发学生的智慧潜能,获得发现的经验和方法。而且这种发现的经验和方法对将来从事科学发现和技术发明是十分重要的。

③ 布鲁纳主张采用诚实有效的教学方法,把复杂、高深、新的科学技术知识传授给任何年龄的儿童。其目的是想让学生尽量掌握最新的科学技术知识,将来尽快地进入科学研究领域。布鲁纳的这些解释、提法和要求体现了他把创造力的培养作为学习和教学的重要任务的思想。这种思想是非常积极和可取的。

(2) 布鲁纳强调学生的知识学习要掌握学科的知识结构,而知识结构则主要是由基本概念和基本原理构成的。这样,学习各学科知识的基本概念和原理就成为学生学习的核心内容。这种观点是十分正确的。实际上,人们学习各学科知识的主要目的就是掌握其基本概念和原理,并应用原理去解决实际问题。概念和原理是对事物的本质特征和事物间内在联系的概括表述,人们认识事物就是要认识和掌握事物的本质特征和内在规律。任何一门学科知识都以一些基本概念和原理为核心内容,而围绕基本概念和原理所列举的一些事例、例证、解释和说明等都是为了帮助学生理解和掌握基本概念和原理而设置的,学生知识结构的主要成分必定是基本概念和原理。

(3) 布鲁纳把学习的迁移划分为具体知识的特殊迁移和态度、方法及原理的一般迁移。学习的经验表明,布鲁纳提出的这种一般迁移是普遍存在的。布鲁纳不仅指出了这种迁移现象,而且重视一般迁移,这是十分正确的。因为,特殊的迁移范围较小,很少能产生较大跨度的迁移。而一般迁移范围较大,可以影响到其他学科知识的学习。

(4) 布鲁纳在他的教学论思想中所提出的螺旋式课程结构、为学生安排最佳学习经验、为学生的理解组织知识内容、为学生呈现知识的最佳顺序、激发学生思维的教学程序以及重视学生的内部学习动机的激发和正确地运用奖励与惩罚等教学思想和措施,帮助学生对知识的理解和创造性能力的培养,都体现了传授知识和培养学生思维及能力同步进行的正确思想,对教师的课堂教学有重要的实践指导意义,亦有进一步开发研究和推广应用的价值。

应该说,布鲁纳的学习理论和教学论思想是既注重知识的理解,又注重对学生能力的培养的理论。这符合学习和教学的一般规律和本质特征。因此,是正确的和有指导意义的。

三、奥苏贝尔学习理论

戴维·保罗·奥苏贝尔(David Pawl Ausubel, 1918~2008),美国认知教育心理学家。他开创了学习论和教学论统一的先河,对现代教学理论与实践的发展做出了重要贡献,并提出了先行组织者策略。主要著作有《意义语言学习心理学》《教育心理学:认知观取向》《学校学习:教育心理学导论》等。

奥苏伯尔是美国的认知心理学家,他对教育心理学的杰出贡献集中体现在他对有意义学习理论的表述中。他在批判行为主义简单地将动物心理等同于人类心理的基础上,创造性地吸收了皮亚杰、布鲁纳等同时代心理学家的认知同化理论思想,提出了著名的有意义学习、先行组织者等,并将学习论与教学论两者有机地统一起来。

(1) 有意义学习。奥苏伯尔学习理论的核心是有意义学习。他指出:"有意义学习过程的实质就是符号所代表的新知识与学习者认知结构中已有的适当观念建立非人为的和实质性的联系。"在他看来,学习者的学习,如果要有价值的话,应该尽可能地有意义。奥苏伯尔将学习分为接受学习和发现学习、机械学习和意义学习,并明确了每一种学习的含义及其相互之间的关系。

(2) 知识的同化。奥苏伯尔学习理论的基础是同化。他认为学习者学习新知识的过程实际上是新旧材料之间相互作用的过程,学习者必须积极寻找存在于自身原有知识结构中的能够同化新知识的停靠点,这里同化主要指的就是学习者把新知识纳入到已有的图式中去,从而引起图式量的变化的活动。奥苏伯尔指出,学习者在学习中能否获得新知识,主要取决于学生个体的认知结构中是否已有了有关的概念(即是否具备了同化点)。教师必须在教授有关新知识以前了解学生已经知道了什么,并据此开展教学活动。

(3) 学习的原则与策略。奥苏伯尔还在有意义学习和同化理论的基础上提出了学习的原则与策略。

一是逐渐分化原则。这条原则主要适合下位学习,奥苏伯尔认为学习者在学习新知识时,用演绎法从已知的较一般的整体中分化细节要比用归纳法从已知的具体细节中概括整体容易一些,因而教师在传授新知识时应该先传授最一般的、概括性最强的、包摄性最广的概念或原理,然后再根据具体细节逐渐加以分化。

二是综合贯通原则。这条原则主要适合上位学习和并列结合学习,奥苏伯尔主张教师在用演绎法渐进分化出新知识的同时,还要注意知识之间的横向贯通,要及时为学习者指出新旧知识间的区别和联系,防止由于表面说法的不同而造成的知识间人为的割裂,促进新旧知识的协调和整合。

三是序列巩固原则。这条原则主要针对并列结合学习,该原则指出对于非上位、非下位关系的新旧知识可以使其序列化或程序化,使教材内容由浅入深、由易到难。同时,奥苏伯尔也指出,对于这类知识的学习,教师还应该要求学习者及时采取纠正、反馈等方法复习回忆,保证促进认知结构中原有观念的稳定性以及对新知识掌握的牢固性。

为了有效地贯彻这三条原则,奥苏伯尔提出了具体的先行组织者策略。先行组织者是指在呈现新的学习任务之前,由教师先告诉学生一些与新知识有一定关系的、概括性和综合性较强、较清晰的引导材料,来帮助学生建立学习新知识的同化点,以有效促进学习者的下位学习。根据所要学习的新知识的性质,奥苏伯尔列出了两种不同类型的先行组织者。对于完全陌生的新知识,他主张采用说明性组织者(或陈述性组织者),利用更抽象和概括的观念为下一步的学习提供一个可资利用的固定观念;对于不完全陌生的新知识,他主张采用比较性组织者,帮助学生分清新旧知识间的共同点和不同点,为学生获得精确的知识奠定基础。

四、加涅学习理论

加涅(1916~2002),美国教育心理学家,原是经过严格的行为主义心理学训练的心理学家。在其学术生涯的后期,他吸收入了信息加工心理学的思想和建构主义认知学习心理学的思想,形成了有理论支持也有技术操作支持的学习理论。这一理论解释了大部分课堂学习,并提出了切实可行的教学操作步骤。主要著作有《学习的条件》《教学设计的原理》《知识的获得》《学习对个体发展的贡献》《教学方法的学习基础》等。

加涅被公认为是行为主义学派与认知心理学派的折中主义者。他一方面承认行为的基本单位是刺激与反应的联结,另一方面又注重探讨刺激与反应之间的中介因素——心智活动。1974年,加涅利用计算机模拟的思想,坚持利用当代认知心理学的信息加工的观点来解释学习过程,展示了学习过程中的信息流程。

加涅认为,任何一个教学传播系统都是由"信源"发布"消息",编码处理后通过"信道"进行传递,再经过译码处理,还原为"消息",被"信宿"接收。该模型呈现了人类学习的内部结构及每一结构所完成的加工过程,是对影响学习效果的教学资源重新合理配置、调整的一种序列化结构。在这个信息流程中,加涅主要强调了以下几点:学习是学习者摄取信息的一种程式;学习者自发的控制和积极的预期是制约课堂教学有效性的决定因素;反馈是检验教学效果的手段。

加涅在对学习活动进一步分析的基础上,又把与上述学习过程有关的教学划分为以下八个阶段。

一是动机阶段。加涅认为要使有效学习行为发生,学习者必须要有学习心向,所以学习的准备工作就是由教师以引起学生兴趣的方法去激发学生的学习动机。

二是了解阶段。在这个阶段,教学的措施要引起学生的注意,提供选择性的知觉。主要的目的在于促使学习者将学习的注意力指向与他的学习目标有关的各种刺激。

三是获得阶段。教学在此阶段的任务是支持学生把了解到的信息转入短时记忆系统,也就是对信息进行必要的编码和储存。教师可向学生提示编码过程,帮助学习者采用较好编码策略来学习知识,以有利于信息的获得。

四是保持阶段。这个阶段主要是让学习者把获得阶段所得到的信息有效地放到长时记忆的记忆存储器中去。存储信息的内部过程到底在多大程度上受教学方式的影响,现在还没有完全研究清楚。但是,加涅认为有效的学习应适当地安排条件,如同时呈现不同的刺激来代替相似刺激,由于相互间干扰的减少就可以间接地影响信息的保持。

五是回忆阶段。也就是信息的检索阶段,在此阶段,为使所学的知识能以一种作业的形式表现出来,线索是必不可少的,因而加涅主张教学可以采取提供线索以引起记忆恢复的形式,或者采取控制记忆恢复过程的形式,以保证学生可以找到适当的恢复策略加以运用。另外,他认为教学还可以采用包括"有间隔的复习"等方式,使信息恢复有发生的机会。

六是概括阶段。在此阶段,教师提供情境,使学生学到的知识和技能以新颖的方式迁移,并提供线索,以应用于以前不曾遇到的情境。

七是作业阶段。在此阶段,教学的大部分是提供应用知识的时机,使学生显示出学习的效果,并为下阶段的反馈做好准备。

八是反馈阶段。在此阶段,学生关心的是他的作业达到或接近他的预期标准的程度。如果学生能够得到完成预期证实的反馈信息,对强化学习过程将有很大的影响。

五、班杜拉社会学习理论

阿尔伯特·班杜拉(Albert Bandura,1925~),新行为主义的主要代表人物之一,社会学习理论的创始人。美国当代著名心理学家,现任斯坦福大学心理学系讲座教授。他所提出的社会学习理论是在与传统行为主义的继承与批判的历史关系中逐步形成的,并在认知心理学和人本主义心理学几乎平分心理学天下的当代独树一帜,影响波及实验心理学、社会心理学、临床心理治疗以及教育、管理、大众传播等社会生活领域。

班杜拉通过实验得出了著名的社会认知理论,把儿童的观察学习的过程分成了四个阶段:① 注意阶段。有机体通过观察他所处环境的特征,注意到那些可以为他所知觉的线索。一般而言,儿童往往更倾向于选择那些与自身条件相类似的或者被他认可为优秀的、权威的、被得到肯定的对象作为知觉的对象。② 保持阶段。有机体通过表象和言语两种表征系统来记住他在注意阶段已经观察到的榜样的行为,并用言语编码的方式存储于自身的信息加工系统中。③ 复制阶段。有机体从自身的信息加工系统中提取从榜样情景中习得并记住的有关行为,在特定的环境中模仿。这是有机体将观察学习而习得的不完整的、片段的、粗糙的行为,通过自行练习而得到弥补的过程,最终使一项被模仿的行为通过复制过程而成为有机体自己熟练的技能。④ 动机阶段。有机体通过前面三个阶段已经基本上掌握了榜样的有关行为,但在现实生活中,个体却并不一定在任何情景中都会按照榜样的行为去采取自己的反应,班杜拉认为这主要由于"机会"或"条件"不成熟,而"机会"或"条件"的成熟与否则主要取决于外界对此行为的强化程度。

按照班杜拉的理解,对于有机体行为的强化方式有三种:一是直接强化,即对学习者做出的行为反应当场予以正或负的刺激;二是替代强化,指学习者通过观察其他人实施这种行为后所得到的结果来决定自己的行为指向;三是自我强化,指儿童根据社会对他所传递的行为判断标准,结合个人自己的理解对自己的行为表现进行正或负的强化。自我强化参照的是自己的期望和目标。

六、理论应用于实践

(一) PQ4R 法——学习技法

PQ4R 法是最广为人知的学习技法之一,它帮助学生理解和记忆所读的内容(Thomas & Robinson, 1972)。该方法是在罗宾逊(F. P. Robinson, 1961)提出的早期版本即 SQ3R 基础上形成的。首字母 PQ4R 分别代表预览(preview)、提问(question)、阅读(read)、反思(reflect)、背诵(recite)和复习(review)。

研究表明,PQ4R 法对年长儿童是有效的(Adams, Carnine & Gersten, 1982),原因看起来很明确。遵循 PQ4R 程序,可以使学生更关注信息的有意义的组织,促使学生运用其他各种有效的策略,如设计问题、精细加工以及分散练习(在一段时间内复习知识的多个机会)(Anderson, 1990)。

(二) 教授 PQ4R 法

按照以下指导原则,向学生逐步解释和演示 PQ4R 方法。

① 预览:快速地浏览一遍材料,对其基本框架、大主题和分主题有大致的了解。注意大标题和小标题,并确定你将要阅读和学习的内容。

② 提问:阅读前先自我提问。根据标题用特殊疑问词来设问:何人(who)、何事(what)、为何(why)、何处(where)。

③ 阅读:阅读材料,不要写大量的读书笔记。试着回答你阅读前提出的问题。

④ 对材料反思:尽量通过以下方式来理解和解释所学内容:对已知的事物联系起来,将文中的各个分主题与基本概念或原理联系起来,试着解决所呈现的信息中的矛盾,试着运用材料本身来解决它显示的问题。

⑤ 背诵:通过大声陈述主要观点、提问并回答问题等方式来练习记忆信息。你可以根据标题、关键词以及关于主要观点的笔记来提出问题。

⑥ 复习:最后一步,积极复习,集中精力自我提问;只有当自己不能确认答案时,才重新阅读材料。

七、小结

认知主义学习理论克服了行为主义学习理论只注重外在行为研究,而忽视个体内部心理作用的弊端,注重研究学习过程中人的内部心理变化过程,可以说是对行为主义学习理论的一大发展。主要贡献体现在两点:① 认为学习是个体与环境相互作用的结果,重视人在学习活动中的主体性,强调认知、意义理解、独立思考等个体意识活动在学习活动中的重要作用,充分肯定了学习者的主观能动作用,这有利于调动学生学习的积极性,充分发挥学习者潜能;② 认知主义学习理论注重研究刺激与反应之间的内部心理过程,强调学习者内部的认知结构的自我建构(self-construct),这实际上是重视学习者学习能力的培养和创造性的发展。

认知主义学习理论的不足之处在于:① 认知主义学习理论中不同观点之间本身就有很大的分歧,他们各自的观点都存在着这样那样的缺陷,如布鲁纳强调认知结构在学习中的作用而忽视知识学习的倾向,奥苏贝尔偏重知识的掌握而忽视学生创造能力的培养等;② 智力因素和非智力因素是学习活动中不可或缺的两大因素,认知主义学习理论过分强调智力因素的作用,以致忽视了对非智力因素的研究。

※思考题
社会学习理论如何帮助我们理解人类的学习?

第三节　人本主义学习理论及其教学启示

人本主义心理学是 20 世纪五六十年代在美国兴起的一种心理学思潮,其主要代表人物是马斯洛(Abraham H. Maslow)和罗杰斯(Carl Ransom Rogers)。人本主义的学习与教学观深刻地影响了世界范围内的教育改革,是与程序教学运动、学科结构运动齐名的 20 世纪三大教学运动之一。

一、人本主义心理学思想与学习理论

人本主义主张,心理学应当把人作为一个整体来研究,而不是将人的心理肢解为不完整的几个部分,应该研究正常的人,而且更应该关注人的高级心理活动,如热情、信念、生命、尊严等内容。人本主义的学习理论从全人教育的视角阐释了学习者整个人的成长历程,以发展人性;注重启发学习者的经验和创造潜能,引导其结合认知和经验,肯定自我,进而自我实现。人本主义学习理论重点研究如何为学习者创造一个良好的环境,让其从自己的角度感知世界,发展出对世界的理解,达到自我实现的最高境界。

人本主义心理学的目标是要对作为一个活生生的完整的人进行全面描述。人本主义心理学家认为,行为主义将人类学习混同于一般动物学习,不能体现人类本身的特性,而认知心理学虽然重视人类认知结构,却忽视了人类情感、价值观、态度等最能体现人类特性的因素对学习的影响。在他们看来,要理解人的行为,必须理解他所知觉的世界,即必须从行为者的角度来看待事物。要改变一个人的行为,首先必须改变其信念和知觉。人本主义者特别关注学习者的个人知觉、情感、信念和意图,认为它们是导致人与人的差异的"内部行为",因此他们强调要以学生为中心来构建学习情景。

(一) 代表人物的学习理论

卡尔·罗杰斯(Carl Ransom Rogers,1902~1987),美国心理学家,人本主义心理学的主要代表人物之一。他从事心理咨询和治疗的实践与研究,主张"以当事人为中心"的心理治疗方法,首创非指导性治疗(案主中心治疗),强调人具备自我调整以恢复心理健康的能力。教育名言:凡是可以教给别人的知识,相对来说都是无用的;能够影响个体行为的知识,只能是他自己发现并加以同化的知识。

人本主义心理学家认为,人的成长源于个体自我实现的需要,自我实现的需要是人格形成发展、扩充成熟的驱力。所谓自我实现的需要,马斯洛认为就是"人对于自我发挥和完成的欲望,也就是一种使它的潜力得以实现的倾向"。通俗地说,自我实现的需要就是"一个人能够成为什么,他就必须成为什么,他必须忠于自己的本性"。正是由于人有自我实现的需要,才使得有机体的潜能得以实现、保持和增强。人格的形成就是源于人性的这种自我的压力,人格发展的关键就在于形成和发展正确的自我概念。而自我的正常发展必须具备两个基本条件:无条件的尊重和自尊。其中,无条件的尊重是自尊产生的基础,因为只有别人对自己有好感(尊重),自己才会对自己有好感(自尊)。如果自我正常发展的条件得以满足,那么个体就能依据真实的自我而行动,就能真正实现自我的潜能,成为自我实现者或称功能完善者、心理健康者。人本主义心理学家认为,自我实现者能以开放的态度对待经验,他的自我概念与整个经验结构是和谐一致的,他能经验到一种无条件的自尊,并能与他人和谐相处。

罗杰斯认为,一个人的自我概念极大地影响着他的行为。心理变态者主要是由于他有一种被歪曲的、消极的自我概念的缘故。如果他要获得心理健康,就必须改变这个概念。因此,心理治疗的目的就在于帮助病人或患者创造一种有关他自己的更好的概念,使他能自由地实现他的自我,即实现他自己的潜能,成为功能完善者。由于罗杰斯认为患者有自我实现的潜能,它不是被治疗家所创建的,而是在一定条件下自由释放出来的,因此"患者中心疗法"的基本做法是鼓励患者自己叙述问题,自己解决问题。治疗者在治疗过程中,不为患者解释过去压抑于潜意识中的经验与欲望,也不对患者的自我报告加以评价,只是适当地重复患者的话,帮助他澄清自己的思路,使患者自己逐步克服他的自我概念的不协调,接受和澄清当前的态度和行为,达到自我治疗的效果。而要有效运用患者中心疗法,使病人潜在的自我得到实现,必须具备三个基本条件,这就是:① 无条件地积极关注(unconditional positive regard):治疗者对患者应表现出真诚的热情、尊重、关心、喜欢和接纳,即使当患者叙述某些可耻的感受时,也不表示冷漠或鄙视,即"无条件尊重";② 真诚一致(congruence):治疗者的想法与他对患者的态度和行为应该是相一致的,不能虚伪做作;③ 移情性理解(empathic understanding):治疗者要深入了解患者经验到的感情和想法,设身处地地了解和体会患者的内心世界。

罗杰斯从人本主义的学习观出发,认为凡是可以教给别人的知识,相对来说都是无用的;能够影响个体行为的知识,只能是他自己发现并加以同化的知识。因此,教学的结果,如果不是毫无意义的,那就可能是有害的。教师的任务不是教学生学习知识(这是行为主义者所强调的),也不是教学生如何学习(这是认知主义者所重视的),而是为学生提供各种学习的资源,提供一种促进学习的气氛,让学生自己决定如何学习。为此,罗杰斯对传统教育进行了猛烈的批判。他认为在传统教育中,"教师是知识的拥有者,而学生只是被动的接受者;教师可以通过讲演、考试甚至嘲弄等方式来支配学生的学习,而学生无所适从;教师是权力的拥有者,而学生只是服从者"。因此,罗杰斯主张废除教师(teacher)这一角色,代之以学习的促进者(facilitator)。

二、教学启示

将人本主义学习理论运用于教学中,主要体现在以下三个方面。

(一) 创设开放学校和开放课堂

人本主义学习理论提倡学生中心,反对教师中心,主张打破学校常规,强调情感作用和人的状态。在开放学校和开放课堂里,允许学生自己选择学习内容和方式。这种方式在幼儿园和低年级很流行。在这种教学环境中,教师主要不是作为知识的传播者,而是作为学生个人潜能的促进者而出现的。教师的作用是帮助学生选择,帮助学生提高能力,帮助准备材料。

(二) 人本主义的教学原则

第一,教学更注重情感发展而不是知识获得。强调学生的自由创造性,维护学生的自尊心,建立良好的师生和同学关系。第二,强调发展自我观念。即反对奖惩、强化等观念,强调发展自我观念。应通过教学使学生正确认识自己,发展自己的潜能。强调"人决定社会,而不是社会决定人"。第三,强调交往。第四,强调发展价值观。

(三) 人本主义的教学模式

第一,以题目为中心的课堂讨论模式。这是由精神分析学家、群体心理治疗专家科恩(Cohn)于1969年创建的。这种模式是指教师为课堂阅读与时间利用设计的一种技术。它要求教师提出有利于促进课堂讨论的课题,找到讨论的课题与群体中正在发生的问题的接触点,教师要善于运用各种方式,以促进课堂的讨论,而且在教学中教师要体现一种真正的人本主义的能力。而且,这一模式允许学生在任何时候进行讨论,允许学生讨论时离题。运用这一教学模式要注意以下几个方面:① 强调学生全身心投入课堂的群体讨论中,强调学生在课堂讨论中的个体性和独特性,不长时间集中于某一讨论题目,教师还必须让学生觉得他是一个真诚的、可信赖的、有感情的指导者;② 自由学习的教学模式。主要包括五个方面:学生参与决定学习的内容与授课方式;学生选择信息源;师生共同制定契约;课堂结构安排的变通性;由学生进行学习的评定。

这一教学模式要求教师真正把学生当作学习的主人,不仅要让学生获得知识,更要让学生知道如何去获取知识;要引导学生主动参与学习的全过程,充分调动学生内在的主动性和积极性,激发学生的求知欲、责任感,增强他们的自信心,使他们在参与探求知识、获得知识的同时,最大限度地发挥他们的聪明才智,提高素质,在课堂中自主学习,自由飞翔。为此,教师应善设悬念,给学生充足的探索空间,让他们主动参与到知识形成的过程中去自主地学习。

三、小结

持人本主义学习理论观的心理学家认为,行为主义将人类学习混同于一般动物学习的做法,不能体现人类本身的特性,而认知心理学虽重视人类认知结构,却忽视了人类情感、价值观、态度等最能体现人类特性的因素。为此,他们特别关注学习者的个人知觉、情感、信念和意图,认为它们是导致人与人差异的"内部行为",因此他们强调要以学生为中心来构建学习情境,促进学生整体发展。这一基本思想无疑是积极的、进步的,与现代全人教育思想一致,与我国当前推进的以学生为本的素质教育基本精神也有一定的共同性。这也是为何这一理论是目前教育界比较认同的教育理论之一的缘由。但这一理论也存在一些不足之处,诸如理论观点缺乏客观、科学验证,自由学习的度难以把握,易使学生陷入无所适从的困境等。

※思考题
1. 什么是意义学习?
2. 在你的教学中,你会如何设计"以学生为中心"?

第四节 建构主义学习理论及其教学启示

让·皮亚杰(Jean Piaget,1896~1980),近代最有名的儿童心理学家。他的认知发展理论成为这个学科的典范。教育名言:最好的一种教学,牢牢记住学校教材和实际经验二者相互联系的必要性,使学生养成一种态度,习惯于寻找这两方面的接触点和相互的关系。

建构主义(constructivism)是学习理论从行为主义发展到认知主义以后的又一新的发展,这一发展似乎是又一次带有革命性意义的转折。正如有人所说,在教育心理学中正在发生着一场革命,人们对它叫法不一,但更多地把它称为建构主义的学习理论(Slavin,1994)。

一、学生观

建构主义强调学习者是以自己的经验为基础来建构现实,或者至少说是在解释现实。维特罗克(M. C. Wittrock,1931~)认为:"学习过程不是先从感觉经验本身开始的,它是从对该感觉经验的选择性注意开始的。任何学科的学习和理解总是涉及学习者原有的认知结构,学习者总是以其自身的经验,包括正规学习前的非正规学习和科学概念学习前的日常概念,来理解和建构新的知识或信息。建构一方面是对新信息的意义的建构,同时又包含对原有经验的改造和重组。"因此,他们更关注如何以原有的经验、心理结构和信念为基础建构知识,更强调学习的主动性、社会性和情境性。

建构主义强调,应当把学习者原有的知识经验作为新知识的生长点,引导学习者从原有的知识经验中,生长新的知识经验。他们认为学习者并不是空着脑袋走进教室的,他们在各种形式的学习中,凭借自己的头脑创建了丰富的经验。当学习问题一旦呈现在他们面前时,学习者会基于以往的经验,依靠他们的认知能力,形成对问题的解释,由于学习者的经验以及对经验的信念不同,于是学习者对外部世界的理解也是不同的。

因而,著名的人本主义心理学家凯利(G. A. Kelley,1905~1967)指出:"第一,个人建构是不断发展、变化和完善的,可推陈出新,不断提高。第二,个人建构因人而异,在他看来,现实是各人所理解和知觉到的现实,面对同一现实,不同的人会有不同的反应。第三,在研究人格的整体结构的同时,不能将其组成部分弃于一端,而应努力做到整体与部分、形式与内容的有机统一。第四,当人们总用已有的建构去预期未来事件时,不可避免地要遇到一些困难和麻烦,新的信息和元素需要加入到原有的建构之中。第五,一个人要获得一种同现实十分一致的建构体系绝非轻而易举,要经过大量的探索和试误过程。"

教学不是知识的传递,而是知识的处理和转换。教师不单是知识的呈现者,也不是知识权威的象征。教师应该重视学生自己对各种现象的理解,倾听他们的看法,思考他们这些想法的由来,并以此为据,引导学生丰富或调整自己的解释。因此,教师与学生、学生与学生之间需要共同针对某些问题进行探索,并在探索的过程中相互交流和质疑,了解彼此的想法,引导学习者从原有的知识经验中生长新的知识经验。学习者要努力通过自己的活动,建构形成自己的智力的基本概念和思维形式。

二、教师观

教师的角色应该是学生建构知识的忠实支持者、学生学习的高级伙伴或合作者。建构主义虽然非常重视个体的自我发展,但是它并不否认教师的外在影响作用,认为教师应该给学生提供复杂的真实问题,教师不仅必须开发或发现这些问题,而且必须认识到复杂问题有多种答案,激励学生对问题解决的多种观点。教师必须提供学生元认知工具和心理测量工具,培养学生评判性的认知加工策略,以及自己建构知识和理解的心理模式,帮助他们掌握应对各种挑战所需要的知识、技能和策略,养成独立自主和控制自己学习的习惯,让学习者能够成为独立的思考者和独立解决问题者。在具体教学中,教师应清楚地认识教学目标,理解教学是逐步减少外部控制、增加学生自我控制学习的过程。

教师必须关心学习的实质,以及学习者学习什么、如何学习和学习效率如何等问题,必须明白要求学习者获得什么学习效果。建构主义教学比传统教学要求教师承担更多的教学责任,教师应当重视维果茨基提出的最近发展区,并为学生提供一定的辅导。教师不是知识的简单呈现者,而是不断促使学生丰富和调整自己理解的引导者。为此,教师在教学实践中必须创设一种良好的学习环境,学生在这种环境中可以通过实验、独立探究、合作学习等方式来展开他们的学习。

[案例]

教授乘法的数学案例(自上而下的加工)

教师:你们能否举个例子,它可以用乘法算式……12×4来表述?

学生1:有12个瓶子,每个瓶子里有4只蝴蝶。

教师:如果我进行乘法运算并得出答案,我会了解到瓶子和蝴蝶的哪些信息呢?

学生1:你会知道你一共有这么多蝴蝶。

教师:好,这是瓶子。(画一幅图来代表瓶子和蝴蝶)。现在如果我们把瓶子分组的话,就比较容易数出总共有多少只蝴蝶了。通常情况下,数学家们在考虑分组时喜欢的组数是多少?

学生2:10。

教师:这10个瓶子每个都有4只蝴蝶在里面。(画个圆圈将10个瓶子圈起来。)

教师:假如我擦掉画的圆圈,再回过头来看一下所有的12个瓶子。有没有其他的分组方法使我们更容易计算出蝴蝶的总数?

学生3:可以分成6个和6个一组。

教师:那么现在这个组里有多少只?

学生4:24只。

教师:你是怎么计算出来的?

学生4:8加8加8。(他将6个瓶子分成3对,直觉地发现了比较容易计算的一种分组方法。)

教师:是3×8,也可以是6×4,那么这一组有多少只蝴蝶?

学生3:24只。它们是相同的,两组都是6个瓶子。

教师:那么总共有多少只?

学生5:24加24等于48.

教师:我们得到的蝴蝶数和以前一样,为什么?

学生5:因为我们有相同数量的瓶子,每个瓶子里也都有4只蝴蝶。

(资料来源:Magdalene Lampert,"Knowing, doing and teaching multiplication", *Cognition and Instruction*. Copyright 1986 by Taylor and Francis informa UK Ltd. – Journals, Reproduced with permission of Taylor and Francis informa UK Ltd. Via Copyright Clearance Center.)

教师要成为学生建构知识的积极帮助者和引导者。在建构意义的过程中,教师应要求学生主动去收集和分析有关的信息资料,对所学的问题提出各种假设并努力加以验证。要善于使学生把当前学习内容尽量与自己已有的知识经验联系起来,并对这种联系加以认真思考。为了使意义建构更有效,教师应在可能的条件下组织协作学习,提出适当的问题,以引起学生的思考和讨论;在讨论中设法把问题一步步引向深入,以加深学生对所学内容的理解;要启发诱导学生自己去发现规律、去纠正和补充错误的或片面的认识,并对协作学习过程进行引导,使之朝有利于意义建构的方向发展。通过创设符合教学内容要求的情境和提供新旧知识之间联系的线索来激发学生的学习兴趣,引发和保持学生的学习动机。

三、教学启示

建构主义学习理论导致教学上的诸多建树,归纳起来主要表现在以下五个方面。

(一) 主张随机通达教学

从建构主义学习理论出发,斯皮罗等人(Spiro et al.,1991)提出随机通达教学(random access instruction)。在学习过程中对信息意义的建构可以从不同的角度入手,获得不同方面的理解。因此,对同一内容的学习要在不同时间多次进行,每次情境都经过改组,目的不同,分别着眼于问题的不同侧面。

(二) 打破自下而上的单一教学模式

传统教学采取的都是由易到难、由下而上的教学进程。从建构主义学习理论出发,斯莱文等人(Slavin et al.,1994)提出相反进程。一种可称为自上而下(top-down)的教学进程。在教学中教师先呈现整体性的任务,让学生尝试解决,在解决过程中,学生需要首先完成子任务及其所需的知识技能。另一种可称为从网络入手的教学进程。由于知识是由围绕着关键概念的网络结构组成的,它包括事实、概念、过程知识、条件知识等,可以让学生从网络的任何部分进入教学,如可以从要求学生解决一个实际问题开始教学,也可以从某一规则开始教学,而不必拘泥于由直线型层级构成的教学进程,这将使教学更为灵活、多样。

(三) 提倡情境性教学

从建构主义学习理论出发,坎宁安等人(Cunningham et al.,1991)提出情境性教学(situated instruction),他们主张弱化学科界限,强调学科交叉,让学生在与现实情境相类似的情境中进行学习。教师并不搬用事先准备好的内容,而是展示与现实中专家解决问题相类似的探索过程,提供解题的原型,指导学生探索。最后,不实施独立于这种教学过程的测验,学生解决具体问题的过程本身就反映了学习的效果,并把这称为融合式测验(integrated test)。

(四) 促进合作学习的教学

建构主义学习理论强调,每个人都以自己的经验和知识背景来理解事物,并且只能理解事物的某些方面,不存在唯一正确的理解。因此,在教学中提倡合作学习(cooperative learning),让学生增进相互讨论、切磋、交流的机会,有助于了解彼此的见解,丰富对事物的理解,减少片面性、局限性,促进学生建构能力的发展。

(五) 采用支架式教学

建构主义学习理论推崇支架式教学(scaffolding instruction):教师在教学中的指导、帮助作用随着学生学习的进展而渐弱,直至最后由学生自己独立进行,以充分发挥学生自我管理学习的能力。有研究者(Brown,1984;Glaserfeld,1991)把支架式教学分解为三个环节:预热(preheat)——将学生引入问题情境,并提供可能获得的工具;探索(explore)——先由教师确定开放性目标,启发学生探索,为学生探索提供演示或问题解决的原型,然后逐渐让位于学生探索;独立探索(independent exploration)——放手让学生自己决定探索的方向、问题和方法,独立进行探索。

四、小结

从行为主义到认知主义再到建构主义的发展,不仅是认识论上的飞跃、学习心理学的进步,也是对传统教育的一场革命,其进步性主要体现在三点:① 对认识个体的主体性给予了前所未有的关注,为科学地处理教学过程中的师生关系,充分发挥学生的主观能动性提供了认识论方面的理论依据;② 强调学习过程中学生主动地建构知识,尊重学生的个体差异,本质上是要充分发挥学生的主体创造性,所以建构主义的教学观更加注重培养学生分析和解决问题的能力以及他们的创造精神,这正是当今世界教育发展的大势所趋;③ 提出了自上而下教学(top-down instruction)、随机通达教学(random access instruction)、抛锚式教学(anchored instruction)和支架式教学(scaffolding instruction)等富有创见的教学设计模式,这对于深化教学改革有着深远的意义。

但我们必须清醒地认识到,建构主义理论不是也不可能是解决教育问题的万能良药,也有其自身的局限性。主要表现在部分建构主义者的观点过于激进,从一个极端走向另一个极端:① 建构主义重视认识中的主观能动性,强调真理的相对性,这相对于客观主义而言是一种进步,但过于强调相对性却容易导致认识上的相对主义,这是我们应该避免的;② 建构主义学习理论过于强调知识学习的情境性,而忽视了知识的逻辑性与系统性,显然有失偏颇;③ 过于强调知识的个体性,而忽视不同知识在本质上的共同性。

※思考题

根据你对建构主义学习理论的理解,谈谈教师在教学中应该充当一个什么样的角色?

※参考文献

[1] [美]罗伯特·斯莱文.教育心理学——理论与实践[M].吕红梅,姚梅林,等译.北京:中国工信出版集团,人民邮电出版社,2016.

[2] 卢家楣.理论与实践:学习心理与教学[M].上海:上海教育出版社,2019.

[3] 阿伦森,等.社会心理学[M].侯玉波,等译.北京:中国轻工业出版社,2005.

[4] 陈琦,刘儒德.教育心理学[M].北京:高等教育出版社,2011.

[5] 岑国桢.教育心理学[M].北京:中国人民大学出版社,2006.

[6] 岑延远.基于自我决定理论的学习动机分析[J].教育评论,2012(4):42-44.

[7] 陈伯良.通过同伴交往提升小学德育有效性的探索[J].中国教育学刊,2013,S(3):132-133.

[8] 刁春婷,刘华山.学习任务、认知风格对网络学习信息迷航的影响[J].教育研究与实验,2016(2):66-70.